Karl Jansen-Winkeln
Inschriften der Spätzeit
Teil V: Die 27.–30. Dynastie und die Argeadenzeit

Karl Jansen-Winkeln

Inschriften der Spätzeit
Teil V:
Die 27.–30. Dynastie und die Argeadenzeit

Band 1
Kambyses – Tachos

2023
Harrassowitz Verlag · Wiesbaden

Gedruckt mit freundlicher Unterstützung der Fritz Thyssen Stiftung
für Wissenschaftsförderung.

Bibliografische Information der Deutschen Nationalbibliothek
Die Deutsche Nationalbibliothek verzeichnet diese Publikation in der Deutschen
Nationalbibliografie; detaillierte bibliografische Daten sind im Internet
über http://dnb.dnb.de abrufbar.

Bibliographic information published by the Deutsche Nationalbibliothek
The Deutsche Nationalbibliothek lists this publication in the Deutsche
Nationalbibliografie; detailed bibliographic data are available in the internet
at http://dnb.dnb.de.

Informationen zum Verlagsprogramm finden Sie unter
http://www.harrassowitz-verlag.de
© Otto Harrassowitz GmbH & Co. KG, Wiesbaden 2023
Das Werk einschließlich aller seiner Teile ist urheberrechtlich geschützt.
Jede Verwertung außerhalb der engen Grenzen des Urheberrechtsgesetzes ist ohne
Zustimmung des Verlages unzulässig und strafbar. Das gilt insbesondere
für Vervielfältigungen jeder Art, Übersetzungen, Mikroverfilmungen und
für die Einspeicherung in elektronische Systeme.
Gedruckt auf alterungsbeständigem Papier.
Druck und Verarbeitung: Memminger MedienCentrum AG
Printed in Germany
ISBN 978-3-447-11982-5

INHALT

Vorwort XXXV

Abkürzungsverzeichnis XXXVII

Einleitung XLV

61. Kambyses 1

Königliche Denkmäler 1
Memphis 1
    1. Apissarkophag aus dem Serapeum 1
    2. Serapeumstele Louvre IM 4133 (354) aus Jahr 6 1
    3. Fragment einer Skulptur mit dem Anfang des Namens des Kambyses ... 2
Herkunft unbekannt 2
    4. Siegel Moskau I.1.a. (4431) 2
    5. Siegelabdruck Moskau I.1.a. (4006) 2
Nichtkönigliche Personen 2
Assiut 2
    6. Demotischer Papyrus Kairo CG 50060 aus Jahr 5 mit Listen von Lieferungen 2
    7. Demotischer Papyrus Kairo CG 50059 mit Urkunde aus Jahr 8 3
    8. Papyrus London BM 10792 mit ganz ähnlicher Urkunde 3
    9. Vier demotische Papyrusfragmente Kairo CG 50062 3
Wadi Hammamat (Verweis) 3

62. Petubastis Seheribre 4

Königliche Denkmäler 4
Oase Dachla 4
    1. Blöcke eines Tempelbaus des Petubastis in Amheida 4
Herkunft unbekannt 4
    2. Fragmente eines hölzernen Naos Louvre N.503 + MMA 23.6.75 + Bologna KS 289 ... 4
    3. Skarabäus, in Luxor gekauft 5
    4. Fliese mit Königsnamen im Ägyptischen Museum München 5
Nichtkönigliche Personen 5
Meidum 5
    5. Siegelabdruck London UC 13098 des Schatzmeisters *Psmṯk* 5
    6. Drei demotische Briefe pOxford Ashmolean Museum 1984-87-89 5
Herkunft unbekannt 5
    7. Siegelabdruck des Schatzmeisters *Ḥr-wḏꜣ*, ehemals in Sammlung Michailides 5

63. Darius I. 6

Königliche Denkmäler 6
Busiris 6
    1. Granitblock mit Relief im BM London 6

Tanis	6
2. Sistrumgriff Berlin 4548	6
Tell Basta (Bubastis)	6
3. Täfelchen im Museum Kairo (Gründungsbeigabe?), in Tell Basta gekauft	6
Kanal zum Roten Meer	6
4. Einseitig dekorierte Stele Kairo JE 48855, südlich von Tell el-Maschuta errichtet.	6
5. Fragmente einer zweiseitigen Stele in Ismailiya, südlich von Kabret errichtet	9
6. Stele bei Kubri, nördlich von Suez errichtet	12
Tell el-Maschuta (Pithom)	13
7. Siegel Darius' I., auf dem *Tkw* genannt ist	13
Heliopolis	13
8. Ägyptisch-persische Stehfigur des Darius aus Susa im Museum Teheran	13
Memphis	16
9. Sistrum Kairo CG 69324 (= JE 15005 ?)	16
10. Alabastergefäß Kairo JE 86754 aus Mitrahina aus Jahr 34	16
11. Serapeumstele Louvre IM 4187	16
12. Serapeumstele IM 4039	17
Fayyum	18
13. Menatfragment in Städtischer Bibliothek Frankfurt a.M	18
Tuna el-Gebel	18
14. Hölzerner Schrein Museum Mallawi 200	18
Dendera	19
15. Sistrumgriff ehemals in Kestner-Museum Hannover	19
Koptos	19
16. Vase aus Aragonit (ehemals) in Sammlung Michailides	19
Theben	19
17. Fragment einer Säulentrommel aus Karnak	19
18. Menat Kairo JE 37050 aus der Cachette von Karnak	19
19. Bronzeplakette (Türbeschlag?) Kairo JE 38050 aus der Cachette von Karnak	19
Elkab	20
20. Relief von hinterer Wand des zentralen Sanktuars (R) des großen Tempels	20
Oase Charga	20
21. Amuntempel von Hibis	20
22. Ghueita-Tempel in Hibis	24
23. Bronzesiegel BM 48929	25
24. Drei Türangeln aus Bronze (ehemals) in Sammlung Michailides	25
Oase Dachla	25
25. Blöcke von Kapelle des Thot von Amheida, einer mit Resten der Kartusche	25
Ausland	26
26. Vase aus Aragonit, in Syrien gefunden	26
27. Vase aus Alabaster in Sammlung Gandur	26
28. Vasen aus Susa	26
29. Vasen aus Aragonit aus Susa, vermutlich aus der Zeit Darius' I.	26
Herkunft unbekannt	26
30. Siegel London BM 89132 (vermutlich aus Unterägypten)	26
31. Wand eines Holznaos London BM 37496	27
32. Alabastergefäß Jerusalem BLMJ 1979 aus Jahr 36	27
33. Alabastron für Salböl in Norbert Schimmel Collection	27
34. Messerklinge aus Bronze mit Kartusche, (ehemals) in Sammlung Michailides	27
35. Sistrumgriff Louvre N.2263 (E.1778) aus Fayence	27

36. Fragment Sistrumgriff (ehemals?) in Sammlung Nash	27
37. Menatamulett Louvre AF 2913	28
38. Menatfragment Louvre E.14221	28
39. Menat London UC 16437	28
40. Menat Florenz 854	28
41. Menat-Fragment London BM 17162	28
42. Gefäß (Majolika) aus ehemaliger Sammlung Michailides	28
43. Rechtwinkliges Eisen (Türangel?) Louvre E.5355	29
Nichtkönigliche Personen	29
Sais	29
44. Naophor Vatikan 158 (22690) des *Wḏꜣ-Ḥr-rsnt*, in Rom gefunden	29
Memphis	32
45. Fragment eines in Kairo verbauten beschädigten Naophors des *Wḏꜣ-Ḥr-rsnt*	32
46. Grab des *Wḏꜣ-Ḥr-rsnt* in Abusir	33
47. Fragment einer Schale, ehemals in Sammlung Michaelidis (Nr.27.41.157)	36
48. Demotisches Graffito im Grab des *Jw.f-ꜥꜣ* in Abusir	37
49. Demotische Ostraka aus Grab des *Mnḫ-jb-Nkꜣw*	37
50. Serapeumstele Louvre IM 4013 des *Ḥkꜣ-m-zꜣ.f* aus Jahr 4	37
51. Serapeumstele Louvre IM 4054 des *Ptḥ-ḥtp* aus Jahr 4	37
52. Serapeumstele Louvre IM 4086 des *Pꜣj.f-njtt* (?) aus Jahr 4	38
53. Serapeumstele Louvre IM 4188 des *Pꜣ-n-Sḫmt* aus Jahr 4	39
54. Serapeumstele Louvre IM 3131 (N.421/355) des *Psmṯk-mrjj-Njtt* aus Jahr 4	39
55. Hieroglyphisches ‚Graffito' im Serapeum aus Jahr 4	39
56. Serapeumstele Louvre IM 1248 + RB 18395, vermutlich aus Jahr 4	39
57. Serapeumstele IM 4129 (417) des *Jꜥḥ-msjw*, vermutlich aus Jahr 4	39
58. Serapeumstele IM 4017 des Generals *Jꜥḥ-msjw*, vermutlich aus Jahr 4	40
59. Serapeumstele IM 4057 des *sntj Ḥr-wḏꜣ*, vermutlich aus Jahr 4	40
60. Serapeumstele Saqqara RB 18387 des *sntj Ḥr[-wḏꜣ]*(?), vermutlich aus Jahr 4	40
61. Serapeumstele IM 4118 des *Pꜣ-šrj-n-Ptḥ*, vermutlich aus Jahr 4	40
62. Serapeumstele IM 4116, vermutlich aus Jahr 4	41
63. Serapeumstele Louvre C 317 des *sntj Ḥr*, vermutlich aus Jahr 4	41
64. Stele Louvre IM 4018 des *Pꜣ-dj-Ḥr-m-ḥb* (Bruder des *Ḥr*), vermutlich aus Jahr 4	42
65. Oberteil einer Osirisfigur, ehemals in Sammlung J. von Bleichröder	42
66. Serapeumstele IM 4016 (362) des *Ns-bꜣ-nb-Ḏdt* aus Jahr 31	42
67. Serapeumstele IM 4068 des *Ns-bꜣ-nb-Ḏdt* aus Jahr 31	42
68. Serapeumstele Louvre SN 74 des *Ptḥ-ḥtp* aus Jahr 31	43
69. Serapeumstele Saqqara RB 18434 aus Jahr 31	43
70. Demotische Serapeumstelen Louvre IM 15, IM 3735, Saqqara RB 18403 (Jahr 31)	43
71. Demotische Serapeumstele Louvre IM 4096 aus Jahr 31	43
72. Serapeumstele Louvre IM 4046 des *Ḥr-jrj-ꜥꜣ* aus Jahr 31 oder 34	43
73. Serapeumstele RB 18386 aus Jahr 31 oder 34	44
74. Serapeumstele Louvre IM 4207 des *Ptḥ-ḥtp* aus Jahr 31 oder 34	44
75. Serapeumstele Louvre IM 4125 des *Ḏd-Ptḥ-jw.f-ꜥnḫ* (?) aus Jahr 31 oder 34	44
76. Serapeumstele Louvre IM 4063 des *Ḥr-jrj-ꜥꜣ* aus Jahr 34	44
77. Serapeumstele Louvre IM 4076 des *Jw.f-ꜥꜣ* aus Jahr 34	44
78. Fragment Serapeumstele Berlin 3423 (Kriegsverlust) desselben *Jw.f-ꜥꜣ*	45
79. Serapeumstele Louvre IM 4037 des *Nfr-jb-Rꜥ-mrjj-Ptḥ* aus Jahr 34	45
80. Serapeumstele Louvre IM 4008 des *Pꜣ-šrj-n-Ptḥ* aus Jahr 34	46
81. Serapeumstele Louvre IM 4072 des *Pꜣ-dj-Bꜣstt* aus Jahr 34	46
82. Serapeumstele Louvre IM 4097 des *Psmṯk-m-ꜣḫt* aus Jahr 34	46

83. Serapeumstele Louvre IM 4033 des *W3ḥ-jb-Rˁ-m-3ḫbjt* aus Jahr 34 47
84. Serapeumstele Louvre IM 3999 des *Dd-Ptḥ-jw.f-ˁnḫ* aus Jahr 34 48
85. Serapeumstele IM 4109 des *P3j.f-t3w-m-ˁ-B3stt* aus Jahr 34 49
86. Serapeumstele Louvre SN 31 (374) aus Jahr 34 49
87. Serapeumstele Louvre IM 4045 des *Ḥr-3ḫbjt* aus Jahr 34 50
88. Serapeumstele Louvre IM 4104 des *Ḥr-z3-3st* aus Jahr 34 50
89. Serapeumstele Louvre SN 72 des *Zm3-t3wj-t3j.f-nḫt* aus Jahr 34 50
90. Serapeumstele RB 18382 aus Jahr 34, 2. *prt*, 11 50
91. Fragment Kairo CG 50042 einer demotischen Serapeumstele aus Jahr 34 50
92. Serapeumstele SN 88 des Generals *Jˁḥ-msjw*, vermutlich aus Jahr 34 50
93. Serapeumstele Louvre IM 4087 des [...]-*ḥtp* 50
94. Serapeumstele Louvre SN 64 (404) des *Jˁḥ-msjw* 51
95. Fragment einer Serapeumstele Louvre IM 4038 des *Ḥrj* 51
96. Fragment einer Serapeumstele Louvre IM 1244 des *Ptḥ-ḥtp* 52
97. Serapeumstele Louvre IM 2857 des *Psmṯk-mn-m-P* 52
98. Serapeumstele Louvre IM 4025 des *Jj-m-ḥtp* 53
99. Serapeumstele Louvre IM 4098 des *Psmṯk* 53
100. Serapeumstele Louvre IM 4111 des *ˁnḫ.f-n-Sḫmt* 54
101. Serapeumstele Louvre IM 4032 des *Ḫnm-jb-Rˁ*, Enkel des bekannten *Ḥn-3t.j* 54
102. IM 4107 des *P3j.f-t3w-m-ˁ-Ḫnzw* 55
103. Serapeumstele Louvre IM 4044 des *Zm3-t3wj-t3j.f-nḫt* 55
104. Serapeumstele IM 4213 des *Jˁḥ-msjw-mn-m-jnb-ḥḏ* 56
105. Serapeumstele IM 4040 des *Ḫnmw-nḫt* 56
106. Serapeumstele des *Psmṯk* im Handel 57
107. Serapeumstele Louvre IM 4011 des *Jmn-ḥtp* 57
108. Serapeumstele Louvre IM 4080 des *ˁnḫ.f-n-Sḫmt* 57
109. Serapeumstele Louvre IM 4060 des *ˁnḫ-Wn-nfr* 58
110. Serapeumstele Louvre IM 4029 des *Dj-Ptḥ-j3w* 58
111. Serapeumstele Louvre IM 4056 des *Dj-Ptḥ-j3w* 58
112. Serapeumstele Louvre IM 4099 des *Ns-p3-ḫwj-t3wj* 58
113. Serapeumstele Louvre IM 4149 des *Ḥr-m-*[ ]-*ḥtp* 59
114. Serapeumstele Louvre IM 4121 des *Ḥpj-mn* 59
115. Serapeumstele Louvre IM 4120 des *Jj-m-ḥtp* 59
116. Serapeumstele Louvre IM 4134 des *Jj-m-ḥtp* 59
117. Serapeumstele Louvre IM 4003 des *Jnj-Jmn-n3j.f-nbw* 60
118. Serapeumstele Louvre SN 55 des *Jˁḥ-jrj-dj-s* 60
119. Serapeumstele Louvre IM 4027 des *Mm* 60
120. Serapeumstele Louvre IM 4052 des *P3-šrj-n-Ptḥ* 60
121. Serapeumstele Louvre IM 4001 des *P3-dj-s* 61
122. Serapeumstele Louvre IM 4169 des *P3-dj-3st* 61
123. Serapeumstele Louvre IM 4150 des *P3-dj-Wsjr-Wn-nfr* 61
124. Serapeumstele Louvre IM 137 des *Ptḥ-m-m3ˁ-ḫrw* 62
125. Serapeumstele Louvre IM 138 des *Zm3-t3wj-t3j.f-nḫt* 62
126. Serapeumstele Louvre IM 4095 des *Zm3-t3wj-t3j.f-nḫt* 63
127. Serapeumstele Louvre IM 42 des *Snb.f* 63
128. Serapeumstele Louvre IM 4000 des *Dd-B3stt-jw.f-ˁnḫ* 63
129. Serapeumstele Louvre IM 4214 63
130. Stele Berlin 2137 aus dem Serapeum mit demotischer Datierung aus Jahr 15 64
131. Torso eines Naophors Brooklyn 37.353 des Schatzmeisters *Ptḥ-ḥtp* 64
132. Sarkophagdeckel Oxford AM 1947.295 desselben *Ptḥ-ḥtp* 64

133. Uschebti Oxford AM 1974.368 desselben *Ptḥ-ḥtp*	65
134. Kniender Naophor Cleveland 3955.20 (1920.1978) des *sntj Ḥr-wḏꜣ*	65
135. Uschebti desselben *Ḥr-wḏꜣ* in Sammlung Aubert	66
136. Ring Brooklyn 37.734 E (früher New York Historical Society 34) des *Nfr-jb-Rꜥ*	66
137. Block mit hierogl. und demot. Inschrift aus Sakkara aus Jahr 33	66
138. Fragmente eines demotisch beschrifteten Steinobjekts	67
139. Demotische Urkunden aus Sakkara	67
140. Demotische Papyri mit Texten unklarer Art	67
141. Demotisches Ostrakon H5-1342 (3140) mit Arbeitsvertrag aus Jahr 9	67
Fayyum	68
142. Block / Stele Berlin 7493	68
143. Demotischer Brief (?) pBrooklyn 35.659 aus Jahr 26	68
El-Hibeh	68
144. Demotischer Papyrus Rylands 9	68
Hermopolis und Umgebung	68
145. Frühdemotische Papyri Museum Mallawi 480, 482, 483	68
146. Drei demotische Briefe an Thot	68
147. Demotischer Papyrus Mallawi Nr.484 C (P. Hormerti-4)	69
148. Demotischer Papyrus Philadelphia E.16322	69
149. Drei demotische Graffiti in Wadi Darb el Karaib aus Jahr 25	69
Hu (Diospolis parva)	69
150. Zehn demotische Urkunden aus den Jahren 25-35	69
Koptos	70
151. Opfertafel Kairo JE 48439 des Baumeisters *Ḫnm-jb-Rꜥ*	70
152. Stele Berlin 20120 des Baumeisters *Ḫnm-jb-Rꜥ*	71
Theben	71
153. Die demotischen Urkunden des Tsenhor-Archivs	71
154. Demotische Heirats- und Scheidungsurkunden	72
155. (Sonstige) demotische Urkunden	73
156. Demotische Briefe Louvre E.3231C und E.3231B aus Jahr 25	73
Armant	73
157. Vier demotische Felsgraffiti beim Kloster von Apa Tyrannos	73
Edfu	74
158. Demotische Viehverkaufsurkunden in Ann Arbor, Michigan University Library	74
159. Demotischer Papyrus Moskau IG 5825 aus Jahr 3	74
Elephantine	74
160. Demotische Briefe	74
161. Demotische Urkunden	75
Wadi Hammamat	75
162. Inschrift Wadi Hammamat Nr.18 des Baumeisters *Ḫnm-jb-Rꜥ* aus Jahr 26	75
163. Genealogische Inschrift Wadi Hammamat Nr.93/92 des *Ḫnm-jb-Rꜥ*	76
164. Inschrift Wadi Hammamat Nr.91 des *Ḫnm-jb-Rꜥ*	77
165. Inschrift Wadi Hammamat Nr.193 des *Ḫnm-jb-Rꜥ*	77
166. Inschrift Wadi Hammamat Nr.14 des *Ḫnm-jb-Rꜥ*	77
167. Inschrift Wadi Hammamat Nr.134 des *Ḫnm-jb-Rꜥ*	78
168. Inschrift Wadi Hammamat Nr.135 des *Ḫnm-jb-Rꜥ*	78
169. Inschrift Wadi Hammamat Nr.190 des *Ḫnm-jb-Rꜥ*	78
170. Inschrift Wadi Hammamat Nr.186 des *Ḫnm-jb-Rꜥ*	78
171. Inschrift Wadi Hammamat Nr.90 des Baumeisters *Ḫnm-jb-Rꜥ*	78
172. Inschrift Wadi Hammamat Nr.109 (Z) des Saris von Persien Athiyawahya	79

173. Inschrift Wadi Hammamat Nr.146 des Saris von Persien Athiyawahya............ 79
174. Graffito nahe Bir Wassif.. 79
Herkunft unbekannt.. 79
175. Versiegelt aufgefundener demotischer Papyrus in Privatsammlung................... 79
176. Zwei demotische Papyri im Puschkin-Museum, Moskau.................................... 79

64. Psametik IV. 80
Nichtkönigliche Personen 80
Hu (Diospolis parva).. 80
1. Demotischer Papyrus Straßburg 2 mit Quittung aus Jahr 2................................. 80
2. Demotischer Papyrus Loeb 41 mit Urkunde über Besitz einer Kuh aus Jahr 2 80
3. Demotischer Papyrus Loeb 43 mit Urkunde über Verzicht auf Besitz an einem Esel 80

65. Xerxes (I.) 81
Königliche Denkmäler 81
Ausland.. 81
1. Sechs Vasen aus Aragonit, in Susa gefunden.. 81
2. Vase Louvre AO 2634 aus Aleppo (Syrien)... 81
3. Vase London BM 1099 aus dem Mausoleum von Halikarnassos 81
4. Vase Philadelphia C.B.S. 10 aus Babylon(?) 81
5. Gefäßfragmente aus Persepolis im Iranischen Nationalmuseum Teheran 82
Herkunft unbekannt.. 83
6. Gefäß Yale 1.7.1954 (YBC 2123) 83
7. Alabastron in Thalassic Collection... 83
8. Vase im Cabinet des Médailles, Paris (in Ägypten gefunden).............................. 83
9. Fragmente von 23 Vasen (überwiegend aus Aragonit) des Xerxes..................... 83
10. Möbelfuß (o.ä.) aus Bronze (ehemals) in Sammlung Michailides (aus Ägypten) . 83
Nichtkönigliche Personen 83
Memphis... 83
11. Ägyptisch-aramäische Stele Berlin 7707 aus Sakkara, aus Jahr 4 83
Wadi Hammamat... 84
12. Inschrift Wadi Hammamat Nr.50 des Saris von Persien Athiyawahya.............. 84
13. Inschrift Wadi Hammamat Nr.266 des Athiyawahya 84
14. Inschrift Wadi Hammamat Nr.106 des Athiyawahya und des Ariyawrata 84
15. Inschrift Wadi Hammamat Nr.164 des Athiyawahya 85
16. Inschrift Wadi Hammamat Nr.148 des Athiyawahya 85
17. Inschrift Wadi Hammamat Nr.13 des Athiyawahya 85
Ain Manawir (Oase Charga) 85
18. Drei demotische Ostraka aus dem Wohngebiet... 85
Herkunft unbekannt.. 86
19. Fragment einer viersprachigen Inschrift in Privatbesitz...................................... 86

66. Artaxerxes I. 87
Königliche Denkmäler 87
Tell el-Maschuta (Pithom).. 87
1. Siegel Artaxerxes' I.. 87
2. Vasenfragment mit Kartusche Artaxerxes' I.. 87
Theben.. 87
3. Amulett Kairo JE 38023 aus Fayence aus der Cachette von Karnak 87

Ausland 87
    4. Fragment einer Schale (ehemals) in Sammlung Michailides 87
    5. Vase Venedig, Sammlung St. Markus, aus Persepolis(?) 87
    6. Fragment einer Vase Louvre AS 574 aus Susa 87
    7. Gefäß Iranisches Nationalmuseum Teheran 165 aus Persepolis 88
    8. Vase in Privatbesitz, bei Āi Xānum (Baktrien) gefunden 88
    9. Vase Philadelphia University Museum C.B.S. 9208, in Bagdad gekauft 88
    10. Vase (Alabaster) aus Hierapolis (Membij) in Syrien (ehemals?) in Privatsammlung 88
    11. Vase Moskau I.1.a.7852 aus skythischem Grabhügel bei Orsk (Südural) 88
Herkunft unbekannt 88
    12. Vase Berlin 14463 (in Ägypten angekauft) 88
    13. Fragment einer Alabastervase (ehemals) in Sammlung Michailides (aus Ägypten) 88
    14. Vase im Rezā-Abbāsi-Museum in Teheran (aus Ägypten?) 89
    15. Vase aus Schweizer Privatsammlung, 2009 im Handel 89
Nichtkönigliche Personen 89
Memphis 89
    16. Fragmente einer demotischen Stele(?) mit Erwähnung mehrerer Daten 89
    17. Demotische Papyri aus den Grabungen der EES in Sakkara 89
    18. Kleines Alabastergefäß London BM 134979, ehemals in Sammlung Michaelides 90
Fayyum 90
    19. Demotische Papyri Sorbonne 1276 und 1277 mit Verkaufsurkunde 90
    20. Demotischer Papyrus Lille 242 mit Urkunde über Verkauf von Haus und Land .. 90
Elephantine 90
    21. Demotischer Papyrus Wien D 10151 mit Urkunde über Ämterkauf aus Jahr 5 90
Wadi Hammamat 90
    22. Inschrift Wadi Hammamat Nr.144 des Persers *Jjrywrt* (Ariyawrata) aus Jahr 5 ... 90
    23. Inschrift Wadi Hammamat Nr.145 aus Jahr 16 91
    24. Inschrift Wadi Hammamat Nr.72 des Persers *Jjrywrt* aus den Jahren 16 und 17 .. 91
    25. Inschrift Wadi Hammamat Nr.95 des Obersten der Perser *Jjrywrt* 91
Ain Manawir (Oase Charga) 92
    26. Ostraka aus dem Tempel des Osiris (*Wsjr-jjw*) in Dusch aus den Jahren 21 – 41 . 92
    27. Ostrakon OMan 5446 (2340) aus Jahr 2 des Inaros, Fürsten der Bakaler 93
Herkunft unbekannt 93
    28. Demotischer Papyrus Mainz 17 aus Jahr 36 mit Erwähnung des Satrapen Arsames 93

67. Darius II. 94

Nichtkönigliche Personen 94
Memphis 94
    1. Demotische Papyri aus den Grabungen der EES in Sakkara 94
Edfu (Verweis) 94
Elephantine (Verweis) 94
Ain Manawir (Oase Charga) 94
    2. 55 demotische Ostraka aus dem Osiristempel von Dusch aus den Jahren 2 – 19 94

68. Artaxerxes II. 97

Nichtkönigliche Personen 97
Ain Manawir (Oase Charga) 97
    1. Demotische Ostraka aus dem Osiristempel von Dusch aus den Jahren 3 – 5 97

69. 27. Dynastie insgesamt 98
  Königliche Denkmäler 98
  Memphis 98
    1. Fragment einer Serapeumstele Louvre IM 4198 98
  Ausland 98
    2. Fragmente von 13 Vasen aus Aragonit aus Susa im Louvre 98
  Nichtkönigliche Personen 99
  Sais 99
    3. Naophor London BM 41517 des *Jmn-ḥtp* 99
    4. Osirophor Tanta 581 des *P3-dbḫw* 99
  Athribis 100
    5. Torso Boston 37.377 100
    6. Kniefigur Yale 1957.7.11 des *Ḥr*(?) 100
    7. Osirophor des *Nfr-sḫt-ḥtp* in Beirut, in Byblos gefunden 100
  Tell el-Maschuta (Pithom) 101
    8. Torso einer Stehfigur in einer Privatsammlung 101
  Memphis 101
    9. Unberaubtes Begräbnis des *Wḏ3-Ḥr* 101
    10. Relief Baltimore WAG 22.152; 22.153 102
    11. Torso einer Kniefigur Rom Museo Nazionale 115259 102
    12. Kalksteinstele Florenz 2568 des *P3-Ḫmnw* 103
    13. Stele London UC 14506 des *Ḫnzw-jrj-dj-s* 104
    14. Stele des *Ḏd-Ḥr-Bs* (Sohn eines Persers) Kairo JE 98807 aus Sakkara 104
    15. Bronzestatuette eines Apisstiers in Privatsammlung Czuczka Wien 105
    16. Bronzestatuette eines Apisstiers Louvre E.5888 von demselben Stifter 105
    17. Serapeumstele Louvre IM 4108 des *J'ḥ-msjw* 105
    18. Serapeumstele Kairo JE 20014 des *Ptḥ-ḥtp* 106
    19. Serapeumstele Sammlung Per-neb Nr.55 des *Psmṯk* 106
    20. Serapeumstele Sammlung Per-neb Nr.56 des *Psmṯk-snfr-t3wj* 106
    21. Serapeumstele Sakkara 1937-1 des *'nḫ-Nfr-jb-R'* 107
    22. Block mit hieratischer Aufschrift aus der Katakombe der Apismütter 107
    23. Büste Cleveland 1914.662 des *'nḫ-Ḥr* 107
    24. Torso (hintere Hälfte) eines Würfelhockers des *Ḏd-Ptḥ-jw.f-'nḫ* Zagreb 669 107
    25. Apiskopf aus Terrakotta (ehemals) in Sammlung. Michailides (Fälschung?) 108
    26. Block Berlin 18502 aus Abusir mit ägyptischen Namen in aramäischer Schrift ... 108
    27. Aramäisch-demotische Plaketten mit Namensvermerken 108
    28. Demotische Papyri aus Nord-Sakkara 108
  Hermopolis 109
    29. Frühdemotische Papyri im Museum Mallawi und im Magazin von Aschmunein . 109
  Theben 109
    30. Holzstele London BM 8471 des *P3-dj-Jmn-R'-nb-W3st* 109
    31. Holzstele London BM 8472 des *Ḥr-jrj-r-sw*(?) 110
    32. Holzstele London BM 8473 des *Ns-p3-mḏw* 110
  Edfu 110
    33. Gefäßdeckel (ehemals) in Sammlung Michailides 110
  Assuan 110
    34. Stele London UC 14502 der *T3-dj-3st-'nḫ* 110
  Ausland 111
    35. Ägyptische Siegelabdrücke aus Persepolis 111
    36. Fragment Louvre E.17450 vom Sarkophag eines ägyptischen Funktionärs in Susa 111

37. Situla aus Mispe Yammim in Palästina.. 112
Herkunft unbekannt... 112
   38. Stele Berlin 7283 mit neuägyptisch/demotischem Text mit historischen Angaben 112
   39. Osirophor Moskau I.1.a.4985 (1387) 113
   40. Siegelabdrücke des *Psmṯk-z3-Njtt* im Petrie Museum London............................ 113
   41 Siegelabdruck des *Wḏ3-Ḥr-rsnt*, Sohn des *Hn-3t(.j)* London UC 33944................ 113
   42. Siegelabdrücke Brüssel E.6941 A/B des *Hn-3t(.j)*.. 113
   43. Rollsiegel ehemals in Sammlung Ligatscheff 114
   44. Persische und babylonische Rollsiegel mit ägyptischen Namensaufschriften 114

70. Amyrtaios 115

Nichtkönigliche Personen 115
Elephantine.. 115
   1. Demotischer Papyrus Berlin 13571... 115
   2. Aramäischer Brief pBrooklyn 47.218.151 115
Ain Manawir (Oase Charga) 115
   3. Vier demotische Ostraka aus dem Osiristempel von Dusch aus den Jahren 5 und 6 115
Herkunft unbekannt... 116
   4. Sarkophagdeckel Kairo TN 13/1/21/10 eines Generals *N3j.f-ʿ3w-rd*..................... 116

71. Nepherites I. 117

Königliche Denkmäler 117
Buto 117
   1. Oberteil eines knienden Theophors Kairo JE 87190 117
   2. Torso einer Königsstatue 117
Mendes... 117
   3. Fragment (vom Oberteil) einer Königsstatue 117
   4. Zwei Fragmente aus Granit von Türpfosten eines Naos 117
   5. Grab Nepherites' I. 118
   6. Uschebtis aus dem Begräbnis Königs Nepherites' I. 118
Memphis.. 118
   7. Täfelchen Kairo JE 86024 aus Gründungsdepot in Sakkara.................................... 118
   8. Sphinx Louvre A.26 (in Rom gefunden) 118
   9. Kalksteinblock Kairo JE 35883 aus dem Serapeum (s. Nachtrag, p.737)................ 119
Abydos 119
   10. Im Weißen Kloster bei Sohag verbaute Blöcke von Schrein aus rotem Granit...... 119
Theben... 119
   11. Blöcke Berlin 2113 und 2114 aus dem zerstörten Chonstempel in Karnak-Ost.... 119
   12. Block mit Kartusche aus Kapelle d im Bezirk des Monthtempels in Karnak 120
Ausland.. 120
   13. Fragment („bottom of a box") aus rotem Stein mit Königsnamen aus Gezer......... 120
Herkunft unbekannt... 120
   14. Fragment (Mittelstück) einer Königsstatue, 1988 in New York im Handel 120
   15. Rechteckiges Kalksteinfragment Moskau I.1.b.39 (3174) 120
   16. Stele Hannover KM 1935.200.693 (aus Mendes?).. 120
   17. Siegelabdruck London BM 5583 121
   18. Skarabäus im UC London.. 121

Nichtkönigliche Personen 121
Memphis 121
    19. Stehender Osirophor Brooklyn 77.50 des *Ḥr* 121
    20. Serapeumstele Louvre IM 4114, vermutlich aus Jahr 2 121
    21. Kursiv-hieratische Serapeumstele Louvre IM 4092 (451) des *Ḥpj-mn* aus Jahr 2 122
    22. Kursiv-hieratische Serapeumstele Serapeumstele Louvre IM 4101 aus Jahr 2 122
    23. Hieroglyphische Serapeumstele Louvre IM 4103 des *Ḥr* aus Jahr 2 122
    24. Hieroglyphische Serapeumstele Louvre SN 1 + Saqqara RB 18362 aus Jahr 2 122
    25. Demotische Serapeumstele Louvre IM 4184 aus Jahr 2 123
    26. Demotisches Graffito in den Steinbrüchen von Tura 123
Ain Manawir (Oase Charga) 123
    27. Demotische Ostraka aus dem Osiristempel von Dusch 123
Herkunft unbekannt 123
    28. Demotische Mumienbinde Louvre E.5441 aus Jahr 4 123

72. Hakoris

Königliche Denkmäler 124
Abukir 124
    1. Fragment(e) einer stehenden Königsstatue aus Abukir in Alexandria (P.14309) 124
Mendes 124
    2. Naos, in Kairo verbaut gefunden 124
    3. Fragmente aus Quarzit der Dekoration des Tempels des Banebdjeded 124
Tell Basta (Bubastis) 125
    4. Mittelteil einer Königsstatuette aus Kalkstein London BM EA 1825 125
Tell el-Maschuta (Pithom) 125
    5. Opferständer Berlin ÄM 8811, am Suezkanal beim „Serapeum" gefunden 125
    6. Opferständer im Museum Alexandria Nr.445 125
Saft el-Henna 125
    6a. Opferständer im Museum Qatar STM.AN.EG.0207 125
Letopolis 125
    7. Granitfragment Kairo TN 16/6/24/2 125
Heliopolis 126
    8. Zwei Fragmente einer Königsstatue: Boston MFA 29.732 und Unterteil 126
Memphis 126
    9. Sphinx Louvre A.27 (früher in Rom, Villa Borghese) 126
    10. Unterteil einer königlichen Kniefigur Kairo CG 681 126
    11. Fragment einer Schreitfigur des Königs Kairo CG 1080 127
    12. Architrav Kairo JE 41534 aus Sakkara, als Sarkophag wieder verwendet 127
    13. Fragment mit Namen des Hakoris aus Ptahtempel 127
    14. Steinfragment Louvre 667 (aus Serapeum?) mit Rest einer Kartusche 127
    15. Kartuschen des Hakoris in den Steinbrüchen von Tura 127
Herakleopolis 128
    16. Schmales Fragment aus Basalt Chicago OIM 8629 128
    17. Stele Kairo JE 35553, in Kafr Abu Schahba gefunden 128
    18. Schreitfigur Kairo JE 37542 128
Abydos 129
    19. Naos aus Granit, beim Weißen Kloster in Sohag gefunden 129
Theben und Umgebung 129
    20. Verbautes Steinfragment aus Medamud 129
    21. Stationskapelle vor dem 1. Pylon von Karnak 129

22. Säulenhalle (II) des Tempels des Harpare im Monthbezirk von Karnak 136
23. Blöcke aus ptol. Tempel in Karnak-Ost (bei Nag el-Fokani) 139
24. Ehemals im Eingang des Luxor-Hotels verbaute Türpfosten aus Karnak 139
25. Unterteil eines Türpfostens im Magazin in Karnak 139
26. Zwei Blöcke aus Karnak, 2013 im Luxortempel ausgestellt 139
27. Steinblöcke aus dem Bezirk südlich des Muttempels von Karnak 140
28. In Ziegelbauten in der Nordwestecke des Tempels von Luxor verbaute Blöcke ... 140
29. In ‚Tor 2' des Luxortempels verbauter Block 140
30. Säulen aus dem kleinen Tempel von Medinet Habu 140
31. Anbau (Raum VII) am kleinen Tempel von Medinet Habu 142
32. Türsturz Philadelphia E.14317 143
33. Fragmente aus dem Tempel von El-Tod 145
Elkab 145
34. Teile einer Nilgötterprozession aus dem Vorhof des Nechbettempels 145
35. Kartuschen des Hakoris im Vestibül vor dem Hypostylensaal des großen Tempels 145
36. Der Hypostylensaal des Tempels der Nechbet 145
37. Türsturzfragment vom Eingang zu „einem der Sanktuare" 146
38. (Schenkungs?)Stele Turin 1469 aus dem Tempel 146
39. Unpublizierte Stele aus dem Tempel, ehemals im Museum Boulaq in Kairo 146
Elephantine 146
40. Türpfosten von Interkolumnartor 146
Oase Charga 147
41. Fragmente von zwei Königsstatuen aus dem Hibistempel der Oase Charga 147
Ausland 147
42. Fragment eines Opferständers Rockefeller Museum Jerusalem 34.7857 aus Akko 147
43. Opferständer Louvre E.4900 aus Sidon 148
44. Fragment aus Sidon, vermutlich von einem Opferständer 148
Herkunft unbekannt 148
45. Drei Uschebtis des Hakoris 148
46. Unterteil einer kleinen Kniefigur aus glasiertem Kalkstein London BM EA 24247 148
47. Bronzefigur Kansas City 53.13 149
48. Relieffragment Cambridge FWM 75.1949 149
49. Schmales rechteckiges Steinfragment Turin 1445 149
50. Fragment eines Gefäßes Louvre AF 13416 149
51. Plakette in Sammlung Matouk (J.V.9) 149
52. Goldring ehemals im Uhrenmuseum Abeler Wuppertal, 2012 im Handel 149
Nichtkönigliche Personen 150
Memphis 150
53. Demotische Stele Louvre IM 3355 aus dem Serapeum aus Jahr 18 Ptolemaios' III. 150
54. Demotische Felsgraffiti den Steinbrüchen von Tura und Masara 150
55. Demotische Kalksteinstele H5-2646 aus Jahr 2 aus Katakombe der Apismütter 150
56. Fragmente einer Kalksteinstele H5-2874 aus Jahr 2 aus Katakombe der Apismütter 150
57. Kalksteinblock H5-6 mit demotischer Aufschrift aus Katakombe der Apismütter 150
58. Fragmente Kairo CG 30899 – 30903 einer demotischen Urkunde aus Jahr 6 151
59. Demotische Papyri aus Sakkara in Kairo 151
60. Demotische Papyri aus Sakkara (H5-DP 124 und 453) aus Jahr 2 und 5 151
61. Demotischer Papyrus Seymour de Ricci, jetzt Paris BN E.241 151
Herakleopolis 151
62. Demotischer Papyrus Lille 26 mit Kaufvertrag über Grundstücke 151

XVI

Achmim	151
63. Stele Leiden NNK (V.20) des Ḥr	151
64. Unterteil einer Kniefigur desselben Ḥr in Rom, Antiquarium del Comune 2411	152
Hu (Diospolis parva)	153
65. Demotischer Papyrus London BM EA 10846 aus der Sammlung Michailides	153
Dendera	153
66. Modell einer Kapelle(?) Kairo CG 50054 mit fünf demotischen Graffiti	153
Ain Manawir (Oase Charga)	153
67. Demotische Ostraka aus dem Osiristempel von Dusch	153

73. Psammuthis 155

Königliche Denkmäler	155
Theben	155
1. Stationsheiligtum vor 1. Pylon von Karnak	155
2. Verbauter Türsturz mit Kartuschen des Hakoris über der des Psammuthis	155
3. Magazin „R" in Karnak, südlich des hl. Sees ("Geflügelhof")	155
4. Türsturz(?) Berlin 2095, im Dorf Nag el-Foqani verbaut gefunden	163
5. Relieffragment New York MMA 27.2.1	163
6. Säulenfragment aus Hof zwischen 9. und 10. Pylon von Karnak	164
Achmim	164
7. Block Kairo JE 57173 mit dem Anfang einer Widmungsformel	164
Herkunft unbekannt	164
8. Skarabäus	164
Nichtkönigliche Personen	164
Memphis	164
9. Demotische Stele H. 5-34 aus Grabstätten der Apismütter in Sakkara aus Jahr 1	164
Ain Manawir (Oase Charga)	164
10. Demotische Ostraka aus dem Osiristempel von Dusch	164

74. Nepherites II. 165

Königliche Denkmäler	165
Mendes	165
1. Zwei Blöcke aus Tell Timai	165

75. Nektanebos I. 166

Königliche Denkmäler	166
Deltaküste	166
1. Säulenfragment aus Alexandria	166
2. Stele aus Herakleon (Thonis), Duplikat zur Naukratisstele	166
Damanhur	168
3. Naos Kairo CG 70020 für Neith	168
Naukratis	168
4. Naukratisstele (früher) Kairo JE 34002	168
Tell el-Balamun	170
5. Intaktes Gründungsdepot von hinterer südl. Ecke des Naosareals von Tempel A	170
6. Gründungsdepot aus Tempel B	171
Sebennytos	171
7. Torso einer Königsstatue aus Quarzit Paris Musée Rodin 1420	171
8. Torso einer Königsstatue aus Basalt Louvre E.25492	171

Mendes 172
   9. Naos Kairo CG 70022, in Haus aus römischer Zeit gefunden 172
   10. Naos Kairo JE 43279 für Hatmehit 172
   11. Block aus Quarzit, nahe Naos gefunden 172
   12. Block aus Quarzit vom nördl. Teil der Westwand des inneren Tempels 172
Baqliya (Hermopolis parva) 173
   13. Torso einer schreitenden Königsstatue Kairo JE 38167 = TN 27/4/15/3 173
   14. Zwei Löwen Vatikan 21 / 23 173
   15. Mehrfach ‚restaurierte' Altarträgerstatue in Madrid 173
   16. Oberteil einer Statue mit Nemes-Kopftuch 174
   17. Fragment einer Königsstatue mit Nemes-Kopftuch, 1991 und 1998 im Handel ... 174
   18. Ca. 45 km östlich von Baqliya in einer Moschee verbaute Granitsäule 174
   19. Zwei Fragmente eines Türpfostens, eines verbaut, das zweite im Museum Kairo 174
   20. Drei Blöcke von Schrein oder Kapelle, in Shubra Hor nahe Baqliya gefunden 175
Athribis 175
   21. Torso einer Königsstatue Kairo JE 46438 aus Kafr Manaqir (bei Athribis) 175
Tanis und Umgebung 176
   22. Gründungsdepot an der Nordostecke des Amuntempels 176
   23. Sieben ‚Kartuschen' auf Kalksteinfragmenten (?) im Schutt des Chonstempels ... 176
   24. Relieffragmente aus Qantir(?) in München 176
   25. Block aus El-Munagat el-kubra 176
Pharbaitos 176
   26. Schenkungsstele aus Kalkstein Kairo TN 30/8/64/2 176
   27. Fragmente eines Stiersarkophags aus Rosengranit aus Abu Yassin 177
Pelusium 177
   28. Gewicht aus Granit im Museum Ismailiya 177
Saft el-Henna 177
   29. Naos Kairo CG 70021 177
   30. Statuenfragment London BM 1013 191
   31. Naos der Dekaden Louvre D.37 + Museum Alexandria JE 25774 191
   32. Verschollenes Naosfragment, Parallelstück zum Naos der Dekaden 197
Tell el-Maschuta (Pithom) 198
   33. Täfelchen im Museum Ismailiya 686 198
   34. Sistrum Ismailiya 655 198
Letopolis 198
   35. Verbaute Blöcke von einem Tempel (o.ä.) Nektanebos' I. 198
Heliopolis 200
   36. Schranke Bologna 1870 aus dem Atumtempel von Heliopolis, in Rom gefunden 200
   37. Schranke London BM 22 (in Alexandria gefunden, wohl aus demselben Gebäude) 201
   38. Schranke London BM 998 (nur Innenseite) 202
   39. Fragment aus Kalkstein (aus Tempel?) mit dem Rest einer Kartusche 203
   40. Fragmente aus dem Atumtempel von Heliopolis 203
   41. Teil eines Architravs aus Quarzit, in Kairo verbaut (aus Heliopolis?) 206
   41a. Im Nilometer von Roda verbauter Block (s. Nachtrag, p.737) 206
Memphis 207
   42. Kalksteinfragment London UC 14538 aus dem Ptahtempel 207
   43. Steinfragment mit Kartuschenresten 207
   44. Blöcke von Pylon aus Serapeum-Umfassung 207
   45. Block Louvre B.33, vielleicht aus Osttempel des Serapeums von Sakkara 207
   46. Südlich des Jeremiasklosters in Sakkara verbaute Blöcke 207

47. Sistrumgriff London UC 16440 208
48. Menatfragment London UC 16441 208
49. Block aus Kapitell, in Zitadelle von Kairo verbaut (aus Memphis?) 208
Hermopolis 209
50. Stele Kairo JE 72130 aus Jahr 8 mit historischem Bericht und Stiftungsdekreten 209
51. Fragment (rechter Unterschenkel) einer Stehfigur Kairo CG 1078 214
52. Oberteil einer Kolossalfigur aus Kalkstein Kairo JE 87298 215
53. Rechteckiger Altar aus Kalkstein 215
54. In Nordwand des unter Domitian gebauten Tempels verbauter Block 215
Achmim 215
54a. Auf drei Seiten beschriftetes Fragment eines Türpfostens (s. Nachtrag, p.735-6) 215
Abydos 215
55. Blöcke beim Weißem Kloster von Sohag gefunden 215
56. Osiristempel von Kom es-Sultan und Gründungsdepots 215
57. Fragmente von zwei Naoi, Kairo CG 70018 und Naos aus Weißem Kloster 216
Dendera 217
58. In der Isiskapelle des Augustus verbaute Blöcke Nektanebos' I. 217
59. Die unter Nektanebos I. dekorierten Teile des (älteren) Geburtshauses 218
Koptos 228
60. Stele Kairo TN 25/10/24/1 = JE 25980 aus Jahr 16 228
61. Naos Kairo CG 70019 229
Theben und Umgebung 229
62. Tor (Bab el-Melacha) bei Gegentempel des Amun-Re-Harachte in Karnak-Ost .. 229
63. Säulenhof im Tempel des Horpare (Geburtshaus?) im Monthbezirk 231
64. Tor vor Tempel der Maat im Monthbezirk (von Nektanebos II. weitergeführt) 231
65. Kapellen Nektanebos' I beim Osttempel (N) Thutmosis' III in Karnak 232
66. Inschriftenband auf der Basis der äußeren Nordwand des Chonstempels in Karnak 234
67. Szenen Nektanebos' I. auf der Außenseite der Nordwand des Chonstempels 234
68. Dekoration des Tores des Opettempels in Karnak 236
69. Inschriften Nektanebos' I. im Mutbezirk von Karnak 240
70. Stele Kairo TN 22/3/37/2, vermutlich aus Karnak 240
71. In einer ptolemäischen Kapelle verbaute Fragmente einer königlichen Stele 241
72. Sphingenallee zwischen Luxor und Karnak 241
73. Zwei Fragmente einer Stele, am Beginn der Sphinxallee in Luxor gefunden 254
74. Östlich und westlich des Luxortempels gefundene Architekturteile 255
75. Fragment eines Reliefs aus Tor(?) im Luxortempel, dort aufgestellt 255
76. In den Toren des „Camp romain" des Tempels verbaute Architekturelemente 255
77. Stele im Museum Luxor aus Jahr 10 257
78. Kolonnade vor Pylon der 25. Dynastie bei kleinem Tempel von Medinet Habu... 257
79. Türpfosten beim kleinen Tempel von Medinet Habu 266
80. Zwei Blöcke von unbekanntem Tor in Medinet Habu 267
81. Basis von Sphinx London BM 1230 268
82. Löwe Berlin 2280 (aus Medinet Habu oder aus Karnak?) 268
83. Sphinx aus Medinet Habu, beim Tor des Tiberius gefunden 269
84. Sphinx Kairo CG 661 (aus Medinet Habu?) 269
85. Zwei Sphingen aus Medamud, an der Ostseite der Umfassungsmauer verbaut 269
86. Darstellung von Tempelinventar aus dem ‚Schatzhaus' des Tempels von El-Tod 270
Moʿalla 270
87. Block aus Moʿalla 270
88. Zwei Relieffragmente aus Kalkstein, 1985 im Handel 270

Elkab	271
89. Tempel der Nechbet	271
Edfu (Verweis)	272
Elephantine	272
90. Verbaute Blöcke eines Interkolumnartores	272
Philae	274
91. (Mittel)Tor des 1. Pylons des Tempels von Philae	274
92. Kiosk / Vorhalle des Tempels	286
93. 21 Blöcke, im 2. Pylon und Hypostylensaal des Isistempels von Philae verbaut	300
Oase Charga	302
94. Inschriften auf drei Blöcken aus den Fundamenten des Portikus des Hibistempels	302
Oase Bahrein	302
95. Tempel von Bahrein des ‚Königs' *Wn-Jmn*	302
Herkunft unbekannt	303
96. Steinfragment Straßburg 1592	303
97. Torso Königsstatue Vatikan 13 = 22671	303
98. Fragment (Mittelteil) einer königlich Schreitfigur im Handel	304
99. Sphinx Louvre A.29	304
100. Zwei Sphingen im Park von Châteauneuf-sur-Loire	304
101. Bildhauermodell Louvre E.22752	304
102. Kopf Louvre E.27124	305
103. Relieffragment Kairo TN 27/7/33/1 aus Rosengranit im Garten des Museums	305
104. Zwei Relieffragmente aus Kalkstein Brooklyn 57.21.3 und Hannover S.1095	305
105. Sistrumgriff aus Fayence Louvre E.22355	305
106. Fragmente des Sarkophags Nektanebos' I. im Museum Kairo	306
107. Sechs Uschebtis Nektanebos' I.	307
108. Blöcke BM London 1731 und 1732	308
109. Zwei Objekte aus Gründungsdepot(s)	308
110. Plakette in Sammlung Matouk P.VII.13	309
111. Plättchen aus grüner Fayence Kairo JE 85621	309
112. Obeliskenmodell London UC 15512	309
113. Kartusche aus Fayence Louvre E.24646	309
114. Fragment eines Sistrumgriffs London BM 54828	309
Nichtkönigliche Personen	309
Tell el-Balamun (?)	309
115. Torso Kairo JE 47291 des *Jmn-ḥ3py*, bei Doqmeira gefunden	309
Behbeit el-Hagar (und Umgebung)	310
116. Naophor Berlin 21596 des Wezirs *Ḥr-z3-3st*	310
117. Fragment Kairo TN 28/5/25/5 des Sarkophags des Wezirs *Ḥr-z3-3st*	311
Busiris	312
118. Torso der Stehfigur eines Generals New York MMA 1996.91	312
Athribis	312
119. Torso einer Stehfigur München GL. 82	312
Tell Basta (Bubastis)	313
120. Torso einer Stehfigur Moskau I.1.a.5320 (4171) des Wezirs *Ḥr-z3-3st*	313
Saft el-Henna	314
121. Stehfigur (ehemals) in Sammlung Otto Spaeth New York	314
Heliopolis	315
122. Naophor des *Ḏd-ḥr* Musée Bonnat, Bayonne 498	315

Memphis 316
    123. Türpfosten Cambridge E.5.1909 und Brooklyn 56.152 des *T3j-3st-jm.w* 316
    124. Stele Louvre C.318 = IM 131 aus der Umgebung des Serapeums 317
    125. Demotische Stele Louvre IM 17 aus dem Serapeum aus Jahr 2 319
    126. Demotische Stele Berlin 2127 aus dem Serapeum aus Jahr 3 319
    127. Demotische Stele Louvre IM 3337 aus dem Serapeum aus Jahr 3 319
    128. Demotische Stele aus dem Serapeum (in Kairo gefunden) aus Jahr 3 319
    129. Demotische Stele aus dem Serapeum aus Jahr 8 319
    130. Demotischer Papyrus Kairo CG 50095 mit Urkunde aus Jahr 5 319
    131. Begräbnis des Wezirs *P3-dj-Njtt* im Grab des Bokchoris in Sakkara 319
    132. Statuensockel Kopenhagen AEIN 101 desselben *P3-dj-Njtt* 321
    133. Reste der Begräbnisse von Angehörigen des *P3-dj-Njtt* im Grab des Bokchoris. 322
    134. Kopf einer Statue des *Wn-nfr* Baltimore Museum of Art 51.257 322
    135. Siegel desselben *Wn-nfr* aus Palast des Apries(?) 322
    136. Sockel einer Statue des *Wn-nfr* in Privatsammlung 323
    137. Demotische Kalksteinstele H5-2592 aus Grab der Apismütter 323
    138. Demotische Kalksteinstele H5-2593 aus Grab der Apismütter 323
    139. Demotische Kalksteinstele H5-2621 aus Grab der Apismütter 323
    140. Kalksteinblock H5-51a mit demotischer Aufschrift aus Grab der Apismütter 323
    141. Kalksteinblöcke H5-98 und H5-350 aus Grab der Apismütter 323
    142. Kalksteinblock mit demotischer Aufschrift H5-22a aus Grab der Apismütter 323
    143. Demotische Kalksteinstele H5-2612 aus Grab der Apismütter 323
    144. Kalksteinblock mit demotischer Aufschrift H5-2628 aus Grab der Apismütter .. 323
    145. Kalksteinblock mit demotischer Aufschrift H5-2667a aus Grab der Apismütter 323
    146. Oberteil einer demotischen Kalksteinstele H5-2865 aus Grab der Apismütter ... 323
    147. Unterteil einer demotischen Kalksteinstele H5-2872 aus Grab der Apismütter .. 324
    148. Demotische Graffiti in den Steinbrüchen von Tura und Masara 324
Fayyum 324
    149. Unterteil eines Naophors Alexandria 20959 des *Wn-nfr* 324
    150. Unterteil einer Kniefigur mit Becken Turin 3028 des *Wn-nfr* 325
    151. Fragment einer Statue desselben *Wn-nfr* 325
    152. Uschebti des *Wn-nfr* in Como 325
    153. Demotischer Papyrus Chicago OIM 17481 (Hawara 1) aus Hawara 326
Herakleopolis 326
    154. Demotische Papyri Lille 22-24 aus Jahr 8 326
Hermopolis 326
    155. Naophortorso Louvre E.18967 des *Šps-jrj-dj-s* 326
    156. Demotische Graffiti und Inschriften in den Steinbrüchen von Wadi en-Nachle.. 326
Sidi Musa 327
    157. Graffiti in den Steinbrüchen von Ptolemais 327
Theben 327
    158. Demotisches Graffito eines *Hr-3hbjt* vom Dach des Chonstempels aus Jahr 13 . 327
Edfu 327
    159. Demotische Papyrusfragmente Kairo CG 50151 + 50152 + 50158 327
    160. Demotischer Papyrus Kairo CG 50157 mit Brief aus Jahr 8 327
    161. Zwei Papyrusfragmente Kairo CG 50144 / 50145 mit Eiden aus Jahr 13 327
    162. Demotischer Papyrus Berlin 15831 + Kairo CG 50160 mit Kaufvertrag 327
    163. Demotischer Papyrus Lonsdorfer 1 (Berlin 15830) mit Ehevertrag 327
Wadi Hammamat 328
    164. Inschrift Nr.26 328

Ain Manawir (Oase Charga) 328
   165. Demotische Ostraka aus dem Osiristempel von Dusch (Ain Manawir)............... 328
   166. Demotisches Ostrakon in Moskau mit Urkunde aus Jahr 6............................... 328
Herkunft unbekannt.. 328
   167. Statuenfragment Louvre AE / E.10783 328
   168. Fragment eines Naophors San Francisco 54664... 329
   169. Statuensockel Musée des Beaux-Arts Lyon des Wezirs *Ḫr-zȝ-ȝst* 329

76. Tachos.. 330

Königliche Denkmäler 330
Tell Tibilla (Tell Balala) 330
   1. Block aus Sandstein, in einem Dorf ca. 10 km nördlich von Meniet el-Nasr verbaut 330
Athribis 330
   2. Steinfragment mit Königsnamen.. 330
Tanis und Umgebung 330
   3. Kalksteinfragmente aus Tempeln von Tanis 330
   4. Steinfragmente München ÄS 1313 aus Qantir mit Kartuschen 331
   5. Im Dorf Matariya beim Menzaleh-See verbauter Block 331
Tell Basta (Bubastis) 331
   6. In Bilbeis in Moschee verbauter Block aus Bubastis 331
Memphis.. 332
   7. Fragment einer Fayence-Schale London UC 15991.. 332
Hermopolis.. 332
   8. Torso einer Statue aus Kalkstein im Magazin von Ashmunein................................ 332
Theben... 332
   9. Kapelle an der Nordwand des Chonstempels von Karnak 332
   10. Inschriftenband unten auf der Außenseite der Ostwand des Chonstempels......... 334
   11. Szenen auf der Außenseite der Ostwand des Chonstempels von Karnak 335
Herkunft unbekannt.. 338
   12. Fragment von Naos oder Kapelle in Kairo mit Titulatur des Tachos................... 338
   13. Gewicht von 12 dbn aus Handel oder Privatsammlung 338
   14. Gefäßverschluß aus Kalkstein ehemals im Handel 338
   15. Goldmünze des Tachos im BM London 338
Nichtkönigliche Personen 338
Memphis.. 338
   16. Demotisches Graffito im Steinbruch von Tura (?) 338
   17. Demotischer Papyrus 71/2-DP 146 [5832] aus der Tiernekropole von Sakkara.... 338
   18. Unpubl. demotischer Papyrus 71/2-DP 104 338

77. Nektanebos II... 339

Königliche Denkmäler 339
Behbeit el-Hagar 339
   1. Architekturfragmente Nektanebos' II., nahezu alle zum *Ḥwt-Ḥmȝg* gehörig........... 339
   2. Fragment einer Sphinx aus Quarzit (1985 gefunden) 344
   3. Falkenstatue aus Granit, in Al-Mahalla al-kubra gefunden..................................... 345
   4. Schwalbenschwanz, 1806 in Behbeit angekauft.. 345
   5. Zwei Schwalbenschwänze Toronto 909.80.303-304, vermutlich aus Behbeit........ 345
   6. Sarkophag BM 10 Nektanebos' II., in Alexandria gefunden (aus Behbeit?)........... 345
   7. Oberteil einer Schenkungsstele, 1992 im Handel.. 346

Sebennytos 346
    8. Fragmente einer Gauprozession aus „Soubassement" des Tempels des Onuris-Schu 346
    9. Naos Kairo CG 70012 für Onuris-Schu 348
    10. Oberteil eines Naos Kairo CG 70015 für Schu (?).. 349
    11. Granitfragment, in Moschee in Mahalla el-Kubra verbaut................................... 349
Baqliya (Hermopolis parva).. 349
    12. Zwei Paviane in Rom, Palazzo dei Conservatori, Nr.26 und 32 349
Athribis... 350
    13. Relief Brüssel E.4877 350
    14. Block mit Köngsnamen, 1985 gefunden 350
    15. Runde Opfertafel Turin 1751 (aus Athribis?).. 350
Tanis 353
    16. Fragment einer Statuette aus Kalkstein 353
    17. Falkenstatue 353
    18. Fragmente eines Naos aus Basalt 353
Ostdelta... 353
    19. Statuensockel aus Pharbaitos im Magazin von Zagazig..................................... 353
    20. Drei riesige Granitblöcke aus der Decke des Tempels (des Hor-merty)............. 354
    21. Obelisk Kairo CG 17031 + Brooklyn 36.614 aus Pharbaitos (?)........................ 354
    22. Relieffragmente aus Qantir in München ÄS 2346; 2347 355
    23. In El-Tawila (nördl. Tell el-Kebir) verbautes Fragment eines Pfeilers (o.ä.) 355
Tell Basta (Bubastis) 355
    24. Teile der Wände aus der Halle des Tempels 355
    25. Fragmente des zentralen Naos, Kairo CG 70016; London BM 1005; 1078-1080 . 362
    26. Naos für Bastet "Herrin des Schreins"; in situ und in London BM 1106 365
    27. Rechte Seite eines Naos, mit "Monographie" über Pfeil der Bastet..................... 367
    28. Naos Kairo CG 70013 für Bastet und Herischef 368
    29. Granitfragmente von Oberteil eines Naos („Schrein A")................................... 368
    30. Granitfragmente von Oberteil eines Naos („Schrein B")................................... 368
    31. Fragment (rechter Fuß) einer Königsstatue Kairo CG 1086 369
    32. Fragmente einer Sitzfigur des Königs „with a smaller figure standing near him". 369
    33. Fragment einer Statue der Bastet.. 369
    34. In Bilbeis gefundene Blöcke und Architekturteile aus Bubastis 369
    35. An weiteren Orten gefundene Blöcke aus Bubastis 373
Saft el-Henna 374
    36. Verbaut gefundener doppelseitig dekorierter Block aus Tempel 374
Tell el-Maschuta (Pithom) 374
    37. Architekturfragmente aus dem Tempel 374
    38. In Awlad Musa sekundär verbaute Kalksteinblöcke 375
Bilbeis (Verweis)... 379
Heliopolis 379
    39. Fragment vom Rückenpfeiler einer Königsstatue Glasgow Hunterian Art Gallery 379
    40. Statuensockel Berlin 11577 aus dem Tempel der Hathor-Nebethetepet............... 379
    41. König vor Falken MMA 34.2.1 379
    42. ‚Metternichstele' New York MMA 50.85, in Alexandria gefunden 380
Memphis und Umgebung.. 381
    43. Block aus Krokodilfriedhof in Abu Roasch 381
    44. Fragment eines eingelegten Holzschreins Brooklyn 37.258 E aus Abusir 381
    45. Fayencevase Kairo JE 53866 aus Giza.. 381
    46. Blöcke aus Ptahtempel, in Bottich oder Tank verbaut 382

47. Relieffragmente aus Tempel in Tiernekropole von Sakkara-Nord ... 382
48. Sistrumgriff aus Fayence aus Sakkara-Nord ... 383
49. Fayenceplatte Kairo JE 59119 (Gründungsbeigabe) in Form einer Kartusche ... 383
50. Blöcke (vermutlich) aus Ost-Tempel bei Serapeum ... 383
51. Große Stele Kairo JE 40002 (TN 2/12/24/3) aus Ost-Tempel (?) mit Bautext ... 385
52. Basis Louvre N.424, von einer von zwei Sphingen aus Osttempel ... 387
53. König vor Falken München 7142 (ehemals in Sammlung Varille) aus Sakkara ... 387
54. Türpfosten, in Kairo verbaut, vermutlich aus Memphis ... 387
55. Felsstele aus Masara ... 388
56. Unleserliche Felsstele aus Masara ... 388

Fayyum ... 388
57. Schenkungsstele Kairo TN 13/1/25/6 aus Medinet el-Fayyum ... 388

Herakleopolis und Umgebung ... 389
58. Relieffragmente aus Tempel des Ptah-Sokar-Osiris aus Abusir el-Meleq ... 389
59. König vor Falken Kairo JE 89076 aus *Nbwj* ... 389
60. Fragment eines Naos Nektanebos' II. aus Herakleopolis ... 389

Hermopolis ... 390
61. Zwei Obelisken London BM 523 und 524 + Kairo CG 17030 ... 390
62. Fragmente aus Thottempel ... 391
63. In Basilika verbauter Block aus rotem Granit ... 391
64. Fragmente einer Statuenbasis aus Kalkstein ... 391
65. Fragment (Granit) einer Statue(?) ... 391

Tuna el-Gebel ... 392
66. Naos Kairo CG 70014 für Thot ... 392

Abydos ... 392
67. Fragmente von Kartuschen Nektanebos' II. im Osiristempel von Kom es-Sultan ... 392
68. Fragment eines Naos aus Granit Kairo CG 70017 ... 392
69. Fragmente eines Naos aus Granit Kairo CG 70018 ... 393
70. Aus Fels(stele) gesägte Platte Berlin 14399 mit königlichem Schutzdekret ... 394
71. Sockel Kairo TN 11/1/25/15 einer Gruppenfigur ... 395
72. Block mit Kartusche, von Naos oder Tempelwand, in Privathaus gefunden ... 395

Koptos ... 395
73. Tor von Kapelle *nṯrj šmꜥ* südlich des Mintempels ... 395
74. Statuensockel aus Alabaster Louvre E.11220 ... 395

Theben und Umgebung ... 396
75. Türpfosten aus ptolemäischem Tempel (M) in Karnak-Nord ... 396
76. Tor vor Tempel der Maat im Monthbezirk ... 397
77. Fragmente aus Amun-Tempel D in Karnak-Nord ... 399
78. Opferszenen und Restaurationstexte im Chonstempel von Karnak ... 399
79. Votivelle Kairo TN 31/12/22/1 aus Karnak ... 402
80. Kapelle B im Mutbezirk ... 402
81. Inschriften Nektanebos' II. im Mutbezirk von Karnak ... 403
82. Inschrift von zwei Kolumnen am Contratempel an der Rückseite des Muttempels ... 403
83. Block aus Luxortempel ... 403
84. Relieffragmente einer Szene, 2013 im Luxortempel ausgestellt ... 404
85. Tor mit Türpfosten bei Brunnen ("Nilometer") von Medinet Habu ... 404
86. In Privathäusern südl. des Monthtempel von Tod verbaute Relieffragmente ... 404
87. Reste von Säulen (heute zerstört) aus Kapelle(?) Nektanebos' II. in Armant ... 405
88. Buchis-Stele BM 1693 aus Armant ... 405
89. Fragmente einer verschollenen Opfertafel (Miniatur) ... 406

90. Block London BM 1710 (Türsturz?) aus Bucheum	406
91. Nemset-Vase in Kairo	406
Elkab	407
92. Tempel der Nechbet	407
Edfu	407
93. Großer Naos im Tempel	407
Elephantine / Assuan	409
94. Chnumtempel von Elephantine	409
95. Naos des Chnumtempels (unfertig, nur Vorzeichnung mit Quadratnetz)	412
96. Oberteil einer 1907 im Chnumtempel gefundenen Sandsteinstele Louvre AF 6942	413
97. Blöcke Nektanebos' II. aus Assuan	413
Wadi Hammamat	413
98. Felsinschrift Nr.29	413
Oase Charga	414
99. Portikus des Hibistempel	414
Oase Siwa	428
100. Reste von Kartuschen (ehemals erkennbar) im Tempel von Umm Ubayda	428
Herkunft unbekannt	430
101. Mittelteil einer Stehfigur Kairo JE 54470	430
102. Relieffragment Figeac E 2	431
103. Relief (im Handel)	431
104. Fragment aus Sandstein London UC 14517	431
105. "Plaque murale portant une série de cartouches incomplets" Museum Alexandria	431
106. Gruppenstatue (thronender Gott mit König vor sich) London BM EA 1421	431
107. Kopf einer Königsstatue Moskau I.1.a.5738	431
108. Kopf von Königsstatue im Handel	432
109. Oberteil einer Bronzefigur (König vor Falken) Kairo JE 91435	432
110. Siegelabdruck London BM 15692	432
111. Zwei Fayenceplaketten (BM 17159 und 24741) im Britischen Museum London	432
112. Plakette (Kartusche mit Federkrone) in Sammlung Basel	432
113. Plakette (Kartusche mit Federkrone) Kairo CG 12099	432
114. Königliche Uschebtis in mehreren Sammlungen	432
Königsfamilie	433
Memphis	433
115. Kopflose Stehfigur New York MMA 08.205.1 des T3j-Ḥpj-jm.w	433
Herkunft unbekannt	434
116. Bronzesiegel eines Königssohnes T3j-Ḥpj-jm.w	434
Nichtkönigliche Personen	434
Tell Basta (Bubastis)	434
117. Naophortorso Kairo JE 41677 des ꜥnḫ-Ḥpj mit magischen Texten	434
Memphis	435
118. Opfertafel Kairo CG 23115 des ꜥn-m-ḥr aus Abu Roasch	435
119. Stehfigurfragment Brooklyn 86.226.24 des sntj T3j-Ḥr-p3-t3 aus Sakkara	436
120. Sarkophag Kairo CG 29306 des T3j-Ḥr-p3-t3 aus Sakkara	436
121. Uschebtis des T3j-Ḥr-p3-t3 aus Sakkara	438
122. Sarkophag Kairo CG 29307 des Ḏd-ḥr aus Sakkara	438
123. Grab des Wnn-nfr in Sakkara	439
124. Sarkophag des Wnn-nfr New York MMA 11.154.1	441
125. Unpublizierte Uschebtis des(selben?) Wnn-nfr in Amiens und im Louvre	444
126. Sarg des Ii-m-ḥtp aus Grab F17 in Sakkara	444

127. Demotische Stele Louvre IM 3372 aus dem Serapeum aus Jahr 2 444
128. Kalksteinstele H5-2625 (4902) mit Liste von Steinmetzen aus Jahr 3............ 444
129. Fragment einer demotischen Stele Louvre SN 25 aus dem Serapeum aus Jahr 3 444
130. Demotische Stele Louvre SN 7 aus dem Serapeum aus Jahr 2 445
131. Fragment einer demotischen Stele Louvre IM 67 aus Jahr 3 445
132. Demotische Stele Louvre IM 4199 aus Jahr 3.. 445
133. Demotische Serapeumstele Louvre SN 14 aus Jahr 8 445
134. Hieratische Kalksteinstele H5-2594 (4871) aus Grab der Apismütter............. 445
135. Demotische Kalksteinstele H5-2603 (4880) aus Grab der Apismütter 447
136. Demotische Kalksteinstele H5-147a (799a) aus Grab der Apismütter............ 447
137. Demotische Papyri Kairo CG 30871 und 30872 mit Rechnungen aus Jahr 16.... 447
138. Papyri Zagreb 597-2 (+ Wien 3873) mit Balsamierungsritual für den Apis........ 447
139. Demotische Graffiti des *T3j-Ḥr-p3-t3* im Steinbruch von Tura 448
Herakleopolis 448
    140. Stehfigur Louvre A.88 des Generals *Ḥr*.. 448
Hermopolis.. 449
    141. Sarkophag Kairo CG 29315 des *sntj Ḏḥwtj-jrj-dj-s* aus Tuna el-Gebel............. 449
    142. Uschebtis des *sntj Ḏḥwtj-jrj-dj-s* aus Tuna el-Gebel in mehreren Sammlungen . 451
Deir Abu Hennis (bei El-Berscheh) 451
    143. Demotisches Felsgraffito aus einem Jahr 1 451
Qusae... 451
    144. Kalksteinblock, vermutlich Sockel einer Statue des *sntj Ḏḥwtj-jrj-dj-s* 451
Abydos 452
    145. Sarkophagdeckel aus Kalkstein Cambridge FW 48.1901 452
Koptos 452
    146. Obeliskenfragment London UC 14522 + Lyon, Musée des Beaux-Arts 1969-199 452
    147. Begräbnis des *Ns-Mnw*, Sohn des *Jrtj-r-t3j* 453
Theben... 454
    148. Theophor Kairo JE 36715 des *P3-dj-Jmn-nb-nswt-t3wj* aus der Cachette........... 454
    149. Stehender Theophor Kairo JE 37140 aus der Cachette (s. Nachtrag, p.738) 454
    149a. Stehfigur des *Ns-Mnw* aus der Cachette von Karnak (s. Nachtrag, p.739)........ 454
    150. Stehfigur mit Rückenplatte Kairo JE 37075 des *J‘ḥ-msjw* aus der Cachette 454
    151. Graffito Medinet Habu Nr.310 aus Jahr 2(?)... 457
Elkab.. 457
    152. Torso einer Stehfigur des Generals *Psmṯk* in Privatsammlung Paris 457
Edfu 458
    153. Demotischer Papyrus IFAO 901 mit Vertrag über Verkauf einer Kuh 458
    154. Demotischer Papyrus IFAO 902 mit Vertrag über Verkauf einer Kuh 458
Elephantine 458
    155. Demotischer Papyrus Moskau 135 mit Urkunde aus Jahr 12........................... 458
    156. Demotischer Papyrus Berlin 13633 mit Brief aus Jahr 18 458
    157. Demotische Papyri Kairo JE 98501-98520 eines „Familienarchivs".............. 458
Wadi Hammamat... 458
    158. Demotisches Graffito des *T3j-Ḥr-p3-t3* 458
Herkunft unbekannt 458
    159. Sphinx Wien 76 des Generals *W3ḥ-jb-R‘* 458
    160. Uschebtis desselben Generals *W3ḥ-jb-R‘* in vielen Sammlungen 459
    161. Stehfigur des [*Psmṯk*], Vater des Generals *Ḥr* (?) im Museum Alexandria 459
    162. Situla London BM EA 38212 des *Ḥr* 460
    163. Stehfigurtorso Lausanne 7 des *Ḥr-nfr* 462

164. Naophorfragment Aberdeen, Marischal College 1421 463
165. Demotischer Papyrus Berlin 23805 mit Urkunde über Darlehen aus Jahr 18 463
166. Demotische Papyri Berlin 13609, 13610, 13611 aus Jahr 14 463

78. Zweite Perserherrschaft (‚31. Dynastie') 464

Königliche Denkmäler 464
Memphis 464
  1. Münzen mit demotisch geschriebenem Königsnamen des Artaxerxes 464
  2. Apissarg aus dem Serapeum aus Jahr 2 des Chababasch 464
  3. Schleuderprojektil aus Blei mit Namen (demotisch) des Chababasch 464
  4. Amulett des Chababasch aus Fayence in Form eines Lotusblattes 464
Herkunft unbekannt 464
  5. Amulett Louvre E.8066 mit Namen des Chababasch 464
  6. Skarabäus, ehemals in Sammlung Stier 464
Nichtkönigliche Personen 465
Memphis 465
  7. Fragment einer postum errichteten Stehfigur des *Wḏꜣ-Ḥr-rsnt* aus Mitrahina 464
Theben 465
  8. Papyrus Libbey in Toledo mit Ehevertrag aus Jahr 1 des Chababasch 465
  9. Papyrus Louvre N.2430 mit Urkunde über Hausteilung aus Jahr 2 Darius' III. 465

79. Alexander der Große 466

Königliche Denkmäler 466
Mendes 466
  1. Unterteil einer Kniefigur Liverpool M 13933 (Kriegsverlust) 466
Tell el-Yahudiya 466
  2. Fragmente einer Wasseruhr 466
Memphis 467
  3. Felsstele in den Steinbrüchen von Tura / Masara 467
Hermopolis magna 468
  4. Portikus des Tempels des Thot, mit Königstitulatur Alexanders 468
  5. Fragment eines beidseitig dekorierten Architravs 469
  6. Fragment eines Reliefs, ohne genauen Fundort 469
  7. Block aus einer Mauer 469
  8. Fragment von Relief in Fondation Gandur pour l'Art, Genf 470
Theben 470
  9. Restaurierungsinschrift an den Türpfosten des 4. Pylons von Karnak 470
  10. Sanktuar Thutmosis' III. in Karnak (Achmenu, Raum XXIX) 470
  11. Opferszenen mit König vor Gott am Eingang des Pylons des Chonstempels 479
  12. Zwei Blöcke, südlich des Opettempels von Karnak gefunden 483
  13. Architekturfragmente im Magazin von Karnak oder dort frei gelagert 483
  14. Holzpalette mit hieratischem Inventar von Kultobjekten, in Luxor gekauft 483
  15. Barkensanktuar im Luxortempel 484
Armant 511
  16. Buchisstele London BM 1697 aus Jahr 4 511
Oase Bahriya 511
  17. Tempel für Amun und Horus bei Qasr el-Megysbeh 511
Herkunft unbekannt 512
  18. Wasseruhr St. Petersburg 2507a + Neapel 2327 512

19. Fragment einer Wasseruhr Brooklyn 57.21.1	513
20. Kartusche aus unbekanntem Zusammenhang	513

Nichtkönigliche Personen 513
Memphis 513
   21. Demotische Stele H5-2609 aus Katakombe der Apismütter aus Jahr 3 513
   22. Demotische Stele H5-2648 aus Katakombe der Apismütter 513
   23. Demotische Stele H5-2602 aus Katakombe der Apismütter aus Jahr 3 513
   24. Demotische Stele H5-2864 aus der Katakombe der Apismütter aus Jahr 5 514
   25. Demotische Stele H5-2617 aus der Katakombe der Apismütter aus Jahr 5 514
   26. Demotische Stele H5-2597 aus der Katakombe der Apismütter aus Jahr 5 514
   27. Demotische Stele H5-2601 aus der Katakombe der Apismütter aus Jahr 5 514
   28. Demotische Stele H5-2650 aus der Katakombe der Apismütter aus Jahr 5 514
   29. Demotische Stele MoA 70/49 aus der Katakombe der Apismütter 514
   30. Fragment einer demotischen Stele H5-2606 aus der Katakombe der Apismütter . 514
   31. Graffito in den Steinbrüchen von Tura / Masara aus Jahr 4 514
Hawara 514
   32. Demotischer Papyrus Chicago OIM 25257 mit Heiratsurkunde aus Jahr 1 514
Theben 515
   33. Demotischer Papyrus Louvre N.2439 über die Bezahlung eines Hauses 515
   34. Demotischer Papyrus Brüssel E.8252 über den Verkauf eines Hauses 515
   35. Demotischer Papyrus Straßburg BN 1 über den Verkauf eines Hauses 515

80. Philipp Arrhidaios 516

Königliche Denkmäler 516
Sebennytos 516
   1. Zwei Blöcke aus Hohlkehle mit Kartuschen 516
Athribis 516
   2. Block mit dem Namen des Philipp 516
   3. Kalksteinblock mit Resten einer Kartusche 516
Tell el-Yahudiya 516
   4. Fragment einer Wasseruhr London BM 938 516
Nub Taha 517
   5. Türsturz aus Kalkstein 517
Tuch el-Qaramus 517
   6. Plakette (Gründungsbeigabe) 517
Hermopolis magna 517
   7. Portikus des Tempels des Thot (+ Kairo 31/5/25/9) 517
Theben 525
   8. Barkenschrein in Karnak (+ JE 36712 und MFA 75.11) 525
   9. Restaurationsvermerk und Opferszenen beim 6. Pylon (s. Nachtrag, p.739) 544
   10. Raum Va beim 6. Pylon 544
   11. Block im Magazin von Karnak 544
   12. Fragment einer Kalksteinstele im Luxortempel 544
   13. Türpfosten links am Eingang zur Kolonnade Amenophis' III. im Luxortempel ... 544
Nichtkönigliche Personen 545
Athribis 545
   14. Würfelhocker mit Horusstele Kairo JE 46341 des $\underline{D}d$-ḥr („le sauveur") 545
   15. Oberteil eines stehenden Naophors Kairo TN 4/6/19/1 desselben $\underline{D}d$-ḥr 553
   16. Statuensockel Chicago OIM 10589 desselben $\underline{D}d$-ḥr 553

Hermopolis magna ... 556
   17. Papyrus Mallawi 605 mit Urkunde aus Jahr 8 ... 556
Theben ... 556
   18. Inschrift an der Außenwand des Vorhofs Amenophis' III. im Luxortempel ... 556
   19. Würfelhocker Kairo JE 37989 des *Jrt-Ḫr-r.w*, gestiftet von Sohn *ꜥnḫ-pꜣ-ḫrd* ... 558
   20. Würfelhocker Kairo JE 37429 des *Pꜣ-dj-Nfr-ḥtp* (Bruder des *ꜥnḫ-pꜣ-ḫrd*) ... 559
   21. Papyrus Philadelphia I = Kairo JE 89361 (Hausabtretungsurkunde) aus Jahr 7 ... 559
   22. Papyrus Paris BN 219a mit Dotationsschrift aus Jahr 8 ... 559

81. Alexander IV. ... 560

Königliche Dokumente ... 560
Sebennytos ... 560
   1. Fragment aus rotem Granit ... 560
   2. Fragment aus schwarzem Granit mit Opferszene ... 560
   3. Fragmente aus rotem Granit mit Resten von zwei Szenen ... 560
   4. Relieffragment mit drei Kolumnen ... 561
   5. Fragment aus Granit mit Resten einer Szene ... 561
   6. Block aus grauem Granit mit Rest einer (Opfer?)Szene mit König ... 561
   7. Relieffragment Louvre E.10970 mit opferndem König ... 561
   8. Relieffragment Kopenhagen Glyptothek AEIN 1061 mit König vor Sachmet ... 561
Memphis ... 562
   9. Fragment aus Granit Kairo JE 43978 von Naos oder Tor, in Kairo verbaut ... 562
Mittelägypten ... 562
   10. Türsturz aus Katzennekropole von Batn el-Baqara beim Speos Artemidos ... 562
   11. Fragment aus Tuna ... 562
Elephantine ... 563
   12. Zusatz(?) auf Außenseite des Tors des mittleren Sanktuars des Chnumtempels ... 563
   13. Granittor des Chnumtempels ... 563
Herkunft unbekannt ... 567
   14. Relieffragment Besançon A.995-7-1 ... 567
Nichtkönigliche Personen ... 568
Sais ... 568
   15. Stele Kairo CG 22182 („Satrapenstele'), in Kairo gefunden ... 568
Memphis ... 570
   16. Demotische Stele H5-2636 aus der Katakombe der Apismütter aus Jahr 9 ... 570
   17. Demotische Stele H5-2639 aus der Katakombe der Apismütter ... 571
   18. Demotische Stele H5-2624a aus der Katakombe der Apismütter aus Jahr 9 ... 571
   19. Demotische Stele H5-2605 aus der Katakombe der Apismütter aus Jahr 9 ... 571
   20. Papyrus Louvre 2412 + Paris BN 226a mit Urkunde über Pfründe aus Jahr 13 ... 571
Hawara ... 571
   21. Demotischer Papyrus Chicago OIM 25259 mit Ehevertrag aus Jahr 7 ... 571
Hermopolis ... 571
   22. Demotischer Papyrus Loeb 3 mit Urkunde über Darlehen aus Jahr 12 ... 571
   23. Demotische Papyri Loeb 4-32; 35; 57-58; 73 ... 571
Theben ... 571
   24. Papyrus London BM 10252, Kol.19, 23-34 mit Kolophon aus Jahr 11 ... 571
   25. Kolophon des hieratischen Papyrus Bremner-Rhind, aus Jahr 12 ... 572
   26. Demotischer Papyrus Rylands X mit Ehevertrag aus Jahr 2 ... 573
   27. Demotischer Papyrus Brüssel E.8256b mit Steuerquittung aus Jahr 2 ... 573
   28. Demotischer Papyrus Brüssel E.8256e über Steuerbefreiung aus Jahr 2 ... 573

29. Demotischer Papyrus Kairo JE 89362 = Philadelphia 2 mit Kaufurkunde 574
30. Demotischer Papyrus Brüssel E.8253 mit Urkunde über den Verkauf eines Hauses 574
31. Demotischer Papyrus Brüssel E.8256d mit Schreiben über Steuerbefreiung(?) 574
32. Graffito Medinet Habu Nr.86 mit Segenswunsch aus Jahr 5 574
33. Demotischer Papyrus London BM 10027 mit Besitzübertragungsurkunde 574
34. Demotischer Papyrus Brüssel E.8254 mit Urkunde über den Verkauf eines Hauses 574
35. Demotischer Papyrus Brüssel E.8255b mit Steuerquittung aus Jahr 6 574
36. Demotischer Papyrus Brüssel E.8255a mit Steuerquittung aus Jahr 6 574
37. Demotischer Papyrus Brüssel E.8255c mit Steuerquittung aus Jahr 7(?) 574
38. Demotischer Papyrus Brüssel E.8256a mit Steuerquittung aus Jahr 7 574
39. Demotischer Papyrus Kairo JE 89363 = Philadelphia 3 mit Kaufurkunde 574
40. Demotischer Papyrus Philadelphia 4 mit Abtretungsurkunde für ein Haus 575
41. Demotischer Papyrus Brüssel E.8255d mit Privatbrief aus Jahr 11 575
42. Demotischer Papyrus Brüssel E.8256c mit Verzichtserklärung aus Jahr 11 575
43. Graffito Medinet Habu Nr.235 mit Segenswunsch aus Jahr 12 575
44. Demotischer Papyrus Louvre 2440 mit Abtretungsurkunde für ein Haus 575
45. Demotischer Papyrus Louvre 2427 mit Abtretungsurkunde für ein Haus 575
46. Holztafel Paris BN 1892 mit Steuerquittung aus Jahr 3 575
Edfu 575
47. Modell des Gottes Ihi Kairo JE 45895 mit demotischer Aufschrift 575
Ain Manawir (Oase Charga) 575
48. Ostrakon OMan 4991 mit Scheidungsurkunde aus Jahr 11, 2. *prt* 575
49. Ostrakon OMan 6997 mit Urkunde über Verkauf von Wasserrechten aus Jahr 2 . 575

82. 4. Jahrhundert insgesamt 576
Königliche Dokumente 576
Athribis 576
1. Drei Fragmente von Kapelle oder Kiosk namens ‚Kammer der 70' 576
Saft el-Henna 578
2. Naos Ismailiya 2248, in El-Arisch gefunden 578
Königsfamilie 585
Behbeit el-Hagar 585
3. Torso einer Schreitfigur eines Sohnes Nektanebos' II. 585
Belqas 586
4. Sarkophag Kairo CG 29317 der Königsmutter *Wḏ3-Šw* aus Masara bei Belqas 586
5. Uschebtifragmente der Königsmutter *Wḏ3-Šw* aus Masara bei Belqas 587
Herkunft unbekannt 587
6. Sarkophag Berlin 7 des Generalissimus *Nḫt-nb.f* 587
7. Statuette eines Löwen mit Opferplatte der Königsschwester *Mrjt-Ḥp* 588
8. Granitfragment (von Grab oder Sarkophag?) derselben *Mrjt-Ḥp* 588
Nichtkönigliche Personen 588
Unterägypten allgemein 588
9. Naophor Kairo CG 722 des *P3-dj-Ḥr* (aus Aphroditopolis?) 588
10. Sarkophag Berlin 29 des Generalissimus *P3-dj-3st*, Sohn des *P3-šrj-n-t3-jḥt* 589
11. Uschebtis des Generalissimus *P3-dj-3st*, u.a. in Alexandria gefunden 596
12. Sarkophag BM 33 (967) der *ʿnḫ(t)*, Tochter des *P3-dj-3st* 596
Naukratis 597
13. Untersatz (für Altar?) Kairo TN 1/6/24/6 des *Nḫt-nb.f* 597
Terenuthis / Kom Abu Billu 598
14. Theophor Vatikan 159 des *Ḥr-rʿ*, einen Pavian mit Mondscheibe tragend 598

Buto 598
    15. Uschebtis des Gouverneurs und Generals *Ḏd-ḥr* 598
Sais 599
    16. Naophor Wien 62 des *Gmj-n.f-Ḥr-bȝk* 599
    17. Fragment vom Unterteil einer Stehfigur Zagreb 672 des *Pȝ-jrj-kȝp* 600
    18. Fragmente eines Sarkophags desselben *Pȝ-jrj-kȝp* in Kairo, Neapel und London . 601
Behbeit el-Hagar 602
    19. Fragment eines Sarkophag, vermutlich aus Behbeit, in Moschee in Kairo verbaut 602
Sebennytos 602
    20. Sarkophage Kairo JE 48446 des *ʿnḫ-Ḥr* und JE 48447 des *Šb-mn* 602
Tell Tibilla 603
    21. Fragment einer Stehfigur Kopenhagen AEIN 86 603
Mendes 603
    22. Statuensockel Stockholm NME 77 des *Ns-Wsrt* 603
    23. Statuensockel Stockholm NME 74 der *Smst* 604
    24. Uschebtis des *mr wʿbw Sḫmt Ns-bȝ-nb-Ḏdt* in mehreren Sammlungen 605
Tell Moqdam (Leontopolis) 605
    25. Kniefigur mit Altar Leiden AST 71 des Generals *Pȝ-dj-mȝj-ḥsȝ* 605
    26. Sarkophag Philadelphia 16134 des Generals *Pȝ-dj-mȝj-ḥsȝ* 606
    27. Sarkophag Kairo CG 29321 des *Ns-mȝj-ḥsȝ* 606
Athribis 607
    28. Zwei Fragmente eines Sockels mit Vertiefung für eine Statue 607
    29. Oberteil (Kopf) Statue Bologna KS 1835 des *Mrj-Ḥr-jtj.f* 609
    30. Magische Statue Florenz 1011 (E.1788) 609
    31. Torso eines stehenden Naophors Wien 5806a des *Tȝj-ʿn-m-ḥr-jm.w* 609
    32. Sockel einer Statue Kairo TN 22/10/48/18 des *Pȝj.f-tȝw-Jmn* aus Benha 610
    33. Grab und Sarkophag desselben *Pȝj.f-tȝw-jmn rn.f nfr Tȝj-ʿn-m-ḥr-jm.w* 610
    33a. Statue desselben Mannes aus Tyros (s. Nachtrag, p.740) 610
    34. Torso Moskau I.1.a.7702 (4067) 610
    35. Torso einer Stehfigur BM 121 des *Psmṯk-snb* 611
    36. Fragment aus Basalt (ehemals) in russischer Sammlung (desselben Mannes?) 611
    37. Ring des *Psmṯk-snb* 611
    38. Kopfloser kniender Naophor des *Nfr-jb-Rʿ* in Sammlung Chatsworth Bakewell .. 611
    39. Granitsarkophag des Generals *Jrj-Ḥr-wḏȝ-nfw* aus der Nekropole von Athribis ... 612
    40. Fragment eines Naophors Alexandria 403 617
Imet (Nebescheh) 617
    41. Stehfigurtorso Kairo JE 38545 + Fragment des Astronomen *Ḥr-ȝḫbjt* 617
    42. Torso eines stehenden Naophors des *Ns-Mnw* Kairo CG 617 618
Pharbaitos 619
    43. Uschebtis des *Ḥr-nḫt* in mehreren Sammlungen 619
    44. Fragment einer Schreitfigur des Generals *Pȝ-dj-Wsjr* 619
Tell Basta (Bubastis) 619
    45. Kopflose Kniefigur Rennes 98.5.1 des *Pȝ-jrj-kȝp* 619
    46. Fragment eines Naophors des Wezirs *Psmṯk-snb* (ehemals) im Handel 620
Letopolis 620
    47. Fragment einer Stehfigur des Wezirs *Psmṯk-snb* in Privatsammlung. 620
Heliopolis 620
    48. Stehender Naophor Louvre E.17379 des Wezirs *Psmṯk-snb* 620
    49. Magische Statue Turin Suppl. 9 + Florenz 8708 des Wezirs *Psmṯk-snb* 621
    50. Stehfigur Berlin 7737 des *Ḥrjj*, Sohn des Wezirs *Jʿḥ-msjw-mn-ḥwt-ʿȝt* 622

51. Naophortorso Vatikan 177 des *Psmṯk* 622
52. Zwei Reliefs aus Grab des *T3-nfr*, Alexandria 308 und Kairo JE 29211 623
53. Relief Kairo JE 41432 aus Grab des *Nj-ʿnḫ-Rʿ* 623
54. Reliefs Baltimore WAG 22.97 + 22.375 aus Grab des *P3-dj-Wsjr* mit Trinkszene 624
Memphis... 624
55. Torso eines Naophors Kairo CG 682 des Wezirs *Psmṯk-snb* aus Mitrahina......... 624
56. Stehfigur Vatikan 22692 (163/164) des *P3-šrj-n-t3-jḥt* 625
57. Kopfloser Naophor Kairo CG 1085 des *P3-ḫ3ʿ.s* 626
58. Naophor des *Ns-Ḥr* in Privatsammlung Mexico City 627
59. Gruppenfigur mit drei Frauen Louvre E.32648... 627
60. Sarkophagdeckel des Generalissimus *Ḥr* im Magazin in Giza (Nr.358) 627
61. Uschebtis eines Generals (*ḥrj mšʿ*) *P3-ḫ3ʿ-s* in mehreren Sammlungen............... 628
62. Fragment eines Naos im Museo Archeologico Verona 30297................................ 628
63. Sitzfigur des (Gottes) Imhotep Louvre N.4541, gestiftet von *W3ḥ-jb-Rʿ*.............. 628
64. Stele Marseille 46 des *P3-q3-ʿ3* aus Sakkara 629
65. Siegelabdruck Kairo JE 41862 des *Ns-m3j-ḥs3* aus dem „Palast des Apries" 629
66. Fragment eines knienden Naophors desselben *Ns-m3j-ḥs3* Neapel 1063 629
67. Block aus Grab des Generals *P3-dj-m3j-ḥs3*, Sohn der *T3-dj-Wsjr* in Sakkara...... 630
68. Fragment einer Stehfigur Neapel 1064 desselben Generals *P3-dj-m3j-ḥs3* 630
69. Zwei Architekturfragmente aus Sakkara 630
70. Naophor Berlin 14765 des *Jʿḥ-msjw* 631
71. Kopfloser Naophor desselben *Jʿḥ-msj*, in Pozzuoli (Puteoli) bei Neapel gefunden 632
72. Naophor Kairo CG 726 des *Psmṯk-z3-Njtt* aus Mitrahina...................................... 633
73. Fragment eines Naophors London BM 2341 des(selben?) *Psmṯk-z3-Njtt* 633
74. Sargboden Uppsala 156 des Generals *Ṯ3j-Ḥr-p3-t3* 634
75. Bestattung des *Ḥr-jrj-ʿ3* (II) im Grab des Bokchoris in Sakkara............................ 634
76. Reste der Bestattungen der Familie des *Ḥr-jrj-ʿ3* (II) im Grab des Bokchoris....... 636
77. Sarkophag London BM EA 23 des *sntj Ḥp-mn rn.f nfr Ḫnzw-t3j.f-nḫt*................. 636
78. Reliefs Kairo JE 10976 und 10978 aus dem Grab des *Psmṯk-nfr-sšm* 643
79. Uschebtis Kairo CG 48210-48224 des *Jrt-ḥr-r.w ḏd n.f Z3-sbk* 644
80. Torso einer Stehfigur desselben *Jrt-ḥr-r.w*, ehemals in Sammung Béhague 644
81. Sarkophagdeckel Kairo TN 21/11/14/7 des *Ṯ3j-Ḥp-jm.w* (s. Nachtrag, p.740)...... 644
82. Uschebtis desselben *Ṯ3j-Ḥp-jm.w* in verschiedenen Sammlungen......................... 644
83. Sarkophag Kairo CG 29302 des *Ḏd-ḥr* aus Sakkara 644
84. Uschebti desselben *Ḏd-ḥr* 1997 im Handel Paris 645
85. Sarkophag Louvre D.8 des *Ḏd-ḥr* aus Sakkara 645
86. Sarkophag Wien ÄS 1 des *Ns-Šw-Tfnt* aus Sakkara 647
87. Uschebtis des *Ns-Šw-Tfnt* 650
88. Sarkophag London BM EA 30 des *mr rwt Ns-jzwt* aus Grab LG 84 650
89. Sarkophagfragment London BM 525 des *mr rwt Ns-jzwt* aus Grab LG 84 651
90. Sarkophag Kairo CG 29301 des Generals (*mr mšʿ*) *ʿnḫ-Ḥp* aus Sakkara 652
91. Sarkophag BM EA 1504 des *Gmj-Ḥpj* aus Grab LS 7 in Sakkara 654
92. Sarkophag Kairo CG 29304 des Generals *Ḏd-ḥr* aus Sakkara 654
93. Sarkophag Kairo CG 29305 desselben Generals *Ḏd-ḥr* aus Sakkara.................... 655
94. Sarkophag Kairo TN 20/1/21/1-2 der *B3jtj*, Mutter des Generals *Ḏd-ḥr* 655
95. Begräbnis und Sarkophag MMA 14.7.1a-b des *Wrš-nfr* in Sakkara..................... 656
96. Sarkophag Louvre D.9 des Rechnungsschreibers *Ḏd-ḥr* aus Sakkara 657
97. Deckel und Fragmente der Wanne des Sarkophags des *Wsr-m3ʿt-Rʿ* aus Sakkara 663
98. Grab des *P3-šrj-n-t3-jḥt* in Sakkara.. 664

Fayyum.. 666
    99. Intaktes Begräbnis des *Ḥr-wḏ3* in Hawara... 666
Herakleopolis.. 667
    100. Stele Neapel 1035 („Stele von Neapel'), in Pompei gefunden............................. 667
    101. Torso eines Naophors Kairo JE 47109 des *Zm3-t3wj-t3j.f-nḫt*............................. 668
    102. Begräbnis des *P3-ḫ3ꜥ-s* in der Nekropole von Abusir el-Meleq.......................... 669
    103. Gegenstände aus dem Begräbnis des *ꜥnḫ-m-m3ꜥt* in einer Privatsammlung....... 669
Hermopolis.. 670
    104. Uschebtis des *Psmṯk* im RMO Leiden und in Sammlung G. Janes.................... 670
    105. Unterteil eines stehenden Theophors (mit Pavian) BM EA 69486 des *Wn-nfr*.... 670
Achmim... 671
    106. Stele Louvre C.112 des *Ḥr*.. 671
    107. Naophortorso Neapel 241834 eines *Jrt-Ḥr-r.w*, bei Cumae (Italien) gefunden... 672
    108. Stele Louvre E.20341 (ehemals Guimet 2842) des *Ḏd-ḥr*.................................. 672
    109. Steinstele Bologna KS 1940 des *Wnn-nfr*.. 674
    110. Oberteil einer Kalksteinstele Florenz 7638 des *Ḏd-ḥr*.. 674
Abydos.. 675
    111. Pyramidion Avignon A.30 des *Ns-Mnw*... 675
    112. Pyramidion St. Petersburg 2260 des *Rr* und seiner Frau *Njtt-jqrt*....................... 676
    113. Kalksteinstele Kairo CG 22054 des *T3j-nḫt*... 676
Theben.. 679
    114. Osirophor Kairo JE 37442 + Richmond L-27-41-6 aus der Cachette von Karnak 679
    115. Würfelhocker Kairo TN 15/12/24/1 des *Jrt-Ḥr-r.w* aus der Cachette.................. 680
    116. Würfelhocker Kairo JE 37196 des *Ḏd-Ḫnzw-jw.f-ꜥnḫ* aus der Cachette.............. 681
    117. Stehfigur New York MMA 08.202.1 des *ꜥnḫ-p3-ḫrd*... 682
    118. Würfelhocker Kairo JE 37853 desselben *ꜥnḫ-p3-ḫrd* aus der Cachette.............. 682
    119. Würfelhocker Kairo TN 8/12/24/3 des *Ḥr-z3-3st*, Bruders des *ꜥnḫ-p3-ḫrd*......... 683
    120. Würfelhocker Glasgow Burrell Collection 13.233 des *Ns-mnw* aus der Cachette 683
    121. Würfelhocker Pierpont Morgan Library 10 des *T3-nfr* aus der Cachette............. 684
    122. Kniefigur desselben *T3-nfr* aus der ehemaligen Sammlung Omar Pacha............ 684
    123. Würfelhocker Kairo JE 37861 des *Ḏd-ḥr* (Bruder des *T3-nfr*) aus der Cachette . 684
    124. Stehfigur Kairo TN 8/12/24/5 desselben *Ḏd-ḥr* aus der Cachette....................... 685
    125. Ptah-Sokar-Osiris-Figur der *3st-wrt* Leiden AH 9.. 686
    126. Totenbuch-Papyrus Leiden AMS 41 (T 16) derselben *3st-wrt*............................ 686
    127. Ptah-Sokar-Osiris Leiden AH 10 der *T3-(nt-)j3t* Leiden AH 10........................... 686
    128. Hypocephalus Leiden AMS 62 derselben *T3-(nt-)j3t*... 687
    129. Würfelhocker Kairo JE 37354 des *Ḏd-ḥr* aus der Cachette von Karnak............. 687
    130. Würfelhocker Kairo JE 37514 des *P3-dj-Jmn-nb-nswt-t3wj* aus der Cachette..... 690
    131. Würfelhocker Kairo JE 37864 des *P3-ḫ3rw-Ḫnzw rn.f nfr Ḥ3ḫ3t* aus der Cachette 691
    132. Sitzfigur Kairo JE 37881 des *Ššnq* aus der Cachette von Karnak...................... 692
    133. Würfelhocker Kairo JE 37993 des *ꜥnḫ-p3-ḫrd* aus der Cachette von Karnak...... 694
    134. Stehender Theophor Boston 35.1484 des *ꜥnḫ-p3-ḫrd* aus dem Muttempel......... 695
    135. Fragment einer Stehfigur des *K3p.f-ḫ3-Ḫnzw* Tübingen 1648............................. 696
    136. Stehender Naophor Kairo JE 38064 + Kopf Brooklyn 55.175 des *Wsjr-wr*........ 696
    137. Würfelhocker Wien 9639 des *Ḥr-n-t3-b3t*.. 697
    138. Schreiberfigur JE 37327 des *Wsr-Ḫnzw* aus der Cachette von Karnak.............. 698
    139. Würfelhocker Kairo JE 37432 des *W3ḥ-jb-Rꜥ-ḥwj* aus der Cachette von Karnak 699
    140. Würfelhocker London BM 48039 desselben *W3ḥ-jb-Rꜥ-ḥwj* aus der Cachette.... 699
    141. Würfelhocker Kairo JE 36905b des *Mnṯw-m-ḥ3t* aus der Cachette von Karnak .. 700
    142. Würfelhocker Kairo JE 37342 des *R-ḫ3t* (Sohn oder Vater des *Mnṯw-m-ḥ3t*)...... 701

143. Würfelhocker Kairo TN 9/6/24/3 des *K3p.f-h3-Mntw* aus der Cachette 702
144. Würfelhocker Kairo JE 37128 des *Ns-Ḫmnjw* aus der Cachette von Karnak 703
145. Würfelhocker Kairo JE 37170 des *Jmn-m-jpt* aus der Cachette von Karnak 704
146. Würfelhocker Kairo JE 36945 des *J.jry* aus der Cachette von Karnak 704
147. Würfelhocker Kairo JE 37843 des *Wsjr-wr* aus der Cachette von Karnak 705
148. Kniender Theophor Kairo JE 38019 desselben *Wsjr-wr* aus der Cachette 706
149. Würfelhocker Kairo JE 36985 aus der Cachette von Karnak 707
150. Würfelhocker Kairo JE 37146 des *Ns-p3wtj-t3wj* aus der Cachette von Karnak .. 707
151. Osirophore Stehfigur Kairo JE 37343 des *Ḥr.s-n.f* (Sohn des *Ns-p3wtj-t3wj*) 707
152. Würfelhocker Kairo JE 37134 des *Wsjr-wr* (Sohn des *Ḥr.s-n.f*) aus der Cachette 708
153. Stele Louvre E.15565 der *Ns-Ḫnzw* 709
154. Würfelhocker Kairo JE 37129 des *ʿnḫ-p3-ḫrd* aus der Cachette von Karnak 709
155. Würfelhocker Kairo JE 37143 desselben *ʿnḫ-p3-ḫrd* aus der Cachette 711
156. Situla Kairo CG 3450 desselben *ʿnḫ-p3-ḫrd* 711
157. Stehfigur Kairo JE 37330 des *Nḫt-Mntw* aus der Cachette von Karnak 712
158. Würfelhockerfragment Kairo TN 18/12/28/15 des *ʿnḫ-p3-ḫrd* aus der Cachette . 712
159. Würfelhocker der 18. Dynastie Kairo TN 4/6/24/3 aus der Cachette von Karnak 713
160. Sockel aus Holz London BM 14340 des 2. Amunpropheten *ʿnḫ.f-n-Ḫnzw* 713
161. Würfelhocker Beni Suef 1645 = Kairo JE 37322 des *Ns-p3wtj-t3wj* 714
162. Würfelhocker desselben *Ns-p3wtj-t3wj* 1982 im Handel 715
163. Stele Toronto 907.18.841 desselben *Ns-p3wtj-t3wj* aus Theben (West) 715
164. Horusstele Karnak-Nord 1491 desselben *Ns-p3wtj-t3wj* 716
165. Fragment eines Osirophors Kairo TN 18/12/28/10 des *Ns-Mnw* 716
166. Fragment eines Holzsargs des 3. Amunpropheten *Ns-p3wtj-t3wj* aus TT 196 717
167. Naophor Karnak CS X 349/13 des *Ns-Mnw* aus dem Hof des 10. Pylons 717
168. Würfelhocker Kairo JE 38046 des *Sr-Ḏḥwtj* aus der Cachette von Karnak 717
169. Stehender Theophor Kairo JE 37979 des *Ḥr* aus der Cachette von Karnak 718
170. Gruppenfigur Kairo JE 36576 des *P3-šrj-t3-jsw* aus der Cachette von Karnak 718
171. Theophore Stehfigur Kairo JE 37353 > Alexandria Nationalmuseum 121 722
172. Stehfigur Kairo JE 37860 des *P3-ḫ3rw-Ḫnzw* aus der Cachette von Karnak 723
173. Würfelhocker Kairo JE 38020 des *Ns-Mnw* aus der Cachette von Karnak 724
174. Bronzesitula Louvre E.12658 aus Dra Abu'l-Naga 724
175. Naophor Kairo JE 38016 des *P3-ḫ3rw-Ḫnzw* aus der Cachette von Karnak 725
176. Situla Louvre N.908,C (AF 404) desselben *P3-ḫ3rw-Ḫnzw* 726
177. Theophor Nationalmuseum Alexandria 119 (Kairo JE 36990) des *P3-dj-ʿ.s* 726
178. Würfelhocker Kairo JE 37173 des *P3-ḫ3rw-Ḫnzw* aus der Cachette von Karnak 727
179. Kanopenkasten Turin 2426 der *3st-m-3ḫbjt*, wohl aus Grab des Anch-Hor 727
180. Holzstele London BM 8456 des *P3-dj-ʿs*, Bruder der *3st-m-3ḫbjt* 728
181. Kniender Naophor Kairo JE 38041 des *Jrt-Ḥr-r.w*, Bruder der *3st-m-3ḫbjt* 728
182. Stehender Naophor Kairo JE 37993bis des *P3-ḫ3rw-Ḫnzw* 729
183. Würfelhocker Kairo JE 36989 des *P3-dj-Jmn-nb-nswt-t3wj* aus der Cachette 729
184. Stele Turin 1573 des *P3-dj-Jmn-nb-nst-t3wj*, vermutlich aus Grab des Anch-Hor 730
185. Situla aus Bronze Wien ÄS 491 des *Ptḥ-ḥtp* 731
186. Würfelhocker Kairo JE 38013 des *Ḥr* aus der Theben Cachette Karnak 732
187. Würfelhocker Kairo JE 36977 des *Jrj-jrj*, Sohn des *Ḥr* 733
188. Demotische Stele IFAO Nr.1 aus Jahr 10 Nektanebos' I. oder II. 733

Elkab 733
189. Naophortorso des *Wsjr-wr* Kairo JE 89121 733

Ausland 735
190. Statuenfragment des *P3j.f-Jmn* aus Tyros 735

Herkunft unbekannt 735

    191. Stehfigur Brooklyn 52.89 (aus dem Delta?) 735
    192. Statuenoberteil Boston 1972.397 des ꜥnḫ-Ššnq 736
    193. Drei Uschebtis des Generals Pꜣ-šrj-n-tꜣ-jht, u.a. in Rouen und Amiens 736
    194. Sarkophag Berlin 49 des Ṯꜣj-Ḥp-jm.w 736

Nachträge 737

    71.9. Kalksteinblock („Schenkungsstele") Kairo JE 35883 aus dem Serapeum 737
    75.41a. Im Nilometer von Roda verbauter Block (Nr.782) 737
    75.54a. Auf drei Seiten beschriftetes Fragment eines Türpfostens 737
    77.149. Theophor Kairo JE 37140 des Pꜣ-dj-Jmn-nb-nst-tꜣwj 738
    77.149a. Stehfigur Kairo JE 36714 des Ns-Mnw aus der Cachette von Karnak 739
    80.9. Opferszenen am Vestibül beim 6. Pylon 739
    82.33a. Sockel einer Kniefigur Beirut DGA 92 372 aus Tyros 740
    82.81. Sarkophagdeckel Kairo TN 21/11/14/7 des Ṯꜣj-Ḥp-jm.w aus Sakkara 740

Indizes 741

    1. Denkmäler in Museen 741
    2. Könige und Mitglieder der Königsfamilie 751
    3. Nichtkönigliche Personen 755
    4. Regierungsjahre 777

Vorwort

Bei der Arbeit an den in diesem Band gesammelten Inschriften der 27. – 30. Dynastie und der Argeadenzeit habe ich wieder auf die Unterstützung zahlreicher Kollegen und Institutionen zählen können, die mir Fotos und andere Unterlagen zukommen ließen, die Aufnahme unpublizierter Texte erlaubten oder den Besuch der Sammlungen und Magazine ermöglichten. Ich danke den Leitern und Mitarbeitern der Ägyptischen Museen bzw. Abteilungen in Aberdeen (C.M. Dempsey), Berlin (v.a. meinem Kollegen J. Moje), Hannover (Ch. Loeben), Kairo (S. Abdelrazek), Leiden (L. Weiss), Liverpool (A. Cooke), London, British Museum (J. Taylor), München (A. Schlüter), Neapel (L. Forte), New York, Brooklyn Museum (E. Bleiberg und K. Zurek-Doule), New York, Metropolitan Museum (M. Hill), Paris, Louvre (F. Gombert-Meurice und V. Rondot), Philadelphia, Pennsylvania University Museum (J. Wegner), Rom, Museo Egizio Gregoriano (A. Amenta), Stockholm (S. Häggman), St. Petersburg (A. Bolshakov), Turin (Ch. Greco) sowie für Fotos, Schriften, Auskünfte und wichtige Hinweise D. Agut-Labordère, R. Birk, H. Brandl, F. Contardi, L. Coulon, Ch. Craciun, John und Colleen Darnell, D. Devauchelle, A. Engsheden, M. Flossmann-Schütze, M. Gabolde, S. Grallert, G. Janes, D. Kessler, D. Klotz, P.-M. Laisney, M. Panov, M. Römer, W. Schenkel, A.J. Spencer und G. Vittmann.

Die Arbeit ist größtenteils am Ägyptologischen Seminar der FU Berlin verfasst worden; für die guten Arbeitsmöglichkeiten und die angenehme Atmosphäre dort danke ich stellenvertretend für alle seinem Leiter J. Kahl.

Besonders zu danken habe ich der Fritz Thyssen Stiftung, die diese Arbeit mehr als drei Jahre finanziert und dadurch erst ermöglicht hat. Auch für einen namhaften Druckkostenzuschuss bin ich der Stiftung sehr zu Dank verpflichtet.

Köthen, März 2023   Karl Jansen-Winkeln

Abkürzungsverzeichnis

Nicht verzeichnete Abkürzungen entsprechen denen des Lexikons der Ägyptologie, Bd. VII, p.XIII-XXXVIII

Achaemenid History VI	H. Sancisi-Weedenburg / A. Kuhrt (edd.), Asia Minor and Egypt: Old Cultures in a New Empire, Achaemenid History VI, Leiden 1991
Acts of the Seventh International Conference of Demotic Studies	K. Ryholt (ed.), Acts of the Seventh International Conference of Demotic Studies, CNIP 27, Kopenhagen 2002
AHDO	Archives d'histoire du droit oriental, Wetteren 1937ff.
Alexander the Great and Egypt	V. Grieb (ed.), Alexander the Great and Egypt, Wiesbaden 2014
Arnold, Temples of the Last Pharaohs	D. Arnold, Temples of the Last Pharaohs, Oxford 1999
ARTA	Achaemenid Research on Texts and Archaeology, 2002ff. (abrufbar unter www.achemenet.com)
Aubert, Statuettes	J.-F. Aubert / L. Aubert, Statuettes égyptiennes. Chaouabtis, ouchebtis, Paris 1974
BACE	Bulletin of the Australian Centre for Egyptology, North Ryde 1990ff.
Berlev / Hodjash, Sculpture	O.D. Berlev / S.I. Hodjash, Sculpture of Ancient Egypt in the Collection of the Pushkin State Museum of Fine Arts, Moskau 2004
Birk, Die Denkmäler des Nespautitaui	R. Birk, Die Denkmäler des Nespautitaui, zweiter Prophet des Amun in Karnak, unpubl. Magisterarbeit, Köln 2011
Blöbaum, Herrscherlegitimation	A.I. Blöbaum. „Denn ich bin ein König, der die Maat liebt". Herrscherlegitimation im spätzeitlichen Ägypten, Aegyptiaca Monasteriensia 4, 2006
BM Guide 1909	British Museum. A Guide to the Egyptian Galleries (Sculpture), London 1909
BM Guide 1922	British Museum. A Guide to the Fourth, Fifth and Sixth Egyptian Rooms and the Coptic Room, London 1922
Borchardt, Statuen und Statuetten	L. Borchardt, Statuen und Statuetten von Königen und Privatleuten, 5 Bde., CG, Berlin 1911-36
Botti / Romanelli, Sculture	G. Botti / P. Romanelli, Le sculture del Museo Gregoriano Egizio, Vatikan 1951
Bovot, Serviteurs funéraires	J.-L. Bovot, Les serviteurs funéraires royaux et princiers de L'Ancienne Égypte, Paris 2003

Briant / Chauveau, Organisation des pouvoirs	P. Briant / M. Chauveau (edd.), Organisation des pouvoirs et contacts culturels dans les pays de l'empire achéménide, Paris 2009
Buhl, Late Egyptian Sarcophagi	M.-L. Buhl, The Late Egyptian Anthropoid Stone Sarcophagi, Kopenhagen 1959
Capart, Fouilles de El Kab	J. Capart, Fouilles de El Kab, Fondation égyptologique Reine Elisabeth, Documents, Brüssel 1940
Chappaz, Les figurines funéraires	J.-L. Chappaz, Les figurines funéraires égyptiennes du Musée d'Art et d'Histoire et de quelques collections privées, AH 10/1982, Genf 1984
Chauveau / Thiers, L'Egypte en transition	M. Chauveau / Ch. Thiers, „L'Egypte en transition: des Perses aux Macédoniens", in: P. Briant / F. Joannès (edd.), Entre l'empire achéménide et les royaumes hellénistiques, Paris 2006, 375-404
Chevereau, Prosopographie	P.-M. Chevereau, Prosopographie des cadres militaires égyptiens de la Basse Epoque, Antony 1985
DAFI IV	Cahiers de la Délégation Archéologique Française en Iran, 4, 1974
database Cachette de Karnak	www.ifao.egnet.net./bases/cachette/
Davies, Hibis, III	N. de Garis Davies, The Temple of Hibis in El Khargeh Oasis, III, The Decoration, New York 1953
Davoli, Saft el-Henna	P. Davoli, Saft el-Henna, archeologia e storia di una città del Delta orientale, ASCE 6, Imola 2001
DBL	A Berichtigungsliste of Demotic Documents Teil A: A. den Brinker u.a., Papyrus Editions, Löwen 2005 Teil B: A. den Brinker u.a., Ostrakon Editions and Various Publications, Löwen 2005 Teil C: I. Hartmann / S. Vleeming, Indexes of New and Rejected Readings, Löwen 2013
EA&O	Egypte, Afrique & Orient, Avignon 1996ff.
Erichsen, Auswahl frühdemotischer Texte	W. Erichsen, Auswahl frühdemotischer Texte zum Gebrauch im akademischen Unterricht sowie zum Selbststudium zusammengestellt, Heft 1-3, Kopenhagen 1950
ESLP	B.V. Bothmer u.a., Egyptian Sculpture of the Late Period 700 B.C. to A.D. 100, Ausstellungskatalog Museum Brooklyn, New York 1960
EVO	Egitto e Vicino Oriente. Rivista della Sezione di Egittologia e Scienze Storiche del Vicino Oriente, Dipartimento di Scienze Storiche del Mondo Antico, Università degli Studi di Pisa, Pisa 1978ff.
Fabretti u.a., Museo di Torino	A. Fabretti / F. Rossi / R. Lanzone, Regio Museo di Torino, Catalogo generale dei Musei di antiquità e degli oggetti d'arte raccolti nelle gallerie e biblioteche del regno, Ser.1, Vol.1, 2 Bde., Turin 1882/1888
Fs Altenmüller	N. Kloth u.a. (edd.), Es werde niedergelegt als Schriftstück. Festschrift für Hartwig Altenmüller zum 65. Geburtstag, SAK Beiheft 9, 2003

Fs Bourriau	D. Aston (ed.), Under the Potter's Tree. Studies on Ancient Egypt Presented to Janine Bourriau on the Occasion of her 70th Birthday, OLA 204, 2011
Fs Edwards	J. Baines u.a. (edd.), Pyramid Studies and other Essays Presented to I.E.S. Edwards, London 1988
Fs Griffiths	A. Lloyd (ed.), Studies in Pharaonic Religion and Society in Honour of J. Gwyn Griffiths, London 1992
Fs Leahy	C. Jurman u.a. (edd.), A True Scribe of Abydos. Essays on First Millennium Egypt in Honour of Anthony Leahy, OLA 265, 2017
Fs Lloyd	T. Schneider / K. Szpakowska (edd.), Egyptian Stories. A British Egyptological Tribute to Alan B. Lloyd on the Occasion of his Retirement, AOAT 347, 2007
Fs Lüddeckens	H.-J. Thissen / K.-Th. Zauzich (edd.), Grammata Demotika. Festschrift für Erich Lüddeckens zum 15. Juni 1983, Würzburg 1984
Fs Martin	J. van Dijk (ed.), Another Mouthful of Dust. Egyptological Studies in Honour of Geoffrey Thorndike Martin, OLA 246, 2016
Fs Meeks	I. Regen / F. Servajean (edd.), Verba manent. Recueil d'études dédiées à Dimitri Meeks, Montpellier 2009
Fs de Meulenaere	L. Limme / J. Strybol (edd.), Aegyptus Museis Rediviva. Miscellanea in honorem Hermanni de Meulenaere, Brüssel 1993
Fs Pernigotti	P. Buzi (ed.), Aegyptiaca et Coptica: studi in onore di Sergio Pernigotti, Oxford 2011
Fs Simpson	P. der Manuelian (ed.), Studies in Honor of William Kelly Simpson, 2 Bde., Boston 1996
Fs Varga	H. Györy (ed.), Mélanges offerts à Edith Varga, Budapest 2002
Fs Zauzich	F. Hoffmann / H.-J. Thissen (edd.), Res severa verum gaudium: Festschrift für Karl-Theodor Zauzich zum 65. Geburtstag am 8. Juni 2004, Studia Demotica 6, 2004
Goyon u.a.. Trésors d'Egypte	J.-Cl. Goyon / Ch. Cardin (edd.), Trésors d'Ègypte. La « cachette » de Karnak 1904-2004, Grenoble 2004
Gozzoli, Writing of History	R. Gozzoli, The Writing of History in Ancient Egypt during the First Millennium BC (ca.1070-180 BC), London 2006
Graefe, Gottesgemahlin	E. Graefe, Untersuchungen zur Verwaltung und Geschichte der Institution der Gottesgemahlin des Amun vom Beginn des Neuen Reiches bis zur Spätzeit, 2 Bde., ÄA 37, Wiesbaden 1981
Grallert, Bauinschriften	S. Grallert, Bauen – Stiften – Weihen. Ägyptische Bau- und Restaurierungsinschriften von den Anfängen bis zur 30. Dynastie, ADAIK 18, Berlin 2001

Gs Quaegebeur	W. Clarysse u.a., Egyptian Religion the Last Thousand Years. Studies Dedicated to the Memory of Jan Quaegebeur, 2 Bde., OLA 84/85, Löwen 1998
Gs Yoyotte	Ch. Zivie-Coche / I. Guermeur (edd.), « Parcourir l'éternité ». Hommages à Jean Yoyotte, 2 Bde., Turnout 2012
Guermeur, Les cultes d'Amon	I. Guermeur, Les cultes d'Amon hors de Thèbes, Turnhout 2005
Hall, Scarabs	H.R. Hall, Catalogue of Egyptian Scarabs, etc., in the British Museum, London 1913
Hill, Royal Bronze Statuary	M. Hill, Royal Bronze Statuary from Ancient Egypt, Egyptological Memoirs 3, Leiden 2004
Hodjash / Berlev, Reliefs	S. Hodjash / O. Berlev, The Egyptian Reliefs and Stelae in the Pushkin Museum of Fine Arts, Moscow, Leningrad 1982
Hornung u.a., Basler Skarabäen	E. Hornung / E. Staehelin, Skarabäen und andere Siegelamulette aus Basler Sammlungen, Mainz 1976
HTBM 11	M.L. Bierbrier (ed.), The British Museum. Hieroglyphic Texts from Egyptian Stelae etc., Part 11, London 1987
Iranisches Personennamenbuch, VIII	R. Schmitt / G. Vittmann, Iranisches Personennamenbuch, Band VIII, Wien 2013
JANES	Journal of the Ancient Near Eastern Society
Jansen-Winkeln, Biographische und religiöse Inschriften	K. Jansen-Winkeln, Biographische und religiöse Inschriften der Spätzeit aus dem Ägyptischen Museum Kairo, ÄUAT 45, 2001
Jansen-Winkeln, Sentenzen und Maximen	K. Jansen-Winkeln, Sentenzen und Maximen in den Privatinschriften der ägyptischen Spätzeit, Berlin 1999
Jenni, Dekoration des Chnumtempels	H. Jenni, Die Dekoration des Chnumtempels auf Elephantine durch Nektanebos II., AV 90 (Elephantine XVII), 1998
Josephson, Egyptian Royal Sculpture	J. Josephson, Egyptian Royal Sculpture of the Late Period: 400 – 246 B.C., Mainz 1997
JWAG	The Journal of the Walters Art Gallery
JWIS I – IV	K. Jansen-Winkeln, Inschriften der Spätzeit: Teil I: Die 21. Dynastie, Wiesbaden 2007 Teil II: Die 22.-24. Dynastie, Wiesbaden 2007 Teil III: Die 25. Dynastie, Wiesbaden 2009 Teil IV: Die 26. Dynastie, Wiesbaden 2014
Von Känel, Prêtres-ouâb	F. von Känel, Les prêtres-ouâb de Sekhmet et les conjurateurs de Serket, Paris 1984
Karnak Vff.	Centre Franco-Egyptien d'Etudes des Temples de Karnak, Cahiers de Karnak, Paris 1975ff.

Katalog Berlin 1967	W. Kaiser (ed.), Ägyptisches Museum Berlin, Katalog Berlin 1967
Kienitz, Politische Geschichte	F.K. Kienitz, Die politische Geschichte Ägyptens vom 7. bis zum 4. Jahrhundert vor der Zeitwende, Berlin 1953
La XXVIe dynastie	D. Devauchelle (ed.), La XXVIe dynastie, continuités et ruptures. Promenade saïte avec Jean Yoyotte, Paris 2011
Leclère, Les villes	F. Leclère, Les villes de Basse Egypte au Ier millénaire av. J.-C., BdE 144, 2008
Leroux, Les recommandations aux prêtres	N. Leroux, Les recommandations aux prêtres, Studien zur spätägyptischen Religion 21, Wiesbaden 2018
Lieblein, Namen-Wörterbuch	J. Lieblein, Hieroglyphisches Namen-Wörterbuch genealogisch und alphabetisch geordnet, 2 Bde., Leipzig 1871 / 1892
LingAeg	Lingua Aegyptia. Journal of Egyptian Language Studies, Göttingen 1991ff.
liS	linke Seite
Lüddeckens, Ägyptische Eheverträge	E. Lüddeckens, Ägyptische Eheverträge, ÄA 1, Wiesbaden 1960
Malinine, Choix de textes	M. Malinine, Choix de textes juridiques en Hiératique « anormal » et en Démotique, 2 Teile, Paris 1953 / Kairo 1983
Manassa, Sarcophagi	C. Manassa, The Late Egyptian Underworld: Sarcophagi and Related Texts from the Nectanebid Period, ÄUAT 72, 2007
Maspero, Sarcophages, I	G. Maspero, Sarcophages des époques persane et ptolémaïque, I, CG, Kairo 1914
Maspero / Gauthier, Sarcophages, II	G. Maspero / H. Gauthier, Sarcophages des époques persane et ptolémaïque, II, CG, Kairo 1939
Matouk, Corpus du scarabée	F.S. Matouk, Corpus du scarabée égyptien, 1: Les scarabées royaux, Beirut 1971
Maystre, Les grands prêtres de Ptah	Ch. Maystre, Les grands prêtres de Ptah de Memphis, OBO 113, 1992
Meeks, Donations	D. Meeks, Les donations aux temples dans l'Egypte du Ier Millénaire avant J.-C. in : E. Lipiński (ed.), State and Temple Economy in the Ancient Near East, II, OLA 6, 1979, 605-687
Mendes II	H. de Meulenaere / P. MacKay, Mendes II, Warminster 1976
De Meulenaere, Surnom	H. de Meulenaere, Le surnom égyptien à la Basse Epoque, Istanbul 1966
Moje, Lokalregenten	J. Moje, Herrschaftsräume und Herrschaftswissen ägyptischer Lokalregenten, Berlin / Boston 2014
Munro, Totenstelen	P. Munro, Die spätägyptischen Totenstelen, ÄF 25, Glückstadt 1973

Mysliwiec, Herr beider Länder	K. Mysliwiec, Herr beider Länder, Ägypten im 1. Jahrtausend v. Chr., Mainz 1998
Myśliwiec, Royal Portraiture	K. Myśliwiec, Royal Portraiture of the Dynasties XXI-XXX, Mainz 1988
Naville, Mound of the Jew	E. Naville, The Mound of the Jew and the City of Onias, London 1890
Naville, Pithom	E. Naville, The Store-city of Pithom and the Route of the Exodus, London 1885
Newberry, Funerary Statuettes	P. Newberry, Funerary Statuettes and Model Sarcophagi, CG, 3 Bde., Kairo 1930-57
Newberry, Scarabs	P. Newberry, Scarabs. An Introduction to the Study of Egyptian Seals and Signet Rings, London 1908
Oxford Encyclopedia of Ancient Egypt	D. Redford (ed.), The Oxford Encyclopedia of Ancient Egypt, 3 Bde., Kairo 2001
Panov, Inscriptions of the Late Period	M. Panov, Inscriptions of the Late Period, historical, biographical and mythological, Nowosibirsk 2017 (in Russisch)
Pfeiffer (ed.), Ägypten unter fremden Herrschern	St. Pfeiffer (ed.), Ägypten unter fremden Herrschern zwischen persischer Satrapie und römischer Provinz, Frankfurt a.M. 2007
Pierret, Recueil	P. Pierret, Recueil d'inscriptions inédites du Musée Egyptien du Louvre, 2 Bde., Etudes égyptologiques, Vol. 2 / 8, Paris 1874 / 1878
Pommerening, Hohlmaße	T. Pommerening, Die altägyptischen Hohlmaße, BSAK 10, 2005
Porten, The Elephantine Papyri	B. Porten, The Elephantine Papyri in English, Second revised edition, Atlanta 2011
Posener, Première Domination Perse	G. Posener, La première domination Perse en Egypte. Recueil d'inscriptions hiéroglyphiques, BdE 11, 1936
Pressl, Beamte und Soldaten	A. Pressl, Beamte und Soldaten. Die Verwaltung der 26. Dynastie in Ägypten (664-525 v.Chr.), Frankfurt a.M. 1998
reS	rechte Seite
Roeder, Naos	G. Roeder, Naos, CG, Leipzig 1914
Rößler-Köhler, Individuelle Haltungen	U. Rößler-Köhler, Individuelle Haltungen zum ägyptischen Königtum der Spätzeit, GOF IV,21, 1991
Rosenow, Tempelhaus	D. Rosenow, Das Tempelhaus des großen Bastet-Tempels in Bubastis, Diss. Berlin 2008
Rowe, A Catalogue of Egyptian Scarabs	A. Rowe, A Catalogue of Egyptian Scarabs, Scaraboids, Seals and Amulets in the Palestine Archaeological Museum, Kairo 1936
RS	Rückseite

El-Sayed, Documents relatifs à Sais	R. el-Sayed, Documents relatifs à Sais et ses divinités, BdE 69, Kairo 1975
Schiaparelli, Museo di Firenze	E. Schiaparelli, Museo Archeologico di Firenze: antichità egizie, Rom 1887
Schneider, Shabtis	Hans D. Schneider, Shabtis. An Introduction to the History of Ancient Egyptian Funerary Statuettes with a Catalogue of the Collection of Shabtis in the National Museum of Antiquities at Leiden, 3 Bde., Leiden 1977
Schwaller de Lubicz, Karnak	R.A. Schwaller de Lubicz, Les temples de Karnak, Paris 1982
Sharpe, Inscriptions	S. Sharpe, Egyptian Inscriptions from the British Museum and other Sources, London 1837
Smith u.a., The Mother of Apis Inscriptions	H.S. Smith u.a., The Sacred Animal Necropolis at North Saqqara, The Mother of Apis Inscriptions, 2 Bde., London 2011
Snape / Bailey, Great Portico	St. Snape / D. Bailey, The Great Portico at Hermopolis Magna: Present State and Past Prospects, BMOP 63, London 1988
So	Sockel
Spencer, Naos of Nekhthorheb	N. Spencer, A Naos of Nekhthorheb from Bubastis, London 2006
Spiegelberg, Demotische Denkmäler, I-III	W. Spiegelberg, Die demotischen Denkmäler, CG Bd.I: Die demotischen Inschriften, Nos. 30601-31166, Leipzig 1904; Bd.II: Die demotischen Papyrus, Straßburg 1908; Bd.III: Demotische Inschriften und Papyri, Berlin 1932
Spiegelberg, Demotische Papyrus Berlin	W. Spiegelberg, Demotische Papyrus aus den königlichen Museen zu Berlin, Leipzig / Berlin 1902
Sternberg, Quellentexte	H. Sternberg-el Hotabi, Quellentexte zur Geschichte der ersten und zweiten Perserzeit in Ägypten, Berlin 2017
Stewart, Stelae, III	H. Stewart, Egyptian Stelae, Reliefs and Paintings from the Petrie Collection, III, The Late Period, London 1983
Studies in Honour of H.S. Smith	A. Leahy / J. Tait (edd.), Studies on Ancient Egypt in Honour of H.S. Smith, London 1999
Traunecker, La Chapelle d'Achôris	C. Traunecker u.a., La Chapelle d'Achôris à Karnak, II, Paris 1981
Trismegistos	Trismegistos. An interdisciplinary portal of the ancient world: www.trismegistos.org
TUAT	Texte aus der Umwelt des Alten Testaments, Gütersloh 1982ff.
Vercoutter, Textes biographiques	J. Vercoutter, Textes biographiques du Sérapéum de Memphis. Bibliothèque de l'Ecole des Hautes Etudes, Sect.4, Fac. 316, Paris 1962

Vernus, Athribis	P. Vernus, Athribis, Textes et documents, BdE 74, 1978
Vittmann, Ägypten und die Fremden	G. Vittmann, Ägypten und die Fremden im ersten vorchristlichen Jahrtausend, Mainz 2003
Vittmann, Rupture and Continuity	G. Vittmann, „Rupture and Continuity. On Priests and Officials in Egypt during the Persian Period", in: P. Briant / M. Chauveau (edd.), Organisation des pouvoirs et contacts culturels dans les pays de l'empire achéménide, Paris 2009, 89-121
Vittmann, Zeit der Perserherrschaft	G. Vittmann, „Ägypten zur Zeit der Perserherrschaft", in: R. Rollinger u.a. (edd.), Herodot und das Persische Weltreich, Wiesbaden 2011, 373-429
Vleeming, Demotic Graffiti	S. Vleeming, Demotic Graffiti and Other Short Texts Gathered from many Publications, Studia demotica 12, 2015
Vleeming, The Gooseherds of Hou	S.P. Vleeming, The Gooseherds of Hou (Pap. Hou), Studia Demotica III, 1991
Vleeming, Some Coins	S. Vleeming, Some Coins of Artaxerxes and Other Short Texts in the Demotic Script Found on Various Objects and Gathered from many Publications, Studia demotica 5, 2001
VS	Vorderseite
Wasmuth, Achämenidenzeit	M. Wasmuth, Ägypto-persische Herrscher- und Herrschaftspräsentation in der Achämenidenzeit, Stuttgart 2017
Website Louvre	https://collections.louvre.fr
Weinstein, Foundation Deposits	J.M. Weinstein, Foundation Deposits in Ancient Egypt. Diss. University of Pennsylvania 1973
Wreszinski, Inschriften Wien	W. Wreszinski, Aegyptische Inschriften aus dem K.K. Hofmuseum in Wien, Leipzig 1906
Yoyotte, Opera Selecta	J. Yoyotte, Histoire, géographie et religion de l'Égypte ancienne, Opera selecta. Textes édités et indexés par I. Guermeur, Löwen 2013
Zauzich, Schreibertradition	K.-Th. Zauzich, Die ägyptische Schreibertradition in Aufbau, Sprache und Schrift der demotischen Kaufverträge aus ptolemäischer Zeit, ÄA 19, 1968
Zecchi, Osiris Hemag	M. Zecchi, A Study of the Egyptian God Osiris Hemag, Imola 1996
Zivie, Hermopolis	A.-P. Zivie, Hermopolis et le nome de l'Ibis, BdE 66/1, 1975
Zivie-Coche, Giza au premier millénaire	Ch.M. Zivie-Coche, Giza au premier millénaire, autour du temple d'Isis Dame des pyramides, Boston 1991

Einleitung

Für diesen letzten Teil der „Inschriften der Spätzeit" war anfangs die Zeit von der 27. – 30. Dynastie vorgesehen, also die Herrschaft der persischen Könige von Kambyses (seit 526) bis zu Artaxerxes II. und die der „letzten einheimischen Könige", Amyrtaios bis Nektanebos II., die ab 405/401 die persischen Herrscher vertrieben und und ihre Angriffe zunächst abgewehrt haben. Da aber die Inschriften der kurzen Dynastie Alexanders noch sehr in der Tradition der 30. Dynastie stehen und nicht allzu umfangreich sind, wurden sie ebenfalls aufgenommen, ebenso diejenigen der dazwischen liegenden kurzen Episode der ‚31.' Dynastie. Dadurch umfasst der Teil V nun die Inschriften fast des ganzen 4. Jahrhunderts.

Die 27. Dynastie der persischen Könige hat nur recht wenige Inschriften hinterlassen, die Könige nach Darius I. sogar kaum etwas. Privatinschriften sind gleichfalls nicht sehr zahlreich, mit Ausnahme der Serapeumstelen aus der Zeit Darius' I. Auch demotische Dokumente sind nur unter Darius I. etwas häufiger bezeugt. Die 29. und 30. Dynastie haben hingegen viele Königsinschriften überliefert, darunter allerdings nur wenige im engeren Sinne historische Texte. Die ebenfalls recht zahlreichen nichtköniglichen („privaten") Inschriften dieser Zeit nennen kaum jemals den regierenden König, auch zeitgenössische basilophore Namen gibt es nicht. Im Unterschied zu den Verhältnissen in der 3. Zwischenzeit und der 26. Dynastie sind auch die Möglichkeiten einer genealogischen Einordnung der in den Inschriften genannten Personen nur selten gegeben. Daher ist eine etwas genauere Datierung dieser Privatinschriften oft nicht möglich, viele lassen sich allenfalls (recht vage) dem 4. Jahrhundert insgesamt zuweisen, wobei die Abgrenzung zur frühptolemäischen Epoche schwierig und nicht selten unmöglich ist. Ähnliche Abgrenzungsprobleme gibt es im Übrigen für die nichtköniglichen Inschriften der späteren 26. und der 27. Dynastie, sofern darin kein Königsname erscheint. Bei der Aufnahme von undatierten Inschriften nichtköniglicher Personen, das sind vor allem Statuen, ließ es sich daher nicht vermeiden, dass oft die subjektive Einschätzung des Bearbeiters ausschlaggebend war.

Auswahl und Aufnahme der Inschriften sind ebenso gehandhabt worden wie in den zuvor erschienenen Bänden (Inschriften der Spätzeit, Teile I-IV). Dem Charakter der Serie entsprechend sind die demotischen Texte (wie in Teil IV) nur erwähnt worden, nicht in extenso wiedergegeben. Historisch wichtig sind sie nicht zuletzt dadurch, dass sie die meisten Datierungen enthalten; vor allem die vor nicht allzu langer Zeit publizierten Ostraka aus Ain Manawir haben die verfügbaren Daten bedeutend vermehrt.

Die Zählung der Kapitel (61-82) schließt an diejenigen mit den Inschriften der 21. – 26. Dynastie an. Auch Einteilung und Reihenfolge der Inschriften sind ganz ähnlich: Zunächst werden diejenigen Texte aufgeführt, die in die Regierungszeiten der Könige der 27. Dynastie (von Kambyses bis Artaxerxes II.: Kap.61-68) gehören, dann folgt ein Abschnitt (Kap.69) mit den nicht genauer datierbaren Inschriften dieser Zeit. Daran schließen sich die datierbaren Inschriften von Amyrtaios (28. Dynastie) bis zu Alexander IV. (Kap.70-81), dann diejenigen des 4. Jahrhunderts, die sich keiner einzelnen Regierungszeit zuweisen lassen. Innerhalb jedes einzelnen Kapitels sind die Denkmäler danach geordnet, ob ihr Besitzer ein König, ein Mitglied der Königsfamilie oder eine nichtkönigliche Person ist, und innerhalb dieser Gruppen wiederum nach Orten, von Nord nach Süd. Allerdings ist die Herkunft eines Objekts aus einem bestimmten Ort in nicht wenigen Fällen nicht wirklich gesichert, sondern eine mehr oder weniger begründete Annahme.

Eine Kollation *aller* gesammelten Texte war aufgrund der Menge des Materials und zahlreicher anderer Umstände nicht möglich, oft konnten nur ältere Abschriften wiedergegeben werden. Das gilt besonders für die Königsinschriften, die meist auf Denkmälern in situ oder auf magazinierten Blöcken (etc.) vorkommen. Die ‚Corona'-Pandemie von 2020-21 hat zusätzlich bewirkt, dass einige Reisen zu Museen und nach Ägypten nicht stattfinden konnten.

Wie in den früheren Bänden gibt es Indizes zu Denkmälern in Museen, Königsnamen, Privatnamen und Regierungsjahren. Bei gleichnamigen Personen ist es mitunter schwierig zu entscheiden, ob sie identisch sind oder ob es sich um verschiedene Individuen handelt; das gilt besonders für die zahlreichen in den Serapeumstelen bezeugten Personen.

Den Daten derjenigen Herrscher, die absolut-chronologisch festliegen, das sind die Könige der 27. Dynastie und der Alexander-Dynastie, ist eine Umrechnung in julianische Jahre beigegeben worden. Für die Daten der 29./30. Dynastie ist darauf verzichtet worden, weil es hier, je nach chronologischem Ansatz, noch eine Unsicherheit von einigen Jahren gibt.

61. Kambyses

KÖNIGLICHE DENKMÄLER

Memphis

1. Apissarkophag aus dem Serapeum.
PM III², 799; Gunn, ASAE 26, 1926, 85-86; Posener, Première Domination Perse, 35-36 (4); Sternberg, Quellentexte, 106;
eine Kolumne auf Deckel: ←↓

2. Serapeumstele Louvre IM 4133 (354) aus Jahr 6.
PM III², 799; Posener, Première Domination Perse, 30-35 (3); pl.II; Devauchelle, EVO 17, 1994, 102-3 (27.1); Sternberg, Quellentexte, 101-2; 104-6;
im Bildfeld links der König kniend vor Apis (rechts), zwischen ihnen ein Altar;

über König: ↓→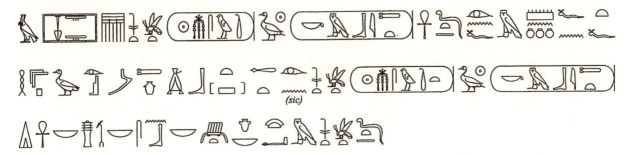

hinter ihm personifizierter Ka mit Horusnamen; im Serech: ↓→

über Apis: ←↓

zu beiden Seiten des Altars: ↓→

unter Bildfeld: →

3. Fragment einer Skulptur mit dem Anfang des Namens des Kambyses.
Unpubl., s. (Petrie,) Memphis II, 11: „Among some small pieces of late coloured sculpture, there was one with a fragment of a blank cartouche, on which had been painted the beginning of the name of Cambyses."

Herkunft unbekannt

4. Siegel Moskau I.1.a.4431.
Hodjache / Berlev, CdE 52, 1977, 37-39; Fig.2; Posener, Première Domination Perse, 152 (100);

5. Siegelabdruck Moskau I.1.a.4006.
Hodjache / Berlev, CdE 52, 1977, 39; 38, Fig.2 (unten); Vittmann, Zeit der Perserherrschaft, 381;

NICHTKÖNIGLICHE PERSONEN

Assiut

6. Demotischer Papyrus Kairo CG 50060 aus Jahr 5 (525) mit Listen von Lieferungen von Wein und Bier an verschiedene Personen, mit Wertangabe in Silber.
Spiegelberg, Demotische Denkmäler, III, 46-48; Taf. XXI-XXII; Sottas, ASAE 23, 1923, 35 (3); Jelinkova-Reymond, BIFAO 55, 1955, 33-55;

Die Listen enthalten Lieferungen vom 2. *prt*, Tage 16, 20, 22, 24, 25, 27, 28;
                               3. *prt*, Tage 1, 11, 17, 29
                               4. *prt*, Tage [x, y,] 24, 26, 27, 28, 29
                               1. *šmw*, Tage 1, 2, 12, 13, 14, 16, 17

7. Demotischer Papyrus Kairo CG 50059 mit Urkunde aus Jahr 8 (522) über die Übertragung von Priesterämtern und deren Einkünften innerhalb einer Familie.
Spiegelberg, Demotische Denkmäler, III, 42-6; Taf.XVIII-XX; Shore, in: Fs Edwards, 200-206; Vittmann, Zeit der Perserherrschaft, 381-2; Johnson, in: D. Silverman (ed.), For his Ka. Essays Offered in Memory of Klaus Baer, SAOC 55, 1994, 113-32;

Die Datierung zu Beginn ist nicht vollständig erhalten, im Text werden Jahr 2, 2. *ꜣḫt* (Z.8), Jahr 7 [523], 4. *prt* (Z.6-7) und Jahr 8 [522], 4. *ꜣḫt* unter Kambyses genannt.

8. Papyrus London BM 10792 mit ganz ähnlicher Urkunde.
Shore, Fs Edwards, 200-206; Johnson, loc.cit.

In Z.8 wird das Jahr 8 [522] genannt.

Der Papyrus Kairo CG 50058 aus Jahr 28 [543] des Amasis (s. JWIS IV, 556 [57.286]) gehört zu demselben Familienarchiv, s. im einzelnen Johnson, op.cit.

9. Vier demotische Papyrusfragmente Kairo CG 50062.
Spiegelberg, Demotische Denkmäler, III, 52-3; Taf.XXVI-XXVII:

Fragment a: Liste aus Jahr 6 [524] mit Daten und Wertangaben (für Bestattungen?);

Die Liste enthält folgende Daten: 3. *prt*, Tage [1]3(?), 21, 27
                                     4. *prt*, Tage 1, 3, 5, 7, 8, 9

Fragment b [unklar];

Fragment c: Rest einer Urkunde (Arbeitsvertrag?) aus Jahr 7 [523], 2. *prt*;

Fragment d: Rest einer Urkunde (Übertragung eines Amtes?);

Wadi Hammamat

Der ‚Saris von Persien' Athiyawahya, der in den Jahren 26 und 36 Darius' I. Expeditionen ins Wadi Hammamat geleitet hat (s.u., 63.172 und 173) ebenso wie in den Jahren 2, 6, 10, 12 Xerxes' I. (s.u., 65.12-17), führt in einer Inschrift aus Jahr 12 [474] des Xerxes (65.15) auch das Jahr 6 [524] des Kambyses an, in dem offenbar schon eine Unternehmung stattgefunden hat.
S.a. Vittmann, Zeit der Perserherrschaft, 381.

62. Petubastis Seheribre

KÖNIGLICHE DENKMÄLER

Oase Dachla

1. Blöcke eines Tempelbaus des Petubastis in Amheida.
Kaper, in: J. Silverman / C. Waerzeggers, Political Memory in and after the Persian Empire, Atlanta 2015, 125-149; id., Phoenix 63.2, 2017, 34-47;

Reste von drei Kolumnen, zwei auf der Außenseite des linken Torpfostens, eine auf der Laibung;

Außenseite: ↓→ [hieroglyphs]

Laibung: ←↓ [hieroglyphs]

Zur gegenüberliegenden Laibung könnte ein Block mit der Gruppe [hieroglyph] gehören, vermutlich ebenso aus einer Widmungsformel.

Auf einem Block aus einer Opferszene: ↓→ [hieroglyphs]   (vgl. JWIS II, 23.7)

Herkunft unbekannt

2. Fragmente eines hölzernen Naos Louvre N.503 + MMA 23.6.75 + Bologna KS 289.
W. Petrie, A History of Egypt, III, London 1905, 262-3; Fig.106; Habachi, ZÄS 93, 1966, 70; Yoyotte, RdE 24, 1972, 216-7; Fig.1; pl.19,C; G. Kminek-Szedlo, Catalogo die Antichità Egizie, 1895, 31 (289); Museo Civico Archeologico di Bologna, La collezione egiziana, Bologna 1994, 91; Umschlagbild; P. Giovetti / D. Picchi (edd.), Egypt, Millenary Splendour. The Leiden Collection in Bologna, Mailand 2016, 428; 557-8 (VII.12); website MMA;

– Türflügel Louvre N.503: kniender König, nach links gewandt, präsentiert wḏ3t-Auge auf nb-Korb;

über dem Auge: ←↓ [hieroglyphs]

– Das Fragment MMA 23.6.75 (so) zeigt eine Göttin, nach rechts gewandt, die ihre geflügelten Arme nach oben und unten ausbreitet; zwischen ihnen eine hockende Königsfigur, nach rechts gewandt, die ein wḏ3t-Auge mit einem nfr-Zeichen darüber hält; ohne Inschriften.

– Das Fragment Bologna KS 289 besteht aus einer fast genau gleichen Gruppe, beide Figuren ebenfalls nach rechts gewandt;

hier ist aber unter dem König eine Kartusche: ↓→ [cartouche]

Aufgrund der gleichen Ausrichtung beider ‚panels' wäre es dankbar, dass MMA 23.6.75 und Bologna KS 289 zu zwei unterschiedlichen Exemplaren desselben Typs von Naos gehören.

3. Skarabäus, in Luxor gekauft.
Newberry, Scarabs, 185; pl.37 (10); Yoyotte, RdE 24, 1972, 216; Hornung u.a., Basler Skarabäen, 74; 86, n.11-12;

4. Fliese mit Königsnamen im Ägyptischen Museum München.
Unpubl., nach Foto Museum;

NICHTKÖNIGLICHE PERSONEN

Meidum

5. Siegelabdruck London UC 13098 des Schatzmeisters *Psmṯk* auf Brief (s.u., 62.6) aus Jahr 1, 4. *3ḫt*, 6 an *Ḥr-m-m3ꜥ-ḫrw*, Sohn des *P3-šrj-jꜥḥ*, betreffend Verteilung von 140 Aruren im Gau von Herakleopolis.
Meydum and Memphis III, 43; pl.XXXVII (43); Petrie, Scarabs, pl.LI (23.1); Yoyotte, RdE 24, 1972, 217 (3); Fig.2; Pressl, Beamte und Soldaten, 265 (F 16.4);

6. Drei demotische Briefe pOxford Ashmolean Museum 1984-87-89 (pOxford 5 I-III), Felder in Herakleopolis betreffend.
Cruz-Uribe, in: Fs Zauzich, 59-66; pl.VIII-IX; G. Vittmann, in: F. Haikal (ed.), Mélanges offerts à Ola el-Aguizy, BdE 164, 2015, 433-450 (Neubearbeitung von 1984.87 und 1984.89);

– 1984-87 (5 I); Brief des Schatzmeisters *Psmṯk* über Landzuweisungen aus Jahr 1, 4. *3ḫt*, 6. Auf dem Brief befand sich das oben (62.5) angeführte Siegel.

– 1984-88 (5 II); Fragmente eines Briefs des Schatzmeisters (*Psmṯk*);

– 1984-89 (5 III); Brief aus Jahr 1, 4. *3ḫt*, 17.

Herkunft unbekannt

7. Siegelabdruck des Schatzmeisters *Ḥr-wḏ3*, ehemals in Sammlung Michailides.
Yoyotte, RdE 24, 1972, 217 (4); Fig.3, oben;

63. Darius I.

KÖNIGLICHE DENKMÄLER

Busiris

1. Granitblock mit Relief im BM London.
PM IV, 44; LR IV, 149 (XLIV); Naville, Mound of the Jew, 27-28; pl.VIIa; Vittmann, Zeit der Perserherrschaft, 385; Arnold, Temples of the Last Pharaohs, 92;

Oben Himmelshieroglyphe, darunter Frau auf Thron sitzend;

über ihr: → [hieroglyphs]   vor ihr: ↓→ [hieroglyphs]

rechts der Darstellung eine Kolumne: ↓→

[hieroglyphs]

Tanis

2. Sistrumgriff Berlin 4548.
LD III, 283a; Berlin, Ausf. Verz., 252; Burchardt, ZÄS 49, 1911, 73; C. Sachs, Die Musikinstrumente des alten Ägyptens, Berlin 1921, Taf.5 (65); Posener, Première Domination Perse, 154-5 (103);

↓→ [hieroglyphs]

Tell Basta (Bubastis)

3. Täfelchen im Museum Kairo (Gründungsbeigabe?), in Tell Basta gekauft.
PM IV, 34; Naville, Bubastis, 62; Posener, Première Domination Perse, 155 (105); Weinstein, Foundation Deposits, 301;

Seite A: [hieroglyphs]   Seite B: [hieroglyphs]

Kanal zum Roten Meer

4. Einseitig dekorierte Stele Kairo JE 48855, südlich von Tell el-Maschuta errichtet.
PM IV, 52; Golénischeff, RecTrav 13, 1890, 99-109; pl.VIII; Posener, Première Domination Perse, 50-63; pl.IV (8); Roaf, in: DAFI IV, 1974, 79-84; Klotz, JNES 74, 2015, 276-280; Wasmuth, Achämenidenzeit, 126-7; Sternberg, Quellentexte, 79-83; Wolze, in: M. Brose u.a. (edd.), En détail – Philologie und Archäologie im Diskurs, Festschrift für Hans-Werner Fischer-Elfert, 2019, 1275-1320;

in der Lunette oben Flügelsonne: links daneben: ←  (rechts zerstört)

unter Flügelsonne zentral zwei Nilgötter bei der *zmꜣ-tꜣwj*-Zeremonie; über dem *zmꜣ*-Zeichen eine

Kartusche mit Federkrone: ↓→ [hieroglyphs]

neben dem *zm3*-Zeichen und zwischen den Beinen der Nilgötter 3 Kolumnen:

links: ↓→

rechts weitgehend zerstört, nach 63.5 ergänzt: ←↓

hinter dem Nilgott links: ↓→

hinter dem Nilgott rechts: ←↓

unter der *zm3-t3wj*-Szene eine Reihe von (ursprünglich) 12 + 12 Figuren mit erhobenen Händen, die auf Festungsringen mit den entsprechenden Ländernamen knien. Zwischen ihnen, zentral:

(ergänzt nach 63.5)

links davon 12 Ländernamen: ↓→

rechts davon 2 [+ 10] Ländernamen: ←↓

(Rest zerstört)

Haupttext unter Bildfeld: →

5. Fragmente einer zweiseitig beschrifteten Stele in Ismailiya, südlich von Kabret errichtet.
PM IV, 52; Daressy, RecTrav 11, 1889, 160-171; Posener, Première Domination Perse, 63-81; pl.V-XIII (9); Wasmuth, Achämenidenzeit, 128-130; 134-148; Sternberg, Quellentexte, 84-85;
Im folgenden wird nur die ägyptisch beschriftete Seite der Stele wiedergegeben; zur ‚persischen'
Seite, die in altpersischer, elamischer und akkadischer Keilschrift beschrieben ist, s. jetzt Wasmuth,
op.cit., 129-130; 148-155.

Das Bildfeld, von dem nur wenige Fragmente erhalten sind, entspricht dem von Nr.63.4.

über dem *zm3*-Zeichen eine Kartusche mit Federkrone: ↓→

neben dem *zm3*-Zeichen und zwischen den Beinen der Nilgötter 3 Kolumnen:

links: ↓→

rechts: ←↓

hinter dem Nilgott rechts: ←↓

Die entsprechende Inschrift links ist gänzlich zerstört.

Unter der *zm3-t3wj*-Szene eine Reihe von (ursprünglich) 12 + 12 Figuren mit erhobenen Händen, die auf Festungsringen mit den entsprechenden Ländernamen knien. Zwischen ihnen, zentral:

links davon nur der Rest eines Landes erhalten, vermutlich Nr.5: ↓→

rechts davon sind noch acht Ländernamen vorhanden: ←↓

Haupttext unter Bildfeld: →

63. Darius I.

6. Stele bei Kubri, nördlich von Suez errichtet.
PM IV, 52; Posener, Première Domination Perse, 81-87; 182-3; pl.XIV-XV (10); Wasmuth, Achämenidenzeit, 131-133; Sternberg, Quellentexte, 86-87;

aus dem Bildfeld ist noch ein Stück der ersten Kolumne hinter dem Nilgott links erhalten:

sowie der sechste Ländername in der linken Reihe:

Vom Haupttext ist nur ein schmales Fragment von der linken Seite der Stele vorhanden: →

Konkordanzen der drei Stelen (63.4-6) finden sich bei Klotz, JNES 74, 2015, 276-280 und Wasmuth, Achämenidenzeit, 134-148; pl.II.
Von einer weiteren Stele nördlich des Timsah-Sees (beim „Serapeum") ist nichts mehr aufzufinden, s. de Lesseps, RecTrav 7, 1886, 3; Posener, Première domination perse, 48; Wasmuth, Achämenidenzeit, 133-4.
Zu den Kanalstelen vgl. auch Roaf, in: DAFI IV, 1974, 79-84; Vittmann, Zeit der Perserherrschaft, 382-3; C. Tuplin, "Darius' Suez Canal and Persian Imperialism", in: Achaemenid History VI, 242-3; 245-7.

Tell el-Maschuta (Pithom)

7. Siegel Darius' I., auf dem *Tkw* genannt ist.
Unpubl., s. Leclère, Les villes, 556, n.85; Holladay, in: E. Meyers (ed.), The Oxford Encyclopedia of Archaeology in the Near East, Oxford 1997, III, 435; Paige, Bulletin de liaison du Groupe international d'étude de la céramique égyptienne, 11, 1986, 13.

Heliopolis (oder Pithom)

8. Ägyptisch-persische Stehfigur des Darius mit mehrsprachigen Inschriften Museum Teheran 4112, in Susa gefunden, ursprünglich im Tempel von Heliopolis aufgestellt.

Yoyotte, "Les inscriptions hiérogyphiques égyptiennes de la statue de Darius", CRAIBL 1973, 256-9; Journal Asiatique 260, 1972, 253-66; id., in: J. Perrot, Le palais de Darius à Suse, Paris 2010, 256-299; Stronach, "La statue de Darius le Grand découverte à Suse", in: DAFI 4, 1974, 61-72; Roaf, "The Subject Peoples on the Base of the Statue of Darius", ibid., 73-160; Vallat, "Les textes cunéiformes de la statue de Darius", ibid., 161-70; Fig.25-28; Yoyotte, „Les inscriptions hiéroglyphiques de la statue de Darius à Suse", ibid., 181-3; Fig.20-24; 29-30; Ockinga, in: TUAT 2/4, 1988, 552-4; Callmeyer, in: Achaemenid History VI, 285-303; Mysliwiec, Herr beider Länder, 191-198; Grimal, in: E. Czerny u.a. (edd.), Timelines: Studies in Honour of Manfred Bietak, I, OLA 149, 2006, 118-9; Vittmann, Ägypten und die Fremden, 136-8; id., Ägypten zur Zeit der Perserherrschaft, 383-5; Trichet / Vallat, „L'origine égyptienne de la statue de Darius", in: F. Vallat (ed.), Contributions à l'histoire de l'Iran. Mélanges offerts à Jean Perrot, Paris 1990, 205-208; Wasmuth, Achämenidenzeit, 101-124; Sternberg, Quellentexte, 88-97;

1. Auf den Enden des Gürtels, in dem das Schwert steckt:

2. Auf den Falten des Gewands, über linkem Fuß: ←↓

3. Auf der Oberseite des Sockels, vor dem rechten Fuß: ↓→

[hieroglyphs]

4. Auf der Vorderseite des Sockels zwei Nilgötter bei *zmȝ-tȝwj*-Szene; links davon: ↓→

[hieroglyphs]

rechts davon: ←↓

[hieroglyphs]

auf der Rückseite des Sockels die gleiche Szene (und dieselben Texte); links davon: ↓→

[hieroglyphs]

rechts davon: ←↓

[hieroglyphs]

5. Auf den Seiten des Sockels die dem Darius untertanen Völker; links: ←↓

[hieroglyphs]

rechts: ↓→

[hieroglyphs lines 13-24]

Memphis

9. Sistrum Kairo CG 69324 (JE 15005).
Mariette, Mon.div., 10; pl.34.d; H. Hickmann, Instruments de musique, CG, Kairo 1949, 85; pl.LVIII, A/B; Posener, Première Domination Perse, 153-4 (102); Isis and the Feathered Serpent, Ausstellungskatalog Mexiko 2007, 310-11 (136, nur Seite A);

Seite A: ↓→ [hieroglyphs]

Seite B: ↓→ [hieroglyphs]

10. Alabastergefäß Kairo JE 86754 aus Mitrahina aus Jahr 34 [488].
PM III², 842; Lucas, ASAE 42, 1943, 165-66; El-Amir, JEA 34, 1948, 52; 54(A); pl.17.2; Jones, JEA 76, 1990, 142; Pommerening, Hohlmaße, 413 (V 39);
Inschrift rechteckig gerahmt, oben Himmelshieroglyphe; innen zwei Kolumnen:

links: ↓→ [hieroglyphs]   rechts: ←↓ [hieroglyphs]

Unter dem Rechteck: → [hieroglyphs]   unter dem Datum: → [hieroglyphs]

Nach Pommerening, loc.cit., könnte die letzte Zahl auch eine 10 (statt 2) (gewesen) sein, also insgeamt 80 statt 72 *hnw*.

11. Serapeumstele Louvre IM 4187.
PM III², 799; Posener, Première Domination Perse, 36-41 (5); pl.III; Chassinat, RecTrav 23, 1901, 77-78; Devauchelle, EVO 17, 1994, 103 (27.2); Gozzoli, Writing of History, 114-5; Fig.11;

im Bildfeld unter Himmelshieroglyphe und Flügelsonne links kniender König vor Apis (rechts), zwischen ihnen ein Altar;

über Apis: ← [hieroglyphs]

über König: [hieroglyphs] ↓→ [hieroglyphs] →

hinter König personifizierter Königska, ohne Namen im Serech;

zu beiden Seiten des Altars: ↓→ [hieroglyphs]

unter Bildfeld: →

[hieroglyphic text - 7 lines]

12. Serapeumstele IM 4039
PM III², 800; Vercoutter, Textes biographiques, 70-77; pl.10 (K);

im Bildfeld Apis, nach rechts gewandt, ihm gegenüber zwei stehende Personen; von den Beischriften sind nur noch wenige Zeichen sichtbar; darunter elf Zeilen in Tusche in halbhieratischer Schrift: →

[hieroglyphic text - 7 lines]

Fayyum

13. Menatfragment in Städtischer Bibliothek Frankfurt a.M.
Posener, Première Domination Perse, 158 (110);

Tuna el-Gebel

14. Hölzerner Schrein Museum Mallawi 200.
Gabra, BIE 28, 1947, 161-2; pl.1; Mysliwiec, Royal Portraiture, pl.70; D. Kessler, Die heiligen Tiere und der König, ÄUAT 16, 1989, 209; Taf.5; Grimm, MDAIK 31, 1975, 235; Taf.66a/b; H. Messiha / M. Elhitta, Mallawi Museum Antiquities, Kairo 1979, 15 (200); pl.XVI; Aston, in: Studies in Honour of H.S. Smith, 21; Mysliwiec, Herr beider Länder, Taf.9.1-2; H. Mahran, BACE 19, 2008, 111-118; Sternberg, Quellentexte, 98-100; Fotos M. Schütze-Flossmann;

Vorderseite, unter Hohlkehle, symmetrische Inschrift: → ←

Darunter symmetrische Szene: zwei Könige mit Doppelkrone, einander zugewandt, Wḏ3t-Auge darbringend:

vor König links: ↓→   rechts: ←↓

Rückseite:
Im oberen Register ein widderköpfiger Gott mit Sonnenscheibe und Szepter auf Sockel sitzend, nach rechts gewandt, flankiert von geflügelten Schlangengöttinnen, die auf Korb und w3ḏ-Zeichen sitzen.

Links vom Sockel: ↓→   rechts davon: ←↓

Im unteren Register geflügelter Skarabäus mit Sonnenscheibe;

neben Sonnenscheibe: →←

rechte Seite: zentral falkenköpfiger Sonnengott auf Blüte, nach links gewandt, flankiert von zwei geflügelten Frauen mit Sonnenscheibe und, in kleinerem Maßstab, von zwei Königsfiguren auf Sockel, das wḏ3t-Auge darbringend.

über Sonnengott: ←↓   über Göttin links: ↓→   über Göttin rechts: ←↓

linke Seite: die gleiche Darstellung, hier aber der Sonnengott nach rechts gewandt. Über den beiden Göttinnen (aber nicht über dem Sonnengott) sind zwei kurze Kolumnen für eine Beischrift abgetrennt, aber nicht ausgefüllt worden.

Der Schrein ist offenbar als Sarg für eine Affenmumie wiederbenutzt worden. Nach Aston handelt es sich um einen Kanopenkasten.

Dendera

15. Sistrumgriff ehemals in Kestner-Museum Hannover.
C. Loeben, Die Ägypten-Sammlung des Museum August Kestner und ihre (Kriegs-) Verluste, 2011, 215; 247 (F.0258); Klotz, SAK 42, 2013, 155;

Seite A: ↓→ [Hieroglyphen] [...]

Seite B: ↓→ [Hieroglyphen] [...]

Koptos

16. Vase aus Aragonit (ehemals) in Sammlung Michailides (aus Koptos?), beschriftet mit Kartusche unter Federkrone, darin der Name Darius in altpersischer Keilschrift.
Michaélides, ASAE 43, 1943, 93-5; Fig.28;

Theben

17. Fragment einer Säulentrommel aus Karnak.
Traunecker, Karnak VI, 211-13; Fig.1-2;

Aufschrift: ←↓ [...] [Hieroglyphen] [...]

18. Menat Kairo JE 37050 aus der Cachette von Karnak.
Legrain, ASAE 8, 1907, 51; Posener, Première Domination Perse, 156 (107);

19. Bronzeplakette (Türbeschlag?) Kairo JE 38050 aus der Cachette von Karnak.
Legrain, ASAE 8, 1907, 51; Posener, Première Domination Perse, 159 (114); H.W. Müller, Ägyptische Kunst, Frankfurt 1970, XLVIII, Taf.178; Traunecker, Karnak VI, 210-11; Coulon, EA&O 56, 2009/10, 54; 61; database Cachette de Karnak, CK 629;

rechts König mit Opfergaben; unter ihnen Kartusche auf Goldhieroglyphe: ↓→ [Kartusche]

links offenbar identische Szene, nur noch Beine und Kartusche erhalten: ↓→ [Kartusche]

Elkab

20. Relief von hinterer Wand des zentralen Sanktuars (R) des großen Tempels.
PM V, 173; Capart, CdE 12, 1937, 139; Capart, ASAE 37, 1937, 9; 38, 1938, 624; J. Capart u.a., Fouilles de El Kab, Brüssel 1940, 21; pl.7/8; Vittmann, Zeit der Perserherrschaft, 401; id., Ägypten und die Fremden, Taf.19a; Iranisches Personennamenbuch, VIII, 91;

links thronende Gottheit, nach links gewandt, rechts ebenso, nach rechts gewandt; dazwischen Kolumne:

Die Zuweisung an Darius I. ist unsicher, auch Darius II. käme in Frage.

Auf der Mauer des Vestibüls vor der Südwand der Hypostylenhalle (Capart u.a., Fouilles, pl.7/8, P) sollen sich Kartuschen von Darius (und Hakoris) befunden haben, s. Clarke, JEA 8, 1922, 27, einige Jahre später waren die des Darius verschwunden (Capart, ASAE 37, 9; id., Fouilles, 15).

Ein Gründungsdepot (ohne Inschriften) der Spätzeit im Tempel enthielt hauptsächlich Keramik. Die Gefäße sind von den Ausgräbern als nichtägyptisch und möglicherweise persisch klassifiziert und unter Darius I. datiert worden, s. Capart, Fouilles de El Kab, 67-70; pl.34-35. Das ist zumindest recht zweifelhaft, s. Weinstein, Foundation Deposits, 302-4; Fig.20; 343-4 (148).

Oase Charga

21. Amuntempel von Hibis.
PM VII, 277-89; H. Winlock, The Temple of Hibis, in El Khargeh Oasis, New York 1941; Davies, Hibis, III; Drioton, ASAE 40, 1940, 339-377; Vandier, RdE 16, 1964, 113-5; E. Cruz-Uribe, Hibis Temple Project, I, 1988; id., JARCE 23, 1986, 157-166; id., VA 3, 1987, 215-230; Zecchi, Osiris Hemag, 21-22 (12); D. Klotz, Adoration of the Ram: Five Hymns to Amun-Re from Hibis Temple, YES 6, 2006; Vittmann, Zeit der Perserherrschaft, 401-3; Wasmuth, Achämenidenzeit, 224-239; Sternberg, Quellentexte, 107-120;

Von der umfangreichen Dekoration dieses Tempels (u.a. der ‚Götterkatalog', Opfer- und Ritualszenen, Hymnen etc.) werden hier nur solche Inschriften wiedergegeben, die einen Bezug zum Bau des Tempels haben, also eine gewisse historische Aussage machen.

– an den Laibungen der Tür zu Raum G überdimensionierte Kartuschen (Davies, Hibis, III, pl.18):

Vermutlich ist nach ḏww ▭ statt ⌷ zu lesen.

– an den Laibungen der Tür zu Raum J (Davies, Hibis, III, pl.21):
Westseite: ↓→

Ostseite: ←↓

63. Darius I.

– Hypostylensaal M, auf dem Sockel der Westwand (südlicher Teil), fortgesetzt auf der Südwand (pl.29, unten): →

Rechts und links auf den Laibungen des Durchgangs von Saal M zu B sind zwei krypographische Inschriften (pl.29, oben), die Drioton zu erklären versucht hat (ASAE 40, 1940, 360-377). Zumindest die rechte (nördliche) wollte er als eine Art Bauinschrift (erweiterter Widmungsvermerk) interpretieren.

– Hypostylensaal M, Ostwand, auf nördlichem Türpfosten (pl.36, rechts): ↓→

– Hypostylensaal M, Ostwand, auf südlichem Türpfosten (pl.37, links): ←↓

– Hypostylensaal M, Durchgang zu Hypostylensaal N, Laibungen (pl.38, links);

südlich: ↓→

nördlich: ←↓

63. Darius I.

Außenwände:

– Nordwand, Inschriftband oben (pl.44-45): ←

– Westwand, linke (nördliche) Hälfte Inschriftband oben (pl.48): →

– Westwand, rechte (südliche) Hälfte Inschriftband oben (pl.49): ←

innerer Torweg, innen; Laibung der Südseite, vorn (östlich, pl.58, links): →

Fortsetzung auf der Laibung der Nordseite, vorn (östlich. pl.59, rechts): ←

[Hieroglyphs]

innerer Torweg, innen; Laibung der Südseite, hinten (westlich, pl.58, rechts): →

[Hieroglyphs]

Fortsetzung auf der Laibung der Nordseite, hinten (westlich. pl.59, links): ←

[Hieroglyphs]

Die Dekorationsphasen des Tempels und die merkwürdigen Füllungen der Kartuschen sind von S. Lippert (in S. Lippert u.a. [edd.], Sapientia Felicitas, Festschrift für Günter Vittmann, CENiM 14, 2016, 366-377) überzeugend erklärt worden:
Der Rohbau des Tempels und die erste Dekorationsphase gehören noch in die 26. Dynastie, begonnen vielleicht unter Psametik II., dessen Horusname *Mnḫ-jb* einmal im Hypostylensaal B, Ostwand, Mitte, 2. Register von oben (pl.13) erscheint:

König hinter Standartengeleit; vor seinem Kopf: ↓→ [Hieroglyphs]
S. zu diesem Horusnamen auch Cruz-Uribe, VA 3, 1987, 225-227 und Wasmuth, Achämenidenzeit, 226-227.

In der Dekorationsphase der 26. Dynastie sind überall zwei Kartuschen für den Königsnamen angebracht worden, die aber zunächst leergelassen wurden. In der frühen Regierungszeit Darius'I. sind dann diese Kartuschen mit dem Eigennamen des Darius gefüllt worden (oft nur aufgemalt). Es ist auffallend, dass die Kartuschen zu kurz für den Eigennamen des Darius sind und daher in der Regel mit unverhältnismäßig kleinen Hieroglyphen ausgefüllt werden, Auch das deutet darauf hin, dass sie eigentlich für einen anderen Namen konzipiert waren, vgl. dazu auch Wasmuth, Achämenidenzeit, 226 sowie Cruz-Uribe, JARCE 23, 1986, 165.
In den Kartuschen des Thronnamens sind entweder ebenfalls der Eigenname des Darius eingetragen worden oder eine mit einem Götternamen gebildete Bezeichnung, entweder in einer langen Form:

↓→ [Hieroglyphs] (z.B. pl.9, unten)

oder einer kürzeren: [Hieroglyphs] u. Var.

Bei der weiteren Dekoration hat man dann nur noch jeweils eine einzelne Kartusche für den Namen des Darius angebracht.
Die offenbar erst später angenommene vollständige Königstitulatur Darius' I. erscheint nur auf der westlichen Außenwand, s.o., pl.48-49.

Aus alldem ergibt sich, dass Bau und Dekoration des Hibistempels in der 27. Dynastie nur unter Darius I. weitergeführt worden sind.

22. Ghueita-Tempel in Hibis.
Sauneron, BIFAO 55, 1955, 26-28; pl.IV-IX; Darnell, GM 212, 2007, 29-40; Darnell u.a., in: Ch. Thiers (ed.), Documents de théologies Thébaines tardives D3T 2, 2013, 1-31; Fotos Darnell;

Nur der mittlere der drei rückwärtigen Räume des Tempels (s. Darnell u.a., op.cit., 9, Fig.2) ist unter Darius I. dekoriert worden.
Sockelinschrift im mittleren hinteren Raum; Nord- und Westwand: →

dto., Südwand: ←   Fortsetzung: →

auf der Rückwand (Westwand) dieses Raums rechts der König mit Doppelkrone, eine Maat-Figur präsentierend, gegenüber thronender Amun, gefolgt von Mut mit Doppelkrone und Chons mit Mond, beide stehend; Beischriften heute teilweise zerstört;
vor König: ←↓

über König Sonnenscheibe; über ihr: ←

vor Amun: ↓→

über Mut: →

vor Chons: ↓→

auf der Nordwand König (rechts) mit *nw*-Töpfen vor Amun, Mut, Chons, Min und Isis;

vor König: drei Kolumnen ←↓, weitestgehend zerstört;

vor Amun: ↓→

über Mut: →

vor Chons: ↓→

vor Min:

über Isis: →

auf der Südwand König (links), gefolgt von Hapi, mit Maat-Figur vor thronendem Amun, Mut, Chons, Geb und Nut (alle stehend):

vor König: ↓→

vor Amun: ←↓

vor Mut: ←↓

über Chons: ←

über Geb: ←↓

über Nut: ←

23. Bronzesiegel BM 48929.
Hall, Scarabs, 284 (2744); Posener, Première Domination Perse, 159-160 (115); Kaper, in: Bagnall u.a. (edd.), The Oasis Papers 6, 2012, 172;

↓→

24. Drei Türangeln aus Bronze (ehemals) in Sammlung Michailides, davon eine mit altpersischer Keilinschrift: „Darius, der Großkönig, der König der Könige".
Michaélides, ASAE 43, 1943, 91-3; pl.III;

Oase Dachla

25. Blöcke von Kapelle des Thot von Amheida, einer mit Resten der Kartusche.
Kaper, in: Bagnall u.a. (edd.), The Oasis Papers 6, 2012, 171-2 (pl.10)

auf einem Block Reste von zwei senkrechten Kartuschen: ↓

links: [⬚⬚⬚]   rechts: [⬚⬚ ?o?o?]

Im Tempelareal ist auf einem Gefäßfragment auch ein Stempelabdruck mit der Kartusche des Darius gefunden worden, ibid., 172, pl.12; Iranisches Personennamenbuch, VIII, 91;

←↓ [hieroglyphs]

Ausland

26. Vase aus Aragonit, in Syrien gefunden.
Posener, Première Domination Perse, 138 (37);

↓→ [hieroglyphs]

27. Vase aus Alabaster in Sammlung Gandur.
R. Bianchi, Ancient Egypt, Art & Magic. Treasures from the Fondation Gandur pour l'Art, Museum of Fine Arts St. Petersburg, Florida, 2011, 146-147;

Inschrift in Rechteck, in oberer Hälfte: ↓→ [hieroglyphs]

28. Vasen aus Susa.
Posener, Première Domination Perse, 139-40 (38-42); Vittmann, Zeit der Perserherrschaft, 386-7;

– Louvre AS 515: ↓→ [hieroglyphs]

– Fragmente Louvre E.10507; AS 516; AS 518; AS 520: derselbe Text mit Lücken, Jahr unsicher.

29. Vasen aus Aragonit aus Susa, vermutlich aus der Zeit Darius' I.
Posener, Première Domination Perse, 148-9 (83-85)

Louvre AS 519: ↓→ [hieroglyphs]

Louvre AS 521: ↓→ [hieroglyphs]

Louvre AS 522: ↓→ [hieroglyphs]

Herkunft unbekannt

30. Siegel London BM 89132 (vermutlich aus Unterägypten) mit dem König auf einem Streitwagen bei der Löwenjagd und einer dreisprachigen Inschrift (elamisch, akkadisch, altpersisch): „Ich (bin) Darius, (Groß-)König"

P. Merrillees, Catalogue of the Western Asiatic Seals in the British Museum, VI: Pre-Achaemenid and Achaemenid, Periods, 2005, 52-53; pl.VII (16);

Früher ist oft Theben als Herkunftsort angegeben worden.

31. Wand eines Holznaos London BM 37496.
Yoyotte, RdE 24, 1972, 220, pl.19 (A); J. Curtis / N. Tallis, Forgotten Empire. The World of Ancient Persia, Ausstellungskatalog London 2005, 173 (Nr.266);

in der Mitte thronender Anubis, hinter ihm Isis stehend, vor ihm König, Maat opfernd;

über Isis: ↓→   über Anubis: ↓→

über König: ←↓

32. Alabastergefäß Jerusalem BLMJ 1979 aus Jahr 36 [486].
J. Westenholz / M. Stolper, ARTA 2002.5, 1-13;

↓→

Auf dem Oberteil des Gefäßes neben der hieroglyphischen Kolumne auch drei Zeilen mit dem Namen des Darius in altpersischer, elamischer und akkadischer Keilschrift.

33. Alabastron für Salböl in Norbert Schimmel Collection.
J. Settgast (ed.), Von Troja bis Amarna. The Norbert Schimmel Collection New York, Ausstellungskatalog Berlin 1978, Nr.256; Vittmann, Ägypten und die Fremden, 150 (Abb.67); 153; Taf.16b;

↓→

34. Messerklinge aus Bronze mit Kartusche, (ehemals) in Sammlung Michailides.
Bresciani, ASAE 55, 1958, 268;

↓

35. Sistrumgriff Louvre N.2263 (E.1778) aus Fayence.
Ch. Ziegler, Catalogue des instruments de musique égyptiens, Paris 1979, 52, Nr.58; Posener, Première Domination Perse, 153 (101);

Seite A: ↓→

Seite B: ↓→

36. Fragment Sistrumgriff (ehemals?) in Sammlung Nash.
Nash, PSBA 30, 1908, 153; pl.1.15; Posener, Première Domination Perse, 155 (104);

↓→ [hieroglyphs]

37. Menatamulett Louvre AF 2913.
Ch. Barbotin, La voix des hiéroglyphes, Paris 2005, 190 (105); Posener, Première Domination Perse, 157 (109);

↓→ [hieroglyphs]

38. Menatfragment Louvre E.14221.
Posener, Première Domination Perse, 157 (108); Website Louvre;

↓→ [hieroglyphs]

39. Menat London UC 16437.
Posener, Première Domination Perse, 158 (111); Petrie, Scarabs, pl.LVII (27.2.1); website Petrie Museum;

↓→ [hieroglyphs]

Die Kartusche auf dem Menatfragment London UC 16438, früher Darius zugeschrieben (s. Petrie, Scarabs, 57; pl.57 [27.2.2]; Posener, Première Domination Perse, 156 [106]), gehört zu einem Ptolemaios, s. Vittmann, in: Iranisches Personennamenbuch, VIII, 90; website Petrie Museum.

40. Menat Florenz 854.
Schiaparelli, Museo di Firenze, 180, Nr. 1451; Posener, Première Domination Perse, 158 (112);

↓→ [hieroglyphs]

41. Menat-Fragment London BM 17162.
Posener, Première Domination Perse, 159 (113); Petrie, Hist. Scarabs, pl.63; Nr.1999;

↓→ [hieroglyphs]

42. 108. Gefäß (Majolika) aus ehemaliger Sammlung Michailides.
Bresciani, ASAE 55, 1958, 267-68; Fig.1; Tav.1a; Vittmann, in: Iranisches Personennamenbuch, VIII, 90;

Aufschrift in rechteckiger Umrahmung: ↓→ [hieroglyphs]

Wegen der Schreibung mit *w* statt *wꜣ* hat G. Vittmann Zweifel an der Echtheit des Gefäßes.

43. Rechtwinkliges Eisen (Türangel?) Louvre E.5355.

Posener, Première Domination Perse, 160 (116); P. Pierret, Catalogue de la salle historique de la galerie égyptienne, Paris 1877, 164, Nr.665; Michaélides, ASAE 43, 1943, 93;

keine Textwiedergabe publiziert; nach der Übersetzung bei Pierret etwa:
nṯr nfr nb t3wj nswt-bjt Jntjrwyw383 mrjj Wsjr dj ꜥnḫ ḏd w3s mi Rꜥ ḏt

Das Objekt ist im Louvre weder registriert noch auffindbar, die Angabe bei Pierret ist die einzige Quelle dazu.

NICHTKÖNIGLICHE PERSONEN

Sais

44. Naophor Vatikan 158 (22690) des *Wḏ3-Ḥr-rsnt*, in Rom gefunden (aus Sais?).

Posener, Première Domination Perse, 1-26; Tulli, in: Misc. Gregoriana, 211-80; Botti / Romanelli, Sculture, 32-40; Tav.27-32; Otto, Biogr. Inschr., 169-73 (Nr.30); Lloyd, JEA 68, 1982, 166-80; M. Lichtheim, Ancient Egyptian Literature, III, The Late period, 1980, 36-41; Kaplony-Heckel, in: TUAT I.6, 1985, 603-08; Chevereau, Prosopographie, 101-02 (129); Rößler-Köhler, Individuelle Haltungen, 270-272 (78a); ead., GM 85, 1985, 43-54; Spalinger, in: LÄ VI, 822-24, s.v. Udjahorresnet; Nagy, in: F. Pölöskei (ed.), Studia in Honorem L. Fóti, Budapest 1989, 377-83; Zecchi, Osiris Hemag, 22-24 (12); L. Bareš, The Shaft Tomb of Udjahorresnet, Abusir IV, 1999, 31-38; Pressl, Beamte und Soldaten, 255-7 (F.9.1); Baines, in: Fs Simpson, I, 83-92; P. Wilson, The Survey of Sais (Sa el-Hagar) 1997-2002, London 2006, 22-3; Panov, Inscriptions of the Late Period, 7-15 (1.1); Sternberg, Quellentexte, 17-28;

auf der Vorderseite des Naos, oben und rechts (Blickrichtung der Statue): ↓→ →

dto., oben und links (das zentrale ⌒ nur einmal geschrieben): ← ←↓

auf der Oberseite des Naos: ↓→

auf dem Gewand, unter dem rechten Arm: ↓→

dto., unter dem linken Arm: ←↓

auf dem Sockel des Naos und seinem Stützpfeiler, rechte Seite (Blickrichtung Statue):

→

Fortsetzung ↓→

63. Darius I.

Fortsetzung: →

dto., links: ←   Fortsetzung: ←↓

rechte Seite Naos und vor rechtem Arm: ↓→

linke Seite Naos und vor linkem Arm: ←↓

Rückenpfeiler: ↓→

Sockel, linke Seite: ←

dto., rechte Seite: →

Memphis

45. Fragment eines in Kairo verbauten beschädigten Naophors des *Wḏꜣ-Ḥr-rsnt*.
I. Rosellini, Manuskript 297, s. Posener, Première Domination Perse, 26-29 (2), pl.I; Rosellini, Monumenti storici, 1.2, 145-6; 153; 169; 172; pl.10-11; Bresciani, EVO 8, 1985, 2-3; L. Bareš, The Shaft Tomb of Udjahorresnet, Abusir IV, 1999, 38;

Rosellini hatte wohl nur die fünf Passagen (Kolumnen ↓→) kopiert, die eine Kartusche enthalten, Zusammenhang und Reihenfolge dieser Textausschnitte sind nicht zu ermitteln. Offenbar hat er die Reihenfolge einiger Zeichen vertauscht.

5. 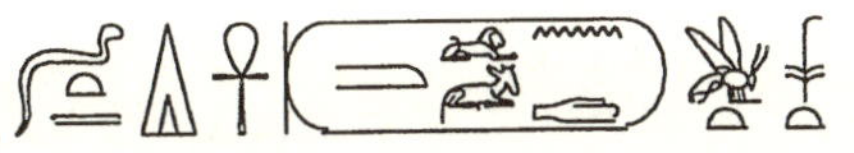 [hieroglyphs]

Vielleicht gehörte ein kleines Fragment einer Statue des *Wḏ3-Ḥr-rsnt* aus der ehemaligen Sammlung Michaelides, das in der Gegend von Memphis gefunden wurde, zu derselben Statue.

PM III², 867; Michaelidis, ASAE 43, 1943, 101-2; fig.34-5; Bresciani, SCO 7, 1958, 178 (6); Bareš, The Shaft Tomb of Udjahorresnet, 38;

Es finden sich Reste von zwei Zeilen darauf:

→ [...] [hieroglyphs] [...]

→ [... [hieroglyphs] ...]

Godron hält es auch für möglich, dass dieses Fragment von der in Memphis gefundenen postumen Statue des *Wḏ3-Ḥr-rsnt* (s.u., 78.7) stammt oder von der auf dieser erwähnten älteren Statue, s. Hommages à François Daumas, Montpellier 1986, 290.

46. Grab des *Wḏ3-Ḥr-rsnt* in Abusir (Gründungsbeigaben: Zeit Amasis).
Bareš, ZÄS 123, 1996, 1-9; id., The Shaft Tomb of Udjahorresnet, Abusir IV, 1999; Sternberg, Quellentexte, 30-33;

Die Gründungsdepots stammen aus der Zeit des Amasis: ein Fayencetäfelchen war auf beiden Seiten mit Thron- und Eigennamen des Amasis (*Ḫnm-jb-Rʿ Jʿḥ-msjw Z3-Njtt*, jeweils in einer einzigen Kartusche) beschriftet, s. ZÄS 123, 1; Bareš, Shaft Tomb, 65-66, leider ohne Textwiedergabe. Auf dem Foto bei M. Verner, Forgotten Pharaohs, Lost Pyramids, Prag 1994, 203 erkennt man zwei Täfelchen mit der Aufschrift ↓→ [cartouche]

Die Wände der Sargkammer des Grabes sind mit Sprüchen aus den Pyramidentexten beschriftet, in roter Vorzeichnung, noch nicht graviert.

auf der Westwand 15 Kolumnen mit PT Spruch 213 und der Anfang von Spr.214; Bareš, Shaft Tomb, 51-52; pl.7, Fig.34; pl.8, Fig.35; Sternberg, Quellentexte, 32-33; ↓→

[hieroglyphic text in 14 columns]

63. Darius I.

auf der Nordwand (vgl. PT Spruch 25); Bareš, Shaft Tomb, 52-3; pl.10: ←

auf der Südwand PT Spruch 226 und Teile von Spr.242; Bareš, Shaft Tomb, 53; pl.11: →

Ostwand; Bareš, Shaft Tomb, 53-4; eine größtenteils unlesbare Opferliste, darunter eine Zeile: →

Der äußere Sarkophag trägt nur zwei unvollendete und schlecht erhaltene Inschriften; Bareš, Shaft Tomb, 55; je eine Zeile läuft um die südliche und die nördliche Hälfte, Beginn am Kopfende:
Südhälfte: ←

Nordhälfte: →

Der innere anthropomorphe Sarkophag ist vollständig dekoriert; Bareš, Shaft Tomb, 56-61.
Auf dem Deckel, unterhalb des Kragens, kniet Nut mit ausgebreiteten Schwingen. Beiderseits von ihr knien rechts Isis und links Nephthys;

neben Isis: ↓→

neben Nephthys: ←↓

63. Darius I. 35

unter ihnen eine ziemlich entstellte Version von Tb Spruch 72: ↓→

[hieroglyphic text, lines 1–15]

Neben dem Textblock rechts *Jmstj* und *Dw3-mwt.f*, darunter *Ḥrj-b3k.f* und *Ḥr-ḫntj-jrtj*, auf der linken Seite *Ḥpj* und *Qbḥ-snw.f*, darunter zwei weitere (Namen unklar). Zwischen diesen Schutzgeistern und dem Textblock jeweils eine Kolumne;

rechts: ↓→ [hieroglyphic text]

links: ←↓ [hieroglyphic text]

um die Sargwanne laufen an den Seiten oben jeweils zwei Zeilen, am Kopfende beginnend und am Fußende endend:
linke (nördliche) Seite (u.a. PT Spruch 369): →

[hieroglyphic text, line 1]

rechte (südliche) Seite: ←

Eine dritte Zeile am Fußende der Sargwanne: →

Im Grab sind sechs Uschebtis gefunden worden, auf Vorderseite und Rückenpfeiler beschriftet:

Zu den demotischen Graffiti mit Namen des *Wḏꜣ-Ḥr-rsnt* aus dem Grab (noch aus der Zeit des Amasis?) s. Bareš, in: Fs Zauzich, 33-37; id., in: Acts of the Seventh International Conference of Demotic Studies, 35-38; Panov, Inscriptions of the Late Period, 16-17.

47. Fragment einer Schale, ehemals in Sammlung Michaelidis (Nr.27.41.157).
H. Schlögl, Geschichte und Wege. Notizen zu ägyptischen Totenstatuetten und anderen Kleinfunden, Berlin 2012, 153-7;

um den Rand: → [hieroglyphs]

Schlögl möchte dieses Fragment dem „Verräter" *Wḏȝ-Ḥr-rsnt* zuschreiben und spekuliert sogar, dass es aus seinem Grab stammen könne. Der Titel *wr zwnw Šmꜥw Mḥw* ist aber keineswegs selten (zumal in der 26. Dynastie), und die Datierung des Fragments ist ganz unsicher, es kann daher irgendeinem ‚Großen der Ärzte' gehört haben.

48. Demotisches Graffito im Grab des *Jw.f-ꜥȝ* in Abusir (s. 57.228).
Bareš, in: Acts of the Seventh International Conference of Demotic Studies, 38;

3 oder 4 Zeilen auf großem Gefäß mit Datum aus Jahr 15, 2. *ȝḫt*(?), 11(?), vermutlich unter Darius I.

49. Demotische Ostraka aus Grab des *Mnḫ-jb-Nkȝw*.
L. Bareš / K. Smoláriková, The Shaft Tomb of Menekhibnekau, I. Archaeology, Abusir XXV, 2011, 62-63; pl.36; Trismegistos 220393-5.

Auf zwei Ostraka findet sich das Datum Jahr 22, 4. *šmw*, sehr wahrscheinlich unter Darius I.

50. Serapeumstele Louvre IM 4013 des *Ḥkȝ-m-zȝ.f* aus Jahr 4 [518].
PM III², 799; Chassinat, RecTrav 23, 1901, 76-77 (CXXX; irrtümlich 4012 statt 4013); Sternberg, Quellentexte, 60; Foto Devauchelle;

im Bildfeld Apis, nach rechts gewandt, vor ihm Altar; [Rest zerstört]; darunter: →

51. Serapeumstele Louvre IM 4054 des *Ptḥ-ḥtp* aus Jahr 4.
PM III², 799; Chassinat, RecTrav 23, 1901, 80-81 (CXXXV); Fotos Devauchelle;

Bildfeld stark beschädigt, eine am Boden ausgestreckte Person noch erkennbar, darüber: ←

dazu kommen demotische und hieratische Zeichen ohne erkennbaren Zusammenhang.

Darunter eine Inschrift mit oben und unten je drei Zeilen, dazwischen zehn Kolumnen:

63. Darius I.

waagerecht: →

[hieroglyphs]

darunter senkrecht: ↓→

[hieroglyphs]

darunter wieder waagerecht: →

[hieroglyphs]

52. Serapeumstele Louvre IM 4086 des *P3j.f-njtt* (?) aus Jahr 4.
PM III², 799; unpubl., s. P. Pierret, Catalogue de la salle historique de la galerie égyptienne, Paris 1882, Nr.320; Devauchelle, EVO 17, 1994, 103; Sternberg, Quellentexte, 61-62; Website Louvre;
im Stelenrund Stier, nach rechts gewandt; ihm gegenüber kniender Mann anbetend;

vor Stier: ←↓ [hieroglyphs]   hinter ihm: → [hieroglyphs]   hinter Mann: ↓→ [hieroglyphs]   darunter: →

[hieroglyphs]

53. Serapeumstele Louvre IM 4188 des *P3-n-Sḫmt* aus Jahr 4, 1 *šmw*, 13.
PM III², 799; unpubl., s. Černý, Notebook, 117, p.7 (unten); Website Louvre;

54. Serapeumstele Louvre IM 3131 (N.421/355) des *Psmṯk-mrjj-Njtt* aus Jahr 4.
PM III², 799; unpubl.;

Datum in Kol.10:

55. Hieroglyphisches ‚Graffito' im Serapeum aus Jahr 4.
J. Malek / J. Ray, The Graffiti from the Memphite Serapeum, Oxford 2017, 43-44 (Nr.46); ←

56. Serapeumstele Louvre IM 1248 + RB 18395 (ohne Datum und Königsname).
Unpubl., s. Devauchelle, BSFE 106, 1986, 39; Vittmann, Rupture and continuity, 95, n.28;

57. Serapeumstele IM 4129 (417) des *Jʿḥ-msjw*, vermutlich aus Jahr 4.
PM III², 800; Chassinat, RecTrav 25, 1903, 50 (CLVI); Vercoutter, Textes biographiques, 105-8;
pl.XVI (Q); El-Sayed, Documents relatifs à Saïs, 259-60 (§ 45);

im (fast ausgelöschten) Bildfeld links Apis, nach rechts gewandt; ihm gegenüber ein kniender Mann, dazwischen ein Altar; darunter acht gravierte Zeilen: →

58. Serapeumstele IM 4017 des Generals *Jꜥḥ-msjw*, vermutlich aus Jahr 4.
PM III², 799; Chassinat, RecTrav 23, 1901, 78 (CXXXII); Posener, Première Domination Perse, 41-46 (6); Vercoutter, Textes biographiques, 59-64; pl.VIII (H); Chevereau, Prosopographie, 148-9 (221); Panov, Inscriptions of the Late Period, 21-23; Sternberg, Quellentexte, 56-59;

im Bildfeld oben Flügelsonne mit Uräen; links und rechts der Uräen: ← →

darunter links Apis, nach rechts gewandt; ihm zugewandt stehender Mann, dazwischen Altar;

über Apis: → ; unter Altar: ←↓   hinter Mann: ←↓

darunter: →

59. Serapeumstele IM 4057 des *sntj Ḥr-wḏꜣ*, vermutlich aus Jahr 4.
Unpubl., s. PM III², 800; ESLP, 72; 73; Yoyotte, Opera Selecta, 207 (A); Vittmann, Rupture and Continuity, 101;

60. Serapeumstele Saqqara RB 18387 des *sntj Ḥr[-wḏꜣ]*(?), vermutlich aus Jahr 4.
Unpubl., Yoyotte, Opera Selecta, 207 (A); vgl. Devauchelle, BSFE 106, 1986, 39, n.28;

61. Serapeumstele IM 4118 des *Pꜣ-šrj-n-Ptḥ*, vermutlich aus Jahr 4.
Unpubl., s. PM III², 800;

62. Serapeumstele IM 4116, vermutlich aus Jahr 4.
Unpubl., s. PM III², 800; Vittmann, in: Iranisches Personennamenbuch, VIII, 91;

63. Serapeumstele Louvre C 317 des *sntj Ḥr*, vermutlich aus Jahr 4.
PM III², 802; Chassinat, RecTrav 25, 1903, 52-53; Chevereau, Prosopographie, 149-50 (222); Clère, JEA 35, 1949, 40 (h); Perdu, RdE 49, 1998, 179 (4); Yoyotte, Opera Selecta, 207 (B); Vittmann, Rupture and Continuity, 101; Thirion, RdE 45, 1994, 176; ead., RdE 52, 2001, 274; eigene Fotos;

im Bildfeld oben Flügelsonne; darunter Apis mit Sonnenscheibe, nach rechts gewandt; hinter ihm ein Mann und eine (kleinere) Frau mit anbetend erhobenen Händen; vor Apis ein Altar und wiederum ein Mann und eine (kleinere) Frau; keine Beischriften; darunter Inschrift von 16 Zeilen: →

64. Stele Louvre IM 4018 des *P3-dj-Ḥr-m-ḥb* (Bruder des *sntj Ḥr*), vermutlich aus Jahr 4.
PM III², 800; Chassinat, RecTrav 22, 1900, 178 (CXXIII); Vercoutter, Textes biographiques, 65-69, pl.IX (I); Guermeur, Les cultes d'Amon, 140-1; Yoyotte, Opera Selecta, 207 (B); Vittmann, Rupture and Continuity, 101;

oben Flügelsonne mit Uräen; beiderseits der Uräen: → ← ; darunter Apis, nach rechts gewandt, ihm gegenüber zwei stehende Männer;

über Apis: → ; unter Bildfeld: →

65. Oberteil einer Osirisfigur, ehemals in Sammlung J. von Bleichröder (aus Memphis?).
De Meulenaere, in: La XXVIᵉ dynastie, 130-1 (24); Yoyotte, Opera selecta, 363; nach Foto CLES;

auf Rückenpfeiler: ↓→

Die Statuette gehört zur Familie des *sntj Ḥr*, s. Yoyotte, loc.cit., aber da der Name des Stifters nicht erhalten ist, bleibt die Datierung unsicher. Sie könnte auch noch in die Zeit des Amasis gehören.

66. Serapeumstele IM 4016 (362) des *Ns-b3-nb-Ḏdt* aus Jahr 31 [491].
PM III², 800; Brugsch, Thes., 969 (4) (teilweise); id., ZÄS 22, 1884, 115-6; Wilkinson, Mss., XXIV, 19 (4) (Datum + Kartusche); Devauchelle, EVO 17, 1994, 104 (Jahr 31); Website Louvre;

nach Brugsch, Thes., 969 (heute viel weniger lesbar): →

67. Serapeumstele IM 4068 des *Ns-b3-nb-Ḏdt* aus Jahr 31.
Unpubl., s. PM III², 800; Devauchelle, EVO 17, 1994, 104 (Jahr 31);

68. Serapeumstele Louvre SN 74 des *Ptḥ-ḥtp* aus Jahr 31.
Unpubl., s. PM III², 800; Devauchelle, EVO 17, 1994, 104 (Jahr 31);

69. Serapeumstele Saqqara RB 18434 aus Jahr 31.
unpubl., Devauchelle, EVO 17, 1994, 104;

70. Drei demotische Serapeumstelen aus Jahr 31: Louvre IM 15, IM 3735, Saqqara RB 18403 (Jahr 31, 3. *ȝḫt*).
Unpubl., s. Devauchelle, EVO 17, 1994, 104; id., BSFE 106, 1986, 35-6, Fig.2;

71. Demotische Serapeumstele Louvre IM 4096 aus Jahr 31, 3. *šmw*, 18 [6.11. 491] (Darius?).
Unpubl., s. Devauchelle, EVO 17, 1994, 104;

72. Serapeumstele Louvre IM 4046 des *Ḥr-jrj-ˁȝ* aus Jahr 31 [491] oder 34 [488].
PM III², 800; Chassinat, RecTrav 23, 1901, 84-85 (CXLII; irrtümlich IM 4045); El-Sayed, Documents relatifs à Sais, 276 (§ 81); Devauchelle, EVO 17, 1994, 104 (27.3); Fotos Devauchelle;

im Bildfeld links Stier mit Sonnenscheibe, nach rechts gewandt; über ihm: ↓→ [hieroglyphs];

hinter ihm: ↓→ [hieroglyphs]

ihm gegenüber ein stehender Mann, räuchernd und libierend; Beischrift:

[hieroglyphs]

darunter: ↓→

[hieroglyphs]

Große Teile der Stele sind mittlerweile durch Salzausblühungen so schwer beschädigt, dass die meisten Lesungen von Chassinat nicht mehr nachzuprüfen sind. In Kol.2 ist der erste Name aber nicht *Psmṯk* zu lesen, sondern *ꜥnḫ-Psmṯk*.

73. Serapeumstele RB 18386 aus Jahr 31 oder 34.
Unpubl., s. Devauchelle, BSFE 106, 1986, 36; 44, n.18; id., EVO 17, 1994, 104;

74. Serapeumstele Louvre IM 4207 des *Ptḥ-ḥtp* aus Jahr 31 oder 34.
PM III², 801; unpubl.;

75. Serapeumstele Louvre IM 4125 des *Ḏd-Ptḥ-jw.f-ꜥnḫ* (?) aus Jahr 31 oder 34.
PM III², 801; Chassinat, RecTrav 25, 1903, 59 (CLXXVII); Guermeur, Les cultes d'Amon, 27-28; de Meulenaere, BiOr 64, 2007, 133; Website Louvre;

im Bildfeld Apis, nach rechts gewandt; ihm gegenüber eine Person räuchernd und libierend; darunter: ↓→

76. Serapeumstele Louvre IM 4063 des *Ḥr-jrj-ꜥꜣ* aus Jahr 34 [488].
PM III², 800; Chassinat, RecTrav 21, 1899, 67 (XXVI); de Meulenaere, Surnom, 18 (Nr.58); Sternberg, Quellentexte, 63; Foto Devauchelle;

über Bildfeld Flügelsonne; darunter, zwischen den Uräen: ↓→

im Bildfeld links menschengestaltiger Apis vor Altar; ihm gegenüber anbetender Mann; unter Bildfeld: →

77. Serapeumstele Louvre IM 4076 des *Jw.f-ꜥꜣ* aus Jahr 34.
PM III², 800; Chassinat, RecTrav 21, 1899, 66-67 (XXV); El-Sayed, Documents relatifs à Sais, 272 (§ 74); Vittmann, Rupture and continuity, 95, n.29; Fotos Devauchelle;

im Bildfeld Apis mit Sonnenscheibe, nach rechts gewandt; über ihm: ↓→

gegenüber kniende Person; Beischrift: ↓→
darunter Haupttext: ↓→

78. Fragment Serapeumstele Berlin 3423 (Kriegsverlust) desselben *Jw.f-ˁ3*.
PM III², 815; Burchardt, ZÄS 49, 1911, 72; El-Sayed, Documents relatifs à Sais, 272 (§ 74);
Vittmann, Rupture and Continuity, 95; Fig.3; Foto CLES;

links oben ein Rest des Bildfelds mit Hinterhuf des Apis; darunter neun Kolumnen: ↓→

79. Serapeumstelenfragment Louvre IM 4037 aus Jahr 34.
PM III², 800; Chassinat, RecTrav 25, 1903, 55 (CLXVII); Website Louvre;

acht mit Tusche geschriebenen Zeilen (seit Chassinat stärker beschädigter Text): →

80. Serapeumstele Louvre IM 4008 des <*P3-*>*šrj-n-Ptḥ* aus Jahr 34.
PM III², 801; Chassinat, RecTrav 21, 1899, 65-66 (XXIII); Foto Devauchelle;

im Bildfeld links Apis; vor ihm: ↓→ [hieroglyphs]; gegenüber steht ein anbetender Mann; darunter vier breite Kolumnen mit jeweils zwei Gruppen nebeneinander: ↓→

81. Serapeumstele Louvre IM 4072 des *P3-dj-B3stt* aus Jahr 34.
PM III², 801; Chassinat, RecTrav 21, 1899, 65 (XXII); Fotos Devauchelle;

im Bildfeld Apis mit Sonnenscheibe, nach rechts gewandt; ihm gegenüber kniet ein Mann anbetend; keine Beischriften; darunter: →

82. Serapeumstele Louvre IM 4097 des *Psmṯk-m-3ḫt* aus Jahr [34](?).
PM III², 801; Chassinat, RecTrav 23, 1901, 78-79 (CXXXIII); A. Weil, Die Veziere des Pharaonenreiches, Straßburg 1908, 141-2; Leahy, in: Fs Griffiths, 149-150 (11-14); Jansen-Winkeln, Sentenzen und Maximen, 40 (120); Payraudeau, JEA 89, 2003, 205; Vittmann, Rupture and Continuity, 95; Fotos Devauchelle;

oben Stier mit Sonnenscheibe, nach rechts gewandt; über ihm: →: [hieroglyphs]

ihm gegenüber knien drei anbetende Männer; über ihnen, von links: ←↓

unter Bildfeld (die letzte Zeile mit deutlich kleineren Zeichen): →

[hieroglyphic text, lines 1–15]

83. Serapeumstele Louvre IM 4033 des *W3ḥ-jb-Rʿ-m-3ḫbjt* aus Jahr 34.
PM III², 801; Chassinat, RecTrav 23, 1901, 85-86 (CXLIII); Sandman, The God Ptah, Lund 1946, 217; 56* (281); Leahy, in: Gs Quaegebeur, I, 382; de Meulenaere, in: L. Lesko (ed.), Egyptological Studies in Honor of Richard A. Parker, Hanover 1986, 5; eigene Fotos;

im Bildfeld Apis, nach rechts gewandt; über ihm: →

48   63. Darius I.

ihm gegenüber ein Altar mit Opfergaben und ein stehender Mann anbetend;

vor ihm: ←↓: [hieroglyphs]   darunter: →

[hieroglyphs]

Die letzte Zeile mit kleineren und halb-hieratischen Schriftzeichen.

auf der rechten Seite der Stele zwei Kolumnen, teilweise hieratisch: ↓→

[hieroglyphs]

84. Serapeumstele Louvre IM 3999 des *Ḏd-Ptḥ-jw.f-ꜥnḫ* aus Jahr 34.
PM III², 801; Chassinat, RecTrav 25, 1903, 56 (CLXX); Sternberg, Quellentexte, 67; Website Louvre;

im Bildfeld Apis mit Sonnenscheibe, nach rechts gewandt; über ihm: →[hieroglyphs]; vor ihm

ein kniender Anbeter; hinter und über ihm: ↓→ [hieroglyphs]

(die Beischriften im Stelenrund heute z.T. kaum noch lesbar); darunter:

[hieroglyphs]

85. Serapeumstele IM 4109 des *P3j.f-t3w-m-ꜥ-B3stt* aus Jahr 34.
PM III², 801; Vercoutter, Textes biographiques, 78–81; pl.XI (L); De Meulenaere, Surnom, 23 (74);
Jansen-Winkeln, Sentenzen und Maximen, 40 (121); Sternberg, Quellentexte, 64–66;

vom Bildfeld ist nur die linke Hälfte erhalten, darin der Apis, nach rechts gewandt; vor ihm ist noch der Fuß eines Altars sichtbar;

über Apis: →  ; darunter 13 Zeilen in Tusche: →

Das *ḏbꜥ*-Zeichen (Z.8) hat die hieratische Form.

86. Serapeumstele Louvre SN 31 (374) aus Jahr [34].
PM III², 801; Chassinat, RecTrav 23, 1901, 81 (CXXXVI);

im Bildfeld Apis, nach rechts gewandt; ihm gegenüber eine stehende Person anbetend; die Beischriften sind zerstört;
auch die Hauptinschrift darunter ist weitgehend zerstört:

87. Serapeumstele Louvre IM 4045 des *Ḥr-ȝḫbjt* aus Jahr 34, 2. *prt*, 10.
PM III², 800; unpubl., s. Černý, Notebook, 117, p.20; Wilkinson, Mss, XXIV, 26 (1); P. Pierret, Catalogue de la salle historique de la galerie égyptienne, Paris 1882, Nr.322; Website Louvre;

88. Serapeumstele Louvre IM 4104 des *Ḥr-zȝ-ȝst*.
Unpubl.; nach PM III², 800 und Devauchelle, EVO 17, 1994, 104 aus Jahr 34.

Auf dem Foto auf der Website des Louvre ist in Z.6 vor dem Namen kein Datum zu erkennen.

89. Serapeumstele Louvre SN 72 des *Zmȝ-tȝwj-tȝj.f-nḫt* aus Jahr 34.
PM III², 801; unpubl.;

90. Serapeumstele RB 18382 aus Jahr 34, 2. *prt*, 11 [1.6. 488].
Unpubl., s. Devauchelle, BSFE 106, 1986, 36; 43 n.17; id., EVO 17, 1994, 104;

91. Fragment Kairo CG 50042 einer demotischen Stele aus dem Serapeum aus Jahr 34.
PM III², 801; Spiegelberg, Demotische Denkmäler, III, 13; Taf.X; Trismegistos 54401;

Die Stele enthält eine Liste von Dienern (*bȝk mnḫ*) des Apis aus Jahr 34, 1. *prt*.

Weitere demotische Serapeumstelen aus Jahr 34 sind Louvre IM 4093, IM 4165 und Sakkara RB (ohne Nummer), s. Devauchelle, EVO 17, 1994, 104.

92. Serapeumstele SN 88 des Generals *Jʿḥ-msjw*, vermutlich aus Jahr 34.
PM III², 799; Posener, Première Domination Perse, 46-47 (7); Chevereau, Prosopographie, 148-9 (221);

nur Stelenunterteil mit drei Zeilen erhalten; →

93. Serapeumstele Louvre IM 4087 des [...]-*ḥtp*.
PM III², 801; Chassinat, RecTrav 23, 1901, 83 (CXL); Leahy, in: Fs Griffiths, 150 (15-17); Fotos Devauchelle.

im Bildfeld Stier mit Sonnenscheibe, nach rechts gewandt; vor ihm: ↓→

ihm gegenüber ein kniend anbetender Mann; hinter ihm: ↓→
darunter zehn Kolumnen: ↓→

Die Inschriften sind durch Salzausblühungen schwer lesbar geworden.

94. Serapeumstele Louvre SN 64 (404) des *Jʿḥ-msjw*.
PM III², 801; Chassinat, RecTrav 23, 1901, 87-88 (CXLVIII); Marc Desti (ed.), Des dieux, des tombeaux, un savant. En Egypte, sur les pas de Mariette Pacha, Ausstellungskatalog Boulogne 2004, 121 (59); eigene Fotos;

im Bildfeld Apis mit Sonnenscheibe, auf einem Sockel stehen, nach rechts gewandt, vor ihm ein Altar und ein stehender Mann mit erhobener Rechten;

über Apis: ↓→   über Mann: ←

darunter der Beginn einer Inschrift: →

95. Fragment einer Serapeumstele Louvre IM 4038 des *Ḥrj*.
PM III², 801; De Meulenaere, in: Fs Varga, 385 (94); Vittmann, Rupture and continuity, 90; Fig.1; eigenes Foto;

Bildfeld weitgehend zerstört; links Apis, nach rechts gewandt, vor ihm Altar; keine Beischriften erhalten; darunter: →

96. Fragment einer Serapeumstele Louvre IM 1244 des *Ptḥ-ḥtp*.
PM III², 801; Chassinat, RecTrav 21, 1899, 67-68 (XXVII); Posener, RdE 37, 1986, 91-6; pl.15; Rößler-Köhler, Individuelle Haltungen, 274-5 (79a); Vittmann, Zeit der Perserherrschaft, 390-2;

Nur der untere Teil der Stele ist mit acht Kolumnen erhalten (Ergänzungen nach Posener): ↓→

97. Serapeumstele Louvre IM 2857 des *Psmṯk-mn-m-P*.
PM III², 803; Chassinat, RecTrav 17, 1895, 53-4 (IV); id., RecTrav 22, 1900, 173-4 (CXI); Zivie, Giza au premier millénaire, 154-57; pl.36; Wildung, Rolle äg. Könige, 184-5; 199; 210;

Im Bildfeld Apis, nach rechts gewandt; vor und hinter ihm je eine kniend anbetende Person;

hinter der Person rechts: ↓→

Beischrift hinter der Person links unlesbar (vielleicht noch Spur von *jb* zu erkennen, Zivie vermutet *Nfr-jb-Rꜥ*); darunter sechs Zeilen: →

Die Kartuschen im Original senkrecht.

98. Serapeumstele Louvre IM 4025 des *Jj-m-ḥtp*.
PM III[2], 802; Chassinat, RecTrav 23, 1901, 82; De Meulenaere, Surnom, 16 (Nr.51); website Louvre;

im Bildfeld Apis mit Sonnenscheibe, nach rechts gewandt; über ihm: →

ihm gegenüber ein stehender Mann: vor ihm: ↓→ ; darunter: →

99. Serapeumstele Louvre IM 4098 des *Psmṯk*.
PM III[2], 803; Chassinat, RecTrav 23, 1901, 83-84 (CXLI); De Meulenaere, Surnom, 20 (Nr.63); id., in: Fs Varga, 384 (63); id., in: Mélanges offerts à Jean Vercoutter, Paris 1985, 264 (4); Maystre, Les grands prêtres de Ptah, 384-85 (188); Vittmann, Rupture and continuity, 91;

im Bildfeld Apis, nach rechts gewandt; Beischrift:
ihm gegenüber eine stehende Person anbetend; darunter zehn Kolumnen: ↓

unter den Kolumnen noch eine zerstörte Zeile, von der nur noch [...] lesbar ist.

100. Serapeumstele Louvre IM 4111 des ꜥnḫ.f-n-Sḫmt.
PM III², 802; Von Kaenel, Prêtres-ouâb, 103-5; pl.XV (47); Malek, JEA 64, 1978, 140;

im Bildfeld Apis mit Sonnenscheibe, nach rechts gewandt; darunter acht Zeilen in Tusche: →

101. Serapeumstele IM 4032 des Ḫnm-jb-Rꜥ, Enkel des bekannten Ḥn-ꜣt.j.
PM III², 802-3; Chassinat, RecTrav 23, 1901, 89-90 (CLIV); Anthes, ZÄS 75, 1939, 27 (VI); Jelínková, ASAE 55, 1958, 111; Vercoutter, Textes biographiques, 88-92; pl.XIII (N); De Meulenaere, Surnom, 15-6 (Nr.48);

im Bildfeld Apis mit Sonnenscheibe, nach rechts gewandt; über ihm: →
ihm gegenüber ein kniend anbetender Mann, zwischen ihnen ein Altar;

über dem Mann: ←↓ ; darunter Hauptinschrift: →

Der sitzende Mann am Ende von Z.3 (wn.j) hieratisch verkürzt (ähnlich ⌒).

102. Serapeumstele IM 4107 des *P3j.f-t3w-m-ꜥ-Ḫnzw*.
PM III², 803; Chassinat, RecTrav 23, 1901, 90-91 (CLV); Guermeur, Les cultes d'Amon, 12-13 (4);

Die Darstellung im Bildfeld ist gelöscht worden, rechts oben noch eine Beischrift von drei Zeilen:

darunter: →

103. Serapeumstele Louvre IM 4044 des *Zm3-t3wj-t3j.f-nḫt*.
PM III², 803; Chassinat, RecTrav 21, 1899, 66 (XXIV); Maystre, Les grands prêtres de Ptah, 382-4 (187); El-Sayed, Documents relatifs à Sais, 272-3 (§ 75); Vittmann, Rupture and continuity, 90, n.6; 91; Foto Devauchelle;

keine Darstellung auf Vorderseite; Inschrift von acht Zeilen, 1-7 graviert, die letzte in Tusche; →

Das *sw* in Z.6 über der Zeile hinzugefügt.

auf der Oberseite: →

auf der rechten Seite: →

auf der linken Seite: →

auf der Rückseite (mit Tusche): →

104. Serapeumstele Louvre IM 4213 des *J'ḥ-msjw-mn-m-jnb-ḥd*
PM III², 801-2; Brugsch, Thes., 947-8 (13); Maystre, Les grands prêtres de Ptah, 380-2 (186); de Meulenaere, in: Mélanges offerts à Jean Vercoutter, Paris 1985, 264 (3); Vittmann, Rupture and continuity, 90-1; Leahy, in: Fs Bourriau, 555 (12); Website Louvre;

im Bildfeld Reste von Apis und Beischrift dazu; darunter: →

ḏd.f in Z.8 in umgekehrter Richtung.

105. Serapeumstele IM 4040 des *Ḫnmw-nḫt* (PM: *Ḥrj-šj.f-nḫt*).
PM III², 798; Chassinat, RecTrav 25, 1903, 51 (CLX); Guermeur, Les cultes d'Amon, 25 (3); Website Louvre;

im Bildfeld Apis, nach rechts gewandt; über ihm: → ; ihm gegenüber kniend anbetende Person; unter Bildfeld: →

63. Darius I.

[hieroglyphs]

106. Serapeumstele des *Psmṯk* im Handel.
Devauchelle, RdE 45, 1994, 80-81; pl.7;

im (gravierten) Bildfeld Apis mit Sonnenscheibe, nach rechts gewandt, ihm gegenüber stehend anbetender Mann; keine Beischriften:

[hieroglyphs]

107. Serapeumstele Louvre IM 4011 des *Jmn-ḥtp*.
PM III², 802; Chassinat, RecTrav 21, 1899, 64 (XIX); Website Louvre;

im Bildfeld Apis, nach rechts gewandt; ihm gegenüber eine kniend anbetende Person, dazwischen Opfertisch; unter Bildfeld: ↓→

[hieroglyphs]

auf linkem Seitensteg: [hieroglyphs]   auf rechtem: [hieroglyphs]

108. Serapeumstele Louvre IM 4080 des ʿnḫ.f-n-Sḫmt.
PM III², 802; Chassinat, RecTrav 22, 1900, 25-6 (LXXVIII); Website Louvre;
im Bildfeld Apis, nach rechts gewandt, gegenüber anbetende Person; darunter acht Kolumnen: ↓→

[hieroglyphs]

109. Serapeumstele Louvre IM 4060 des ꜥnḫ-Wn-nfr.
PM III², 802; Chassinat, RecTrav 23, 1901, 86 (CXLIV); Website Louvre;

oben Flügelsonne; Beischrift:

im Bildfeld Apis; über ihm: → ; ihm gegenüber ein anbetender Mann; zwischen ihnen ein Opfertisch;

über und hinter Mann: ←   ←↓   darunter: →

110. Serapeumstele Louvre IM 4029 des Dj-Ptḥ-jꜣw.
PM III², 802; Chassinat, RecTrav 25, 1903, 50-1 (CLVIII); Website Louvre;

im Bildfeld Apis, nach rechts gewandt; ihm gegenüber eine anbetende Person;

vor Anbeter: ←↓   über ihm: ←   darunter: ↓→

111. Serapeumstele Louvre IM 4056 des Dj-Ptḥ-jꜣw.
PM III², 802; Chassinat, RecTrav 23, 1901, 88 (CXLIX); Website Louvre;

im Bildfeld Apis, nach rechts gewandt; ihm gegenüber eine anbetende Person; darunter: ↓→

112. Serapeumstele Louvre IM 4099 des Ns-pꜣ-ḫwj-tꜣwj.
PM III², 802; Chassinat, RecTrav 21, 1899, 60 (VII); Website Louvre;

keine Darstellung; im Stelenrund eine Zeile: →   darunter: ↓→

113. Serapeumstele Louvre IM 4149 des *Ḥr-m-*[ ]*-ḥtp*.
PM III², 802; Chassinat, RecTrav 23, 1901, 88 (CL); Website Louvre;

im Bildfeld Apis, nach rechts gewandt; ihm gegenüber eine anbetende Person; darunter: →

114. Serapeumstele Louvre IM 4121 des *Ḥpj-mn*.
PM III², 802; Chassinat, RecTrav 21, 1899, 69 (XXXI); Website Louvre;

Inschrift in Tusche unter Flügelsonne: →

115. Serapeumstele Louvre IM 4120 des *Jj-m-ḥtp*.
PM III², 802; Chassinat, RecTrav 25, 1903, 58 (CLXXVI); Website Louvre;

im Bildfeld Apis mit Sonnenscheibe, nach rechts gewandt, ihm gegenüber ein Anbeter; dazwischen ein Opfertisch;

vor Anbeter: ←↓   unter Bildfeld: →

116. Serapeumstele Louvre IM 4134 des *Jj-m-ḥtp*.
PM III², 802; Chassinat, RecTrav 25, 1903, 59 (CLXXVIII); Website Louvre;

im Bildfeld Apis, nach rechts gewandt; vor ihm Opfertisch;

über ihm: → ; hinter ihm: ↓→ ; vor ihm: ↓→

unter Bildfeld: ↓→

Auf der Rückseite der Stele befindet sich eine „demotisch-hieratische' Inschrift, die bis auf wenige Reste zerstört ist.

117. Serapeumstele Louvre IM 4003 des *Jnj-Jmn-nȝj.f-nbw*.
PM III², 802; Chassinat, RecTrav 23, 1901, 88 (CLI); Website Louvre;

im Bildfeld Apis, nach rechts gewandt; über ihm: →

vor ihm eine Opfertafel und eine kniende Person; darunter: →

118. Serapeumstele Louvre SN 55 des *Jʿḥ-jrj-dj-s*.
PM III², 802; Chassinat, RecTrav 25, 1903, 55 (CLXVIII); Website Louvre;

im Bildfeld Reste der Szene mit Anbeter vor Apis; darunter: →

119. Serapeumstele Louvre IM 4027 des *Mm*.
PM III², 803; Chassinat, RecTrav 23, 1901, 89 (CLIII); Website Louvre;

im Bildfeld Apis, nach rechts gewandt; vor ihm: ↓→
ihm gegenüber eine anbetende Person; unter Bildfeld: →

120. Serapeumstele Louvre IM 4052 des *Pȝ-šrj-n-Ptḥ*.
PM III², 803; Chassinat, RecTrav 25, 1903, 62 (CLXXXI); Website Louvre;

im Bildfeld Apis, nach rechts gewandt; ihm gegenüber ein räuchernder Mann, dazwischen ein Opfertisch; unter Bildfeld:

121. Serapeumstele Louvre IM 4001 des *P3-dj-s*.
PM III², 803; Chassinat, RecTrav 25, 1903, 61 (CLXXX); Website Louvre;

im Bildfeld Apis vor Opfertisch; ihm gegenüber ein kniender Mann; unter Bildfeld: →

122. Serapeumstele Louvre IM 4169 des *P3-dj-3st*.
PM III², 803; Chassinat, RecTrav 23, 1901, 87 (CXLVII); website Louvre;

im Bildfeld Apis, nach rechts gewandt; ihm gegenüber ein Mann anbetend, dazwischen ein Opfertisch;

über Apis →: [glyphs]; hinter ihm: ↓→ [glyphs] bei Mann: [glyphs] darunter: ↓→

123. Serapeumstele Louvre IM 4150 des *P3-dj-Wsjr-Wn-nfr*.
PM III², 803; Chassinat, RecTrav 23, 1901, 87 (CXLVI); Website Louvre;
im Bildfeld Apis, nach rechts gewandt; ihm gegenüber ein kniender Mann;

über Mann: ← [hieroglyphs] (sic)   darunter: →

[hieroglyphs]

124. Serapeumstele Louvre IM 137 des *Ptḥ-m-mꜣꜥ-ḫrw*.
PM III², 803; Chassinat, RecTrav 23, 1901, 86-7 (CXLV); de Meulenaere, in: L. Lesko (ed.), Egyptological Studies in Honor of Richard A. Parker, Hanover 1986, 5; eigene Fotos;

im Bildfeld Apis mit Sonnenscheibe, nach rechts gewandt; über ihm: → [hieroglyphs]

ihm gegenüber ein anbetend kniender Mann; vor ihm: ← [hieroglyphs] ; dazwischen ein Opfertisch; darunter neun Zeilen Text: →

[hieroglyphs]

125. Serapeumstele Louvre IM 138 des *Zmꜣ-tꜣwj-tꜣj.f-nḫt*.
PM III², 803; Chassinat, RecTrav 25, 1903, 57 (CLXXII); Website Louvre;

im Bildfeld Apis, nach rechts gewandt; ihm gegenüber kniende Person (Szene halb zerstört); darunter: →

[hieroglyphs]

63. Darius I.

126. Serapeumstele Louvre IM 4095 des *Zmȝ-tȝwj-tȝj.f-nḫt*.
PM III², 803; Chassinat, RecTrav 25, 1903, 55-6 (CLXIX); Website Louvre;

im Bildfeld Apis, nach rechts gewandt; ihm gegenüber eine anbetender Mann;

hinter Anbeter: ←

unter Bildfeld: →

127. Serapeumstele Louvre IM 42 des *Snb.f*.
PM III², 803; Chassinat, RecTrav 25, 1903, 54 (CLXV); Website Louvre;

keine Darstellung im Stelenrund; Inschrift von fünf Kolumnen: ↓→

128. Serapeumstele Louvre IM 4000 des *Ḏd-Bȝstt-jw.f-ʿnḫ*.
PM III², 804; Chassinat, RecTrav 25, 1903, 56 (CLXXI); website Louvre;

im Bildfeld Apis, nach rechts gewandt; ihm gegenüber anbetende Person; darunter: →

129. Serapeumstele Louvre IM 4214.
Unpubl., s. PM III², 801; Lieblein, Namen-Wörterbuch, Nr.1208;

130. Stele Berlin 2137 aus dem Serapeum mit demotischer Datierung aus Jahr 15 [506].
H. Brugsch, Grammaire démotique, Berlin 1855, 200; pl.IV.1; Berlin, Ausf. Verz., 312; Burchardt, ZÄS 49, 1911, 79; A. Farid, Fünf demotische Stelen, Berlin 1995, 235 (6.3); Vittmann, in: Iranisches Personennamenbuch, VIII, 92;

im Bildfeld rechts stehender Mann anbetend vor Apis; darüber demotische Datierung.

131. Torso eines Naophors Brooklyn 37.353 des Schatzmeisters *Ptḥ-ḥtp* (wohl aus Memphis).
PM III², 867; ESLP, 76-77; pl.60-61 (Nr.64); R. Fazzini (ed.), Ancient Egyptian Art in the Brooklyn Museum, New York 1989, Nr.75; Jansen-Winkeln, Or 67, 1998, 163-8; Tab.X; Vittmann, Zeit der Perserherrschaft, 390-392; Panov, Inscriptions of the Late Period, 24-26;
auf Rückseite: ↓→

132. Sarkophagdeckel Oxford AM 1947.295 desselben *Ptḥ-ḥtp*.
PM III², 290; LD III, 277c; LD Text, I, 101; Buhl, Late Egyptian Sarcophagi, 140 (K,I); fig.82; pl.IX; De Meulenaere, BiOr 17, 1960, 33 (K,I); Pressl, Beamte und Soldaten, 305 (S 68);
Inschrift von fünf Kolumnen mit Tb 72: ↓→

133. Uschebti Oxford AM 1974.368 desselben *Ptḥ-ḥtp*.
Malek, JEA 62, 1976, 150-1; pl.XXV.3; →

134. Kniender Naophor Cleveland 3955.20 (1920.1978) des *sntj Ḥr-wḏꜣ*
PM VIII, 810 (801-748-150); L. Berman, Catalogue of Egyptian Art, Cleveland 1999, 422-3 (316);
ESLP, 72-3; pl.58 (Nr.61); Jansen-Winkeln, SAK 28, 2000, 109 (38); Yoyotte, Opera Selecta, 192;
207 (A); Vittmann, Rupture and Continuity, 101;

vorn auf Naos, rechts (vom Betrachter links): ↓→

links: ←↓

Der Name jeweils in der Zeile unten, gegenläufig: rechts ← ; links →

auf dem Sockel, rechte Hälfte (Beginn Mitte Vorderseite): →

dto., linke Hälfte: ←

auf Rückenpfeiler: ↓→

135. Uschebti desselben *Ḥr-wḏ3* in Sammlung Aubert.
Unpubl., s. Yoyotte, Opera Selecta, 207 (A);

Zu *Ḥr-wḏ3* s.a. oben, 63.59-60.

136. Ring Brooklyn 37.734 E (früher New York Historical Society 34) des *Nfr-jb-R'*.
Zivie, Giza au premier millenaire, 157-59; Wildung, Rolle äg. Könige, 185-6;

137. Block mit hierogl. und demot. Inschrift aus Sakkara aus Jahr 33 [27.5. 489].
Handoussa, MDAIK 44, 1988, 111-15; Taf.15b; Vleeming, Demotic Graffiti, 327-9 (Nr.1949);
Trismegistos 54187;
Z.1-2 und 5-6 demotisch, Z.3-4 hieroglyphisch:

1) *rnpt-zp* 33 2. *prt* (*sw*) 6 *n Pr-'3 '.w.s. Tryws*

2. *'.w.s. p3 hrw qrs* (*n*)

5. *it-ntr wn-r3 (n) Sḫm qʿḥ ḥm Ỉs(.t) Šd-Nfr-tm pa P3-šr-Ptḥ*

6. *pa Ḥr-wḏ3 (?) mw(.t).f T3j.w-ir(.t)-r.w*

138. Fragmente eines demotisch beschrifteten Steinobjekts mit Erwähnung mehrerer Daten (von Jahr 37 Amasis bis Artaxerxes I.), nahe der Katakomben der Apismütter gefunden.
Smith u.a., The Mother of Apis Inscriptions, 15-25; pl.I-III; S. Davies, in: Briant / Chauveau, Organisation des pouvoirs, 79-87;

Im Jahr 33, 2. *3ḫt*, Tag 28 ist die Kuh *T3-nt-Ḫns*, Mutter der Apismutter *St3-jrt-bjnt* gestorben.

139. Demotische Urkunden aus Sakkara.

– Papyrus Kairo CG 31241 mit Urkunde unklaren Inhalts aus Jahr 10, 1. *3ḫt* [513/512].
Spiegelberg, Demotische Denkmäler, II, 315-316; Taf.CXXXV; Vittmann, GM 115, 1990, 107-11; Trismegistos 45964;

– Papyrus H5-DP 486 (EAS 3546) aus Sakkara-Nord mit Ehevertrag aus Jahr 11 [511], 4. *prt*;
Martin, in: Studies in Honour of H.S. Smith, 193-199; Trismegistos 88877;

– Papyrus Kairo CG 31046, bei Grab des Ptahhotep gefunden, mit Pachtvertrag aus Jahr 12 [510], 1. *šmw*;
Spiegelberg, Demotische Denkmäler, II, 237-238; Taf.LXXXI; Trismegistos 45948;

– Papyrus Kairo CG 31049 mit Fragment einer Urkunde aus Jahr 34 [488].
Spiegelberg, Demotische Denkmäler, II, 238; Taf.LXXXIV; Trismegistos 46376;

– Papyrus Kairo CG 31239 mit Fragment einer Urkunde (nur Rest des Namens des Darius).
Spiegelberg, Demotische Denkmäler, II, 315; Taf.CXXXIII; Trismegistos 45962;

140. Demotische Papyri mit Texten unklarer Art.

– Papyrus aus Grab des *Jw.f-ʿ3* 116/R/01: Fragment mit 6 Kolumnen aus Jahr 17 [505], 2. *3ḫt*.
Bareš, in: G. Widmer / D. Devauchelle (edd.), Actes du IXe congrès international des études démotiques, BdE 147, 2009, 53; 56, Fig.2;

– Papyrus aus Grab des *Jw.f-ʿ3* 103/R/01: Zwei Fragmente mit Resten von zehn Zeilen aus Jahr 21 [501] oder 22 [500].
Bareš, op.cit., 53; 56, Fig.1;

– Papyrus EAS 17489 aus Sakkara-Nord, in dem die Daten Jahr 20, 1. *prt*, Tag 28 und 29 [15./16.5. 502] (ohne Königsname) genannt werden.
Smith, JEA 66, 1980, 47; Trismegistos 45995;

Smith hatte den Papyrus in die Ptolemäerzeit datieren wollen, nach Auskunft von G. Vittmann gehört er viel eher in die 27. Dynastie und damit am ehesten in die Zeit Darius' I.

– Papyrus Kairo CG 31238: unklarer Text mit Datum aus Jahr 31(?), 2. *3ḫt*, 30 [21.2. 491].
Spiegelberg, Demotische Denkmäler, II, 314-315; Taf. CXXXIV; Trismegistos 48691;

141. Demotisches Ostrakon H5-1342 (3140) mit Arbeitsvertrag aus Jahr 9, 1 *3ḫt*, 5 [3.1. 513].
J. Ray, Demotic Ostraca and other Inscriptions from the Sacred Animal Necropolis. North Saqqara, Texts from Excavations 16, London 2013, 16-21; Trismegistos 316332;

Fayyum

142. Block / Stele Berlin 7493.
PM IV, 104; Burchardt, ZÄS 49, 1911, 71-2; Taf.VIII (1); Meeks, Donations, 682 (6); Katalog Berlin 1967, 96, Taf. (958); Sternberg, ZÄS 127, 2000, 157; Abb.3; Vittmann, Ägypten und die Fremden, 139-40, Abb.60; Sternberg, Quellentexte, 47-50;

rechteckiger Stein mit Umrandung; oben Flügelsonne, darunter links Falke, ihm gegenüber kniet anbetender Mann;

über dem Rücken des Falken: ↓→

hinter dem Anbeter: ↓→

(schräg) darunter drei Zeilen: →

143. Demotischer Brief (?) pBrooklyn 35.659 aus Jahr 26 [496], 3. *prt* (Darius' I.?).
G. Hughes, Catalog of Demotic Texts in the Brooklyn Museum, OIC 29, 2005, 7; pl.8-9 (Nr.13); Trismegistos 69439;

El-Hibeh

144. Demotischer Papyrus Rylands 9.
Griffith, Cat. of Demotic Pap., I, pl.XXIII-XLVII; II, pl.21-42; III, 60-112; 218-253; G. Vittmann, Der demotische Papyrus Rylands 9, ÄUAT 38, 1998; Chaveau, BiOr 61, 2004, 19-41; F. Hoffmann / J. Quack, Anthologie der demotischen Literatur, Münster 2007, 22-54; J.E. Jay, in: F. Haykal (ed.), Mélanges offerts à Ola el-Aguizy, BdE 164, 2015, 229-247.

Nur die Rahmenerzählung des (vermutlich literarischen) Textes ist in die Zeit Darius' I. (Jahr 9 [513]) datiert, der Hauptteil der Familiengeschichte, deren Personen teilweise auch aus anderen Quellen bekannt sind, spielt in der 26. Dynastie.

Hermopolis und Umgebung

145. Frühdemotische Papyri Museum Mallawi 480, 482, 483 über das Abholen verstorbener Ibisse aus dem Fayum und ihre Bestattung in Hermopolis aus Jahr 15 [507].
D. Kessler, Die heiligen Tiere und der König, ÄUAT 16, 1989, 209; Zaghloul, Frühdemotische Urkunden aus Hermopolis, Diss. Würzburg 1985; Trismegistos 46776; 46778-9;

146. Drei demotische Briefe an Thot:

– Papyrus Chicago OIM 19422: Klagen über ungerechte Behandlung durch Kollegen oder Vorgesetzten aus Jahr 20, 3. *prt* (vermutlich unter Darius I. = 502; die Jahre 11 und 17 werden erwähnt).
Hughes, JNES 17, 1958, 1-12; Trismegistos 48777;

– Papyrus ehemals in Coll. Michailides: eine ganz ähnliche Klage über ungerechte Behandlung, vermutlich aus etwa der gleichen Zeit.
Vittmann, Enchoria 22, 1995, 169-176; 179-181; Taf.49; Trismegistos 81172;

– Papyrus Wien Nationalbibliothek D 12026: Bitte um Bestrafung eines Kollegen (ohne Datum, aus etwa derselben Zeit)
Vittmann, Enchoria 22, 1995, 176-8; 180; Taf.50; Trismegistos 81174;

147. Demotischer Papyrus Mallawi Nr.484 C (P. Hormerti-4): Brief aus Jahr 24 [498], 3. šmw, 22.
M. Ebeid, in: S. Lippert u.a., Sapientia Felicitas, Festschrift für Günter Vittmann, Montpellier 2016, 131-136;141-144;

148. Demotischer Papyrus Philadelphia E.16322 mit sechs Verträgen über die Regelung einer Erbschaft an Häusern, Land und Dienern zwischen mehreren Geschwistern aus Jahr 35 [487], 2. ꜣḥt und 3. ꜣḥt.
A. Farid, in: Acts of the Seventh International Conference of Demotic Studies, 185-205; pl.6-11; Trismegistos 47621;

149. Drei zusammengehörige demotische Graffiti in Wadi Darb el Karaib aus Jahr 25, 3. ꜣḥt, 1 [24.2. 497, ohne Königsname] (folgt Namensliste).
Cruz-Uribe, JSSEA 31, 2004, 11-12; S. Vleeming, Demotic Graffiti, 276-278 (Nr.1841-43); Trismegistos 109238;

Hu (Diospolis parva)

150. Zehn demotische Urkunden aus den Jahren 25-35 Darius' I.
Vleeming, The Gooseherds of Hou, 19-59 (Nr.1-3); 72-108 (5-6); 143-188 (9-13);

– Papyrus Loeb 45: Urkunde aus Jahr 25 [497], 3. šmw über Verpachtung von Ackerland und Teilung des Ertrages.
Vleeming, The Gooseherds of Hou, 72-93 (Nr.5); W. Spiegelberg, Die demotischen Papyri Loeb, München 1931, 76-78; Taf.25;

– Papyrus Loeb 51: Fragmente einer Urkunde über Rinderverkauf(?),Datum nicht erhalten, vermutlich um Jahr 27 [495].
Vleeming, Gooseherds, 143-148 (Nr.9); Spiegelberg, Papyri Loeb, 82-83; Taf.29;

– Papyrus Loeb 50: Urkunde aus Jahr 33 [489], 3. šmw über Kühe (genauer Inhalt unklar).
Vleeming, Gooseherds, 149-153 (Nr.10); Spiegelberg, Papyri Loeb, 82; Taf.28; E. Cruz-Uribe, Saite and Persian Cattle Documents, Chicago 1985, 21-22;

– Papyrus Loeb 47: Urkunde aus Jahr 34 [488], 3. šmw über Partnerschaft im Nießbrauch an zehn Gänsen.
Vleeming, Gooseherds,19-30 (Nr.1); Spiegelberg, Papyri Loeb, 79-80; Taf.26; Malinine, in: Fs Schott, 88-91;

– Papyrus Straßburg BN 5: Quittung aus Jahr 35 [487], 3. prt über Ablieferung von Gänsen.
Vleeming, Gooseherds, 46-59 (Nr.3); id., GM 58, 1982, 73-74; Cruz-Uribe, Serapis 6, 1980, 35-40; Malinine, RdE 8, 1951, 133-134;

- Papyrus Straßburg BN 4: Urkunde aus Jahr 35, 4. prt über Getreidedarlehen.
Vleeming, Gooseherds, 178-188 (Nr.13); Malinine, Kêmi 11, 1950, 1-23;

– Papyrus Loeb 46: Quittung aus Jahr 35 [487], 4. *prt* über die Ablieferung einiger Gänse.
Vleeming, Gooseherds, 31-45 (Nr.2); Spiegelberg, Papyri Loeb, 78-79; Taf.26; Malinine, in: Fs Schott, 89-91;

– Papyrus Loeb 48 + 49a: Urkunde aus Jahr 35, 2. *šmw* über Darlehen von 3 (bzw. 4) Kite Silber, für die der Schuldner nach Ablauf von acht Monaten 6 Kite zurückzahlen soll.
Vleeming, Gooseherds, 156-177 (Nr.12); Spiegelberg, Papyri Loeb, 80-82; Taf.27-28; Malinine, Choix de textes, I, 25-29; II, 9-10; 64;

– Papyrus Loeb 44 + 49: Urkunde über Verkauf eines Esels, Datierung nicht erhalten (vermutlich um Jahr 33-35).
Vleeming, Gooseherds, 94-108 Nr.6); Spiegelberg, Papyri Loeb, 75-76; 81; Taf.25; 28; Cruz-Uribe, Saite and Persian Cattle Documents, 22;

– Papyrus Loeb 50a: Fragment einer Urkunde, Datum nicht erhalten.
Vleeming, Gooseherds, 154 (Nr.11); Spiegelberg, Papyri Loeb, 82; Taf.28; Cruz-Uribe, Saite and Persian Cattle Documents, 21-22;

Koptos

151. Opfertafel Kairo JE 48439 des Baumeisters *Ḫnm-jb-Rˁ*.
Posener, Première Domination Perse, 92-97; pl.XVI-XVII (13); Vernus, Athribis, 104 (Nr.111); El-Sayed, Documents relatifs à Sais, 270-1 (§ 71); Chevereau, Prosopographie, 147-8 (220); Sternberg, Quellentexte, 36-38:

Oberseite, beiderseits des Ausgusses:

linke Seite: ↓→

fortgesetzt unten: ↓→

rechte Seite: ←↓

fortgesetzt unten: ←↓

um die Schmalseiten laufend, links vom Ausguss beginnend (Bezeichnungen der Seiten mit Blickrichtung auf Ausguss; Ausguss = A): →

152. Stele Berlin 20120 des Baumeisters *Ḫnm-jb-Rʿ* (aus Koptos?).
Burchardt, ZÄS 49, 1911, 69-71; Posener, Première Domination Perse, 108-109 (17); Sternberg, Quellentexte, 35-36; →

Theben

153. Die demotischen Urkunden des Tsenhor-Archivs.
P. Pestman / S. Vleeming, Les papyrus démotiques de Tsenhor. Les archives privées d'une femme égyptienne du temps de Darius Ier, Studia demotica 4, 1994;

– Nr.3: Papyrus BM 10120a mit Ehevertrag aus Jahr 5 [517], 3. *šmw*.
Pestman / Vleeming, op.cit., 46-49; 101-104; pl.IV; Erichsen, Auswahl frühdemotischer Texte, I, 31-32; Lüddeckens, Ägyptische Eheverträge, 16-19 (6); Trismegistos 46067;

– Nr.4: Papyrus BM 10120b mit Urkunde aus Jahr 5 [517], 3. *ꜣḫt* über Einsetzung einer Tochter als Miterbin.
Pestman / Vleeming, op.cit., 50-52; 104-105; pl.V; Erichsen, Auswahl frühdemotischer Texte, I, 33-34; Trismegistos 46068;

– Nr.5: Papyrus Paris Bibliothèque Nationale 216 mit Urkunde aus Jahr 5, 3. *ꜣḫt* über Einsetzung eines Sohnes als Miterben.
Pestman / Vleeming, op.cit., 53-56; 105-108; pl.VI; Cruz-Uribe, Enchoria 9, 1979, 33-34; 35-39; 42; Taf.8; Pernigotti, in: E. Bresciani u.a. (edd.), Scritti in Onore di Orsolina Montevecchi, Bologna 1981, 289-290; Trismegistos 46165;

– Nr.6: Papyrus Paris Bibliothèque Nationale 217 mit Urkunde aus Jahr 5, 3. *ꜣḫt* über Einsetzung einer Tochter als Miterbin.
Pestman / Vleeming, op.cit., 57-59; 108; pl.VII; Cruz-Uribe, Enchoria 9, 1979, 34-35; 39-42; Taf.9; Pernigotti, in: E. Bresciani u.a. (edd.), Scritti in Onore di Orsolina Montevecchi, 291-292; Trismegistos 46424;

– Nr.7: Papyrus Turin 2122 (228) mit Urkunde aus Jahr 5 [517], 4. *šmw* über Verkauf eines Sklaven.
Pestman / Vleeming, op.cit., 60-62; 108-110; pl.VIII; A. Bakir, Slavery in Pharaonic Egypt, CASAE 18, 1952, 93-94; pl.XIX-XX; Griffith, Cat. of Demotic Pap., III, 28; 58-59 (46); M. Malinine / J. Pirenne, Documents juridiques égyptiens, AHDO 5, 1950-1951, 67-68 (37); Trismegistos 46185;

– Nr.8: Papyrus Paris Bibliothèque Nationale 223 mit Urkunde aus Jahr 6, 1. *ꜣḫt* [517/516] über Weiter-Verkauf desselben Sklaven.

Pestman / Vleeming, op.cit., 63-66; 110-111; pl.IX; Malinine, Choix de textes, I, 50-55 (VIII); II, 20-22 ; pl.VII; id., Documents juridiques égyptiens, 68-69 (38); Trismegistos 46167;

– Nr.9: Papyrus Turin 2123 (231) mit Urkunde aus Jahr 10 [512], 2. *3ḫt* über Schenkung der Hälfte eines Grundstücks durch den Ehemann an seine Frau, um darauf gemeinsam ein Haus zu bauen.
Pestman / Vleeming, op.cit., 67-70; 111-113; pl.X; Trismegistos 46186;

– Nr.10: Papyrus Louvre E.7128 mit Urkunde aus Jahr 12 [510], 2. *3ḫt* über den Kauf eines benachbarten Grundstücks.
Pestman / Vleeming, op.cit., 71-73; 113-114; pl.XI; Erichsen, Auswahl frühdemotischer Texte, I, 65-67; Malinine, Choix de textes, I, 85-88 (XI); II, 42-43 ; pl.VIII; Malinine / Pirenne, Documents juridiques égyptiens, 28-30 (18); Trismegistos 46128;

– Nr.11: Papyrus Turin 2124 (229) mit einer Urkunde aus Jahr 15 [507], 4. *prt* über den Tausch einer Kuh zum Pflügen gegen einen ungenannten Gegenwert.
Pestman / Vleeming, op.cit., 74-76; 114-115; pl.XII; E. Cruz-Uribe, Saite and Persian Cattle Documents, Chicago 1985, 12-14; pl.II; Trismegistos 46187;

– Nr.12: Papyrus Turin 2125 (240) mit Urkunde aus Jahr 16 [506], 2. *prt* über die Aufteilung eines Hauses unter den Geschwistern.
Pestman / Vleeming, op.cit., 77-79; 115-117; pl.XIII; Trismegistos 46188;

Nr.13: Papyrus Turin 2126 (251) mit Urkunde aus Jahr 24 [498] über Einsetzung einer Tochter als Miterbin.
Pestman / Vleeming, op.cit., 80-81; 117-119; pl.XIV; Pernigotti, in: E. Bresciani u.a. (edd.), Scritti in Onore di Orsolina Montevecchi, 285-287; Trismegistos 46189;

Nr.14: Papyrus Louvre E.3231a mit Urkunde aus Jahr 25 [497], 2. *šmw* über Schenkung eines Feldes von 4 Aruren an eine Choachytin für den Unterhalt der Totenstiftung für eine Frau.
Pestman / Vleeming, op.cit., 82-84; 119-120; pl.XV; M. Etienne (ed.), Les portes du ciel, Ausstellungskatalog Paris 2009, 254 (206); Trismegistos 46160;

Nr.15: Papyrus Louvre AF 9761 mit Urkunde aus Jahr 28 [494], 4. *3ḫt* über Aufhebung einer Schuld aus dem Jahr 19 (503).
Pestman / Vleeming, op.cit., 85-87; 120-123; pl.XVI; Trismegistos 47179;

Nr.16: Papyrus Turin 2127 (242) mit Urkunde aus Jahr 31 [491], 2. *šmw* über Zuteilung eines Teils der Einkünfte eines Choachyten an seine Schwester.
Pestman / Vleeming, op.cit., 88-89; 123-124; pl.XVII; Pernigotti, in: E. Bresciani u.a. (edd.), Scritti in Onore di Orsolina Montevecchi, 292-293; Trismegistos 46190;

Nr.17: Papyrus Turin 2128 (230) mit Urkunde aus Jahr 35 [487], 3. *prt* über den Tausch einer Kuh gegen eine andere.
Pestman / Vleeming, op.cit., 90-92; 125-127; pl.XVIII; Cruz-Uribe, Saite and Persian Cattle Documents, 23-24; pl.VII; Trismegistos 46191;

154. Demotische Heirats- und Scheidungsurkunden

– Papyrus Berlin 3076 mit Urkunde aus Jahr 9 [513], 3. *šmw* über Scheidung.
Spiegelberg, Demotische Papyrus aus den Königlichen Museen zu Berlin, Leipzig/Berlin 1902, 5; Taf.2; Erichsen, Auswahl frühdemotischer Texte, I, 35; II, 9-10; Trismegistos 46045;

– Papyrus Berlin 3078 aus Jahr 30 [492], 1. *3ḫt* mit Ehevertrag.
Spiegelberg, Demotische Papyrus aus den Königlichen Museen zu Berlin, 4; Taf.2b; Erichsen, Auswahl frühdemotischer Texte, I, 68; II, 25-26; Lüddeckens, Ägyptische Eheverträge, 18-9, Nr.7; Trismegistos 46047;

– Papyrus London BM 10449 aus Jahr 31, 1. *3ḫt* [491/491] mit Urkunde über Scheidung.
Cruz-Uribe, in: Fs Lüddeckens, 43-45; Trismegistos 46071;

– Papyrus Berlin 3079 aus Jahr 33 [489], 4. *prt* mit Urkunde über Scheidung.
Spiegelberg, Demotische Papyrus aus den Königlichen Museen zu Berlin, 5; Taf.3; Vittmann, in: Iranisches Personennamenbuch, VIII, 92; Trismegistos 46216;

– Papyrus Berlin 3077 aus Jahr 34 [488], 2. *šmw* mit Urkunde über Scheidung.
Spiegelberg, Demotische Papyrus aus den Königlichen Museen zu Berlin, 5; Taf.3; Trismegistos 46046;

155. (Sonstige) demotische Urkunden.

– Papyrus Loeb 68: Urkunde aus Jahr 20, 1. *3ḫt* [503/502] über Verkauf von Land.
W. Spiegelberg, Die demotischen Papyri Loeb, München 1931, 103-105; Taf.37-38; Trismegistos 46292;

– Papyrus Louvre E.9293 mit Urkunde aus Jahr 24 [498], 4. *3ḫt* über ein Getreidedarlehen.
Malinine, Choix de textes, I, 20-24, II, 7-8; 63-64; pl.III-IV (Nr.III); Trismegistos 46156;

– Parallele demotische Papyri Louvre E.9294 (< E.9204) und BM 10450 über Verkauf von Besitz aus Jahr 31 [491], 2. *šmw*.
Cruz-Uribe, JEA 66, 1980, 120-26; pl.XIV; Malinine, Choix de textes, I, 113-116; II, 52-53; pl.XVI-XVII (Nr.XVII); Trismegistos Nr.46072 (BM); 46157 (Louvre);

– Papyrus Berlin 3110 mit Urkunde aus Jahr 35 [487], 2. *3ḫt* über den Ersatz für eine geschlachtete Kuh.
Spiegelberg, Demotische Papyrus aus den Königlichen Museen zu Berlin, 4; Taf.1; Malinine, Choix de textes, I, 30-34; II, 11-13; 64-65 (Nr.V); Cruz-Uribe, Saite and Persian Cattle Documents, 25-30 (I.13); Trismegistos 46051;

156. Demotische Briefe Louvre E.3231C aus Jahr 25 [497], 1. *šmw*, 29 und E.3231B aus Jahr 25, 2. *šmw*, 10
Cruz-Uribe, RdE 51, 2000, 9-15; pl.I-II; Trismegistos 46827-8;

Armant

157. Vier demotische Felsgraffiti beim Kloster von Apa Tyrannos.
Di Cerbo / Jasnow, Enchoria 23, 1996, 32-38; Taf.1-2; Vleeming, Demotic Graffiti, 96-98, Nr.1433-37; Trismegistos 51239-51242;

Nr. 1433 und 1435 sind bei Vleeming datiert: Jahr 18, 2. *šmw*, 5 [27.9. 504];

Nr.1433 und 1434 sind Proskynema.

Nr. 1437 ist ein hieroglyphisches Graffito mit Gottesnamen: ↓→

Edfu

158. Demotische Viehverkaufsurkunden in Ann Arbor, Michigan University Library.

– Papyrus 3523 mit Urkunde aus Jahr 20 [502], 2. [...] über Bezahlung eines Stiers.
E. Cruz-Uribe, Saite and Persian Cattle Documents, Chicago 1985, 7-9 (1.4); pl.I; VI; Vleeming, BiOr 42, 1985, 516-518; DBL, A, 155;

– Papyrus 3525a mit Urkunde aus Jahr 20 [502], 3. šmw über Verkauf einer Kuh namens St̠3-jrt-bjnt.
Cruz-Uribe, op.cit., 17-19 (1.8); pl.III; IV; VI; Vleeming, BiOr 42, 1985, 518-520; id., The Gooseherds of Hou, 259, n.7; DBL, A, 156-7;

– Papyrus 3525b/c mit Urkunde aus Jahr 23 [499], 4. prt (?) über Verkauf einer Kuh und ihres Kalbes.
Cruz-Uribe, op.cit., 19-21 (1.9); 30-31 (1.14); pl.IV-VI; Vleeming, BiOr 42, 1985, 520-522; DBL, A, 157; 158;

159. Demotischer Papyrus Moskau IG 5825 aus Jahr 3 [519] mit Liste von Priestern und ihren Anteilen an Gold und Silber.
Revillout, RE 3 (II), 1883, 62-3; pl.1-2; Griffith, Cat. of Dem. Pap., III, 25-26 (41); Trismegistos 48872;

Elephantine

160. Demotische Briefe.

– Papyrus Berlin 13536 aus Jahr 24, 3. prt, 6 [29.6. 498] mit Aufforderung an die Priester und Schreiber des Chnumtempels, nach Edfu zu kommen und Abrechnungen über die letzten drei Jahre vorzulegen.
K.-Th. Zauzich, Papyri von der Insel Elephantine, Berlin 1993 (vgl. p.VII); id., Ägyptische Handschriften, Teil 2, Wiesbaden 1971, 6-7 (10); Chauveau, RdE 50, 1999, 270, n.7; Trismegistos 46441; DBL, A, 52;

– Papyrus Berlin 13540 mit Brief aus Jahr 30, 4. 3ḫt, 29 [21.4. 492] des Satrapen Pherendates am die Priester von Elephantine über die Eignung zum Amt des Lesonis;
Spiegelberg, SPAW 1928, 605-611; Taf.IV; Hughes, in: Fs Lüddeckens, 77-84; Martin, in: Porten, The Elephantine Papyri, ²2011, 291-2 (C2); Chauveau, RdE 50, 1999, 269-71; Trismegistos 46470;

– Papyrus Berlin 23593 mit Brief aus Jahr 30, 3. 3ḫt, 27 [20.3. 492] über Lieferungen und mit der Aufforderung, Abrechnungen vorzulegen.
Zauzich, Ägyptische Handschriften, Teil 2, 1971, 125 (220); Trismegistos 46587;

– Papyrus Berlin 23584 mit Brief aus Jahr 30, 1. prt; 14 [6.4. 492] des persischen Gouverneurs Rwgj an den Lesonis des Chnumtempels.
Zauzich, Ägyptische Handschriften, Teil 2, 1971, 119-120 (211); Iranisches Personennamenbuch, VIII, 82-83; Trismegistos 46582;

– Papyrus Berlin 13539 mit Brief aus Jahr 31, 1. 3ḫt, 2 [25.12. 493] der Priester von Elephantine an den Satrapen Pherendates über Einsetzung eines neuen Lesonis im Jahr 29, 4. prt (Juli / Aug. 493);
Spiegelberg, SPAW 1928, 611-614; Taf.V; Hughes, in: Fs Lüddeckens, 84; Martin, in: Porten, The Elephantine Papyri, ²2011, 289-290 (C1); Chauveau, RdE 50, 1999, 269-271; Trismegistos 46469;

– Papyrus München Loeb 1 aus Jahr 36, 2. šmw, 17 [5.10. 486]: Brief an persischen Gouverneur über Schwierigkeiten bei einer Getreidelieferung;
Spiegelberg, SPAW 1928, 614-622; Taf.VI; id., Die demotischen Papyri Loeb, München 1931, 1-7; Taf.I; Hughes, in: Fs Lüddeckens, 85-86; Martin, in: Porten, The Elephantine Papyri, ²2011, 295-6 (C4); Iranisches Personennamenbuch, VIII, 76-77 (45);

161. Demotische Urkunden

- Papyrus Berlin 23594 mit Quittung aus Jahr 10 [512], 3. *prt* über eine Zahlung an den persischen Gouverneur *Rwgj*.
Zauzich, Ägyptische Handschriften, Teil 2, 1971, 125-126 (221); Iranisches Personennamenbuch, VIII, 82-83;

– Papyrus Wien D 10150 aus Jahr 12 [510], 4. *šmw* mit Urkunde über Eigentumsüberschreibung an die Tochter (und spätere Kopie Wien D 10152 + 10153).
W. Erichsen, Eine demotische Schenkungsurkunde aus der Zeit des Darius, Mainz 1962; Martin, in: Porten, The Elephantine Papyri, ²2011, 347-349 (C28); Vittmann, in: Iranisches Personennamenbuch, VIII, 92; Trismegistos 45743;

– Papyrus Berlin 23698 mit (fragmentarischer) Urkunde aus Jahr 19 [503], 3. *3ḫt* über einen Ehevertrag.
Zauzich, Ägyptische Handschriften, Teil 2, 1971, 179-180 (325);

– Papyrus Berlin 13572 aus Jahr 30, 2. *prt*, 16 [7.6. 492] mit Quittung in Briefform über den Empfang von Silber;
Zauzich, Ägyptische Handschriften, Teil 2, 1971, 25-26 (42); id., Papyri von der Insel Elephantine, Berlin 1978; Martin, in: Porten, The Elephantine Papyri, ²2011, 293-4 (C3);

– Papyrus Berlin 15631 mit Abrechnungen über Mengen von Gerste und Emmer für den Satrapen Pherendates (kein Datum erhalten).
Unpubl., s. Zauzich, Ägyptische Handschriften, Teil 2, Wiesbaden 1971, 75-76 (128); Trismegistos 45705;

– Papyrus Berlin 13582 mit Quittung aus Jahr 35 [487], 4. *prt* über eine Zahlung an den persischen Gouverneur für die Einsetzung als Priester.
Zauzich, Papyri von der Insel Elephantine, 1978; Zauzich, Ägyptische Handschriften, Teil 2, 1971, 30 (50); Hughes, in: Fs Lüddeckens, 84-85; Martin, in: Porten, The Elephantine Papyri, ²2011, 373-4 (C35); Iranisches Personennamenbuch, VIII, 76-77 (45);

Wadi Hammamat

162. Inschrift Wadi Hammamat Nr.18 des Baumeisters *Ḫnm-jb-Rˁ* aus Jahr 26 [496].
Couyat-Montet, Inscr. du Ouâdi Hammâmât, 41; pl.VI; Posener, Première Domination Perse, 91-92 (12); Sternberg, Quellentexte, 41;

Inschrift in ungewöhnlicher Anordung: Z.1-4 → (in Umrahmung), 5-6 ↓→ , 7 darunter → , 8 ↓→

63. Darius I.

163. Genealogische Inschrift Wadi Hammamat Nr.93/92 des Ḫnm-jb-Rˁ

LD III, 275 (a); Couyat-Montet, Inscr. du Ouâdi Hammâmât, 68-69; pl.XXII; Posener, Première Domination Perse, 98-105 (14); Wildung, Rolle äg. Könige, I, 83-4; Jansen-Winkeln, Ä&L 16, 2007, 260-3; Sternberg, Quellentexte, 44-46; 73 (Abb.11d);

sehr ungefüge Hieroglyphen in durch Striche abgetrennten Zeilen: →

164. Inschrift Wadi Hammamat Nr.91 des *Ḫnm-jb-Rʿ*.
LD III, 283 (b); Couyat-Montet, Inscr. du Ouâdi Hammâmât, 67; pl.XXII; Posener, Première Domination Perse, 105-107 (15); Sternberg, Quellentexte, 39-40;

Z.1 waagerecht, darunter sechs Kolumnen:

165. Inschrift Wadi Hammamat Nr.193 des *Ḫnm-jb-Rʿ*.
LD III, 283 (d); Couyat-Montet, Inscr. du Ouâdi Hammâmât, 100; pl.XXX; Posener, Première Domination Perse, 107-108 (16);

Inschrift von sieben in Trennlinien eingefassten Zeilen; →

166. Inschrift Wadi Hammamat Nr.14 des *Ḫnm-jb-Rʿ*.
LD III, 283 (g); Couyat-Montet, Inscr. du Ouâdi Hammâmât, 39; pl.III; Posener, Première Domination Perse,109-111 (18);

Inschrift von elf eingerahmten Zeilen: →

167. Inschrift Wadi Hammamat Nr.134 des *Hnm-jb-R'*.
LD III, 283 (c); Couyat-Montet, Inscr. du Ouâdi Hammâmât, 87; pl.XXXII; Posener, Première Domination Perse, 111-113 (19); Sternberg, Quellentexte, 44;

Z.1 waagerecht, darunter sieben eingefasste Kolumnen:

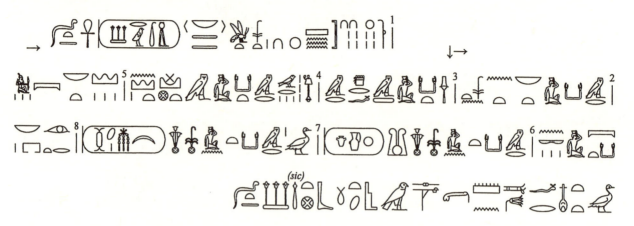

168. Inschrift Wadi Hammamat Nr.135 des *Hnm-jb-R'*.
Couyat-Montet, Inscr. du Ouâdi Hammâmât, 87; Posener, Première Domination Perse, 113 (20);

169. Inschrift Wadi Hammamat Nr.190 des *Hnm-jb-R'*.
LD III, 283e; Couyat-Montet, Inscr. du Ouâdi Hammâmât, 97; Posener, Première Domination Perse, 113-114 (21); →

170. Inschrift Wadi Hammamat Nr.186 des *Hnm-jb-R'*.
LD III, 283f; Couyat-Montet, Inscr. du Ouâdi Hammâmât, 96; pl.XXXIII; Posener, Première Domination Perse, 114-115 (22);

drei eingerahmte Zeilen: →

171. Inschrift Wadi Hammamat Nr.90 des Baumeisters *Hnm-jb-R'*.
LD III, 275d; Couyat-Montet, Inscr. du Ouâdi Hammâmât, 67; Posener, Première Domination Perse, 115-116 (23);

Beischrift zu ithyphallischem Min (die Zeichen in Kol.1 kursiv): ↓→

172. Inschrift Wadi Hammamat Nr.109 (Z) des Saris von Persien Athiyawahya.
G. Goyon, Nouvelles inscriptions rupestres du Wadi Hammamat, Paris 1957, 118-20; pl.XXXIV; ↓→

173. Inschrift Wadi Hammamat Nr.146 des Saris von Persien Athiyawahya.
LD III, 283h; Couyat-Montet, Inscr. du Ouâdi Hammâmât, 90; pl.XXXIV; Posener, Première Domination Perse, 117-119 (24); Sternberg, Quellentexte, 69; 72 (Abb.11b);

die ‚Z.1' ist eine um die Kartusche gruppierte komplexe Inschrift (→ und ↓→), darunter vier Zeilen →

Zu Person und Namen des Artamisa, des Athiyawahya und der Qandju s. Iranisches Personennamenbuch, VIII, 47-8 (13), 50-1 (17) und 80-1 (50).

174. Graffito nahe Bir Wassif.
Posener, Première Domination Perse, 129-130 (35);

Herkunft unbekannt

175. Versiegelt aufgefundener demotischer Papyrus in Privatsammlung mit Brief aus dem Jahr 18, 4. *prt*, 14 [7.8. 504], der Beschwerde über nicht zugelassene Arbeiten führt und damit droht, sich an jemanden namens *Prtt* (wohl persisch *Fradata, nicht der Satrap Pherendates) zu wenden.
Devauchelle, in: Ch. Loeben / A. Wiese, Köstlichkeiten aus Kairo! Katalog Basel / Hannover 2008, 154-6; Iranisches Personennamenbuch, VIII, 77-78 (46);

176. Zwei demotische Papyri im Puschkin-Museum, Moskau.
– Papyrus Moskau I.1.d.419 mit Urkunde aus Jahr 28 [494], 4 *šmw* über Scheidung eines ‚Tänzers der Nephthys'.
Unpubl., s. Devauchelle, in: Acts of the Seventh International Conference of Demotic Studies, 134 (1);

– Papyrus Moskau I.1.d.424 mit Urkunde aus Jahr 29 [493], 2. *prt* über die Zahlung der Pacht für ein Feld.
Unpubl., s. Malinine, RdE 19, 1967, 78, n.b; Devauchelle, op.cit., 135 (2);

64. Psametik IV.

Hieroglyphische Inschriften des Psametik, vermutlich der Vater des späteren Rebellen Inaros, sind nicht überliefert.

NICHTKÖNIGLICHE PERSONEN

Hu (Diospolis parva)

1. Demotischer Papyrus Straßburg 2 mit Quittung über Ablieferung von 21 Gänsen aus Jahr 2, 1. *prt*.
W. Spiegelberg, Die demotischen Papyri der Strassburger Bibliothek, Straßburg 1902, 15-16; pl.I; Malinine, JEA 54, 1968, 188-192; pl.30; Vleeming, The Gooseherds of Hou, 60-69 (Nr.4);

2. Demotischer Papyrus Loeb 41 mit Urkunde über gemeinsamen Besitz einer Kuh aus Jahr 2, 4. *3ḫt*.
W. Spiegelberg, Die demotischen Papyri Loeb, München 1931, 70-72; Taf.24; Erichsen, Auswahl frühdemotischer Texte, I, 29-30; E. Cruz-Uribe, Saite and Persian Demotic Cattle Documents, Chicago 1985, 1-3; Vleeming, The Gooseherds of Hou, 109-125 (Nr.7);

3. Demotischer Papyrus Loeb 43 mit Urkunde über Verzicht auf Besitz an einem Esel aus Jahr [2], 3. *3ḫt*.
Spiegelberg, Die demotischen Papyri Loeb, 73-75; Taf.24; Vleeming, The Gooseherds of Hou, 127-141 (Nr.8);

Zu dem vermutlich von Psametik IV. angeführten Aufstand gegen die Perser s. jetzt U. Wijnsma, "'And in the fourth year Egypt rebelled ...' The Chronology of and Sources for Egypt's Second Revolt (ca. 487–484 BC)", in: Journal of Ancient History 7, 2019, 32-61.

65. Xerxes I.

KÖNIGLICHE DENKMÄLER

Ausland

1. Sechs Vasen aus Aragonit, in Susa gefunden.
Posener, Première Domination Perse, 140-142 (43-48); Foto (AS 561);

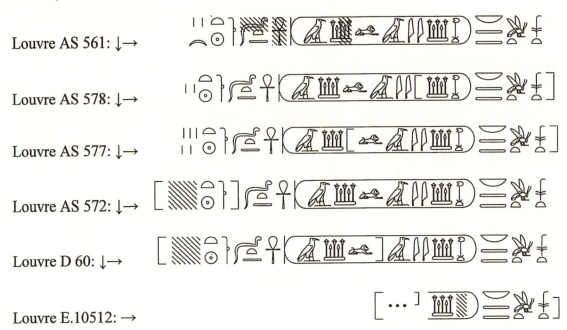

Louvre AS 561: ↓→

Louvre AS 578: ↓→

Louvre AS 577: ↓→

Louvre AS 572: ↓→

Louvre D 60: ↓→

Louvre E.10512: →

Louvre AS 561 und E.10512 haben auch einen keilschriftlichen Text, die anderen nicht.

2. Vase Louvre AO 2634 aus Aleppo (Syrien).
G. Legrain, Collection H. Hoffmann, Catalogue des antiquités égyptiennes, Paris 1894, 22-3 (59); Posener, Première Domination Perse, 143 (50); E. Schmidt, Persepolis, II, OIP 69, 1957, 85;

Dazu der Name des Xerxes in altpersischer, elamischer und akkadischer Keilschrift.

3. Vase London BM 1099 aus dem Mausoleum von Halikarnassos.
Burchardt, ZÄS 49, 1911, 76-7; Taf.IX.1; Posener, Première Domination Perse, 143 (51); E. Schmidt, Persepolis, II, OIP 69, 1957, 86;

Gleiche Inschrift(en) wie Nr.2.

4. Vase Philadelphia C.B.S. 10 aus Babylon(?).
Burchardt, ZÄS 49, 1911, 76-7; Taf.X.5; Posener, Première Domination Perse, 143 (52); E. Schmidt, Persepolis, II, OIP 69, 1957, 86;

Gleiche Inschrift(en) wie Nr.2.

5. Gefäßfragmente aus Persepolis im Iranischen Nationalmuseum Teheran.
S. Qahéri, BIFAO 112, 2012, 322-4; 334-341;

– Fragment eine Alabastrons Nr.152; BIFAO 112, 334 (1); W. Seipel (ed.), Der Turmbau zu Babel, Ausstellungskatalog Wien 2003, III.B, 70-72 (3.1.59);

oben drei Zeilen in altpersischer, elamischer und akkadischer Keilschrift („Xerxes, der große König"), darunter: ↓→

links der Kartusche ein demotischer Vermerk: *kpḏ* 15(?).

– Fragment eine Alabastrons Nr.166; BIFAO 112, 335 (2);

oben drei Zeilen Keilschrifttexte, darunter: ↓→

– Schale aus Hartstein mit rundem Fuß Nr.201; BIFAO 112, 336 (3);

am Rand: →  ; dahinter beginnt keilschriftlicher Text;

– Fragment vom Rand eines Gefäßes aus Kalkstein Nr.234; BIFAO 112, 337 (4);

in Tusche aufgemalt: →

– große Schale aus Hartstein Nr.293; BIFAO 112, 338 (5);

→ ; dahinter beginnt keilschriftlicher Text;

– Schale aus Granit mit rundem Fuß Nr.312; BIFAO 112, 339 (6);

→ ; dahinter beginnt keilschriftlicher Text;

– Fragment eines Gefäßes mit Rand aus Hartstein Nr.447; BIFAO 112, 340 (7);

→

die Inschrift war durch ein Rechteck eingefasst; dahinter beginnt keilschriftlicher Text;

– Fragment eines Gefäßes Nr.391; BIFAO 112, 341 (8);

von der ägyptischen Inschrift ist nur der obere Rest der Einfassung erhalten; darüber Reste des keilschriftlichen Textes.

Herkunft unbekannt

6. Gefäß Yale 1.7.1954 (YBC 2123).
Posener, Première Domination Perse, 144 (53); E. Schmidt, Persepolis, II, OIP 69, 1957, 86; G. Scott, Ancient Egyptian Art at Yale, New Haven 1986, 145; Ritner, in: Fs Simpson, II, 683-8; Pommerening, Hohlmaße, 414 (V 42); Moje, GM 215, 2007, 79-81; Vittmann, Zeit des Perserherrschaft, 395;

zur demotischen Inschrift (*kpd̲* 12) s. Vleeming, Some Coins, 8 (22);

7. Alabastron in Thalassic Collection.
P. Lacovara u.a. (edd.), The Collector's Eye. Masterpieces of Egyptian Art from The Thalassic Collection, Ltd., Atlanta 2001, 94-5 (53);

unter der Gefäßlippe dreisprachige Keilinschrift mit Titel und Namen des „Großkönigs Xerxes"; darunter: ↓→

8. Vase im Cabinet des Médailles, Paris (in Ägypten gefunden)
Burchardt, ZÄS 49, 1911, 76-7; Taf.9.2; Posener, Première Domination Perse, 143 (49); E. Schmidt, Persepolis, II, OIP 69, 1957, 85;

Dazu keilschriftlich der Name des Xerxes in Altpersisch, Elamisch und Akkadisch.

9. Fragmente von 23 Vasen (überwiegend aus Aragonit) des Xerxes.
Posener, Première Domination Perse, 141; 144-145 (54-76).

Reste der gleichen Inschrift(en) wie Nr.8.

10. Möbelfuß (o.ä.) aus Bronze (ehemals) in Sammlung Michailides (aus Ägypten).
Michaélides, ASAE 43, 1943, 95-6; pl.IV;

Inschrift in altpersischer Keilschrift: Xerxes, der Großkönig

NICHTKÖNIGLICHE PERSONEN

Memphis

11. Ägyptisch-aramäische Stele Berlin 7707 aus Sakkara, aus Jahr 4 Xerxes' I. [482].
PM III², 734; Lepsius, ZÄS 15, 1877, 127-132; Taf.I; Burchardt, ZÄS 49, 1911, 73-74; Taf.VIII.2; X.6; Vittmann, Ägypten und die Fremden, 106-7 (Abb.47); Yoyotte, Transeuphratène 9, 1995, 91; H. Donner / W. Röllig, Kanaanäische und aramäische Inschriften (2002), I, 65 (267); II, 315-317 (267); B. Porten / A. Yardeni, Textbook of Aramaic Documents from Ancient Egypt, IV, 1999, 254 (D.20.3);

Im obersten Register thronender Osiris, hinter ihm Isis und Nephthys stehend, vor ihm Mann und Frau anbetend; Inschrift vor dem Gott (Z.1), zwischen den Männern (Z.2) und vor den Göttinnen (Z.3 und 4-5): ↓→

Im zweiten Register Priester vor zwei Totenbahren, im dritten sechs klagende Personen (mit syrischer Haartracht).

Darunter ein viertes Register mit vier Zeilen einer aramäischen Inschrift, in der ein Sohn der auch in der hieroglyphischen Inschrift genannten Achatabu einen Segenswunsch für sie und ihren Mann ausdrückt, im Monat Mechir (2. *prt*) des 4. Jahres des Xerxes.

Wadi Hammamat

12. Inschrift Wadi Hammamat Nr.50 des Saris von Persien Athiyawahya.
LD III, 283 (n); Couyat-Montet, Inscr. du Ouâdi Hammâmât, 52; pl.VI; Posener, Première Domination Perse, 120 (25); Sternberg, Quellentexte, 69;

eine Zeile (1, →) über vier Kolumnen (2-5, ↓→):

13. Inschrift Wadi Hammamat Nr.266 des Saris von Persien Athiyawahya.
LD III, 283 (l); Couyat-Montet, Inscr. du Ouâdi Hammâmât, 118; Posener, Première Domination Perse, 120-121 (26);

fünf unregelmäßig lange Kolumnen: ↓→

14. Inschrift Wadi Hammamat Nr.106 des Saris von Persien Athiyawahya sowie seines Bruders Ariyawrata.
LD III, 283 (k); LD Text, V, 357; Couyat-Montet, Inscr. du Ouâdi Hammâmât, 74; pl.XXVII; Posener, Première Domination Perse, 121-122 (27); Sternberg, Quellentexte, 69-70;

der Gott Min auf einem Trageschrein;

rechts neben Min: ↓→

links neben ihm: ↓→

unter der Kartusche drei Zeilen: →

Zu Person und Namen des Ariyawrata s. Iranisches Personennamenbuch, VIII, 38-9 (3).

15. Inschrift Wadi Hammamat Nr.164 des Saris von Persien Athiyawahya.
LD III, 283 (m); Couyat-Montet, Inscr. du Ouâdi Hammâmât, 93-94; pl.XXXV; Posener, Première
Domination Perse, 122-123 (28);

Felsinschrift von fünf Kolumnen: ↓→

16. Inschrift Wadi Hammamat Nr.148 des Saris von Persien Athiyawahya.
LD III, 283 (o); Couyat-Montet, Inscr. du Ouâdi Hammâmât, 91; pl.XXXIV; Posener, Première
Domination Perse, 123-124 (29);

Z.1-2 →, Kartusche senkrecht ↓→, Z.4-6 → :

17. Inschrift Wadi Hammamat Nr.13 des Saris von Persien Athiyawahya.
LD III, 283 (i); Couyat-Montet, Inscr. du Ouâdi Hammâmât, 39; pl.III; Posener, Première Domination
Perse, 124 (30); Sternberg, Quellentexte, 70;
Inschrift von vier Kolumnen, Nr.3 und 4 beginnen erst auf Höhe der Kartuschen: ↓→

Ain Manawir (Oase Charga)

18. Drei demotische Ostraka aus dem Wohngebiet.
Chauveau / Agut-Labordère in: www.achemenet.com/fr/tree/?/sources-textuelles/textes-par-langues-
et-ecriture/egyptien-hieroglyphique-et-demotique/ostraca-d-ayn-manawir;

– Jahr 3 [483], 1. *prt*; OMan 4613 (Trismegistos Nr.369199): Verkauf Wasserrechte

– Jahr 6 [480], 3. *prt*; OMan 5242 (Trismegistos Nr.369218): Verkaufsurkunde

– [...]; OMan 5268 (Trismegistos Nr.369220): Heiratsvertrag

Herkunft unbekannt

19. Fragment einer viersprachigen Inschrift in Privatbesitz.
PM VIII.4, 373 (803-071-050); Posener, Première Domination Perse, 131-136 (36); Klinkott, in: R. Rollinger (ed.), Getrennte Wege. Kommunikation, Raum und Wahrnehmung in der Alten Welt, Frankfurt a.M. 2007, 425-453; Iranisches Personennamenbuch, VIII, 78-9 (48);

oben: →

rechts davon und darunter in Kolumnen: ↓→

rechts neben Kolumne 1 steht noch [Zeichen], nach Posener die ägyptische Erläuterung eines aramäischen Titels (der nicht belegt ist). Unter den Kolumnen 1-3 stehen noch in unklarer Folge die Zeichen [Zeichen], [Zeichen] und [Zeichen].

Poseners kühne Erklärung der Inschrift überzeugt nicht, da sie diese letzteren drei Hieroglyphen gar nicht mit einbezieht. Eine noch verwegenere Deutung hat Klinkott vorgelegt, s. dazu Iranisches Personennamenbuch, VIII, loc.cit.

66. Artaxerxes I.

KÖNIGLICHE DENKMÄLER

Tell el-Maschuta (Pithom)

1. Siegel Artaxerxes' I.
Unpubl., s. Holladay, in: Oxford Encyclopedia of Ancient Egypt, III, 52

2. Vasenfragment mit Kartusche Artaxerxes' I.
Unpubl., s. Holladay, in: Oxford Encyclopedia of Ancient Egypt, III, 52

Aus diesem Ort stammen auch von Arabern gestiftete Silbergefäße im Museum Brooklyn mit aramäischen Inschriften (Widmung an die Göttin Hanilat), s. Rabinowitz, JNES 15, 1956, 1-9; B. Porten / A. Yardeni, Textbooks of Aramaic Documents from Ancient Egypt, IV, 1999, 231-233 (D.15.1-5).

Theben

3. Amulett Kairo JE 38023 aus Fayence aus der Cachette von Karnak.
Legrain, RecTrav 28, 1906, 148; Posener, Première Domination Perse, 160 (117); database Cachette de Karnak CK 597;

Der Text (Name des Artaxerxes) ist unpubliziert; das Amulett ist im Museum unauffindbar.

Ausland

4. Fragment einer Schale (ehemals) in Sammlung Michailides.
Bresciani, ASAE 55, 1958, 270, Fig.4; Vittmann, Zeit der Perserherrschaft, 398;

auf Außenseite: →  (sic)

Es könnte sich um einen Fehler für $z3\ R^c$ Artaxerxes handeln oder um eine Filiation [Darius II.], Sohn des A. Beide Filiationen wären sehr ungewöhnlich; G. Vittmann, in: Iranisches Personennamenbuch, VIII, 43, zweifelt daher an der Echtheit des Stücks.

5. Vase Venedig, Sammlung St. Markus, aus Persepolis(?).
Burchardt, ZÄS 49, 1911, 75-7; Taf.IX.4; Posener, Première Domination Perse, 147 (79); E. Schmidt, Persepolis, II, OIP 69, 1957, 86-7; Schmitt, Archäologische Mitteilungen aus Iran und Turan 33, 2001, 195 (1);

Darüber „Artaxerxes, der König" in altpersischer, elamischer und akkadischer Keilschrift.

6. Fragment einer Vase Louvre AS 574 aus Susa.
Posener, Première Domination Perse, 147 (80); E. Schmidt, Persepolis, II, OIP 69, 1957, 86; Schmitt, Archäologische Mitteilungen aus Iran und Turan 33, 2001, 196 (7); Website Louvre;

7. Gefäß Iranisches Nationalmuseum Teheran 165 aus Persepolis.
S. Qahéri, BIFAO 112, 2012, 325, 342;

unter dem Rand drei Zeilen keilschriftlicher Text; darunter: ↓→

8. Vase in Privatbesitz, bei Āi Xānum (Baktrien) gefunden.
Schmitt, Archäologische Mitteilungen aus Iran und Turan 33, 2001, 191-4; Abb.1-2;

↓→

Darüber „Artaxerxes, der König" in drei Zeilen in altpersischer, elamischer und akkadischer Keilschrift.

9. Vase Philadelphia University Museum C.B.S. 9208, in Bagdad gekauft.
Burchardt, ZÄS 49, 1911, 76-7; Taf.IX.3; Posener, Première Domination Perse, 147 (81); E. Schmidt, Persepolis, II, OIP 69, 1957, 86; Schmitt, Archäologische Mitteilungen aus Iran und Turan 33, 2001, 195 (2);

↓→

Darüber „Artaxerxes, der König" in altpersischer, elamischer und akkadischer Keilschrift.

10. Vase (Alabaster) aus Hierapolis (Membij) in Syrien (ehemals?) in Privatsammlung.
Giron, Revue d'Assyriologie 18, 1921, 143-5; Posener, Première Domination Perse, 147 (82); Schmitt, Archäologische Mitteilungen aus Iran und Turan 33, 2001, 196 (4);

↓→

Darüber „Artaxerxes, der König" in altpersischer, elamischer und akkadischer Keilschrift.

11. Vase Moskau I.1.a.7852 aus skythischem Grabhügel bei Orsk (Südural).
Hodjash, in: Sesto Congresso internazionale di Egittologia, Atti, II, Turin 1993, 224, Abb.8; Schmitt, Archäologische Mitteilungen aus Iran und Turan 33, 2001, 197 (8);

↓→

Herkunft unbekannt

12. Vase Berlin 14463 (in Ägypten angekauft).
Burchardt, ZÄS 49, 1911, 74-7: Taf.VIII.3; Abb.2; Posener, Première Domination Perse, 147 (78); E. Schmidt, Persepolis, II, OIP 69, 1957, 86; Schmitt, Archäologische Mitteilungen aus Iran und Turan 33, 2001, 196 (3);

↓→

Darüber „Artaxerxes, der König" in altpersischer, elamischer und akkadischer Keilschrift.

13. Fragment einer Alabastervase (ehemals) in Sammlung Michailides (aus Ägypten).
Bresciani, ASAE 55, 1958, 269-70; Fig.3; Vittmann, Zeit der Perserherrschaft, 398; Schmitt, Archäologische Mitteilungen aus Iran und Turan 33, 2001, 197 (9);

oben Rest von Keilschriftzeichen; darunter: ↓→

14. Vase im Rezā-Abbāsi-Museum in Teheran (aus Ägypten?).
Schmitt, Archäologische Mitteilungen aus Iran und Turan 33, 2001, 197-8 (10); 34, 2002, 341-3;

Darüber „Artaxerxes, der König" in drei Zeilen in altpersischer, elamischer und akkadischer Keilschrift.

15. Vase aus Schweizer Privatsammlung, 2009 im Handel.
Rupert Wace, Ancient Art, Auktionskatalog London 2009, Nr.10;

Darüber „Artaxerxes, der König" in drei Zeilen in altpersischer, elamischer und akkadischer Keilschrift.

NICHTKÖNIGLICHE PERSONEN

Memphis

16. Fragmente einer demotischen Stele(?) mit Erwähnung mehrerer Daten (von Jahr 37 Amasis bis Artaxerxes I.), nahe der Katakomben der Apismütter gefunden.
Smith u.a., The Mother of Apis Inscriptions, 15-25; pl.I-III; S. Davies, in: P. Briant / M. Chauveau (edd.), Organisation des pouvoirs, 79-87;

Im Jahr 2(?) [...], Tag 24 unter Artaxerxes I. sind mehrerer Tiere (wieder?-) bestattet worden (Z.x+13 – x+15).

17. Demotische Papyri aus den Grabungen der EES in Sakkara.

– Papyrus EAS 2355 aus Jahr 30, 2. $Ꜣḫt$, 16 [24.1.435] mit Berichten über amtliche Vorgänge. In dem sehr fragmentarischen Text ist mehrfach von Anordnungen des Satrapen Arsames die Rede (weshalb sich das Datum nur auf Artaxerxes I. beziehen kann), auch ein hoher Funktionär namens Artaya wird erwähnt sowie ein auch aus einem aramäischen Brief bekannter Mann namens Misapata.
Smith / Martin, in: Briant / Chauveau, Organisation des pouvoirs, 31-39 (4); Trismegistos 112992;

– Papyrus EAS 3552 (unpubl.) aus Jahr 34 [432/431] mit Rechnungen;
Smith / Martin, ibid., 42 (6);

– Papyrus EAS 5722 + 5727 aus Jahr 35 [431], 4. $šmw$ (spätere Datierung aber nicht ausgeschlossen) mit Namensliste von Soldaten (Kalasirier);
Smith / Martin, ibid., 44-46 (8);

– Papyrus EAS 5839 aus Jahr 36 [429], 2. $Ꜣḫt$, 20 (Datierung unter Ptolemaios II. nicht ausgeschlossen) mit fragmentarischem Bericht(?);
Smith / Martin, ibid., 46-48 (9); Trismegistos 115126;

18. Kleines Alabastergefäß London BM 134979 aus Jahr 13, ehemals in Sammlung Michaelides.
Bresciani, ASAE 55, 1958, 268-69; pl.1b; A. Searight u.a., Assyrian Stone Vessels and Related Material in the British Museum, Oxford 2008, 78-79; pl.52 (531).

Das Gefäß (für Salbe o.ä.) hat keine ägyptische Inschrift, aber eine aramäische Datierung ins Jahr 13, Pachons (1. šmw), Tag 3 (13.8. 452). Vermutlich ist diese Aufschrift aber modern, s. B. Porten / A. Yardeni, Textbooks of Aramaic Documents from Ancient Egypt, IV, 1999, 300 (24.3); 299.

Fayyum

19. Demotische Papyri Sorbonne 1276 und 1277 mit Urkunde über den Verkauf eines Sklaven und einer Sklavin.
De Cenival, RdE 24, 1972, 31-39; Devauchelle, Transeuphratène 10, 1995, 39-40; Vittmann, Zeit der Perserherrschaft, 399;

Die Zahlen für Jahr und Monat der Ausstellung der Urkunde sind nicht erhalten, nur die Jahreszeit 3ḫt.

20. Demotischer Papyrus Lille 242 mit Urkunde über Verkauf von Haus und Land.
H. Sottas, Papyrus démotiques de Lille, Paris 1921, 54-56 (27); pl.XIV; M. Malinine / J. Pirenne, Documents juridiques égyptiens, AHDO 5, 1950-1951, 34-35; De Cenival, RdE 24, 1972, 31, n.1; DBL, A, 254-55; Vittmann, Zeit der Perserherrschaft, 399;

Kein Datum erhalten, nur Rest des Königsnamens.

Elephantine

21. Demotischer Papyrus Wien D 10151 mit Urkunde über Ämterkauf aus Jahr 5 [460], 2. 3ḫt.
Lüddeckens, NAWG 1965 (5), 103-120; Devauchelle, Transeuphratène 10, 1995, 38-9; Martin, in: Porten, The Elephantine Papyri, ²2011, 350-4 (C29); Vittmann, Zeit der Perserherrschaft, 399;

Wadi Hammamat

22. Inschrift Wadi Hammamat Nr.144 des Persers 3rywrt3 (Ariyawrata) aus Jahr 5 [461/460].
Couyat-Montet, Inscr. du Ouâdi Hammâmât, 89; pl.XXXIV; Posener, Première Domination Perse, 125-126 (31); Guilhou, EA&O 9, 1998, 29;

links der Gott Min vor Altar mit Blume; vor ihm:

darüber Zeile: → direkt unter dem Datum große Kartusche;

unter gesamtem Bildfeld zwei Zeilen: →

Fortsetzung hinter Min:

23 Inschrift Wadi Hammamat Nr.145 aus Jahr 16 [450/449].
LD III, 283p; Couyat-Montet, Inscr. du Ouâdi Hammâmât, 89-90; pl.XXXIV; Posener, Première
Domination Perse, 126-127 (32); Guilhou, EA&O 9, 1998, 30;

oben eingefasste Zeile: →

darunter große Kartusche: ↓→

darunter: →   (*mrjj* nachträglich hinzugefügt, z.T. unter der Zeile)

24. Inschrift Wadi Hammamat Nr.72 des Persers *3rywrt3* (Ariyawrata, genannt *Ḏd-ḥr*) aus den Jahren 16 [450/449] und 17 [449/448].
Couyat-Montet, Inscr. du Ouâdi Hammâmât, 61-62; pl.XVII; Posener, Première Domination Perse, 127-128 (33);

oben Himmelhieroglyphe, darunter zwei durch eine größere Lücke getrennte Daten: →

unter Jahr 16: ↓→

links von Kartusche Falke auf Standarte; Beischrift vor ihm:

vor Falke (links von Kartusche): ↓→   dahinter: ↓→

unter den Göttern drei eingefasste Zeilen: →

25. Inschrift Wadi Hammamat Nr.95 des Obersten der Perser *3rywrt3* (Ariyawrata).
Couyat-Montet, Inscr. du Ouâdi Hammâmât, 69-70; pl.XXI; Posener, Première Domination Perse, 129 (34).

König mit Atefkrone Wein opfernd vor Min, zwischen ihnen Opfertisch;

vor Min: ↓→   hinter Min drei Kolumnen: ↓→

Vgl. zu diesen Steinbruchinschriften auch Vittmann, Zeit der Perserherrschaft, 398.
Zur Person des Persers Ariyawrata s. Iranisches Personennamenbuch, VIII, 38-9 (Nr.3).

Ain Manawir (Oase Charga)

26. Ostraka aus dem Tempel des Osiris (*Wsjr-jjw*) in Dusch aus den Jahren 21 – 41. Chauveau / Agut-Labordère in: www.achemenet.com/fr/tree/?/sources-textuelles/textes-par-langues-et-ecriture/egyptien-hieroglyphique-et-demotique/ostraca-d-ayn-manawir; vgl. auch Chauveau, Egyptian Archaeology 22, 2003, 38-40; id., in: P. Briant (ed.), Irrigation et drainage dans l'antiquité, Paris 2001, 137-142; id., EA&O 9, 1998, 21-26; id., BSFE 137, 1996, 32-47; id., ARTA 2011.002, 1-19;

In chronologischer Ordnung (in Klammern provisorische Nummern, soweit angegeben):

Jahr 21 [444], 3. *prt*; OMan 4104 (1016): Schuldurkunde

Jahr 21 [444], 2. *šmw*, 13; OMan 6852 (4150): Quittung Öllieferung

Jahr 22 [443], 4. *šmw*; OMan 3391 (25): Verkaufsurkunde (BIFAO 96, 1996, 409, Fig.13)

Jahr 24, 4. *3ht*, 18 [28.3. 441]; OMan 6886 (4220): Quittung über Getreidelieferung

Jahr 24, 4. *šmw*, 2 [7.1. 441]; OMan 6887 (4214): Quittung über Getreidelieferung

Jahr 25 [440], 3. *šmw*; OMan 4159 (667): Getreidedarlehen

Jahr 25 [440], 4. [ ]; OMan 5448 (2320 + 2335 + 2356): (fraglich)

Jahr 26, 3. *3ht*, 9 [17.2. 439]; OMan 3986 (771): Abtretungsurkunde

Jahr 26 [439], 4. *3ht*; OMan 3432 (181): Urkundenfragment

Jahr 26 [439], 2. *šmw*; OMan 4094 (558) [nur Datierung erhalten]

Jahr 27 [438], 4. *3ht*, 20(+); OMan 6883 (4212) [nur Datierung erhalten]

Jahr 27 [438], 1. *prt* ; OMan 6841A (4118): Verkauf Wasserrechte

Jahr 27 [438], 2. *šmw*; OMan 5560 (2456): Urkunde über Rentenzahlung

Jahr 28 [437], 3. *šmw*; OMan 5578 (2391): Verkauf Wasserrechte

Jahr 28 [438/437]; OMan 5992: [unlesbar]

Jahr 29, 1. *3ht* [437/436]; OMan 4164 (997): Urkunde über Jagdrechte

Jahr 29 [436], 3. *3ht*; OMan 4980 (1722): Verkauf Wasserrechte

Jahr 29, 4. *prt*, 30 [6.8. 436]; OMan 6893: Quittung über Getreidelieferung

Jahr 30 [435], 4. *šmw*; OMan 5760 (2589): Brief

Jahr 30 [435], 3. *prt*; OMan 5996A: Verkauf Wasserrechte

Jahr 30 [436/435]; OMan 4350 (1206) [nur Datum erhalten]

Jahr 31, 1. *3ht* [435/434]; OMan 5441 (2338): Erbschaftsurkunde

Jahr 31, 1. *3ht* [435/434]; OMan 5453 (2352): Urkunde über Abtretung

Jahr [3]3 [432]. 2. *prt*; OMan 3441 (204): Darlehensurkunde

Jahr 33 [432], 2. *prt*; OMan 4116 (564): [nur Datum erhalten]

Jahr 34, 3. *prt*, 30 [6.7. 431]; OMan 5455 (2348): Quittung über Saatkorn

Jahr 34 [ ] [432/431]; OMan 4024 (922) [nur Datum erhalten]

Jahr 35 [430], 1. *prt*; OMan 4316 (1154): Urkunde über Abgaben

Jahr 35 [430], 4. *prt*; OMan 3450 + 3444 (149 + 151): [nur Datum und Namen erhalten]

Jahr 36 [429], 1. *šmw*; OMan 5451 (2324): Verkauf Wasserrechte

Jahr 36 [429], 4. *šmw*; OMan 5504 (2468): Verkauf Wasserrechte

Jahr 37 [428], 1. *prt*: OMan 5437 (2257): Verkauf Wasserrechte

Jahr 38 [427], 1. *prt*; OMan 3423 (194): Verkauf Wasserrechte

Jahr 39 [427], 3. *prt*; OMan 5747 (2608): Quittung über Getreide

Jahr 39 [427], 3. *prt*; OMan 6863: Bestellung von Getreide

Jahr 40 [426], 4. *prt*; OMan 5994 (2515): Verkauf Wasserrechte

Jahr 40 [426], 3. [ ]; OMan 3935 (692): Urkunde über Zahlung von Getreide

Jahr 41 [425], 4. *prt*; OMan 4985 (1723): Eid über Arbeitsleistung (?)

Jahr 41 [425], 2. *šmw*; OMan 5491 (2415): Urkunde über Getreidedarlehen

Jahr 20[+x], 4. *šmw*; OMan 4019 (871): Bestellung

Jahr 20[+x]; OMan 5481 (2412) [kaum Text erhalten]

[Jahr XY ...]: OMan 4989 (1721): Urkunde

27. Ostrakon OMan 5446 (2340) aus dem Tempel des Osiris in Dusch über den Verkauf von Wasserrechten im Jahr 2 des Inaros, Fürsten der Bakaler.
Chauveau /Agut-Labordère, op.cit.; Chauveau, in: Fs Zauzich, 39-46; id., Egyptian Archaeology 22, 2003, 39; Winnicki, Ancient Society 36, 2006, 135-139;

Datierung (Z.1): *rnpt-sp 2 tpj prt n Jrt-Ḥr-r.w p3 wr n n3 Bk3l*

Herkunft unbekannt

28. Demotischer Papyrus Mainz 17 aus Jahr 36 [430/429] mit einer Erwähnung des Satrapen Arsames.
Vittmann, Rupture and Continuity, 102-3; Fig.6 (Beginn);

Z.1: (*ḫpr*) *rnpt-zp 36 iw 3ršm ntj* (*n*) *Kmj n* [...]

67. Darius II.

Zeitgenössische inschriftliche Belege, die sicher Darius II. zuzuschreiben sind, gibt es nicht (vgl. aber oben, 63.20). Auch demotische Papyri sind vergleichsweise selten.

NICHTKÖNIGLICHE PERSONEN

Memphis

1. Demotische Papyri aus den Grabungen der EES in Sakkara.
– Papyrus EAS 1760 mit einem sehr fragmentarischen Bericht aus Jahr 2 [423/422] über amtliche Tätigkeiten.
Smith / Martin, in: Briant / Chauveau, Organisation des pouvoirs, 24-28 (2);

– Papyrus EAS 1705 mit wenigen Resten eines amtlichen Berichts aus Jahr 8 (417/416).
Smith / Martin, ibid., 28-31 (3); Trismegistos 115121;

Ein Apis ist vermutlich im Jahr 11 [414/413] Darius' II. bestattet worden, wie auf einer Stele aus dem 18. Jahr Ptolemaios' III. berichtet wird, s. Devauchelle, EVO 17, 1994, 104-6; 109-114.

Edfu

Im Landschenkungstext von Edfu wird das Jahr 19 [406/405] Darius' II. zweimal erwähnt, s. D. Meeks, Le grand texte des donations au temple d'Edfou, BdE 59, 1972, 20; 52; 5*; 76*; Vittmann, Zeit der Perserherrschaft, 403-4.

Elephantine

Aramäischer Brief mit demotischen Zusätzen Kairo JE 43469 des Satrapen Arsames an einen *W3ḥ-p3-Rꜥ-m-3ḫt* über die Reparatur eines Bootes aus Jahr 12 [413/412].
B. Porten / A. Yardeni, Textbooks of Aramaic Documents from Ancient Egypt, I, 1986, 96-101 (A6.2); Porten, The Elephantine Papyri, ²2011, 116-123 (B11);

Ain Manawir (Oase Charga)

2. Demotische Ostraka aus dem Osiristempel von Dusch aus den Jahren 2 - 19.
Chauveau / Agut-Labordère in: www.achemenet.com/fr/tree/?/sources-textuelles/textes-par-langues-et-ecriture/egyptien-hieroglyphique-et-demotique/ostraca-d-ayn-manawir; Chauveau, in: P. Briant (ed.), Irrigation and Drainage in Antiquity, Paris 2001, 141-2; id., ARTA 2011.002, 1-19;

In chronologischer Ordnung (in Klammern provisorische Nummern, sofern angegeben):

Jahr 2 [422], 1. *prt*; OMan 3932 (677): Eid

Jahr 2 [422], 2. *prt*; OMan 3427 (183) [nur Datum erhalten]

Jahr 3 [421], 2. *prt*, 8; OMan 3415 (28): Quittung für Getreide

Jahr 3 [421], 4. *prt*; OMan 4601 (1143): Urkunde

Jahr 4 [420], 2. *prt*; OMan 3422 (188): Urkunde über Erhalt Erbschaft

Jahr 4 [420], 4. *prt*; OMan 5557 (2359 + 2397 + 2396 + 2361): Verkauf Wasserrechte

Jahr 5 [419], 2. *3ḫt*; OMan 6024: Fragment Urkunde

Jahr 6 [418], 2. *prt*; OMan 4153 (1019): Ehegütervertrag

Jahr 7 [417], 4. *prt*; OMan 4302 (1114): Urkunde über Verkauf Baum

Jahr 7 [417], 4. *šmw*; OMan 6837 (4116): Verkauf Wasserrechte

Jahr 8 [416], 3. *3ḫt*; OMan 4152 (996): [unklar]

Jahr 9 [415], 3. *prt*, 5; OMan 5529 (2404): Bestellung von Getreide

Jahr 10 [414], 3. *3ḫt*; OMan 4017 (898): Arbeitsvertrag

Jahr 10 [414], 4. *prt*; OMan 3927 (676): Eid über Arbeitsleistung

Jahr 10 [414], 4. *prt*; OMan 4981 (1718): Getreidedarlehen

Jahr 10 [414], 3. *šmw*; OMan 4987 (1720): Fragment Urkunde

Jahr 11 [413], 3. *3ḫt*; OMan 4041 (691): Urkunde über Verzicht auf Wasserrechte

Jahr 12 [412], 1. *prt*; OMan 4020 (943) [nur Datum erhalten]

Jahr 12 [412], 1. *šmw*; OMan 4335 (1230): Scheidungsurkunde

Jahr 12 [412], 4. *šmw*; OMan 4149 (624 + 642): Urkunde über Wasserrechte

Jahr 13, 1. *3ḫt* [412/411]; OMan 7547 (3533): Verzichtserklärung

Jahr 13 [411], 3. *prt*; OMan 6839: Fragment Urkunde

Jahr 13 [411], 3. *šmw*; OMan 4338A (1234): Ehegütervertrag

Jahr 13 [411], 3. *šmw*; OMan 4338B (1235): Fragment Urkunde

Jahr 14 [410], 4. *3ḫt*: OMan 4096 (840): Erbschaftsurkunde

Jahr 14 [410], 2. *prt*; OMan 5555 (2408): Verkauf Wasserrechte

Jahr 14 [410], 4. *šmw*; OMan 3928 (661): Verpachtung Wasserrechte

Jahr 14 [410], 4. *šmw*; OMan 5486 (2443): Verkauf eines Raums im Tempel (s.a. Chauveau, ARTA 2011.002, 1-2)

Jahr 15 [409], 4. *šmw*; OMan 4303 (1071): Urkunde über Verkauf Tempeltage

Jahr 15 [409], 4. *šmw*, 3; OMan 4311 (1117): Abtretungsurkunde

Jahr 16 [408], 2. *3ḫt*; OMan 3934 (623): Fragment Urkunde

Jahr 16 [408], 4. *prt*; OMan 6004A; Erbschaftsentscheidung per Orakel

Jahr 16 [408], 3. *šmw*; OMan 3424 (180): Getreidedarlehen

Jahr 16 [408], 4. *šmw*; OMan 3975 (742): Verkauf Wasserrechte

Jahr 16 [408], 4. [ ]; OMan 3945 (635): Fragment Urkunde

Jahr 17 [407], 2. *3ḫt*; OMan, 3972 (634): Urkunde über Feldertrag

Jahr 17 [407], 1. *prt*; OMan 3974 (789): Verkauf Wasserrechte und Land

Jahr 17 [407], 1. *prt*; OMan 4160 (657): Urkunde über Tempeldienst

Jahr 17 [407], 1. *prt*; OMan 4163 (750): Urkunde über Leibrente an Getreide

Jahr 17 [407], 1. *šmw*; OMan 3976 (788): Getreidedarlehen

Jahr 17 [407], 1. *šmw*; OMan 4162 (738) (EA 22, 39: 1662): Urkunde über Jagdrechte

Jahr 18 [406], 4. *prt*; OMan 3973 (748) (748): Urkunde

Jahr 18 [406], 4. *prt*; OMan 5445 (2319): Verkauf Wasserrechte

Jahr 18 [406], 4. *prt*; OMan 5450 (2337) [nur Datum erhalten]

Jahr 18 [406], 4. *prt*; OMan 5463 (2321): Verkauf Wasserrechte

Jahr 18 [406], 4. *prt*; OMan 6041: Fragment Urkunde

Jahr 18 [406], 4. *šmw*; OMan 4336 (1231): Ehegütervertrag

Jahr 18 [406], 3./4. [...]; OMan 5462 (2327): Verkauf Wasserrechte

Jahr 19 [405], 4. *3ḫt*; OMan 3447 (213): Brief

Jahr 10[+x], 2. *prt*; OMan 4337 (1229): Eid

---   OMan 3961 (621); [nahezu nichts erhalten]

---   OMan 4304 (1113): Urkunde

---   OMan 5492 (2433): [unklar]

---   OMan 6058: [unklar]

---   OMan 6381: Fragment Urkunde

Ab dem Jahr 14 (410) kommen in Verträgen aus Ain Manawir athenische Tetradrachmen (stateres) als Wertmesser vor, die bisher erst ab 366 nachzuweisen waren, s. Chauveau, Egyptian Archaeology 22, 2003, 39.

68. Artaxerxes II.

Zeitgenössische inschriftliche Belege für Artaxerxes II. gibt es nicht.

NICHTKÖNIGLICHE PERSONEN

Ain Manawir

1. Demotische Ostraka aus dem Osiristempel von Dusch aus den Jahren 3 - 5.
Chauveau / Agut-Labordère in: www.achemenet.com/fr/tree/?/sources-textuelles/textes-par-langues-et-ecriture/egyptien-hieroglyphique-et-demotique/ostraca-d-ayn-manawir; Chauveau, BSFE 137, 1996, 43-44; id., Arta 2011.002, 1-19, bes. 9-11;

Jahr 3 [402], 1. *šmw*; OMan 4158 (620): Übertragungsurkunde

Jahr 4 [401], 4. *Ꜣḫt*; OMan 6847 (4128): Urkunde über Priesterdienste

Jahr 4 [401], 1. *prt*; OMan 6855: Verkauf Wasserrechte

Jahr 4 [401], 2. *prt*; OMan 5487 (2442): Fragment Urkunde

Jahr 5 [400], 1. *prt*; OMan 5799: Fragment Urkunde

69. 27. Dynastie insgesamt

KÖNIGLICHE DENKMÄLER

Memphis

1. Fragment einer Serapeumstele Louvre IM 4198.
PM III², 812; Vercoutter, MDAIK 16, 1958, 333-45; Taf.XXXI;

Das Bildfeld fehlt, es bleibt ein Rest von acht Zeilen (keine vollständig): →

Die Ergänzungen in Z.1 und 2 nach Vercoutter, op.cit., 334; diejenige vor Beginn von Z.2 ist recht unsicher.

Ausland

2. Fragmente von 13 Vasen aus Aragonit aus Susa im Louvre.
Posener, Première Domination Perse, 150-151 (87-99);

– von Darius I. oder Xerxes I.:

AS 517 (87):   AS 514 (88) und AS 585 (89):   (Reste)

AS 565 (90):

– von Xerxes I. oder Artaxerxes I.:

AS 589 (92) und AS 583 (93):   (Reste)

AS 582 (94), AS 587 (95), AS 590 (96), AS 588 (97):   (Reste)

– König fraglich

Louvre 465 (91): [hieroglyphs] [...]

AS 527 (98): [hieroglyphs]

P 509 (99): [hieroglyphs]

NICHTKÖNIGLICHE PERSONEN

Sais

3. Naophor London BM 41517 des *Jmn-ḥtp* (aus Sais?).
H. Selim, JEA 76, 1990, 199-202; pl.XXIII-XXV;

auf dem Rand des Naos, rechts:

[hieroglyphs] →

dto., links:

← [hieroglyphs]

auf Stützpfeiler des Naos:

[...] [hieroglyphs] →

auf Rückenpfeiler: ↓→

[hieroglyphs] 1

[hieroglyphs] 2

Auch eine Datierung in die 26. Dynastie wäre gut möglich.

4. Osirophor (im Magazin?) Tanta 581 des *P3-dbḥw*.
El-Alfi, DE 23, 1992, 5-10;

auf Rückenpfeiler: ↓→

[hieroglyphs] 1

[hieroglyphs]

um Sockel, rechte Seite Beginn, Mitte Vorderseite →

Die Sockelinschrift der linken Seite ist bis auf einen Rest auf der Rückseite zerstört;

Aufgrund der schlechten Qualität der Fotos in der Publikation ist die Textwiedergabe an vielen Stellen unsicher. Auch bei dieser Statue wäre eine Datierung in die 26. Dynastie erwägenswert.

Athribis

5. Torso Boston 37.377.
ESLP, 71-2; pl.56-57 (Nr.60); Vernus, Athribis, 104 (110);

auf Rückenpfeiler: ↓→

6. Kniefigur Yale 1957.7.11 des *Ḥr*(?).
G. Scott, Ancient Egyptian Art at Yale, New Haven 1986, 142-44 (78); Vernus, Athribis, 108-9 (120); Fotos CLES;

auf Schurz zwischen den Händen: ↓→

auf Rückenpfeiler: ↓→

Die Sockelinschrift scheint weitgehend zerstört und wird in der Publikation nicht wiedergegeben.

7. Osirophor des *Nfr-sḫt-ḥtp* in Beirut, in Byblos gefunden (ursprünglich aus Athribis?).
M. Dunand, Fouilles de Byblos, II, 1933-1938, Paris 1950, 60; pl.153 (7048); Montet, Kêmi 13, 1954, 73-75; Vernus, Athribis, 111 (123);

auf Rückenpfeiler: ↓→  Fortsetzung auf Sockel: →

Tell el-Maschuta (Pithom)

8. Torso einer Stehfigur in einer Privatsammlung;
Naville, Pithom, 40 (rechts); Laurent, RdE 35, 1984, 139-58; Leahy, in: Fs Griffiths, 150 (23);

auf Rückenpfeiler: ↓→

unten um das Gewand: ↓→

Die Statue könnte auch noch in die späte 26. Dynastie gehören, vgl. Leahy, loc.cit.

Memphis

9. Unberaubtes Begräbnis des *Wḏꜣ-Ḥr*.
PM III², 503; Barsanti, ASAE 3, 1902, 209-12;

– Sarkophag; in der Mitte des Deckels in Längsrichtung PT 266:

Barsanti gibt *š - ꜣ* statt *tm - m*, möglicherweise eine Verlesung.

Ein um die Sargwanne laufendes Textband war weitgehend zerstört

– Vollständiger Satz (von 396) Uschebtis im Grab, dazu ca. 50 Uschebtis oberhalb der Grabkammer. Die meisten davon sind verschwunden, s. Aubert, Statuettes, 225, zwei Exemplare sind im Gustavianum Uppsala, s. Sandman, Sphinx 22, 1931, 106 (33): ↓

– Mumienschmuck (Amulette etc.) JE 35353 - 35399; vgl. E. Vernier, Bijoux et orfèvreries, CG, Kairo 1927, 495-504 (CG 53758-53800).

Es wäre möglich, dass dieses Begräbnis noch in die 26. Dynastie datiert.

10. Relief Baltimore WAG 22.152; 22.153.
G. Steindorff, Catalogue of the Egyptian Sculpure in the Walters Art Gallery, Baltimore 1946, 80-81; pl.54 (274); Capart, JWAG 1, 1938, 13-17; Hill, JWAG 19/20, 1956-7, 34-41; Limme CdE 47, 1972, 99-100; E. Pusch, Das Senet-Brettspiel im Alten Ägypten, MÄS 38, 1979, 141-144 (42); Schulz, Imago Aegypti, 1, 2005, 98-124;

Relief mit zwei Registern; oben Zeile über beiden: ←

im oberen Register sieben Musiker; von rechts:

2. vor Flötist: →   1. vor Harfner: →

4. vor Flötist: →   3. vor Harfner: →

über Sängern: 7. →   6. ←   5. →

im unteren Register sieben Spieler; von rechts:

zwischen 1. und 2. ↓→

über 3. →

über 4. ←

über 5. →

über 7. →   über 6. ←

zusätzlich in viel kleineren Zeichen über und hinter dem 7.

und über dem 6. ←

11. Torso einer Kniefigur Rom Museo Nazionale 115259 [des *Nfr-sšm-Psmṯk*], gefunden in Grottarossa Via Flaminia.
Limme, in: F. Geus / F. Thill (edd.), Mélanges offerts à Jean Vercoutter, Paris 1985, 205-16; Schulz, Imago Aegypti I, 2005, 100;

vorn auf dem Gewand drei Kolumnen:
in der Mitte und links: ↓→

rechts: ←↓ darunter Zeile: →

um den Sockel, rechte Hälfte (Beginn Mitte Vorderseite): →

dto., linke Hälfte: ←

Oberseite des Sockels, am Rand um linke Seite (zerstört), Vorderseite und rechte Seite laufend: ←

auf Rückenpfeiler: ↓→

Diese Statue und das Relief 69.10 könnten in den Beginn der 27. Dynastie oder noch in die spätere 26. Dynastie gehören. Zwei Objekte derselben Familie und aus etwa derselben Zeit sind schon in JWIS IV, 919-20 (60.301) und 933 (60.336) aufgeführt worden. Zur selben Familie gehört auch die Serapeumstele IM 4111 (s.o., 63.100).

12. Kalksteinstele Florenz 2568 des *P3-Ḫmnw*.
Munro, Totenstelen, 159; 332; Taf.58 (Abb.199); S.Bosticco, Museo Archeologico di Firenze, Le stele egiziane di epoca tarda, 1972, 40-41 (29); Abb.29;

im Bildfeld oben Flügelsonne; unter ihr: →←

darunter räuchert und libiert Mann (rechts) vor großem Opfertisch, hinter ihm stehende Frau; gegenüber thronender Osiris, hinter ihm stehende Isis;

über Mann: [hieroglyphs]

über Frau: [hieroglyphs]

über Isis: ↓→ [hieroglyphs]   über Osiris: ↓→ [hieroglyphs]

unter Bildfeld: →

[hieroglyphs]

13. Stele London UC 14506 des *Ḫnzw-jrj-dj-s*.
Stewart, Stelae, III, 8; pl.11 (18); Munro, Totenstelen, 334-5 („wohl frühe 27. Dynastie"); Taf.60, Abb.205; Leahy, JEA 72, 1986, 226-7; Vittmann, BiOr 42, 1985, 93;

oben Flügelsonne, darunter zwei Bildfelder; im oberen rechts anbetender Mann, nach links gewandt, ihm gegenüber Osiris als Mumie, auf Sockel stehend, hinter ihm Isis mit Szepter;

über Isis: ↓→ [hieroglyphs]   über Osiris: ↓→ [hieroglyphs]

der Name des Anbeters wird nicht weniger als dreimal genannt:

über ihm: ←↓ [hieroglyphs]   vor ihm: ←↓ [hieroglyphs]

zwischen Osiris und Isis: ↓→ [hieroglyphs]

im unteren Bildfeld sechs stehend anbetende Männer, nach rechts gewandt; über ihnen, von rechts:

↓→   [hieroglyphs] 4.   [hieroglyphs] 3.   [hieroglyphs] 2.   [hieroglyphs] 1.

[hieroglyphs] 6.   [hieroglyphs] 5.

14. Stele des *Ḏd-Ḥr-Bs* (Sohn eines Persers) Kairo JE 98807 aus Sakkara mit hieroglyphischer und demotischer Inschrift.
Mathiesen u.a., JEA 81, 1995, 23-41; pl.5-6; Vittmann, Ägypten und die Fremden, 149, Abb.66; 151-153; Vittmann, Rupture and Continuity, 104-6; id., in: R. Rollinger / B. Truschnegg (edd.), Altertum und Mittelmeerraum: Die antike Welt diesseits und jenseits der Levante, Stuttgart 2006, 566-8; Rehm, UF 37, 2005, 500-503; Sternberg, Quellentexte, 51-53;

Oben Flügelsonne (mit gefiedertem Schwanz), darunter zwei Bildfelder: oben eine Balsamierungsszene in etwas verfremdetem ägyptischen Stil, darunter ein Mann vor Opfertisch sitzend, dem von zwei Männern aufgewartet wird, Darstellung und Einzelheiten gänzlich unägyptisch.

Hieroglyphische Inschrift auf rechtem Rand der Stele, fortgesetzt auf linkem: ↓→

[hieroglyphs]

Zwischen den Bildfeldern eine demotische Inschrift, die ebenso mit *ḏd-mdw Wsjr ḫntj jmntt* beginnt und dieselben Namen enthält wie der hieroglyphische Text.

15. Bronzestatuette eines Apisstiers in Privatsammlung Czuczka Wien.
E. Schott, RdE 19, 1976, 87-98; Vittmann, Zeit des Perserherrschaft, 396; →

[hieroglyphs]

Die Tageszahl ist hieratisch geschrieben.

16. Bronzestatuette eines Apisstiers Louvre E.5888 von demselben Stifter.
E. Schott, RdE 19, 1976, 87-98; Encyclopédie photographique de l'art, 1: Les antiquités égyptiennes du Musée du Louvre, Paris 1935, pl.122; Thiem, GM 153, 1996, 105; Vittmann, loc.cit.;

→ [hieroglyphs]

17. Serapeumstele Louvre IM 4108 des *Jꜥḥ-msjw*.
PM III², 811; Von Kaenel, Prêtres-ouâb, 98-103 (46); pl.XIV;

im Bildfeld Apis, nach rechts gewandt; ihm gegenüber kniet anbetender Mann;

oben Sonnenscheibe mit Uräen; beiderseits: → ← [hieroglyphs]

über Apis: → [hieroglyphs]   hinter ihm: ↓→ [hieroglyphs]

über Anbeter: ← [hieroglyphs]   hinter ihm: ←↓ [hieroglyphs]

unter Bildfeld: →

[hieroglyphs]

[hieroglyphs]

18. Serapeumstele Kairo JE 20014 des *Pth-ḥtp*.
PM III², 816; Piehl, ZÄS 25, 1887, 122-3 (XLVII); Vercoutter, Textes biographiques, 113-6; pl.18 (S); Leahy, in: Fs Bourriau, 555-6; eigene Fotos.

Das Stelenrund ist ohne Darstellung; ein nachträglich angebrachtes Graffito ist ganz verwischt; der Text von sieben Zeilen ist mit roter Tinte geschrieben: →

[hieroglyphs]

19. Serapeumstele Sammlung Per-neb Nr.55 des *Psmṯk*.
Devauchelle, RdE 45, 1994, 75-77 (I); pl.5a;

im Bildfeld Apis mit Sonnenscheibe, nach rechts gewandt; ihm gegenüber ein kniend anbetender Mann, zwischen ihnen ein Opfertisch;

über Apis (graviert): → [hieroglyphs]   hinter Anbeter (gemalt): ↓→ [hieroglyphs]

unter Bildfeld: →

[hieroglyphs]

20. Serapeumstele Sammlung Per-neb Nr.56 des *Psmṯk-snfr-t3wj*.
Devauchelle, RdE 45, 1994, 77-80 (II); pl.6; M. Page-Gasser / A. Wiese, Ägypten, Augenblicke der Ewigkeit, unbekannte Schätze aus Schweizer Privatbesitz, Mainz 1997, 250-1 (Nr.165);

auf der Vorderseite oben Flügelsonne; unter ihr: → [hieroglyphs] ; darunter zwei Register.
Im oberen Apis mit Sonnenscheibe, nach rechts gewandt, im gegenüber ein kniend anbetender Mann;

über Apis: → [hieroglyphs]

über Mann (rückläufig): ↓→ [hieroglyphs] vor ihm: ↓→ [hieroglyphs] (sic)

im unteren Register links Mann mit Stierkopf; vor ihm: ↓→

[hieroglyphs]

rechts stehender Mann; vor ihm: ←↓ [hieroglyphs]

auf rechtem Rand der Stele, fortgesetzt auf Unterseite, zwei Kolumnen: ←↓

[hieroglyphs]

21. Serapeumstele Sakkara 1937-1 des ꜥnḫ-Nfr-jb-Rꜥ.
Devauchelle, RdE 45, 1994, 82-83; pl.5b;

Oben Flügelsonne, darunter Apis mit Sonnenscheibe auf Sockel, nach rechts gewandt; ihm gegenüber kniender Anbeter, zwischen ihnen ein Opfertisch.

Über Apis: → [hieroglyphs]   über Anbeter: ←↓ [hieroglyphs]

unter Bildfeld: →

[hieroglyphs]

22. Block mit (stark beschädigter und praktisch unlesbarer) hieratischer Aufschrift aus der Katakombe der Apismütter in Nord-Sakkara.
Smith u.a., The Mother of Apis Inscriptions, 145-6 (Nr.48); pl. XLII; Vittmann, in: Iranisches Personennamenbuch, VIII, 90;

in erster Zeile Königsname: → [hieroglyphs]

23. Büste Cleveland 1914.662 des ꜥnḫ-Ḥr (noch 26. Dyn.?).
PM VIII, 863; L. Berman, Catalogue of Egyptian Art, Cleveland 1999, 424 (317); ESLP, 74-6; pl.59-60 (Nr.63); Jansen-Winkeln, SAK 28, 2000, 109 (37); Vittmann, Rupture and Continuity, 97;
auf Rückenpfeiler: ↓→

[hieroglyphs]

24. Torso (hintere Hälfte) eines Würfelhockers des Ḏd-Ptḥ-jw.f-ꜥnḫ Zagreb 669.
PM VIII, 852-3; Wiedemann, RecTrav 8, 1886, 65-66 (5); J. Monnet Saleh, Les antiquités égyptiennes de Zagreb, Paris 1970, 54 (39); I. Uranič, Aegyptiaca Zagrabiensia, Zagreb 2007, 82 (105);

auf Rückenpfeiler: ↓→

[hieroglyphs]

um den Sockel (Beginn vermutlich Mitte der Vorderseite): →

[hieroglyphs]

25. Apiskopf aus Terrakotta (ehemals) in Sammlung. Michailides (Fälschung?).
Bresciani, ASAE 55, 1958, 271-72; Fig.5a/b; Vittmann, Zeit der Perserherrschaft, 412, n.239; Iranisches Personennamenbuch, VIII, 59-60 (28);

↓→ [hieroglyphs]

26. Block („limestone burial marker") Berlin 18502 aus Abusir von der Tochter eines P3(-n)-Ḫnmw mit ägyptischen Namen in aramäischer Schrift.
PM III², 348; Borchardt, Neferirkere, 78-79, Abb.96; B. Porten / A. Yardeni, Textbooks of Aramaic Documents from Ancient Egypt, IV, 1999, 259; A. Ungnad, Aramäische Papyrus aus Elephantine, Leipzig 1911, 110 (87);

27. Aramäisch-demotische Paketten mit Namensvermerken.
Meydum and Memphis III, 41; pl.XXXIV; Vittmann, Rupture and Continuity, 106; id., Ägypten und die Fremden, 145; Fig.62;

28. Demotische Papyri aus Nord-Sakkara.

– Papyrus EAS 1867+1882, zwei Fragmente aus Nord-Sakkara mit Brief an einen persischen General.
Smith / Kuhrt, JEA 68, 1982, 199-209; H. Smith / C. Martin, in: Briant / Chauveau, Organisation des pouvoirs, 49 (10);Vittmann, Zeit der Perserherrschaft, 395; Iranisches Personennamenbuch, VIII, 66-7 (35);

– Papyrus EAS 3550 aus einem Jahr 33, 4. *prt*, 8 mit einem fragmentarischen Bericht über militärische Vorgänge.
H. Smith / C. Martin, in: Briant / Chauveau, Organisation des pouvoirs, 40-42 (5).

Die Herausgeber vermuten, dass sich das Datum entweder auf Artaxerxes I. (14.7. 432) oder eher noch auf Darius I. (28.7. 489) bezieht.

– Papyrus EAS 3556 aus einem Jahr 36 mit wenigen Resten von Text.
H. Smith / C. Martin, in: Briant / Chauveau, Organisation des pouvoirs, 42-44 (7);

Die Herausgeber vermuten, dass sich das Datum entweder auf Artaxerxes I. (430(429) oder auf Darius I. (487/486) bezieht.

– Papyrus EAS 2340; Fragment einer Urkunde mit einem persischer Garnisonskommandanten als Verkäufer(?) eines Hauses oder Grundstücks.
H. Smith / C. Martin, in: Briant / Chauveau, Organisation des pouvoirs, 49-51 (11);

– Papyrus EAS 2371; sehr fragmentarischer Text unklarer Art (Petition?), der mehrere persische Namen enthält.
H. Smith / C. Martin, in: Briant / Chauveau, Organisation des pouvoirs, 51-53;

– Papyrus EAS 1800; Fragment über Zahlungen mit Erwähnung von zwei iranischen Namen und den Jahreszahlen 20 und 21.
H. Smith / C. Martin, in: Briant / Chauveau, Organisation des pouvoirs, 57-58;

– Papyrus EAS 4945; Fragment einer Namensliste von Feldervorstehern und Leuten mit iranischen Namen;
S. Davies / H. Smith, The Sacred Animal Necropolis at North Saqqara. The Falcon complex and Catacomb. The Archaeological Reportm London 2005, 116-17; H. Smith / C. Martin, in: Briant / Chauveau, Organisation des pouvoirs, 58-59;

– Papyrus EAS 1802; Fragment eines juristischen oder literarischen Textes.
H. Smith / W. Tais, Saqqâra Demotic Papyri, I, London 1983, 192-3; H. Smith / C. Martin, in: Briant / Chauveau, Organisation des pouvoirs, 68;

Hermopolis

29. Frühdemotische Papyri im Museum Mallawi und im Magazin von Aschmunein.
Zaghloul, Frühdemotische Urkunden aus Hermopolis, Diss. Würzburg 1985;

– pMallawi Nr.484 mit einer Orakelfrage.
Zaghloul, MDAIK 48, 1992, 255-260; Taf.48; Zauzich, Enchoria 19-20, 1992-3, 227-229:

– pMallawi Nr.486 A, B und D: unpubl. Urkunden;

– Brief P. Hormerti-1 (Magazin Aschmunein Inv.-Nr. 1093);
M. Ebeid, in: S. Lippert u.a. (edd.), Sapientia Felicitas, Festschrift für Günter Vittmann, CENIM 14, 2016, 124-131; 137-140;

Theben

30. Holzstele London BM 8471 des *P3-dj-Jmn-R'-nb-W3st*.
HTBM 11, 32; pl.60/61; Munro, Totenstelen, 228; id., BiOr 47, 1990, 355;

über Bildfeld Flügelsonne; darunter: → ←
im Bildfeld rechts Osiris vor Altar; ihm gegenüber die vier Horuskinder; ohne Beischriften; darunter vier Zeilen in sehr ungelenken Hieroglyphen →

Auf der Rückseite drei Zeilen in Frühdemotisch mit den Namen der Personen.

31. Holzstele London BM 8472 des *Ḥr-jrj-r-sw*(?).
HTBM 11, 32-33; pl.60/61; Munro, Totenstelen, 228; id., BiOr 47, 1990, 355;

über Bildfeld Flügelsonne; darunter: → ←
im Bildfeld rechts Osiris vor Altar; ihm gegenüber der Tote anbetend, hinter ihm vier Götter;
darunter fünf Zeilen in ungelenken Hieroglyphen: →

32. Holzstele London BM 8473 des *Ns-p3-mḏw*.
HTBM 11, 33; pl.60/61; Munro, Totenstelen, 228; id., BiOr 47, 1990, 355;

über Bildfeld Flügelsonne; darunter: → ←
im Bildfeld rechts Osiris vor Altar; ihm gegenüber der Toten anbetend, hinter ihm Anubis, Schu,
Atum und Re-Harachte;
über ihnen: ↓→

unter Bildfeld vier Zeilen in ungelenken, z.Z. fast unkenntlichen Hieroglyphen:

Auf der Rückseite der Name der Mutter in demotischer Schrift.

Edfu

33. Gefäßdeckel (ehemals) in Sammlung Michaelides (aus Edfu?).
Michaélides, ASAE 43, 1943, 96-7; pl.V; Mayrhofer, Or 33, 1964, 86-87; id., Supplement zur Sammlung der altpersischen Inschriften, Wien 1978, 33 (9.6); id., Die altpersischen Namen, Wien 1979, 12 (6) (Iranisches Personennamenbuch, I, II).

Inschrift in altpersischer Keilschrift: "Ariyāršan, der Sohn des Aršama".

Assuan

34. Stele London UC 14502 der *T3-dj-3st-ʿnḫ*.
Stewart, Stelae, III, 7-8; pl.10 (17); Munro, Totenstelen, 256; Leahy, JEA 72, 1986, 226;

oben Flügelsonne; darunter: ← →

Im Bildfeld darunter Sonnenbarke, rechts davon anbetende Frau; über Frau: ←↓

über drei Göttern in Barke: ↓→

links von der Barke: ↓→

unter Bildfeld: →

Ausland

35. Ägyptische Siegelabdrücke aus Persepolis.
M. Garrison / R. Ritner, „From the Persepolis Fortification Archive Project, 2: Seals with Egyptian Hieroglyphic Inscriptions at Persepolis", ARTA 2010.002, 1-58;

– PFUTS 0125; Ritner, op.cit., 42-3; 18, fig.17-18: ↓→

– PFATS 0300s; Ritner, op.cit., 43-4; 15, fig.13-14: ←↓

– PFS 2022s ; Ritner, op.cit., 44-5; 8, fig.7-8: ↓

– PFATS 0424s; Ritner, op.cit., 45-6; 17, fig.15-16: ←↓

– PFUTS 0136; Ritner, op.cit., 47-9; 29, fig.29-33: ←↓

– PFUTS 0143s; Ritner, op.cit., 50; 11, fig.9-10: ←↓ (unklar)

– Privatsammlung Indiana; Ritner, op.cit., 51-2; 51, fig.34-35:

36. Fragment Louvre E.17450 (AF 11685) vom Deckel des Sarkophags eines hohen ägyptischen Funktionärs in Susa.
S. Qaheri-Paquette, ARTA 2016.1, 1-24

oben rechts Qebehsenuf, vor ihm weiterer Horussohn; darunter: →

im Register darunter liegender Anubis, nach links gewandt; vor ihm: →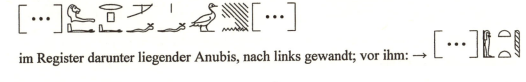

37. Situla aus Mispe Yammim in Palästina (Datierung sehr unsicher).
Frankel / Ventura, BASOR 311, 1998, 39-55; Weippert, ZDPV 115, 1999, 191-200;

am oberen Rand von Schakalen gezogene Sonnenbarke, die von vier Pavianen begrüßt wird; keine Beischriften;

im größeren mittleren Bildstreifen rechts libierender Mann vor Altar; ihm gegenüber ithyphallischer Amenope, hinter ihm sechs weitere Götter;

vor Amenope: ↓→ [hieroglyphs] ; über den sechs Gottheiten hinter Amenope: (↓)→

[hieroglyphs]

im unteren Band je drei falken- und schakalköpfige Männer mit erhobenem Arm;

vor zwei der falkenköpfigen (sic), nach links gewandt: ←↓ [hieroglyphs]

vor zwei der schakalköpfigen, nach rechts gewandt: ↓→ [hieroglyphs]

Herkunft unbekannt

38. Stele Berlin 7283 des *Ḏd-Ḥr-jw.f-ꜥnḫ* mit neuägyptisch/demotischem Text mit historischen Angaben.
PM VIII.4, 378-9; Erman, ZÄS 31, 1893, 94-96; Taf.I; Munro, Totenstelen, 15, n.2 (memphitische Stele); Zauzich, in: U. Luft (ed.), The Intellectual Heritage to Egypt. Studies Presented to Lázló Kákosy, Budapest 1992, 619-626; pl.XLIV; M. Panov, On Memphis under Darius I in Russian Historical Studies, 2016 (in Russisch);
oben Flügelsonne, darunter rechts anbetender Mann vor Altar; ihm gegenüber Ptah im Naos und Isis;

oben vor Ptah: ↓→ [hieroglyphs] unter dem Bildfeld: →

[hieroglyphs]

Die Inschrift enthält eine ganze Reihe hieratischer Formen und anderer sonderbarer Schreibungen, z.B. [hieroglyph] statt [hieroglyph] oder □ statt ▭ , s. dazu im einzelnen Erman, ZÄS 31, 94 und Zauzich, op.cit., 619-20.

Ermans Grund, die Stele in die 27. Dynastie zu datieren, ist durch Zauzichs (und Panovs) Neubearbeitung entfallen, und Panov möchte sie eher der 25.-26. oder 30. Dynastie zuweisen. Immerhin scheint es gerade in der 27 Dynastie einige Stelen mit sehr schlechter Orthographie zu geben, aber das Datum der Stele bleibt natürlich sehr unsicher.

39. Osirophor Moskau I.1.a.4985 (1387).
Berlev / Hodjash, Sculpture Pushkin Museum, 300-309 (Nr.107);

Die Statue ist rundum durchlaufend beschriftet:
Rückenpfeiler (1, ↓→, Sockel, Beginn auf Rückseite (3-6, →), Oberseite Sockel, neben linkem Fuß (7, ↓→), hinter linkem Bein (8-16, →), über linkem Fuß (17, ↓→), Sockel unter Osiris, Vorderseite (18-20, →), dto., rechte Seite (21-22, →);

40. Siegelabdrücke des *Psmṯk-z3-Njtt* im Petrie Museum London
De Meulenaere, CdE 39, 1964, 28; Vittmann, Rupture and Continuity, 93-94;

– UC 33953 (Petrie, Scarabs, pl.LVIII [AO]): ←↓

– UC 33954 (Petrie, Scarabs, pl.LVIII [AP]): ←↓

41. Siegelabdruck des *Wḏ3-Ḥr-rsnt*, Sohn des *Hn-3t(.j)* London UC 33944.
Petrie, Scarabs, pl.LVIII (AE); De Meulenaere, CdE 39, 1964, 28;

42. Siegelabdrücke Brüssel E.6941 A/B des *Hn-3t(.j)*.
De Meulenaere, CdE 39, 1964, 25-8; Wildung, Rolle äg. Könige, I, 223;

Der *z3*-Vogel ist zweimal zu lesen, in der Filiation und als Bestandteil des Namens *Psmṯk-z3-Njtt*.

43. Rollsiegel ehemals in Sammlung Ligatscheff.
Struve, Ancient Egypt 1926, 119 (7); Von Känel, Prêtres-ouâb, 116 (53); El-Sayed, Documents relatifs à Sais, 278 (§ 90);

44. Persische und babylonische Rollsiegel mit ägyptischen Namensaufschriften.

– Persisches Rollsiegel London BM ANE 129596 A.
Leahy, in: Fs Bourriau, 548-9 (1); Vittmann, Rupture and Continuity, 106-7;

im oberen Bereich Jagdszenen von Löwen; am oberen Rand: ←

– Persisches Rollsiegel London BM ANE 89585
Giovino, in: Iran, Journal of the British Institute of Persian Studies, 44, 2006, 105-107;

oben über zwei geflügelten Stieren:

Es ist sehr unwahrscheinlich, dass der darunter abgebildete sitzende Bogenschütze noch zum Namen gehört.

– Persisches Rollsiegel Boston MFA 98.700
Giovino, Iran 44, 2006, 107-109;

Von zwei aufgerichteten Löwen flankierter Mann; rechts daneben: ←↓

– Persisches Rollsiegel ehemals im Besitz des Comte de Caylus;
Giovino, Iran 44, 2006, 110-112;

rechts Mann mit Löwe; links davon Mann kniend anbetend;

vor ihm: ↓→

Trotz der scheinbaren Anbetung einer Kartusche handelt es sich wohl um den Privatnamen *W3ḥ-jb-Rʿ-z3-Ptḥ*.

– Persisches Rollsiegel Brüssel O.2784 des *P3-dj-3st*.
Gubel, in: A. Koch (ed.), Pracht und Prunk der Großkönige. Das persische Weltreich, Historisches Museum der Pfalz Speyer, 2006, 141; Vittmann, Rupture and Continuity, 107;

– Babylonisches Rollsiegel ehemals in Privatsammlung Von Aulock;
Giovino, Iran 44, 2006, 108 (Fig.3a); 109-110;

links Mann anbetend vor Altar o.ä.; rechts davon Kolumne: ←↓

70. Amyrtaios

Die 28. manethonische Dynastie besteht nur aus dem König Amyrtaios (*Jmn-jrj-dj-s*). Es sind keine königlichen Denkmäler von ihm und keine hieroglyphischen Inschriften mit seinem Namen bekannt. Amyrtaios erscheint aber in der (späteren) „Demotischen Chronik" als erster Herrscher nach den ‚Medern'.

NICHTKÖNIGLICHE PERSONEN

Elephantine

1. Der demotische Papyrus Berlin 13571 (JWIS IV, 344 [55.119]) ist nach Chauveau, BSFE 137, 1996, 44-45 unter Psametik / Amyrtaios zu datieren, nicht unter Psametik II.

2. Aramäischer Brief pBrooklyn 47.218.151 mit Erwähnung der Könige Amyrtaios und Nepherites I.
B. Porten / A. Yardeni, Textbooks of Aramaic Documents from Ancient Egypt, I, 1986, 46-47 (A3.9); E. Kraeling, The Brooklyn Museum Aramaic Papyri, New Haven 1953, 283-290 (13); P. Grelot, Documents araméens d'Egypte, Paris 1972, 420-423 (105); Kuhrt, The Persian Empire, New York 2010, 392 (59). Nach Porten / Yardeni, loc.cit.:
Recto
„[To my lord Islah, your servant] Shewa. May all the gods [seek after] the welfare of my lord abundantly at all times.
No[w, ... i]n the matter of ... saying: [It / He rea]ched me. When [this] le[tter] will reach you [...] they [will] bring (to) Memphis the king, Amyrtae[us (?) ...] the king Nepherites [Nf^{c}wrt) sat (upon the throne) [in] Epiph [... until the gods show me] your face in peace ... [...] ... the king Nephe[rites.]¹ The silver which you sent me by the hand of [...] ... these things/words. Menahem bought / sold it [...] above ... [...] ... bronze which [...]
Greetings to Anani son of Neriah. Greetings to all the sons of [...] here. Do not be [concerned about us. In] the matter of [...] each word / thing [...] the boat has re[ached /will [re]ach us here, they will release [me in the matt]er of Vidranga [...] force [...] ... [...]
On 5 Epiphi th[is] letter was written."
Verso
„T[o] my lord Islah son of [PN,] your servant Shewa son of Zechariah."

Ain Manawir (Oase Charga)

3. Demotische Ostraka aus dem Osiristempel von Dusch.
Chauveau / Agut-Labordère in: www.achemenet.com/fr/tree/?/sources-textuelles/textes-par-langues-et-ecriture/egyptien-hieroglyphique-et-demotique/ostraca-d-ayn-manawir; Chauveau, Arta 2011.002, 9; 11-12; id., Egyptian Archaeology 22, 2003, 39;

Jahr 5; OMan 5454 (2354 + 2336)²: Verkauf Wasserrechte

---

[1] Unterschiedliche Ergänzung und Deutung der Reste vor Nepherites bei Kraeling (op. cit., 285 und 288): „The fortress (?) ... the king Neph[erites depart]s" und Grelot (op. cit., 421): „La forteresse de ... , le roi Néférités l'a écrasée".
[2] Dieses Ostrakon wird in Egyptian Archaeology 22, 2003, 39 unter der Nummer 1737 zitiert.

Jahr 5, 4. *prt* (*n pr-ˁ3 P3-s-n-mṯk*): OMan 4161 (733): Urkunde über Tempeldienst

Jahr 6, 3. *prt* (*n pr-ˁ3 Psmṯk*); OMan 4018 (726 + 751): Getreidedarlehen

[Datum *pr-ˁ3*] *Psmṯk* ; OMan 6833 (4181): Erbschaftsangelegenheiten (?)

Die Ostraka sind nach einem König Psametik datiert, der *nach* Darius II. (424-404) regiert haben muss; vermutlich ist er mit Amyrtaios identisch, s. Chauveau, BSFE 137, 1996, 44-47; id., Egyptian Archaeology 22, 2003, 39. Nach Diodor XIV, 35,3-5 flieht im Jahr 400 ein Ägypter namens Tamos, Gouverneur von Ionien unter Kyros, nach der Niederlage bei Kunaxa zu „Psammetichos, König von Ägypten, Nachfahre des berühmten Psammetichos".

Herkunft unbekannt

4. Sarkophagdeckel Kairo TN 13/1/21/10 eines Generals *N3j.f-ˁ3w-rd*.
Buhl, Late Egyptian Sarcophagi, 93 (F, a 4); 95, fig.55; eigene Fotos;

etwa in der Mitte des Deckels ein Vogel mit ausgebreiteten Flügeln und Menschenkopf, der zwei *šn*-Ringe hält;

darunter: ↓→

Es ist nicht unwahrscheinlich, dass es sich um den zukünftigen König Nepherites I. handelt. Buhl datiert den Sarkophag zwar deutlich später („first half of the Second Century B.C", op.cit., 214), aber die Datierungen in diesem Buch sind bekanntlich oft zweifelhaft.

Es gibt von einem (vermutlich demselben) General *N3j.f-ˁ3w-rd* auch einen Uschebti, der 1970 im Handel war, s. Traunecker, BIFAO 79, 1979, 410 (D.1).

71. Nepherites I.

KÖNIGLICHE DENKMÄLER

Buto

1. Oberteil eines knienden Theophors (?) Kairo JE 87190.
Gabra, SAK 9, 1981, 119-23; Taf.III-IV; Traunecker, BIFAO 79, 1979, 409 (B.1); Fotos CLES;

auf dem Gürtel: →

auf dem Objekt, das der König vor sich hält:

links: ↓→

rechts: ←↓

auf dem Rückenpfeiler: ↓→

2. Torso einer Königsstatue.
Mekkawy / Khater, CRIPEL 12, 1990, 85-6; pl.5-6;

auf dem Gürtel: →

auf dem Rückenpfeiler: ↓→

Mendes

3. Fragment (vom Oberteil) einer Königsstatue.
Mendes II, 198 (54); pl.22.c-d; Bothmer, Newsletter ARCE 18, 1955, 7-8; De Meulenaere, JEOL 35-36, 1997-2000, 34-5 (2);

auf Rückenpfeiler: ↓→

Zu einem Fragment möglicherweise derselben Statue s.u., 71.14.

4. Zwei Fragmente aus Granit von Türpfosten eines Naos.
Mendes II, 18, n.23; 195 (33); pl.14.d; Traunecker, BIFAO 79, 1979, 408 (2);

↓→

5. Grab Nepherites' I.
D.B. Redford, Excavations at Mendes, 1: The Royal Necropolis, Leiden / Boston 2004 (bes. 30-31; 36-37; 42-53; 71-89; pl.XVIII-XXVI; XXVIII).

Die Wände des Grabes sind völlig zertrümmert in über 300 Kalksteinfragmenten gefunden worden. Sie enthalten Reste von Königstitulatur und Zuweisungstexten (*dj.nj n.k* ...) sowie Szenen aus Unterweltsbüchern (Amduat?). Größere Textbruchstücke, die einen sinnvollen Zusammenhang ergäben, gibt es nicht.

Zu den wenigen kurzen und weitgehend zusammenhanglosen demotischen Aufschriften s. Redford, op.cit., 56; 94 (Nr.420) = Vleeming, Demotic Graffiti, 331-2 (1956) und Redford, op.cit., 54; 56; 91-94 (Nr.348; 357; 358; 364; 370; 374; 419) = Vleeming, op.cit., 332 (1957).

6. Uschebtis aus dem Begräbnis Königs Nepherites' I., u.a. Kairo CG 48484 und Louvre E.5339 und E.17409.
Redford, SSEAJ 21/22, 1991/92, 1; 11, n.5; Mysliwiec, Royal Portraiture, 67-8; Aubert, Statuettes, 244; Kienitz, Politische Geschichte, 192 (4); Traunecker, BIFAO 79, 1979, 409 (B.3-4); Mendes II, 203 (97); pl.29 (CG 48484); Bovot, Serviteurs funéraires royaux, 201-6 (82-83); 378; Schneider, in: Fs de Meulenaere, 158-9; G. Janes, Shabtis. A Private View, Paris 2002, 182-88 (95a-c).

Das Uschebtifragment Kairo CG 48484 ist in einem Granitsarkophag in Mendes gefunden worden (Daninos, RecTrav 9, 1887, 19; Mendes II, 14; 92; 204, n.12; Redford, Excavations at Mendes, 24), die anderen Exemplare sind ohne Herkunftsangabe.
Variante nach Janes, op.cit., 187-8 (95c): →

Zu zwei Blöcken aus Tell Timai s. unter Nepherites II., 74.1

Memphis

7. Täfelchen Kairo JE 86024 aus Gründungsdepot in Sakkara (nach Journal d'entrée aus Grabung Ph. Lauer 1939)
Unpubl., s. Traunecker, BIFAO 79, 1979, 408 (A.3); eigene Abschrift;

8. Sphinx Louvre A.26 (in Rom gefunden).
PM VIII, 149; Pierret, Recueil, II, 1; Kienitz, Politische Geschichte, 192 (5); LR IV, 162 (V); Mysliwiec, Royal Portraiture, 67; Traunecker, BIFAO 79, 1979, 409 (B.2); J. Josephson, Egyptian Royal Sculpture of the Late Period, Mainz 1997, pl.1 (c); Ch. Ziegler, L'Egypte ancienne au Louvre, Paris 1998, 198-9 (100); A. Roullet, The Egyptian and Egyptianizing Monuments of Imperial Rome,

EPRO 20, 1972, 134-135 (284); pl.CCI (294; 295); Ziegler, in: Egyptomania. L'Egypte dans l'art occidental 1730-1930, Ausstellungskatalog Paris 1994, 87-91; E. Warmenbol (ed.), Sphinx. Les gardiens de l'Ègypte, Ausstellungskatalog Brüssel 2006, 121 (88, Beischrift vertauscht!; 229-231 [87]); Perdu, BSFE 199, 2018, 22-37;

Um den Sockel läuft eine Zeile mit zwei Inschriften, die jeweils auf der Vorderseite beginnen und auf der Rückseite enden. Vorderseite und die ersten Gruppen der rechten und linken Seite sind zerstört und in der Renaissance mit Pseudohieroglyphen restauriert worden (hier weggelassen).
linke Seite: ←

[hieroglyphs]

rechte Seite: →

[hieroglyphs]

9. Kalksteinblock („Schenkungsstele") Kairo JE 35883 (früher JE 28013) aus dem Serapeum.
Unpubl., s. Meeks, Donations, 683 (F.1) [irrtümlich JE 35889]; s. den Nachtrag, p.737.

Abydos

10. Im Weißen Kloster bei Sohag verbaute Blöcke von Schrein aus rotem Granit.
Unpubl., s. (Petrie,) Athribis, 14; Petrie, Ancient Egypt 2, 1915, 27; Kienitz, Politische Geschichte, 192 (7); Traunecker, BIFAO 79, 1979, 408 (A.4).

Nach Auskunft von D. Klotz sind diese Blöcke heute unzugänglich verbaut.

Theben

11. Blöcke Berlin 2113 und 2114 aus dem zerstörten Chonstempel in Karnak-Ost.
PM II², 254; Champollion, Notices descr., II, 290 (2114); LD III, 284 b (Berlin 2114); 284 c (Berlin 2113); LD Text III, 74; Wiedemann, PSBA 7, 1885, 110-1; Kienitz, Politische Geschichte, 192-3 (8-10); LR IV, 162 (III; IV); Mysliwiec, Royal Portraiture, 67; pl.LXXI.a (2113); Traunecker, BIFAO 79, 1979, 408 (A.5);
Berlin 2114: König (rechts) anbetend vor Month und Iunit;

über König: ←↓ [hieroglyphs]

über Iunit: ↓→ [hieroglyphs]   über Month: ↓→ [hieroglyphs]

Berlin 2113: Oberteil des Königs, nach links gewandt; über ihm: ←↓

[hieroglyphs]

gegenüber [Chons]; nur Rest einer Beischrift erhalten: ↓→ […] [🝙 [𓃥 …]

12. Block mit Kartusche aus Kapelle d im Bezirk des Monthtempels in Karnak.
Unpubl., s. PM II², 15; Mariette, Karnak, 9 (unten, ohne Textwiedergabe); Traunecker, BIFAO 79, 1979, 408 (A.6);

Es wäre möglich, dass auch die Stationskapelle vor dem 1. Pylon (s.u., 72.22) und das Magazin beim heiligen See (s.u., 73.3) schon unter Nepherites I. begonnen wurden, s. Traunecker, BIFAO 79, 1979, 408 (A.7 und A.8); Arnold, Temples of the Last Pharaohs, 100-102.

Ausland

13. Fragment („bottom of a box") aus rotem Stein mit Königsnamen aus Gezer.
R.A.Stewart Macalister, The Excavation of Gezer 1902-1905 and 1907-1909, II, London 1912, 313; Fig.452; id., in: Palestine Exploration Fund. Quarterly Statement 35, 1903, 9-10;

um den Rand symmetrische Inschrift, in der Mitte der Vorderseite beginnend: → ←

Die Abschrift ist recht zweifelhaft. Nach *ntr nfr* ist vermutlich *nb t3wj* zu lesen, nach *z3 R*ᶜ vielleicht *nb [ḫᶜw]*.

Die Inschrift bzw. Dekoration auf dem bei A. Rowe, A Catalogue of Egyptian Scarabs Scaraboids, Seals and Amulets in the Palestine Archaeological Museum, Kairo 1936, 230-1 (32.2668); pl.XXV (SO.57) aufgeführten Skarabäus kann man nur mit sehr viel Phantasie *b3 Rᶜ mrjj ntr(w)* lesen und Nepherites zuweisen.

Herkunft unbekannt

14. Fragment (Mittelstück) einer Königsstatue, 1988 in New York im Handel (Merrin Gallery 1988).
Fotos CLES; de Meulenaere, JEOL 35-36, 1997-2000, 35 (mit n.20);

auf Rückenpfeiler: ↓→ […]

Es könnte sich um ein weiteres Fragment des in Mendes gefundenen Torsos (s.o., 71.3) handeln.

15. Rechteckiges Kalksteinfragment Moskau I.1.b.39 (3174).
Hodjash / Berlev, Reliefs, 180/182 (125);

↓→ […]

16. Stele Hannover KM 1935.200.693 (aus Mendes?).
PM VIII.4, 372 (803-070-422); Munro, Städel Jahrbuch N.F. 3, 1971, 39 [39], Abb.39; Unterlagen Kestner Museum; Foto Chr. Loeben;

im gerahmten Bildfeld in der oberen Hälfte links ein widderköpfiger Gott mit Szepter; ihm gegenüber der König, nach links gewandt, der stehend zwei *nw*-Töpfe präsentiert;

vor Gott: ↓→ [hieroglyphs]   oben vor König Kartusche: ↓→ (sic) [cartouche]

Das Zeichen unter der Brust des Vogels ist schwer zu erkennen, aber kein [sign], das jedoch gemeint sein dürfte. Es kann sich nur um den Namen des Nepherites handeln.

Der untere Teil der Stele ist undekoriert und unbeschriftet.

17. Siegelabdruck London BM 5583.
Hall, Scarabs, 292 (2792); LR IV, 163 (VIII); Petrie, Scarabs, 40; Kienitz, Politische Geschichte, 193 (12); Traunecker, BIFAO 79, 1979, 409 (A.5).

Nach Hall handelt es sich um das Wachssiegel von einem Papyrus. Zwei Kolumnen stehen in einer breiten Kartusche unter einer Doppelfederkrone: ←↓

[hieroglyphs]

18. Skarabäus im UC London
Petrie, Scarabs, 33; pl.LVII (29.1); Kienitz, Politische Geschichte, 193 (13); Traunecker, BIFAO 79, 1979, 410 (C.5);

↓→ [hieroglyphs]

Nach Petrie, op.cit., 40 befindet sich in St. Petersburg ein vergleichbarer Skarabäus. Nach Auskunft von Prof. A. Bolshakov (Email vom 11.4. 2019) gibt es in der Hermitage keinen solchen Skarabäus.

NICHTKÖNIGLICHE PERSONEN

Memphis

19. Stehender Osirophor Brooklyn 77.50 des *Ḥr*.
PM VIII, 782 (801-735-120); Bothmer / De Meulenaere, in: L. Lesko (ed.), Egyptological Studies in Honor of Richard A. Parker, 1986, 1-15;

auf Rückenpfeiler: ↓→

[hieroglyphs]

Der Besitzer wird auch auf der Stele IM 4103 (s.u., 71.23) aus Jahr 2 Nepherites' I. genannt.

20. Serapeumstele Louvre IM 4114, vermutlich aus Jahr 2.
PM III², 804; Vercoutter, Textes biographiques, 100-104; pl.XV (P); Traunecker, BIFAO 79, 1979, 409 (C.2); Perdu, in: Gs Yoyotte, 890-1 (c);

im Bildfeld Apis mit Sonnenscheibe, nach rechts gewandt, vor ihm zwei Opfertische; rechts davon eine stehende Person, hinter ihr möglicherweise eine weitere; darunter neun Zeilen in Tusche: →

[hieroglyphs] 1

21. Kursiv-hieratische Serapeumstele Louvre IM 4092 (451) des *Ḥp-mn* aus Jahr 2, 4. *šmw*.
Unpubl., s. PM III², 804; E. Revillout, Notice des Papyrus démotiques archaïques, Paris 1896, 470-71 (123: Übers.); Kienitz, Politische Geschichte, 191 (1); Vercoutter, Textes biographiques, 100 (n.3); LR IV, 161 (I); Traunecker, BIFAO 79, 1979, 409, n.7; Devauchelle, EVO 17, 1994, 106; De Meulenaere, in: Fs Varga, 387 (101);

Datierung (nach LR IV):

22. Kursiv-hieratische Serapeumstele Serapeumstele Louvre IM 4101 (458) aus Jahr 2, 4. *šmw*, 20, mit biographischem Text.
Unpubl., s. PM III², 804; E. Revillout, Notice des Papyrus démotiques archaïques, Paris 1896, 469-70 (122: Übers.); Kienitz, Politische Geschichte, 191 (1); Vercoutter, Textes biographiques, 100 (n.3); LR IV, 161, n.6; Traunecker, BIFAO 79, 1979, 409, n.7; Devauchelle, EVO 17, 1994, 106;

23. Hieroglyphische Serapeumstele Louvre IM 4103 des *Ḥr* aus Jahr 2.
Unpubl., s. PM III², 804; Vercoutter, Textes biographiques, 100 (Datierung); Traunecker, BIFAO 79, 1979, 409, n.7; Bothmer / De Meulenaere, in: L. Lesko (ed.), Egyptological Studies in Honor of Richard A. Parker, 1986, 6-7; Website Louvre;

Datierung in Z.6: →

24. Hieroglyphische Serapeumstele Louvre SN 1 + Saqqara RB 18362 aus Jahr 2.
Unpubl., s. Devauchelle, BSFE 106, 1986, 39-42; id., EVO 17, 1994, 106;

25. Demotische Serapeumstele Louvre IM 4184 aus Jahr 2.
Unpubl., s. Devauchelle, EVO 17, 1994, 106;

26. Demotisches Graffito in den Steinbrüchen von Tura.
Devauchelle, ASAE 69, 1983, 175 (46); Vleeming, Demotic Graffiti, 296 (Nr.1882);

Das Graffito ist in Jahr 3, 4. $3ḫt$ (ohne Tag) datiert und nennt einen Sohn des $P3$-$šrj$-$3st$ (?) und einen $Ḏd$-$ḥr$.

Ain Manawir (Oase Charga)

27. Demotische Ostraka aus dem Osiristempel von Dusch.
Chauveau, BSFE 137, 1996, 37; id., Arta 2011.002, 7; 12; 17; Chauveau / Agut-Labordère in: www.achemenet.com/fr/tree/?/sources-textuelles/textes-par-langues-et-ecriture/egyptien-hieroglyphique-et-demotique/ostraca-d-ayn-manawir;

In chronologischer Ordnung (in Klammern provisorische Nummern, sofern angegeben):

Jahr 4, 4. prt; OMan 5432 (2312): Verkauf Wasserrechte

Jahr 5, 4. prt; OMan 3438 (196): Fragment einer Urkunde

Jahr 5. 4. $šmw$, 20; OMan 5428 (2309): Quittung für Kleidung

Jahr 6, 3. $3ḫt$; OMan 6032: Eid bezüglich Getreide

Jahr 6, 1. prt; OMan 5525 (2298): Verkauf Wasserrechte

Jahr 6, 1. prt; OMan 6056: Vertrag über Steuereintreibung

Jahr 6, 4. prt; OMan 5567 (2386 + 2387 + 2422): Scheidungsurkunde

Jahr 6, 4. prt; OMan 5440B (2316): Verkauf Palme

Jahr 6, 4. prt; OMan 6832 (4182): Eide über Wasserrechte

Jahr 7, 2. prt; OMan 5509 (2471): Verkauf Wasserrechte

Jahr 7, 1. $šmw$; OMan 3431 (198): Verkaufsurkunde

Herkunft unbekannt

28. Demotische Mumienbinde Louvre E.5441 aus Jahr 4, 4. $šmw$.
E. Revillout, Notice des Papyrus démotiques archaïques, Paris 1896, 471 (124); Devéria Catalogue, 207-8 (XI.13) ; LR IV, 162 (II); Traunecker, BIFAO 79, 1979, 410 (C.4); Vleeming, Demotic Graffiti, 483 (Nr.2304) (Übers. nach Revillout); Widmer, in: R. Meffre / F. Payraudeau (edd.), Éclats du crépuscule. Recueil d'études sur l'Égypte tardive offerts à Olivier Perdu, OLA 315, 2022, 147-156;

72. Hakoris

KÖNIGLICHE DENKMÄLER

Abukir

1. Fragment(e) vom Mittelteil einer stehenden Königsstatue aus Abukir im Griechisch-römischen Museum Alexandria (P.14309).
Gallo, in: J.-Y. Empereur (ed.), Alexandrina 2, Etudes alexandrines 6, Kairo 2002, 7-11;

Im CLES-Archiv in Brooklyn gibt es Fotos von einem weiteren Fragment im Museum Alexandria („no. XVI"), das wahrscheinlich unmittelbar anschließt:

Mendes

2. Naos, in Kairo verbaut gefunden.
Bakry, ASAE 58, 1964, 1-2; pl.I; Mendes II, 195 (34); Traunecker, BIFAO 79, 1979, 412 (2); El-Enany, in: Fs Meeks, 102-3;

3. Im Schutt gefundene Fragmente aus Quarzit der Dekoration des Tempels des Banebdjeded.
D. Redford (ed.), Delta Reports. Research in Lower Egypt, I, Oxford 2009, 12-4; 47-50 (im Folgenden nach der Nummerierung bei Redford, op.cit., 12-13 zitiert);

6. Unterteile von zwei Kartuschen mit Thron- und Eigenname des Hakoris (ohne Textwiedergabe);

7. Serie von x + 6 Kartuschen unter Sonnenscheibe, vermutlich aus Soubassement (ibid., 13, Fig.7a; 47, pl.12): ←↓

7a. Fragment aus ähnlicher Serie mit zwei Kartuschen (ibid., 48, pl.13): ↓→

8. Fragment mit Rest einer senkrechten Kartusche, möglicherweise Beginn des Thronnamens des Hakoris (ibid., 48, pl.14):

8a: Reste von zwei senkrechten Kartuschen (ibid., 13, Fig.7b): ↓→

Ähnlich wohl ibid., 48, pl.15 (Nr.9), wo keine Reste des Königsnamens erhalten sind.

10. Reste von zwei Kartuschen (ibid., 49, pl.16):

12. Fragment mit Rest des Horusnamens des Hakoris (ibid., 50, pl.18):

Tell Basta (Bubastis)

4. Mittelteil einer Königsstatuette aus Kalkstein London BM EA 1825.
PM IV, 32; Naville, Bubastis, 56; pl.XLIII.B; LR IV, 167 (XVII); website BM;

Traunecker (BIFAO 79, 1979, 414 [B.2]) gibt für diese Figur die Nr. BM EA 24247, aber die gehört zu einer anderen Statuette, s.u., 72.46.

Tell el-Maschuta (Pithom)

5. Opferständer aus Porphyr Berlin ÄM 8811, am Suezkanal „beim Serapeum" gefunden.
Berlin, Ausf. Verz., 250; Traunecker, BIFAO 79, 1979, 415 (8); nach Foto Museum Berlin;

auf dem Schaft, unter dem Rundstab: ↓→

6. Opferständer im Museum Alexandria Nr.445.
Daressy, ASAE 5, 1904, 119 (XVIII); LR IV, 167 (XVIII); Kienitz, Politische Geschichte, 198 (34); Traunecker, BIFAO 79, 1979, 414 (B.1); S. Sauneron, Villes et legendes d'Egypte, Kairo 1983, 179-80; El-Enany, in: Fs Meeks, 103-104;

Saft el-Henna

6a. Opferständer im Museum Qatar STM.AN.EG.0207.
B. Fay, in: A Falcon's Eye. Tribute to Sheikh Saoud al Thani, Katalog Qatar 2020, 107 (32);

Letopolis

7. Granitfragment Kairo TN 16/6/24/2.
PM IV, 68; Kamal, ASAE 4, 1903, 92; LR IV, 167 (XVI); Spiegelberg, RecTrav 26, 1904, 147; Kienitz, Politische Geschichte, 195 (7); Traunecker, BIFAO 79, 1979, 411 (A.1); Foto CLES;

unter Himmelshieroglyphe zwei Kolumnen: ↓→

Heliopolis

8. Zwei Fragmente einer Königsstatue: Boston MFA 29.732 und Unterteil (seinerzeit von Lepsius in Alexandria gesehen) (aus Heliopolis?).
PM IV, 5; LD III, 284e; LD Text, I, 1; LR IV, 167 (XIX); Dunham, JEA 15, 1929, 166; Taf.XXXIV; W.S. Smith, Ancient Egypt as Represented in the Museum of Fine Arts Boston, 1960, 176-8; Fig.114; R. Freed u.a., MFA Highlights. Arts of Ancient Egypt, Boston 2003, 184; Kienitz, Politische Geschichte, 195 (6); Traunecker, BIFAO 79, 1979, 414 (B.3);
auf Rückenpfeiler: ↓→

Memphis

9. Sphinx Louvre A.27 (früher in Rom, Villa Borghese, vermutlich aus Memphis).
PM VIII, 150; Bissing, Denkmäler, II, Taf.70; A. Roullet, The Egyptian and Egyptianizing Monuments of Imperial Rome, EPRO 20, Leiden 1972, 135; Abb.293; 298; 300-304; Ziegler, in: Egyptomania. L'Egypte dans l'art occidental 1730-1930, Ausstellungskatalog Paris 1994, 87-91; E. Warmenbol (ed.), Sphinx. Les gardiens de l'Ègypte, Ausstellungskatalog Brüssel 2006, 121 (87, Beischrift vertauscht!; 231 [88]); Perdu, BSFE 199, 2018, 23; 34 (16); Mysliwiec, Royal Portraiture, 68; Kienitz, Politische Geschichte, 196 (15); Traunecker, BIFAO 79, 1979, 415 (6); Arnold, Temples of the Last Pharaohs, 102; eigene Abschrift;

Um den Sockel läuft eine Zeile mit zwei Inschriften, die jeweils auf der Vorderseite beginnen und auf der Rückseite enden. Größere Teile der Vorderseite und der rechten Seite sind zerstört und in der Renaissance mit Pseudohieroglyphen restauriert worden (hier weggelassen).

linke Hälfte: ←

rechte Hälfte: →

10. Unterteil einer königlichen Kniefigur Kairo CG 681.
PM III², 864; Borchardt, Statuen und Statuetten, III, 25; Bl.124; Traunecker, BIFAO 79, 1979, 415 (4)

auf Rückenpfeiler: ↓

11. Fragment einer Schreitfigur des Königs Kairo CG 1080 (aus Memphis?).
PM IV, 72; Piehl, ZÄS 26, 1888, 114; Borchardt, Statuen und Statuetten, IV, 48; Kienitz, Politische Geschichte, 196 (12); Traunecker, BIFAO 79, 1979, 415 (5); Grimm, GM 77, 1984, 13-5, Anm.4;

auf Rückenpfeiler: ↓→

12. Architrav Kairo JE 41534 aus Sakkara, als Sarkophag wiederverwendet.
PM III², 671; Quibell, Excav. Saqq. 1908-9, 1909-10, Kairo 1912, 146; pl.LXXXV; Kienitz, Politische Geschichte, 196 (13); Traunecker, BIFAO 79, 1979, 412 (4);

auf einer Langseite: →

auf der gegenüberliegenden Langseite: ←

auf Unterseite große Kartusche des Hakoris, stark beschädigt (ohne Textwiedergabe).

13. Fragment mit Namen des Hakoris aus Ptahtempel.
PM III², 839; Wilkinson MSS, XIII.76 (unten rechts); nach Wilkinson:

↓→

14. Steinfragment Louvre 667 (aus Serapeum?) mit Rest einer Kartusche.
P. Pierret, Catalogue de la salle historique de la galerie égyptienne, Paris 1877, 165 (667); LR IV, 187-8 (n.4); Traunecker, BIFAO 79, 1979, 412 (5);

15. Kartuschen des Hakoris in den Steinbrüchen von Tura.
PM IV, 75; Th. Young, Hieroglyphics, II, London 1828, pl.89-90; H. Brugsch, Recueil de monuments égyptiens, Leipzig 1862, 20; pl.X; Smith, GM 64, 1983, 47; Vleeming, Demotic Graffiti, 302-3 (Nr.1894-96); Traunecker, BIFAO 79, 1979, 412 (A.3);

– Vleeming. op.cit., Nr.1894:

A) ←   B) ←

C) ↓→   D) →

E) →   F) →

G) →

– Vleeming. op.cit., Nr.1895:

A) ↓→ [hieroglyphs in cartouche]   B) → [hieroglyphs in cartouche]

C) ↓→ [hieroglyphs in cartouche]   D) → [hieroglyphs in cartouche]

E) ↓→ [hieroglyphs in cartouche]

– Vleeming. op.cit., Nr.1896:

A) ↓→ [hieroglyphs in cartouche]   B) ↓→ [hieroglyphs in cartouche]

Herakleopolis

16. Schmales Fragment aus Basalt Chicago OIM 8629.
PM IV, 119; W.M.F. Petrie, Ehnasya, London 1905, 2; 20; 23; pl.XI; XXVIII; Grimm, BSEG 9/10, 1984/85, 111 (7); Kienitz, Politische Geschichte, 196 (17); Traunecker, BIFAO 79, 1979, 412 (7);

im zweiten Feld von unten kniender König, nach rechts gewandt; über ihm: → [hieroglyphs in cartouche];

im Feld darunter sitzender tierköpfiger Gott, nach links gewandt (ohne erhaltene Beischrift).

im Feld über dem König Reste von zwei Zeilen, die im Verhältnis zu den Darstellungen darunter auf dem Kopf stehen:

→ [...] [hieroglyphs] [...]

[...] [hieroglyphs in cartouche] [...]

17. Stele Kairo JE 35553, in Kafr Abu Schahba gefunden.
PM IV, 123; Kamal, ASAE 3, 1902, 243-4; Meeks, Donations, 683 (2); Munro, Totenstelen, 81; Taf.26, Abb.95; Mysliwiec, Royal Portraiture, 68; Kienitz, Politische Geschichte, 196 (18); Traunecker, BIFAO 79, 1979, 417 (10);
oben Flügelsonne, im Bildfeld darunter rechts stehender König mit unterägyptischer Krone, Land (sḫt) opfernd; ihm gegenüber thronende Göttin mit Hathor-Krone; unter Bildfeld unbearbeitet;

vor Göttin: ↓→ [hieroglyphs] (sic?)

vor König: ← [hieroglyphs]   unter seiner Hand: ←↓ [hieroglyphs]

Kamals Lesung des Ortsnamens erscheint nach dem Foto bei Munro sehr zweifelhaft, aber es ist zu undeutlich, um sicher zu sein.

18. Schreitfigur Kairo JE 37542 (Kopf und Beine unterhalb der Knie fehlen).
Unpubl., s. Traunecker, BIFAO 79, 1979, 415 (7); nach Foto Museum Kairo;

auf Rückenpfeiler: ↓→

Abydos

19. Naos aus Granit, beim Weißen Kloster in Sohag gefunden.
PM V, 31; Weill, RecTrav 36, 1914, 98-100; Kees, ZÄS 64, 1929, 108; Lefebvre in: Dictionnaire d'Archéologie chrétienne et de Liturgie, IV.1, Paris 1920, 469, Fig.3647, v.s. Deir-el-abiad; Klotz, Ancient Society 40, 2010, 199-200 (4); LR IV, 166 (XII); Bresciani, in: Hommages à François Daumas, Montpellier 1986, 87; Kienitz, Politische Geschichte, 196 (19); Traunecker, BIFAO 79, 1979, 412 (8); Fotos D. Klotz;

oben Flügelsonne; links von ihr: ←  rechts von ihr: →

auf linkem Türpfosten: ↓→

Fortsetzung unten links rückläufig: →

auf rechtem Türpfosten: ←↓

 Fortsetzung unten rechts rückläufig: ←

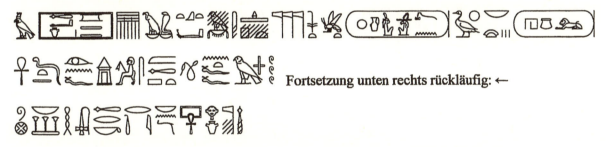

Theben und Umgebung

20. Verbautes Steinfragment aus Medamud.
PM V, 144; Bisson de la Roque, Fouilles Medamud 1931/1932, FIFAO 9, 1933, 65-66 (5906); Kienitz, Politische Geschichte, 196 (20); Traunecker, BIFAO 79, 1979, 412 (9);

21. Stationskapelle vor dem 1. Pylon von Karnak.
PM II², 23; Daressy, ASAE 18, 1919, 37-48; Traunecker, La chapelle d'Achôris, II; Mysliwiec, Royal Portraiture, 68; pl.LXXI.c-LXXII; Grimm, BSEG 9/10, 1984/85, 111 (10); Kienitz, Politische Geschichte, 197 (21); Arnold, Temples of the Last Pharaohs, 100; Traunecker, BIFAO 79, 1979, 412 (11).

72. Hakoris

Zu den genauen Anbringungsorten der Szenen 1 - 21 s. den Plan bei Traunecker, op.cit., pl.XVII.

1. Türpfosten links (nördlich) des Eingangs, Außenseite (westlich); Traunecker, op.cit., 24-5; pl.I (1); H.1;
König mit Roter Krone und ausgestrecktem rechtem Arm, nach rechts gewandt;

hinter seinem Kopf: ↓→ [hieroglyphs] hinter seinem Rücken: ↓→ [hieroglyphs]

2. Türpfosten rechts (südlich) des Eingangs, Außenseite (westlich); Traunecker, op.cit., 23-4; pl.I (2); H.2;
König mit Weißer Krone und angewinkeltem rechten Arm, nach links gewandt; über ihm: ←↓

[hieroglyphs]

Die Kartuschen waren mit den Namen des Hakoris übermalt (nur Reste erhalten).

links davon, unter [Nechbet]: ↓→ [hieroglyphs]

über seinem rechten Arm: ←↓ [hieroglyphs]

vor ihm: ←↓ [hieroglyphs] hinter ihm: ←↓ [hieroglyphs]

3. Türpfosten links (nördlich) des Eingangs, im Durchgang; Traunecker, op.cit., 25-6; pl.II (3); G.1 (vgl. JWIS III, 82 [48.28]); ↓→

[hieroglyphs]

4. Türpfosten rechts (südlich) des Eingangs, im Durchgang; Traunecker, op.cit., 26-7; pl.II (4); ←↓

[hieroglyphs]

5. Türpfosten links (nördlich) des Eingangs, Innenseite (östlich); Traunecker, op.cit., 27; pl.III (5);
König (links) mit Roter Krone umarmt von falkenköpfigem Gott mit Doppelfederkrone;

über König: ↓→ [hieroglyphs]

über Gott: ←↓ [hieroglyphs]

6. Türpfosten rechts (südlich) des Eingangs, Innenseite (östlich); Traunecker, op.cit., 28: pl.III (6); König (rechts) mit Weißer Krone umarmt von Amun;

keine Beischriften zu Gott oder König erhalten; ganz oben: ← [hieroglyphs]

7. Linker (östlicher) Türpfosten des Eingangs im Norden, Außenseite; Traunecker, op.cit., 28-9: pl.IV (7);

Ganz oben: ← [hieroglyphs]

darunter König mit Szepter, nach rechts gewandt;

über ihm: ↓→ [hieroglyphs]   hinter ihm: ↓→ [hieroglyphs]

vor ihm: ↓→ [hieroglyphs]

8. Rechter (westlicher) Türpfosten des Eingangs im Norden, Außenseite; Traunecker, op.cit., 28-9: pl.IV (8);

oben Flügelsonne; links daneben Geier auf Wappenpflanze; darüber: ← [hieroglyphs]

darunter König mit Szepter, nach links gewandt; über ihm: ←↓

[hieroglyphs]

vor König: ←↓ [hieroglyphs]

9. Linker (östlicher) Türpfosten des Eingangs im Norden, im Durchgang; Traunecker, op.cit., 29; pl.V (9); ↓→

[hieroglyphs]

10. Rechter (westlicher) Türpfosten des Eingangs im Norden, im Durchgang; Traunecker, op.cit., 29; pl.V (10); ←↓

[hieroglyphs]

In beiden Inschriften waren ursprünglich die Königsnamen [cartouche] und [cartouche] des Psammuthis graviert, die dann abgearbeitet und durch die Namen des Hakoris übermalt worden sind.

11. Westliche Säulenschranke, Nordwand; Traunecker, op.cit., 30-32; pl.VI (11); König, nach rechts gewandt, tritt aus Palast;

über ihm: ↓→ [hieroglyphs] ⁴[...] ³[...] ²[...] ¹

vor ihm: ↓→ [hieroglyphs]   hinter ihm: ↓→ [hieroglyphs]

12. Westliche Säulenschranke, Südwand; Traunecker, op.cit., 32-34; pl.VI (12);
König, nach links gewandt, wird von zwei Göttern vor Amun und weiteren Gott geführt;

vor Königsgruppe: ←↓ [hieroglyphs]

über König: ←↓ [...]^{x+1} [hieroglyphs] ^{x+2} [hieroglyphs]

über Atum hinter König: ←↓ ¹[hieroglyphs] ²[hieroglyphs] ³ ⁴

Kolumne rechts: ←↓ [hieroglyphs]

Reste über Amun: ↓→ [...]²[hieroglyphs][...]¹[hieroglyphs]

Reste über Gott hinter Amun: → [hieroglyphs][...]   hinter ihm: ↓→ [...][hieroglyphs]

13. Östliche Säulenschranke, Nordwand; Traunecker, op.cit., 34-5; pl.VII (13); A. Egberts, In Quest of Meaning, EU VIII, 1995, 234; 282-3; pl.134;
König (links) beim ‚Treiben der Kälber' vor Amun und Isis, weitgehend zerstörte Szene;

über König Reste der Titulatur: ↓→ [...]³[hieroglyphs][...]²[hieroglyphs][...]¹[hieroglyphs]

Kolumne hinter ihm: ↓→ [hieroglyphs]

über Amun: ←↓ ¹[hieroglyphs][...]²[hieroglyphs][...]³ ⁴[hieroglyphs]

über Isis: ←↓

¹[hieroglyphs...]²[hieroglyphs...]³[hieroglyphs]⁴[hieroglyphs]⁵[hieroglyphs]

14. Östliche Säulenschranke, Südwand; Traunecker, op.cit., 35-6; pl.VII (14);
König (rechts) beim ‚Erdaufhacken' vor Amun und Mut; weitgehend zerstörte Szene;

über König: ← [...][hieroglyphs]   hinter ihm: ←↓ [hieroglyphs][...]

unten vor König: ← [hieroglyphs]   zwischen Göttern: ↓→ [hieroglyphs][...]

Kolumne links, hinter Göttern: ↓→

[hieroglyphs]

15. Eckpfeiler des Kapellenraums, Nordseite; Traunecker, op.cit., 36-7; pl.VIII (15); Unterteil von König, nach rechts gewandt;

vor ihm: ↓→ [hieroglyphs]

hinter ihm: ↓→ [hieroglyphs]

16. Eckpfeiler des Kapellenraums, Südseite; Traunecker, op.cit., 36-8; pl.VIII (16); Unterteil von König, nach links gewandt;

vor ihm: ←↓ [hieroglyphs]   hinter ihm: ←↓ [hieroglyphs]

über König:

[hieroglyphs]

Die Kartuschen sind übermalt, aber die Namen des Psammuthis sind noch sehr deutlich.

links davon, neben Wappenpflanze: ↓→ [hieroglyphs]

17. Nordwand (innen) des Kapellenraums, unteres Register; Traunecker, op.cit., 39-50; pl.X (17); König (links) räuchert und libiert vor Amunbarke;

vor König: ↓→ [hieroglyphs]

hinter ihm: ↓→ [hieroglyphs]

über König Falke; rechts von ihm: → [hieroglyphs]   darunter Königstitulatur: ↓→

[hieroglyphs]

Auch hier sind die Kartuschennamen durch die des Hakoris übermalt.

rechts gegenüber Königstitulatur Schlange auf Wappenpflanze; daneben: ←↓ [hieroglyphs]

hinter ihr zwei Zeilen Zuweisungssprüche des Amun: ←↓

[hieroglyphs] (sic)

rechts davon längere Rede des Amun, Kol.1-5 links, Kol.6-13 rechts des Naos (der Kajüte); ←↓

[hieroglyphs, columns 1-13]

hinter Kajüte König mit Wedel; vor ihm: ←↓ [hieroglyphs]

Von der Barke der Mut und ihren Beischriften im unteren Bildfeld ist so gut wie nichts erhalten

18. Nordwand (innen) des Kapellenraums, oberes Register; Traunecker, op.cit., 51-2; pl.X (18);

unteres Viertel einer Szene, in der der König, nach rechts gewandt, von einem Gott der thebanischen Triade (rechts) vorgeführt wird; hinter dem König eine Göttin;

vor der Göttin links: ↓→ [hieroglyphs]

vor König: ↓→ [hieroglyphs]   vor Gott, der ihn führt: ↓→ [hieroglyphs]

vor Amun: ←↓ [hieroglyphs]

vor Mut: ←↓ [hieroglyphs]

19. Südwand (innen) des Kapellenraums, unteres Register; Traunecker, op.cit., 38-50; pl.XI (19); König (rechts) räuchert und libiert vor Amunbarke, über ihm Geier mit *šn*-Ring;

über Geier: ← [hieroglyphs]   über König: ←↓

[hieroglyphs, columns 1-5]

Auch hier sind die Kartuschen des Psamuthis abgearbeitet und durch die des Hakoris übermalt worden.

vor König: ← [hieroglyphs]   hinter ihm: ←↓ [hieroglyphs]

Rede des Königs über Bug der Barke: ←↓

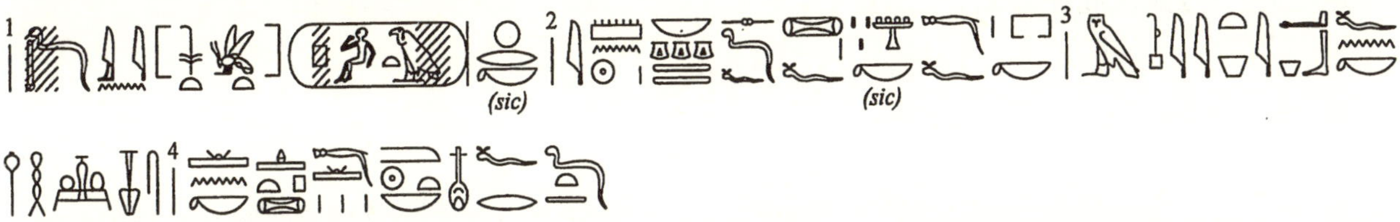

[hieroglyphs, cols 1-4, with (sic) markers at cols 1 and 2]

links davon beginnt die Rede des Amun (Kol.1-2 + [4-5]), die sich links des Naos fortsetzt (6-14): ↓→

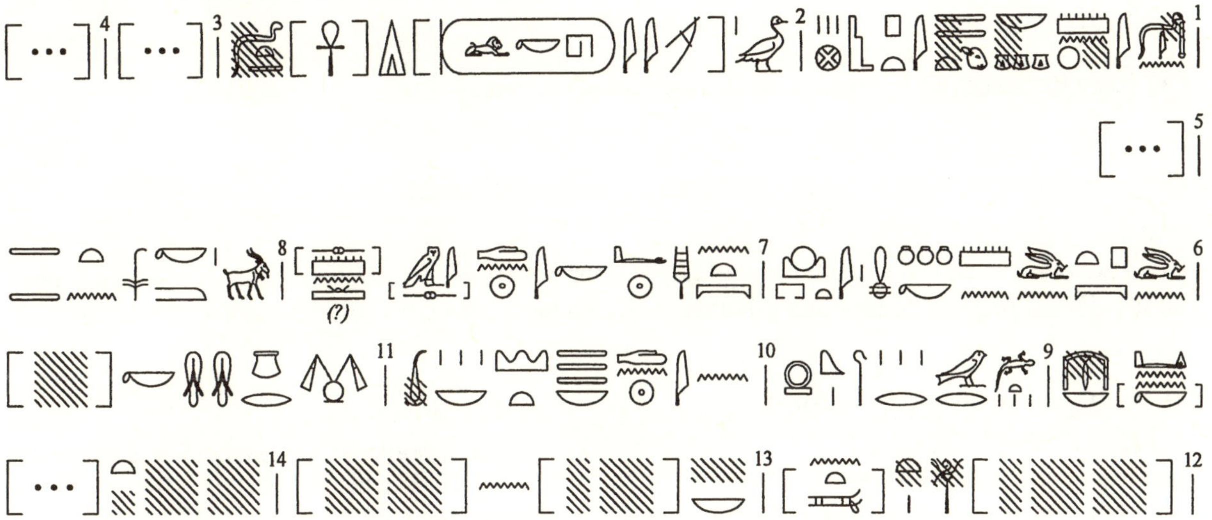

[hieroglyphs, cols 1-4]

[…]⁵

[hieroglyphs, cols 6-8]

[hieroglyphs, cols 9-11]

[hieroglyphs, cols 12-14]

im unteren Bildfeld (links) Reste der Barke des Chons; vorn über ihr: ↓→

[hieroglyphs, cols 1-3]

20. Südwand (innen) des Kapellenraums, oberes Register; Traunecker, op.cit., 50-1; pl.XI (20); Unterteile von zwei Szenen:
rechts der König, nach links gewandt, gefolgt von einer Göttin, vor ithyphallischem Amun-Min;

vor König: ←↓ [hieroglyphs]   vor Göttin: ←↓ [hieroglyphs]

links der König, nach links gewandt, vor Amun und Chons;

vor König: ←↓ [hieroglyphs]

hinter ihm: ←↓ [hieroglyphs]

vor Chons: ↓→ [hieroglyphs]

21. Ostwand (Rückwand, innen) des Kapellenraums; Traunecker, op.cit., 52-61; pl.XII (21);
links der König beim Weihen der Opfer vor Amun;

hinter ihm „Sedfestgruppe": ↓→ [hieroglyphs]

Beischrift zu zwei Opfertieren erhalten: 1. v.o.→ [hieroglyphs]   2.v.o.: → [hieroglyphs]

zwischen Opfergaben und Amun: ↓→ [hieroglyphs]

Hinter Amun, etwa das rechte Drittel der Wand einnehmend, eine Liste der 74 Gestalten der „Sonnenlitanei' in fünf Registern, von denen die obersten zwei verschwunden sind. Jeder Name steht in einem Rechteck, mit dem Determinativ des sitzenden Gottes unten. Zur Liste und den Namen s. Traunecker, op.cit., 57-60.

Das letzte Rechteck (Nr.75) enthält die Kartusche des Hakoris: ←↓ [hieroglyphs]

Unter der Götterliste stand noch eine Zeile; nur ein Rest rechts ist erhalten: ← [hieroglyphs]

Ein Türsturz mit den Kartuschen des Hakoris über denen des Psammuthis ist süd-westlich vor dem 1. Pylon in einer Mauer aus griechisch-römischer Zeit verbaut worden; s.u., 73.2.

22. Säulenhalle (II) des Tempels des Harpare im Monthbezirk von Karnak.
PM II², 11; (Varille,) Karnak I, 30-31; pl.LXXXVII-XCII; Ghiringhelli, in: A. Ashmawy u.a., Von Elephantine bis zu den Küsten des Meeres, SSR 24, 2019, 233; Traunecker, BIFAO 79, 1979, 412 (10); Mysliwiec, Royal Portraiture, 68 (3b); Arnold, Temples of the Last Pharaohs, 102-3;

– Fragment vom Türpfosten der Vorkammer (III); Karnak I, 29; pl.LXXXVIII (60):

←↓ [hieroglyphs]

Eine Ergänzung zu [pr-]mst wäre dem Determinativ nach naheliegend. Auf einem Fragment vom Architrav aus dem Säulenhof Nektanebos' I. (s.u., 75.63) erscheint ebenfalls ein [hieroglyph], aber Varille erwähnt es nur, ohne die Inschrift zu publizieren, so dass man nicht entscheiden kann, ob hier eine Ergänzung zu [pr-]mst möglich ist. Jedenfalls ist die Annahme voreilig, der Terminus mst (statt pr-mst) spräche gegen ein Geburtshaus (s. Daumas, Mammisis, 54-55; Budde, in: D. Budde u.a. [edd.], Kindgötter im Ägypten der griechisch-römischen Zeit, OLA 128, 2003, 21, n.13). Das Bes-Fragment und die Kuh (Karnak I, pl.LXXXVIII, C-D) könnten immerhin auf ein Geburtshaus deuten.

– Zwei Fragmente vom Architrav des Hakoris (Karnak I, pl.LXXXVIII, A-B) enthalten nur wenige Schriftzeichen ohne Zusammenhang; immerhin könnte Bautätigkeit erwähnt sein (Hieroglyphe [hieroglyph]).

– Drei Blöcke vom ‚Soubassement' der Südwand mit Resten einer Prozession des 1. und 2. unterägyptischen Gaus und der Einleitung dazu;
Karnak I, pl. LXXXIX (61); Ghiringhelli, op.cit., 205-8;

links und in der Mitte sind nur die Unterschenkel des Nilgottes erhalten, rechts die ganze Gestalt; vor ihnen jeweils drei Kolumnen (Reihenfolge der Kolumnen rückläufig):

links (Einl.): ←↓ [hieroglyphs]

Mitte (1. u.ä.): ←↓ [hieroglyphs]

rechts (2. u.ä.): ←↓

— Blöcke vom ‚Soubassement' der Westwand mit drei Folgen entsprechender Reste einer Gauprozession; Karnak I, pl. LXXXIX-XC (62-64); Ghiringhelli, op.cit., 209-21; jeweils der Unterteil eines Nilgottes, davor drei Kolumnen in rückläufiger Reihenfolge;

62, links: ←↓

(3. u.ä.)

62, Mitte: ←↓

(4. u.ä.)

62, rechts: ←↓

(5. u.ä.)

63, links: ←↓

(6. u.ä.)

63, 2.v.l.: ←↓

(7. u.ä.)

138   72. Hakoris

63, 3.v.l.: ←↓

(9. u.ä.)

63, 4.v.l.: ←↓

(10. u.ä.)

64, links: schwacher Rest von Beinen des Nilgottes

(11. u.ä.)

64. 2.v.l.   nur noch Beine des Nilgottes erhalten

(12. u.ä.)

64, 3.v.l.: ←↓

(13. u.ä.)

64, 3.v.l.: ←↓
(14. u.ä.)

rechts davon zwei Kolumnen mit wesentlich größeren Schriftzeichen:

23. Blöcke aus ptol. Tempel in Karnak-Ost (bei Nag el-Fokani).
PM II², 254; LD III, 284.f-g; LD Text, III, 40; LR IV, 166 (11); Kienitz, Politische Geschichte, 197 (22);

Nach Traunecker, BIFAO 79, 1979, 413 (12) stammen diese Blöcke aus „Magazin R" (s.u., 73.3).

24. Ehemals im Eingang des Luxor-Hotels verbaute Türpfosten aus Karnak.
PM II², 222; Wiedemann, PSBA 7, 1885, 110; LR IV, 166 (X); Traunecker, BIFAO 79, 1979, 413 (12, n.1); Berg, JARCE 24, 1987, 50-51.

Auf jedem der beiden Türpfosten erscheint Chons-in-Theben Neferhotep mit Szepter, jeweils mit Zuweisungstext („donnant d'après l'inscription la santé ou la vie et la puissance", also vermutlich ḏd-mdw dj.n.j n.k snb nb var. ꜥnḫ wꜣs nb, ohne Textwiedergabe bei Wiedemann);
vor Chons jeweils eine Kolumne:

Es ist höchst unwahrscheinlich, dass beide Kolumnen vollständig sind und einen fortlaufenden Text ergeben, wie Berg, loc.cit., annimmt. Inschriften auf Türpfosten sind in aller Regel in sich abgeschlossen, und der Text kann nicht mit einer Kartusche ohne einleitende Titel begonnen haben. Zudem sollte die Inschrift in irgendeiner Art auf den Gott oder das Bauwerk bezogen sein. In beiden Fällen fehlen zweifellos Beginn und Ende der Inschrift, Wiedemann gibt selbst an („leur état mutilé"), dass sie unvollständig sind. Am Ende von A) ist im Übrigen vermutlich mḥ m zu lesen, nicht šdj m. Ob die Türpfosten aus dem Speicher R des Psammuthis (s.u., 73.3) stammen, wie Traunecker angenommen hat, sicher aufgrund der Erwähnung des šnꜥ ꜥꜣ wꜥb, muss offen bleiben. Bis jetzt gibt es jedenfalls keine eindeutigen Belege dafür, dass Hakoris dieses Bauwerk usurpieren ließ.

25. Unterteil eines Türpfostens im Magazin in Karnak.
Unpubl., s. Traunecker, BIFAO 79, 1979, 413 (19);

26. Zwei Blöcke aus Karnak, 2013 im Luxortempel ausgestellt.
Eigene Abschrift;

1. König, nach rechts gewandt (nur Weiße Krone erhalten); über ihm: ↓→

vor ihm: →   hinter ihm: ↓→

2. König, nach links gewandt (nur Kopf und Schultern erhalten);

hinter ihm: ←↓

27. Steinblöcke aus dem Bezirk südlich des Muttempels von Karnak.
PM II², 275; Champollion, Notices descr., II, 264 (unten); LR IV, 166, n.2; Kienitz, Politische Geschichte, 197 (24); Traunecker, BIFAO 79, 1979, 413 (13);

„pierres portant les cartouches de Psammetichus et d'Acoris" (Champollion, loc.cit.).

28. In Ziegelbauten in der Nordwestecke des Tempels von Luxor verbaute Blöcke mit Kartuschen des Hakoris.
PM II², 339; Daressy, ASAE 19, 1920, 171-2; Kienitz, Politische Geschichte, 197 (25); Traunecker, BIFAO 79, 1979, 413 (14);

Daressy gibt folgende Kartuschen: auf einem Block ⟨...⟩ und ⟨...⟩

sowie ↓ ⟨...⟩ („écrit verticalement sur une corniche")

29. In ‚Tor 2' des Luxortempels verbauter Block.
M. el-Saghir u.a., Le camp romain de Louqsor, MIFAO 83, Kairo 1986, 46 (16); 54 (16);

Reste von zwei Kolumnen: ←↓ 1 ⟨...⟩ [...] 2 ⟨...⟩ [...]

30. Säulen aus dem kleinen Tempel von Medinet Habu.
PM II², 467-8; Champollion, Notices descr., I, 329 (B); LD Text, III, 157 (Mitte rechts); LD III, 284h; Leclant, Mon. thébains, 160-1 (45.A); Traunecker, La chapelle d'Achôris, II, 104-20; id., BIFAO 79, 1979, 413 (15); Grallert, Bauinschriften, 671; 369-371;

Es handelt sich um vier Säulen mit jeweils vier beschrifteten Seiten. Von diesen 16 Seiten beginnen 14 mit der Titulatur Thutmosis III. (in zwei Varianten, unter Hakoris angebracht), nur zwei mit der eigenen des Hakoris. Nur die Inschriften der nordöstlichen Säule sind gut erhalten, die anderen sind sehr lückenhaft. Traunecker gibt jeweils nur an, welche der beiden Varianten des Königsnamens gebraucht wird, daher ist nicht klar, wieviel davon jeweils erhalten ist. Daher auch hier bei diesen drei Säulen nur die Angabe der Variante. Die Zahlen bei den Säulenflächen beziehen sich auf die Reihenfolge, in der nach Traunecker diese Texte zu lesen sind (op.cit., 106-7).

A) nordöstliche Säule:

Ostseite (1): oben → ⟨...⟩ ; darunter, mit Variante 1: ↓→

Südseite (2); oben: ← ⟨...⟩ ; darunter, mit Variante 2: ↓→

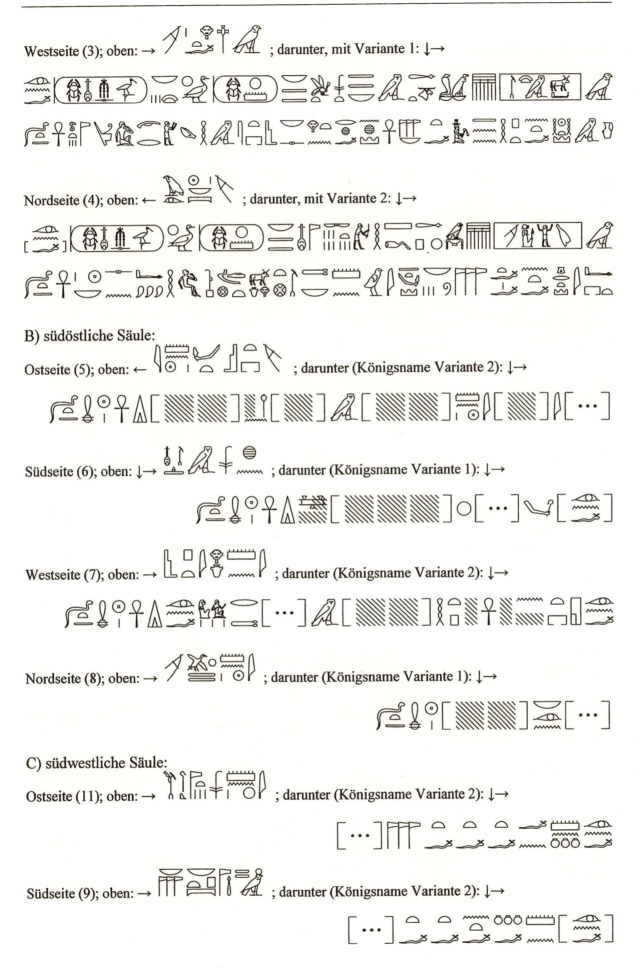

Westseite (15); oben: ← [hieroglyphs] ; darunter (Königsname Hakoris): ←↓

[hieroglyphs]

Nordseite (10); oben: → [hieroglyphs] ; darunter (Königsname Variante 2): ↓→

[hieroglyphs]

D) nordwestliche Säule

Ostseite (13); ← [hieroglyphs] ; darunter (Königsname Variante 1): ←↓

[hieroglyphs]

Südseite (12); oben: → [hieroglyphs] ; darunter (Königsname Variante 1): ↓→

[hieroglyphs]

Westseite (16); oben: → [hieroglyphs] ; darunter (Königsname Hakoris): ↓→

[hieroglyphs]

Nordseite (14); oben: → [hieroglyphs] ; darunter (Königsname Variante 1): ↓→

[hieroglyphs]

31. Anbau (Raum VII) am kleinen Tempel von Medinet Habu.
PM II², 472; Champollion, Notices descr., I, 330-2; id., Mon., CXCIV; LD III, 284i; LD Text, III, 164-5 (R); Traunecker, La chapelle d'Achôris, II, 15; 106; Grallert, Bauinschriften, 671; LR IV, 165 (VII); Kienitz, Politische Geschichte, 197 (27); Traunecker, BIFAO 79, 1979, 413 (16); 434; T. Grothoff, Die Tornamen der ägyptischen Tempel, Aachen 1996, 119-120; eigene Abschrift;

Türpfosten links: König mit Weißer Krone. nach rechts gewandt, mit ausgestrecktem rechten Arm; über ihm drei Kolumnen mit Königsnamen:

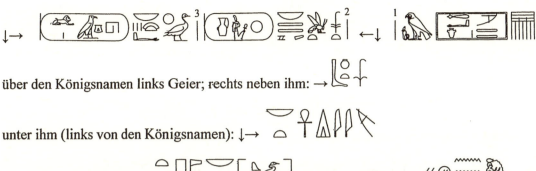

über den Königsnamen links Geier; rechts neben ihm: →

unter ihm (links von den Königsnamen): ↓→

über Arm des Königs: →   unten vor ihm: ↓→

Zeile unter Bildfeld: →

Türpfosten rechts: König mit Roter Krone, nach links gewandt, mit angewinkeltem rechten Arm; über ihm drei Kolumnen mit Königsnamen:

über dem Königsnamen rechts Falke, links neben ihm: →

unter ihm (rechts von Königsnamen): ←

über Arm des Königs: ←   unten vor ihm: ←↓

Zeile unter Bildfeld: ←

Der ‚Kiosk' vor dem Pylon der 25. Dynastie des kleinen Tempels von Medinet Habu (s.u., 75.78) war möglicherweise gleichfalls ein Werk des Hakoris, s. Traunecker, BIFAO 79, 1979, 414 (A.2); 434.

32. Türsturz Philadelphia E.14317.
PM II², 536; Ranke, Penn. Univ. Mus. Bull., XV, 1950, 56; Traunecker, BIFAO 79, 1979, 413 (18); provisorische Fotos Museum;

zentral zwei trennende Kolumnen, rechts und links davon je eine Opfer- und eine Einführungsszene;
– auf der linken Seite:
rechts thronender Amun mit Doppelfederkrone, hinter ihm stehende Mut mit Doppelkrone;

oben vor Amun: ←↓

oben vor Mut: ←   unten vor ihr: ←↓

Kolumne rechts: ←↓

Amun gegenüber löwenköpfige Göttin mit Sonnenscheibe, zwei Sistren haltend;

über ihr: ↓→ [hieroglyphs]

vor ihr: ↓→ [hieroglyphs]

hinter Sachmet der König, eine Maatfigur darbringend;

über ihm: ↓→ [hieroglyphs]

vor ihm: ↓→ [hieroglyphs]

links dahinter führt Month, den Falkenkopf nach hinten gewandt, den König an der Hand;

über König: ↓→ [hieroglyphs]

links vor Month: ←↓ [hieroglyphs]

rechts von ihm: ↓→ [hieroglyphs]

– auf der rechten Seite:
links thronender Chons mit Mondscheibe, hinter ihm stehende Hathor; über Chons: ↓→

[hieroglyphs]

über Hathor: ↓→ [hieroglyphs]   vor ihr: ↓→ [hieroglyphs]

Kolumne links: ↓→ [hieroglyphs]

Chons gegenüber die Göttin ‚Siegreiches Theben', gefolgt vom König mit Weingefäßen;

über Göttin: ←↓ [hieroglyphs]

über König: ←↓ [hieroglyphs]

vor ihm: ←↓ [hieroglyphs]

am rechten Rand Gott mit Doppelfederkrone, der sich nach rechts umwendet; König dahinter nicht erhalten;

links neben Gott: ←↓ [hieroglyphs]

33. Fragmente aus dem Tempel von El-Tod.
F. Bisson de la Roque, Tôd (1934 à 1936), FIFAO 17, 1937, 142;

– Relief Fundnummer1630. Tôd, 142; Fig.88;
König (rechts) opfert vor Göttin mit Geierhaube;

über König: ←↓ [Hieroglyphen]

über Göttin: ↓→ [Hieroglyphen]

– Fragment Fundnummer1952. Tôd, 142;

↓→ [Hieroglyphen]

– Fragment Fundnummer1962. Tôd, 142;

←↓ [Hieroglyphen]

– Relief Kairo JE 67346.
Grimm, BSEG 9/10, 1984/85, 109-12; Mysliwiec, Royal Portraiture, 68 (4); pl.LXXIII.b-c; J.-P. Corteggiani, Centenaire de l'Institut Français d'Archéologie Orientale, Musée du Caire, 1981, 114-5 (65); Traunecker, BIFAO 79, 1979, 413 (17);
Kopf und Hände eines anbetenden Königs, vor ihm Pavian, beide nach rechts gewandt;

vor dem Kopf des Königs: → [Kartusche]

Möglicherweise gibt es noch weitere Zeugnisse von Hakoris, vgl. Bisson de la Roque, Tôd, 142-3; Cahiers de Karnak X, 195, 499.

Elkab

34. Teile einer Nilgötterprozession aus dem Vorhof des Nechbettempels.
Unpubl., s. Capart, Fouilles de El Kab, 21; 76 = ASAE 38, 1938, 624; ASAE 46, 1947, 349

35. Kartuschen des Hakoris im Vestibül vor dem Hypostylensaal des großen Tempels.
PM V, 173; Clarke, JEA 8, 1922, 27; 34 (ohne Textwiedergabe).

Clarke spricht von Kartuschen des Darius (s.o., 63.20) und Hakoris. Capart zufolge (ASAE 37, 11937, 9) war der Name des Darius einige Jahre später an dieser Stelle verschwunden, den des Hakoris erwähnt er in diesem Zusammenhang nicht.

36. Der Hypostylensaal des Tempels der Nechbet.

Es sind einige Fragmente gefunden worden, die erschließen lassen, dass der Hypostylensaal unter Hakoris dekoriert worden ist. Leider sind die Funde der belgischen Ausgrabungen in den Tempeln von Elkab unter Capart weder durch Fotos noch Zeichnungen publiziert worden, es gibt nur verbale Beschreibungen und gelegentlich (in den Beiträgen in ASAE) ein paar Hieroglyphen.

– Fragmente des Deckendekors (Geier und Königsnamen [Kartusche]), s. Capart, Fouilles de El Kab, 15 = ASAE 37, 1937, 8.

Vielleicht stammen auch die bei Champollion, Notices descr., I, 265 wiedergegebenen Kartuschen hierher:

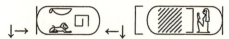

— Eine Säulentrommel mit zwei Szenen, s. Capart, Fouilles de El Kab, 19 = ASAE 37, 1937, 14: der König opfert seiner Mutter (Nechbet), die ihm alle Länder unter seine Füße legt, und seinem Vater (Thot), dem Herrn von Hermopolis (⸺)

— Einige wenige Blöcke des Hakoris aus der Hypostylenhalle waren in der „Bastion" südwestlich der beiden Haupttempel verbaut, s. Capart, Fouilles de El Kab, 76 = ASAE 46, 1947, 349.

— Zwei im Dorf verbaut gefundene Säulenfragmente stammen sicher auch hierher.
PM V, 173; LR IV, 165 (IV); Kienitz, Politische Geschichte, 198 (29); Traunecker, BIFAO 79, 1979, 414 (A.20); nach LD Text IV, 37:

ein Sandsteinblock in Säulenform mit Aufschrift: ←↓

ein weiteres Säulenfragment hat ↓→

37. Türsturzfragment vom Eingang zu „einem der Sanktuare" („la cartouche d'Achoris est aussi sur une partie du linteau de la porte d'entrée d'un des sanctuaires du grand temple").
Unpubl., s. Capart, Fouilles de El Kab, 15 = ASAE 37, 8-9;

38. (Schenkungs?)Stele Turin 1469 aus dem Tempel.
PM V, 174; Meeks, Donations, 683 (F.3); Maspero, RecTrav 4, 1883, 150; Fabretti u.a., Museo di Torino, I, 127 (1469); LR IV, 165 (V); Kienitz, Politische Geschichte, 198 (30); Traunecker, BIFAO 79, 1979, 417 (12); Mysliwiec, Royal Portraiture, pl.LXXIII (a); Foto Museum;

links stehende Göttin mit Geierhaube und Atefkrone, ihr gegenüber der König, ein Feld darbringend;

über König: ←↓   (sic)   vor ihm: ←↓

vor Nechbet: ↓→

39. Unpublizierte Stele aus dem Tempel, ehemals im Museum Boulaq in Kairo; der König vor Sobek Opfer darbringend.
A. Wiedemann, Ägyptische Geschichte, II, Gotha 1884, 698, mit n.4; LR IV, 165, n.1; Kienitz, Politische Geschichte, 198 (32); Traunecker, BIFAO 79, 1979, 417 (13).

Nach Wiedemann scheint niemand mehr diese Stele gesehen zu haben. Vielleicht ist sie im alten Museum durch Überflutungen zerstört worden, wie so viele Serapeumstelen (s. M. Malinine / G. Posener / J. Vercoutter, Catalogue des stèles du Sérapéum de Memphis, Paris 1968, I, p.VII).

Elephantine

40. Türpfosten von Interkolumnartor.
Kaiser, MDAIK 53, 1997, 177-8; Taf.26; Traunecker, BIFAO 79, 1979, 414 (A.21); Arnold, Temples of the Last Pharaohs, 103;

auf Frontseite oben Geier; unter ihm: ← [hieroglyphs] ; darunter Reste von Nilgott mit Gaben;

links unten Reste des Königsnamens: ↓→ [hieroglyphs] [...]

auf der Durchgangsseite oben liegender Widder; vor ihm: → [hieroglyphs] (*nb* ist vor *qbḥw* zu lesen)

darunter: ← [hieroglyphs] ; unter Widder: ← [...] [hieroglyphs]

auf unterstem Block in sehr großen Hieroglyphen: ←↓ [...] [hieroglyphs]

In Elephantine sind außerdem zwischen Chnum- und Satettempel sekundär verwendete Ziegel gefunden worden, die mit einem Königsnamen gestempelt waren, der zu *M3ʿ[t-ḫnm]-Rʿ* (Hakoris) oder *M3ʿ[t-k3]-Rʿ* (Hatschepsut) zu ergänzen ist, s. MDAIK 55, 1999, 147, n.285. Ursprünglich hatte man angenommen, dass diese Ziegel zum Fundament eines kleineren Tempelbaus gehörten; daher spricht Arnold, Temples of the Last Pharaohs, 103, von den „foundations of a temple of Hakoris".

Oase Charga

41. Fragmente von zwei Königsstatuen aus dem Hibistempel der Oase Charga.
Cruz-Uribe, VA 3, 1987, 220-5;

Nr.1 (etwas größer als lebensgroß), drei Fragmente: ↓→

[...] [hieroglyphs]

Nr.2 (etwas kleiner), nur ein Teil des Nebti-Namens erhalten:

↓→ [...] [hieroglyphs] [...]

Der erste Hypostylensaal im Tempel von Hibis folgt auf den in der Perserzeit dekorierten Teil des Tempels, und hinter ihm liegt der Kiosk der 30. Dynastie. Man hat diesen Saal daher Hakoris zugeschrieben, s. Winlock, The Temple of Hibis, I, 20; 57; pl.32; Traunecker, BIFAO 79, 1979, 414 (A.23). Er enthält aber keine Inschriften.

Der Tempel von Aghurmi in der Oase Siwa ist früher aufgrund einer Kartusche Hakoris zugewiesen worden, aber es handelt sich tatsächlich um den Namen des Amasis, s. jetzt K.P. Kuhlmann, Das Ammoneion, AV 75, 1988, 31; 42-3; JWIS IV, 464-5 (57.105).

Ausland

42. Fragment eines Opferständers aus Granit Rockefeller Museum Jerusalem 34.7857 aus Akko (ursprünglich aus Sidon ?).
PM VII, 382; A. Rowe, A Catalogue of Egyptian Scarabs, Scaraboids, Seals and Amulets in the Palestine Archaeological Museum, Kairo 1936, 295-6; pl.XXXVIII; Traunecker, BIFAO 79, 1979, 415 (9);

Kolumne mit Königsnamen, oben von Himmelshieroglyphe und seitlich von *w3s*-Szeptern eingefasst:

↓→ [...] [hieroglyphs]

43. Opferständer Louvre E.4900 aus Sidon. (Teil von 72.42 ?)
E. Renan, Mission de Phénicie, Paris 1864, 394; pl.5 (3); PM VII, 383 (unten); dazu Yoyotte, BiOr 14, 1957, 29; Traunecker, BIFAO 79, 1979, 415 (10);

Von der Inschrift ist noch das Unterteil einer senkrechten Kartusche erkennbar: [Hieroglyphen] ;

außerdem der Gott Sopdu: [Hieroglyphen]

Yoyotte zufolge handelt es sich um das Unterteil von Nr.42 oben, die Kartuschen müssten sich daher ergänzen.

44. Fragment aus Sidon, vermutlich von einem Opferständer.
PM VII, 384; W. von Landau, Vorläufige Nachrichten über die im Eshmuntempel bei Sidon gefundenen phönizischen Altertümer, MVAG 9.5, 1904, 25; 29-30; 64-9; Taf.XII; Traunecker, BIFAO 79, 1979, 416 (B.11);

[Hieroglyphen]

Herkunft unbekannt

45. Drei Uschebtis des Hakoris:
Louvre E.17408: Bovot, Serviteurs funéraires royaux, 206-8; 379 (84);
Kairo JE 67919 (Unterteil): Gauthier, ASAE 22, 1922, 208;
Los Angeles County Museum M.80.198.72 (Oberteil): unpubl.; website Museum;
s.a. Mysliwiec, Royal Portraiture, 68-9; Schneider, in: Fs de Meulenaere, 159; Aubert, Statuettes, 244-245; Kienitz, Politische Geschichte, 196 (16); Traunecker, BIFAO 79, 1979, 416 (B.14-15);

nach Louvre E.17408: →

[Hieroglyphen]

Die Gründe, die Gauthier, loc.cit., für den Fundort Memphis des Uschebtis Kairo JE 67919 anführt, sind nicht stichhaltig.

46. Unterteil einer kleinen Kniefigur aus glasiertem Kalkstein London BM EA 24247, ehemals in Sammlung Loftie.
PM VIII, 149; LR IV, 167, n.3; Kienitz, Politische Geschichte, 198 (35); A. Wiedemann, Ägyptische Geschichte, II, Gotha 1884, 698, n.8; ESLP, 89; eigene Kollation;

auf Rückenpfeiler: ↓→

[Hieroglyphen]

47. Bronzefigur Kansas City 53.13.
ESLP 88-9, Nr.71; pl.67, fig.172-3; Hill, Royal Bronze Statuary, 166-7; pl.65 (32);

Auf dem Gürtel eine Kartusche mit kaum lesbarer Inschrift, entweder *Hnm-m3ʿt-Rʿ* (Hakoris) oder *Hpr-k3-Rʿ* (Nektanebos I.).

48. Relieffragment Cambridge FWM 75.1949.
Mysliwiec, Royal Portraiture, 68 (6); pl.LXXIV.B;

auf Sandsteinfragment Kopf mit Uräus;

unmittelbar darüber: ←↓

49. Schmales rechteckiges Steinfragment Turin 1445 mit Kolumne zwischen Begrenzungslinien (so ausgesägt?).
Fabretti u.a., Museo di Torino, I, 116; Foto Museum;

Das ◯ von *nswt* zu Beginn könnte noch erkennbar sein.

50. Fragment eines Gefäßes Louvre AF 13416.
Barbotin, RdE 61, 2010, 179-82; pl.V-VI;

oben: ←   darunter links: ↓→

rechts davon Falke mit *hz*-Gefäß; unter ihm: ←↓

Links davon möglicherweise entsprechende Darstellung mit Eigennamen des Hakoris und Thot mit *hz*-Gefäß zu ergänzen, s. RdE 61, pl.VI, Fig.5.

51. Plakette in Sammlung Matouk (J.V.9).
Matouk, Corpus du Scarabée, I, 148; 222 (901); Traunecker, BIFAO 79, 1979, 417 (15);

Aufschrift: ↓→

Ob die Kartusche im Siegelabdruck bei Petrie, Scarabs, 33; 40; pl.57 (29.2) (vgl. auch Kienitz, Politische Geschichte, 198 [36]; Traunecker, BIFAO 79, 1979, 417 [14]) wirklich den Thronnamen des Hakoris enthält, ist sehr zweifelhaft.

52. Goldring ehemals im Uhrenmuseum Abeler Wuppertal, 2012 in Auktion bei Christies London.
Traunecker, BIFAO 79, 1979, 418 (C.16); Auktionskatalog Christies, Antiquities, London, South Kensington 25 October 2012, Sale 7207;

zwei Zeilen in Oval: →

Die Inschrift ergibt keinen Sinn. Sollte das Stück überhaupt echt sein, hat es jedenfalls nichts mit dem König Hakoris zu tun.

NICHTKÖNIGLICHE PERSONEN

Memphis

53. Demotische Stele Louvre IM 3355 aus dem Serapeum aus Jahr 18 Ptolemaios' III., auf der Arbeiten im Jahr 4(?) des Hakoris erwähnt werden (Z.11-15).
Brugsch, ZÄS 22, 1884, 118-120; Brugsch, Thes., V, 973-6; Revillout, Rev. Eg. 6, 1891, 133-140; Kienitz, Politische Geschichte, 194 (2); Traunecker, BIFAO 79, 1979, 417 (9); Ray, JEA 72, 1986, 156; Devauchelle, EVO 17, 1994, 106; 109-114.

Das Datum ist in der älteren Literatur immer „Jahr 4" gelesen worden, aber nach Devauchelle (op. cit., 106) sollte es eher Jahr 3 sein. Nach Auskunft von G. Vittmann ist hingegen Jahr 4 die wahrscheinlichere Lesung.

54. Demotische Felsgraffiti den Steinbrüchen von Tura und Masara.
PM IV, 75; Spiegelberg, ASAE 6, 1905, 219-33; Daressy, ASAE 11, 1911, 267; Devauchelle, ASAE 69, 1983, 169-82; Kienitz, Politische Geschichte, 194 (1); Traunecker, BIFAO 79, 1979, 412 (3); Ray, JEA 72, 1986, 157-8; Arnold, Temples of the Last Pharaohs, 102; Vleeming, Demotic Graffiti, 296-302 (Nr.1883-1893); 310 (Nr.1910); 315-6 (Nr.1921-1922);

– Zeit Hakoris „A" (ohne Zusatz $wḥm\ ḫ^cw$):
Jahr 1: Spiegelberg, op.cit., Nr.4; Vleeming, op.cit., Nr.1883
Jahr 2: Vleeming, op.cit., Nr.1884
Jahr 5, 4. $ȝḫt$: Spiegelberg, op.cit., Nr.34; Vleeming, op.cit., Nr.1922
Jahr 5, 2. prt: Vleeming, op.cit., Nr.1888
Jahr 5, 4. prt: Vleeming, op.cit., Nr.1889
--- 3. $šmw$, 9: Spiegelberg, op.cit., Nr.5; Vleeming, op.cit., Nr.1892

– Zeit Hakoris „B" (mit Zusatz $wḥm\ ḫ^cw$):
Jahr 3, 3. $šmw$, 30: Vleeming, op.cit., Nr.1885; vgl. auch Nr.1902;
Jahr 4, 1. $ȝḫt$: Vleeming, op.cit., Nr.1886
Jahr 4, 3. [...]: Spiegelberg, op.cit., Nr.14; Vleeming, op.cit., Nr.1887
Jahr 6, 4. prt: Spiegelberg, op.cit., Nr.19; Vleeming, op.cit., Nr.1891
Jahr 6, 3. $šmw$: Spiegelberg, op.cit., Nr.15; Vleeming, op.cit., Nr.1890
[...]: Spiegelberg, op.cit., Nr.20; Vleeming, op.cit., Nr.1910

– Zeit Hakoris [...]
Jahr 4, 2. $ȝḫt$, 21: Vleeming, op.cit., Nr.1928;

– ohne Datum:
Spiegelberg, op.cit., Nr.33; Vleeming, op.cit., Nr.1921
Spiegelberg, op.cit., Nr.6; Vleeming, op.cit., Nr.1893 (vier demotische Kartuschen des Eigennamens)

55. Kalksteinstele H5-2646 mit demotischer Liste von Steinmetzen aus Jahr 2, 1. prt aus Katakombe der Apismütter.
Smith u.a., The Mother of Apis Inscriptions, 25-26; pl.IV.a (Nr.2);

56. Fragmente einer Kalksteinstele H5-2874 mit demotischer Liste von Steinmetzen aus Jahr 2, 1. prt aus Katakombe der Apismütter.
Smith u.a., The Mother of Apis Inscriptions, 27-28; pl.IV.b (Nr.3);

57. Kalksteinblock H5-6 mit demotischer Aufschrift über Transport des Sarkophags der Apismutter $Tȝ-nt-Jmn$ aus Katakombe der Apismütter, Datum vor Königsnamen nicht erhalten.
Smith u.a., The Mother of Apis Inscriptions, 28-29; pl.V.a (Nr.4);

58. Demotische Papyrus-Fragmente Kairo CG 30899 – 30903 einer Urkunde aus Jahr 6, 4. *prt*, 6 des Hakoris *wḥm-ḫꜥw*.
Spiegelberg, Demotische Denkmäler, II, 195; Taf.LXVIII; Malinine, RdE 7, 1950, 114 (6.1); Kienitz, Politische Geschichte, 195 (3); Traunecker, BIFAO 79, 1979, 416 (C.1);

59. Demotische Papyri aus Sakkara in Kairo:

– CG 50097; Spiegelberg, Demotische Denkmäler, III, 71-72; Taf.XLII;
Fragment a nennt Hakoris *wḥm-ḫꜥw*, vgl. Malinine, RdE 7, 1950, 115 (6.3);
Fragment b hat den Anfang einer Datierung, Fragment c ist aus Jahr 3, 1. *prt*(?).
Nach Trismegistos Nr.46276 gehören hierher auch CG 50098 aus Jahr 4, 1. *prt* und CG 50102, wo ein Jahr 6 erwähnt wird.

– CG 50099 mit Fragment eines Pachtvertrags aus Jahr 3, 1. *prt* des Hakoris *wḥm-ḫꜥw*, in dem ein Perser (*Mdj*) namens *Ps* [...] erwähnt wird.
Spiegelberg, Demotische Denkmäler, II 72-73; Taf.XLIII-XLIV; Ray, JEA 72, 1986, 157; Iranisches Personennamenbuch, VIII, 78 (47);

– CG 50105 mit Rest einer Urkunde aus der Zeit des Hakoris *wḥm-ḫꜥw*.
Spiegelberg, Demotische Denkmäler, III, 76; Taf.XLVI;

– CG 50107: zwei Fragmente aus der Zeit des Hakoris *wḥm*(?) *ḫꜥw* und einer Zeugenliste.
Spiegelberg, Demotische Denkmäler, III, 76-77; Taf.XLVI; Malinine, RdE 7, 1950, 115-6 (6.5);

60. Demotische Papyri aus Sakkara (H5-DP 124 und 453 [unsicher]) aus Jahr 2 des Hakoris *wḥm-ḫꜥw* und Jahr 5, 3(?) *šmw*, 25.
Unpubl., s. Ray, JEA 72, 1986, 157-8;

61. Demotischer Papyrus Seymour de Ricci, jetzt Paris BN E.241 (erwähnt Jahr 3, 3. *šmw* des Hakoris, Papyrus möglicherweise später).
De Cenival, RdE 39, 1988, 37-46; Ray, JEA 72, 1986, 157; Muszynski, Enchoria 6, 1976, 24-26; Thissen, Enchoria 10, 1980, 118; Spiegelberg, Dem. Chronik, 30; Traunecker, BIFAO 79, 1979, 418 (C.18);

Herakleopolis

62. Demotischer Papyrus Lille 26 (Datum nicht erhalten) mit Kaufvertrag über Grundstücke.
Malinine, RdE 7, 1950, 107-20; Traunecker, BIFAO 79, 1979, 417 (C.7);

Achmim

63. Stele Leiden NNK (V.20) des *Ḥr*.
Boeser, Leiden VII, pl.XIV.8; De Meulenaere, OMRO 44, 1963, 3-5; pl.IV; Munro, Totenstelen, 117; Taf.51, Abb.172; Traunecker, BIFAO 79, 1979, 417 (11); Foto Museum;

oben Flügelsonne, darunter zwei Barken mit Chepri-Käfer und Widder; darunter zweites Bildfeld: rechts Mann, ihm gegenüber Osiris, Min, Horus und Isis, alles ohne Beischriften;
unter den Bildfeldern Inschrift von 13 [+ x] Zeilen: →

Die Schreibungen und Zeichenformen sind teilweise eigenartig; für die adäquate Wiedergabe der Schlinge im Namen des Atum (Z.2) existiert keine Type.

64. Unterteil einer Kniefigur desselben *Ḥr* in Rom, Antiquarium del Comune 2411, 1935 in Rom gefunden.
Bosticco, in: Fs Rosellini, Studi, II, 3-7; pl.I-II; Parlasca, Mitteilungen des Deutschen Archäologischen Instituts, Römische Abteilung 71, 1964, 203; Taf.59(3); A. Roullet, The Egyptian and Egyptianizing Monuments of Imperial Rome, EPRO 20, 1972, 117, Nr.209; Bothmer / de Meulenaere, in: L. Lesko (ed.), Egyptological Studies in Honor of Richard A. Parker, 1986, 7, n.17; de Meulenaere, OMRO 44, 1963, 5;

zwei Zeilen um den Sockel, Beginn Vorderseite: →

auf Rückenpfeiler: ↓→

[hieroglyphs]

Oberseite des Sockels (auf Foto schlecht erkennbar): →

[hieroglyphs]

Die Statue ist unzulänglich publiziert, etliche Lesungen sind unsicher, vor allem auf der Oberseite des Sockels. Es ist auch mit ortskundiger Hilfe nicht gelungen, den derzeitigen Ort ihrer Aufbewahrung in Rom zu ermitteln.

Hu (Diospolis parva)

65. Demotischer Papyrus London BM EA 10846 aus der Sammlung Michailides mit Urkunde über den Verkauf eines Rindes durch einen Kalasirier in der Zeit des Hakoris *wḥm-ḫꜥw* (Jahr und Monat nicht erhalten) und eine weitere über die Verpachtung eines Ackers aus Jahr 3, 3. *prt* des Hakoris *wḥm-ḫꜥw*.
Kaplony-Heckel, Enchoria 3, 1973, 5-20; Taf.1-2; Traunecker, BIFAO 79, 1979, 417 (8); E. Cruz-Uribe, Saite and Persian Demotic Cattle Documents, 1985, 31-34 (1.15);

Dendera

66. Modell einer Kapelle(?) Kairo CG 50054 (JE 39561) mit fünf demotischen Graffiti.
Spiegelberg, Demotische Denkmäler, III, 31-33; A. Farid, Fünf demotische Stelen, Berlin 1995, 205 (VIII.2); N. Tomoum, The Sculptor's Models of the Late and Ptolemaic Period, Kairo 2005, 115, n.21; 248 (198); pl.97; Vleeming, Demotic Graffiti, 372-3 (Nr.2083); Trismegistos Nr.52915;

A) Jahr 5, 3. [...]   B) Jahr [...] des Pharao Hakoris *wḥm ḫpr* (sic) (folgen Namen)

C) Namensliste   D) unverständlich

E) Erwähnung von 2. *prt*, 10 und 3. *prt*, 6(?)

Ain Manawir

67. Demotische Ostraka aus dem Osiristempel von Dusch.
Chauveau / Agut-Labordère in: www.achemenet.com/fr/tree/?/sources-textuelles/textes-par-langues-et-ecriture/egyptien-hieroglyphique-et-demotique/ostraca-d-ayn-manawir; Chauveau, Arta 2011.002, 1-19 (bes. 8; 17); id., Egyptian Archaeology 22, 2003, 38-40;

In chronologischer Ordnung (in Klammern provisorische Nummern, sofern angegeben):

A) aus der ersten Regierung des Hakoris (*Ḥgr*):

Jahr 1, 2. *šmw*; OMan 6025: Verkauf Wasserrechte

Jahr 2, 1. *prt*; OMan 5470 (2296): Abtretung Wasserrechte

Jahr 2, 1. *prt*; OMan 5511 (2483): Verpflichtungserklärung

Jahr 2, 2. *prt*; OMan 5488 (2441 + 2445): Getreidedarlehen

Jahr 2, 2. šmw, 21; OMan 5466 (2323): Quittung

Jahr 3, 1. 3ḫt; OMan 5480 (2382): Verkauf Wasserrechte

Jahr 4, 2. prt; OMan 5569 (2428): Verzichtserklärung

Jahr 4, 4. prt; O.Man.5499 (2481): Urkunde über Wasserrechte

Jahr 5, 2. 3ḫt; OMan 5524 (2295): Getreidedarlehen

Jahr 5, 4. prt; OMan 5485 (2444): Verkauf Wasserrechte

Jahr 5, 4. prt; OMan 5573 (2419): Heiratsversprechen

B) aus der zweiten Regierung des Hakoris (Hgr wḥm-ḫʿw):

Jahr 2, 1. 3ḫt; OMan 4330 (1157): Ehevertrag

Jahr 2, 2. šmw; OMan 4321 (1146): Getreidedarlehen

Jahr 2, 4. šmw; OMan 4323 (1142): Vertrag mit Verwalter

Jahr 3, 1. šmw; OMan 5505 (2466): Urkunde mit Eid

Jahr 5, 1. prt; OMan 5589 (2503 + 2294 + 2292): Eid über Wasserrechte

Jahr 5, 2. prt; OMan 5534 (2379): Verkauf Wasserrechte

Jahr 5, 1. šmw; OMan 4990 (1692): Urkunde über Getreide

Jahr 6, 2. prt; OMan 5495 (2475): Urkunde über Lieferpflicht

Jahr 6, 2. šmw, 2; OMan 5489 (2432): Erklärung über Besitzstreitigkeiten

Jahr 6; OMan 5494 (2467): Verkauf Wasserrechte

Jahr 7, 2. 3ḫt, 7; OMan 5482 (2440): Quittung über Verkauf Wasserrechte

Jahr 7, 3. prt; OMan. 4067 (820); Darlehensurkunde (Gelddarlehen?)

Jahr 7, 3. prt; OMan 5493 (2417): Quittung

--- 3./4. prt; OMan 5427 (2305): Verzichtsurkunde

nicht sicher zuzuordnen (Königsname nach Hgr beschädigt):

Jahr 2, 4. šmw; OMan 5474 (2382)[1] [nur Datum erhalten]

Jahr 5, 1. šmw; OMan 5577 (2421): Verkauf Wasserrechte

---

[1] OMan 5480 hat dieselbe provisorische Nummer.

73. Psammuthis

KÖNIGLICHE DENKMÄLER

Theben

1. Stationsheiligtum vor 1. Pylon von Karnak.

Die Königsnamen in dieser Kapelle waren ursprünglich in den meisten Fällen die des Psammuthis. Die Kartuschennamen (aber nicht der Horusname) sind dann durch diejenigen des Hakoris übermalt worden. Siehe dazu im einzelnen oben unter 72.21.

2. Türsturz mit Kartuschen des Hakoris über der des Psammuthis, süd-westlich vor 1. Pylon in Mauer aus griechisch-römischer Zeit verbaut.
M. Boraik, in: Cahiers de Karnak 13, 2010, 67-8;

auf Langseite oben Flügelsonne; rechts darüber Reste der Beischrift: →

darunter links: →

dto., rechts: ←

auf rechts anstoßender Seite: ↓→

Die Kartusche ist in roter Farbe mit ⟨...⟩ überschrieben worden.

Dem Horusnamen gegenüber [Schlange] (Uto) auf der Wappenpflanze; unter ihr: ←↓

3. Magazin „R" in Karnak, südlich des hl. Sees ("Geflügelhof").
PM II², 222; LD Text, III, 42; Ricke, ZÄS 73, 1937, 124-31; Traunecker, BIFAO 79, 1979, 411 (A.4); id., RdE 38, 1987, 147-51; 159; 161(A); Berg, JARCE 24, 1987, 47-52; eigene Abschriften (soweit möglich); Fotos M. Römer; Nummern und Buchstaben nach PM II², 222 (in runden Klammern) und Nelson, Key Plans, pl.XII (KL + Zahl);

A) Östlicher Korridor:

am Eingang außen (KL 220)

– rechts: nichts erhalten;

– links: ↓→ (unsicher, z. Zt. schwer zugänglich)

am Eingang, innen (KL 221)

– links: ↓→

– rechts: ←↓ [hieroglyphs]

Ansonsten gibt es in diesem Korridor keinerlei Inschriften mehr.

B) Mittlerer Korridor:
Eingang innen, westliche Seite (linke) (KL 205):

[hieroglyphs]

auf der östlichen (rechten) Seite des Eingangs ist nichts erhalten.

Zugänge zu den Speicherkammern: Die Türpfosten sind jeweils beidseitig mit einer eingefassten Kolumne Text dekoriert:

1. östlicher Raum von Norden (KL 213)

– links: ↓→ [hieroglyphs]

– rechts: ←↓ [hieroglyphs]

2. östlicher Raum von Norden (KL 212)

– links: ↓→ [hieroglyphs]

– rechts: ←↓ [hieroglyphs]

3. östlicher Raum von Norden (KL 211)

– links: ↓→ [hieroglyphs]

– rechts: ←↓ [hieroglyphs]

4. östlicher Raum von Norden (KL 210)

– links: ↓→ [hieroglyphs]

– rechts: ←↓ [hieroglyphs]

1. westlicher Raum von Norden
auf beiden Türpfosten keine Inschriften erhalten.

2. westlicher Raum von Norden (KL 206)

– links: ↓→ [hieroglyphs]

– rechts: ←↓ [hieroglyphs]

3. westlicher Raum von Norden (KL 207)

– links: ↓→ [hieroglyphs]

– rechts: ←↓ [hieroglyphs]

4. westlicher Raum von Norden (KL 208)

– links: ↓→ [hieroglyphs] (davor liegt Block d, s.u.)

– rechts: ←↓ [hieroglyphs]

am Eingang zum Naosraum Blöcke mit Rundstab; Inschrift im Durchgang (KL 209):

links: ←↓ [hieroglyphs]   rechts: ↓→ [hieroglyphs]

Naos im mittleren Korridor (3):
Eingang, Nordseite (KL 219): außen auf beiden Seiten Rundstäbe, daneben im tiefer liegenden Wandteil Reste einer Darstellung, jeweils innen daneben Reste von zwei Kolumnen
links des Eingangs (a):

↓→ [hieroglyphs]   ←↓ [hieroglyphs]

links daneben unterer Rest einer Darstellung, z. Zt. verdeckt.

rechts des Eingangs: [hieroglyphs] (Rest von Sand verdeckt)

rechts daneben Füße einer männlichen Figur, nach links gewandt.

Westwand (c), (KL 216): auf der rechten Hälfte König, nach links gewandt, vor ithyphallischem Gott;

vor König: ←↓ [hieroglyphs]

links davon König, nach links gewandt, vor zwei Göttern (vermutlich Amun und Chons);

vor König: ←↓ [hieroglyphs]   hinter ihm: ←↓ [hieroglyphs]

C) Westlicher Korridor:

Eingang, innen, nur westliche Seite (KL 190) erhalten:

↓→ [hieroglyphs]

Zugänge zu den Speicherkammern: Die Türpfosten sind jeweils beidseitig mit einer eingefassten Kolumne Text dekoriert:

1. östlicher Raum von Norden; keine Inschriften erhalten;

2. östlicher Raum von Norden (KL 199):

– links: ↓→ [hieroglyphs]

– rechts: ←↓ [hieroglyphs] (Rest im Sand)

3. östlicher Raum von Norden (KL 198);

– links: ↓→ [hieroglyphs]

– rechts: ←↓ [hieroglyphs]

Die unteren Teile im Sand verschüttet und wohl nicht zerstört; vor diesem Eingang Block e und Türsturz 1 (s.u.)

4. östlicher Raum von Norden (KL 197) (RdE 38, 149, n.17)

– links: ↓→ [hieroglyphs]

Unterteil z.Zt. im Sand; nach Traunecker, RdE 38, 149, n.17 ist am Ende ḫrt n rꜥ nb zu lesen.

– rechts: ←↓ [hieroglyphs]

1. westlicher Raum von Norden (KL 191):

– links: ↓→ [hieroglyphs]

– rechts: ←↓ [hieroglyphs]

2. westlicher Raum von Norden (KL 192):

– links: ↓→ [hieroglyphs]

– rechts: ←↓ [hieroglyphs] (unteres Ende im Sand verschüttet)

3. westlicher Raum von Norden (KL 193):

– links: ↓→ [hieroglyphs]

– rechts: ←↓ [...] (unteres Ende im Sand)

4. westlicher Raum von Norden (KL 194):

– links: ↓→ [...]

– rechts: ←↓ [...]

Am Eingang zum Naosraum (5; KL 195/196) auf der linken Seite eine Platte mit Rundstab; darauf der König mit ausgestrecktem rechten Arm;

vor ihm: ↓→   hinter ihm: ↓→ [...]

auf der rechten Seite ein Block mit Rundstab mit einer vermutlich entsprechenden Darstellung, es sind nur noch die Füße eines nach links gewandten Mannes erhalten;

hinter ihm: ←↓ [...]

Naos im westlichen Korridor (6):
Eingang (KL 200):
linker Türpfosten (6,a): links König, nach rechts gewandt;

vor ihm: ↓→ [...]

rechter Türpfosten (6,b): rechts Beine (des Königs), nach links gewandt;

vor ihm: ←↓ [...]

linke (östliche) Wand (6,c; KL 203):
links König, nach rechts gewandt, opfert [Feld] vor Amun und Mut:

vor König: ↓→

Rückwand (südlich) (KL 202): links thronender Amun, ihm gegenüber König, nach links gewandt;

vor König: ←↓ [...]

rechte (westliche) Wand (6,d; KL 201); Oberteil der Szene heute verschwunden;
LD III 259,a: Rosellini, Monumenti storici, CLIV (4); Champollion, Mon., IV, CCCIII (1) = CCCIX (3);
rechts opfert König, nach links gewandt, Spitzbrot vor Amun und Chons;

über König: ←↓ ←

vor ihm: ←↓ [...] (Unterteil im Sand)

73. Psammuthis

über Amun: ↓→ [hieroglyphs]

über Chons: ↓→ [hieroglyphs]

Im westlichen Korridor liegen mehrere Fragmente von Türsturzen:

1. Türsturz (vor 3. östl. Raum v.N.):

oben Flügelsonne, daneben links ← [hieroglyphs]   rechts: ↓→ [hieroglyphs]

darunter symmetrische Inschrift;

in der linken Hälfte rechts: ←↓ [hieroglyphs]

gegenüber Schlange auf Wappenpflanze; unter ihr: ↓→ [hieroglyphs]

hinter ihr: ↓→ [hieroglyphs]

in der rechten Hälfte links: ↓→ [hieroglyphs]

gegenüber Geier auf Wappenpflanze; unter ihm: ←↓ [hieroglyphs]

hinter ihm: ←↓ [hieroglyphs]   rechts daneben: ←↓ [hieroglyphs]

2. Türsturz (nahe Türsturz 1, Block nur teilweise freigelegt; Königstitel nicht erhalten):

oben Flügelsonne, daneben links ← [hieroglyphs]   rechts: → [hieroglyphs]

in der linken Hälfte Geier;

links von ihm: ↓→ [hieroglyphs]   links daneben: ↓→ [hieroglyphs]

in der rechten Hälfte Schlange auf Wappenpflanze; unter ihr: ↓→ [hieroglyphs]

rechts von ihr: ←↓ [hieroglyphs]   rechts daneben: ←↓ [hieroglyphs]

3. Türsturz:

oben Flügelsonne, daneben links ← [hieroglyphs]   rechts: → [hieroglyphs]

darunter symmetrische Inschrift;

in der linken Hälfte rechts: ←↓ [hieroglyphs]

gegenüber Schlange auf Wappenpflanze; unter ihr: ↓→ [Hieroglyphen]

hinter ihr: ↓→ [Hieroglyphen]

in der rechten Hälfte links: ↓→ [Hieroglyphen]

gegenüber Geier auf Wappenpflanze; unter ihm: ←↓ [Hieroglyphen]

hinter ihm: ←↓ [Hieroglyphen]   rechts davon: ←↓ [Hieroglyphen]

4. Türsturz: von diesem Block ragt nur das linke Ende aus dem Sand, auf Türsturz 3 liegend:

oben: ← [Hieroglyphen] [...] darunter: ↓→ [...] [Hieroglyphen]

Zu einem weiteren Türsturz(?) des Psammuthis, der in Nag el-Foqani verbaut war, s.u., 73.4.

Östlicher Zugang zu dem den Speichern vorgelagerten Gebäudeteil, links neben Eingang zu östlichem Korridor;

außen, rechter (nördlicher) Türpfosten (KL 223): ←↓ [...] [Hieroglyphen]

innen, linker (nördlicher) Türpfosten (KL 222): ↓→ [Hieroglyphen] [...] (davor liegt Block c)

Westlicher Eingang zum Säulenhof, innen (KL 181):

– links: ↓→ [Hieroglyphen] [...]

– rechts: ←↓ [...] [Hieroglyphen]

Nicht zuzuordnende Blöcke:

a) Ein mit zwei Kolumnen beschriftetes Fragment mit Rundstab, das schon Wiedemann (PSBA 7, 1885, 109) angeführt hatte, dürfte von einem Eingang stammen:

←↓ ¹| [...] [Hieroglyphen] [...] |
    ²| [...] [Hieroglyphen] [...] |

b) ←↓ [...] [Hieroglyphen] [...] (nahe bei a liegend und möglicherweise dazu gehörend)

c) ←↓ hinter dem Arm einer nach links gewendeten Person: [...] [Hieroglyphen] ... (Rest im Sand)
   (Block liegt unmittelbar vor KL 222, s.o.)

d) ↓→ […] [hieroglyphs] […] (im mittleren Korridor, vor 4. westl. Raum von Norden)

e) ↓→ […] [hieroglyphs] […] (im westlichen Korridor, vor 3. östl. Raum von Norden)

Säulentrommeln:

1. Säule von Osten (Säulentrommel KL 182):

Seite A: ↓→ [hieroglyphs] […]   Seite B: ↓→ [hieroglyphs] […]

Seite C: ↓→ [hieroglyphs] […]   Seite D: ↓→ […]

5. Säule von Osten (Säulentrommel KL 183):

Seite A: ↓→ [hieroglyphs] […]   Seite B: ↓→ [hieroglyphs] […]

Seite C: ←↓ […] [hieroglyphs]   Seite D: ↓→ […]

6. Säule von Osten (Säulentrommel KL 184):

Seite A: ←↓ […] [hieroglyphs]   Seite B: ←↓ […] [hieroglyphs]

Seite C: ↓→ [hieroglyphs] […]   Seite D: unzugänglich

7. Säule von Osten (Säulentrommel KL 185):

Seite A: ←↓ […] [hieroglyphs]   Seite B: ←↓ […] [hieroglyphs]

Seite C: unzugänglich   Seite D: unzugänglich

8. Säule von Osten (Säulentrommel KL 186):

Seite A: ←↓ […] [hieroglyphs]   Seite B: ←↓ […] [hieroglyphs]

Seite C: ↓→ [hieroglyphs] […]   Seite D: ↓→ [hieroglyphs] […]

9. Säulentrommel, nahe KL 186 im Sand steckend:

←↓ […] [hieroglyphs] […]

10. Säulentrommel ohne Basis mit Königsnamen; 4 beschriftete Kolumnen im Uhrzeigersinn:

Nicht aus der Zeit des Psammuthis stammen zwei isolierte Blöcke:

a) links ein flüchtig eingeritzter Kopf mit Uräus; rechts daneben: ←↓

b) Ein Block (nach Ricke, ZÄS 73, 1937, 130, n.4 ein Kapitell) mit der Kartusche:

darüber (?) ←

4. Türsturz(?) Berlin 2095 (mit Resten von Farbe), im Dorf Nag el-Foqani verbaut gefunden, möglicherweise aus Magazin „R".
PM II², 222; LD III, 259b; LD Text, III, 40; Berlin, Ausf. Verz., 245; Traunecker, BIFAO 79, 1979, 411 (A.4.a);
auf Langseite in der Mitte Flügelsonne; darüber symmetrische Inschrift:

darunter: →←

auf links anstoßender Seite thronender falkenköpfiger Gott mit Mondkrone (links), der dem auf dem Serech sitzenden Horus der Königstitulatur ein ꜥnḫ-Zeichen an den Schnabel hält;

5. Relieffragment New York MMA 27.2.1
PM II², 222; Foto Marsha Hill;
rechts thronender falkenköpfiger Chons mit Mondkrone, der ein ꜥnḫ-Zeichen an den Schnabel des Horusfalken der Königstitulatur hält; gegenüber drei Kolumnen:

6. Säulenfragment aus Hof zwischen 9. und 10. Pylon von Karnak.
PM II², 184; Rosellini MSS. 286, 173 (oben); Traunecker, BIFAO 79, 1979, 411 (A.4.d);

←↓ (so Rosellini) [hieroglyphs]

Achmim

7. Block (48 x 33 cm) Kairo JE 57173 mit dem Anfang einer Widmungsformel.
Traunecker, BIFAO 79, 1979, 410 (A.2); Ray, JEA 72, 1986, 150; eigene Abschrift Kairo;

↓→ [hieroglyphs]

Herkunft unbekannt

8. Skarabäus.
Petrie, Scarabs, 40; pl.LVII (29.3); Traunecker, BIFAO 79, 1979, 411 (B.2);

→ [hieroglyphs]

NICHTKÖNIGLICHE PERSONEN

Memphis

9. Stele H. 5-34 aus den Grabstätten der Apismütter in Sakkara mit demotischer Aufschrift aus Jahr 1, 4. *prt*, in der die Fertigstellung einer Gruft für die Apismutter berichtet wird und die Namen der daran beteiligten Männer genannt werden.
Emery, JEA 55, 1969, 35 (1); Smith, RdE 24, 1972, 181; Ray, JEA 72, 1986, 158; Smith u.a., The Mother of Apis Inscriptions, 29-30; pl.V.b (Nr.5); Traunecker, BIFAO 79, 1979, 410 (A.1)

Ain Manawir (Oase Charga)

10. Demotische Ostraka aus dem Osiristempel von Dusch.
Chauveau / Agut-Labordère in: www.achemenet.com/fr/tree/?/sources-textuelles/textes-par-langues-et-ecriture/egyptien-hieroglyphique-et-demotique/ostraca-d-ayn-manawir;

Jahr 1, 4. *prt* (388?); OMan 5507 (2472): Abtretungsurkunde

Jahr 1, 4. *šmw* (388?); OMan 5583 (2424): Abtretungsurkunde

74. Nepherites II.

KÖNIGLICHE DENKMÄLER

Mendes

1. Zwei Blöcke aus Tell Timai.
PM IV, 37; Edgar, ASAE 13, 1914, 278-279; Mendes II, 194 (24); Kienitz, Politische Geschichte, 192 (3); LR IV, 162 (VI); Traunecker, BIFAO 79, 1979, 408 (1); De Meulenaere, JEOL 35/36, 1997-2000, 35;

Block 1: Reste eines opfernden Königs, nach rechts gewandt; vor und über ihm vier Kolumnen: ↓→

rechts gegenüber Geier auf Wappenpflanze sitzend, dahinter Reste eines Zuweisungstextes:

Block 2: rechts Unterteil eines Gottes, ihm gegenüber Opfergaben;

dazwischen: ←↓ [𓉿] 𓈖𓈖 † 𓏤𓏤𓏤 𓇳𓀭 𓈖𓈖 [. . .]

Da für Nepherites I. jetzt der Thronname *wsr-ꜥ* sicher bezeugt ist, hat de Meulenaere Block 1 versuchsweise Nepherites II. zugeschrieben, der sonst nur durch Manetho und die ‚Demotische Chronik' bezeugt ist.

75. Nektanebos I.

KÖNIGLICHE DENKMÄLER

Deltaküste

1. Säulenfragment aus Alexandria.
PM IV, 5; LD Text, I, 1;

2. Stele aus Herakleon (Thonis), Duplikat zur Naukratisstele.
F. Goddio / M. Clauss (edd.), Ägyptens versunkene Schätze, Ausstellungskatalog Berlin 2006, 316-23;
A.S. von Bomhard, The Decree of Sais, Oxford 2012;
oben Flügelsonne mit zwei gekrönten Uräen daran;

unter Flügelsonne:

rechts und links der beiden Uräen:

unter ihnen:

darunter symmetrisches Bildfeld: der König opfert Neith;
rechte Hälfte: König (rechts) mit roter Krone bringt Neith verschiedene Opfergaben dar;

über ihm:

vor ihm: hinter ihm ‚Sedfestgruppe':

dem König gegenüber thronende Neith mit roter Krone und Szepter;

über ihr:

linke Hälfte: König (links) bringt Neith Halskragen dar;

über ihm:

vor ihm: hinter ihm ‚Sedfestgruppe':

dem König gegenüber thronende Neith mit roter Krone und Szepter; über ihr:

unter Bildfeld: ↓→

Das Zeichen, das die vorletzte Gruppe von Kol.12 bildet (Fassade des Neithtempels) ist mit den bestehenden Fonts nicht wiederzugeben; man vgl. Foto und Faksimile bei von Bomhard, op.cit., 15-51; ebenso unten, 75.4.

Damanhur (?)

3. Naos Kairo CG 70020 für Neith.
PM IV, 49 +72 (??); Roeder, Naos, 57-8; Taf.16a; Daressy, RecTrav 11, 1889, 80-1 (XXII); Gauthier, DG I, 31;

oben Flügelsonne; rechts von ihr und unter ihr: → (links zerstört)

auf rechtem Türpfosten: ←↓

auf linkem Türpfosten: ↓→

Naukratis

4. Naukratisstele (früher) Kairo JE 34002.
PM IV, 50; Erman, ZÄS 38, 1900, 127-33; Sethe, ZÄS 39, 1901, 121-3; Gunn, JEA 29, 1943, 55-9; H. Brunner, Hieroglyphische Chrestomathie, Wiesbaden 1965, Taf.23/24; M. Lichtheim, Ancient Egyptian Literature, III: The Late Period, Berkeley 1980, 86-9; ead., in: Studies in Honor of George R. Hughes, SAOC 39, 1976, 139-46; De Meulenaere, in: R. Demarée / K. Veenhof (edd.), Zij schreven geschiedenis: historische documenten uit het Oude Nabije Oosten, Löwen 2003, 427-33; Engsheden, LingAeg, 13, 2005, 39-43; Graefe, GM 188, 2002, 73-5; A.S. von Bomhard, The Decree of Sais, Oxford 2012, 52-53 und passim; Panov, Inscriptions of the Late Period, 40-45;

oben Flügelsonne mit zwei gekrönten Uräen daran;

unter Flügelsonne: ←→

rechts und links der beiden Uräen: ←→

unter ihnen: ← → [hieroglyphs]

darunter symmetrisches Bildfeld: der König opfert Neith;
rechte Hälfte: König (rechts) mit roter Krone bringt Neith verschiedene Opfergaben dar;

über ihm: ←↓ [hieroglyphs] ← [hieroglyphs]

vor ihm: ←↓ [hieroglyphs]   hinter ihm ‚Sedfestgruppe': ←↓ [hieroglyphs]

dem König gegenüber thronende Neith mit roter Krone und Szepter;

über ihr: ↓→ [hieroglyphs]

linke Hälfte: König (links) bringt Neith Halskragen dar;

über ihm: [hieroglyphs] → [hieroglyphs] ↓→

vor ihm: ↓→ [hieroglyphs]   hinter ihm ‚Sedfestgruppe': ↓→ [hieroglyphs]

dem König gegenüber thronende Neith mit roter Krone und Szepter; über ihr: ←↓

[hieroglyphs]
(sic)

unter Bildfeld: ↓→

[hieroglyphs]

Tell el-Balamun

5. Intaktes Gründungsdepot von hinterer südl. Ecke des Naosareals von Tempel A.
A.J. Spencer, Tell el-Balamun 1995-1998, London 1999, 86-7 (106); Farbtafel 3 (a); pl.101-102;

Silberplakette (106.7); Seite A: ↓→ [hieroglyphs] Seite B: ↓→ [hieroglyphs]

Chalcedonplakette (106.8); Seite A: ↓→ [hieroglyphs] (sic) Seite B: ↓→ [hieroglyphs]

Feldspatplakette (106.9); Seite A: ↓→ [hieroglyphs] Seite B: unbeschriftet

Jasperplakette (106.10); Seite A: ↓→ [hieroglyphs] Seite B: ↓→ [hieroglyphs]

Bronzeplakette (106.14); Seite A: ↓→ [hieroglyphs] Seite B: ↓→ [hieroglyphs]

Plakette aus blauem Glas (106.12); Seite A: ↓→ [hieroglyphs]

Seite B: unbeschriftet

6. Gründungsdepot aus Tempel B.
A.J. Spencer, Tell el-Balamun 1991-1994, London 1996, 84; pl.90;

Fayenceplakette in Kartuschenform mit Federkrone (97.a);

Seite A: ↓→ [hieroglyphs] Seite B: [hieroglyphs]

Fayenceziegel (97.b); Seite A: ↓→ [hieroglyphs] Seite B: ↓→ [hieroglyphs]

Sebennytos

7. Torso einer Königsstatue aus Quarzit Paris Musée Rodin 1420.
PM IV, 44; Edgar, ASAE 11, 1911, 96; Meffre, RdE 68, 2017-2018, 237-239; LR IV, 189 (XX); Spencer, JEA 85, 1999, 76;

auf Gürtel: →←

8. Torso einer Königsstatue aus Basalt Louvre E.25492, ehemals in Bibliothèque Nationale.
PM IV, 44; Description, V, pl.69 (7.8); J.-M. Humbert (ed.), Bonaparte et l'Egypte. Feu et lumières, Ausstellungskatalog Paris 2008, 235; 264-265; Naville, Mound of the Jew, 27; Josephson, Egyptian Royal Sculpture, 11; Taf.3 (c); J. Leclant, Ägypten, III: Spätzeit und Hellenismus, München 1981, 161 (138);

auf Rückenpfeiler: ↓→

[... [hieroglyphs] ...]

auf Gürtel: →← [hieroglyphs]

Mendes

9. Naos Kairo CG 70022 für den Widder von Mendes, in einem Haus aus römischer Zeit gefunden.
PM IV, 36; Roeder, Naos, 99-100; Taf.XVI; Mendes II, 195 (35); pl.15.a-b;

oben unter Rundstab Flügelsonne; darüber symmetrisch:

[Hieroglyphen]

auf linkem Türpfosten: ←↓

[Hieroglyphen]

auf rechtem Türpfosten: ←↓

[Hieroglyphen]

10. Naos Kairo JE 43279 für Hatmehit.
Mendes II, 195 (36); pl.15.c-d; Gauthier, DG VI, 98;

oben unter Rundstab Flügelsonne; rechts und links davon: [Hieroglyphen] ←→ [Hieroglyphen]

auf linkem Türpfosten: ↓→

[Hieroglyphen]

auf rechtem Türpfosten: ←↓

[Hieroglyphen]

11. Block aus Quarzit, nordöstlich des noch in situ befindlichen Naos des Amasis gefunden, vom selben Denkmal wie 75.12.
Mendes II, 191 (2); pl.8.b-d; Yoyotte, BSFE 25, 1958, 23;

Inschrift: ← [Hieroglyphen] [...]

Die Fotomontage in Mendes II, pl.b-d gibt offenbar nicht die ganze Inschrift wieder, und der Teil d (vier kniende Genien mit Messern) kann nicht unmittelbar an c anschließen. Über (oder unter) dem n von ḥm n Ḥr ist ein ꜥnḫ graviert.

12. Block aus Quarzit, beim nördlichen Teil der Westwand des inneren Tempels gefunden.
Mendes II, 191 (5); pl.9.b; Daressy, ASAE 13, 1914, 182;

in oberem Teil: → [...] [Hieroglyphen] [...]

Baqliya (Hermopolis parva)

13. Torso einer schreitenden Königsstatue Kairo JE 38167 = TN 27/4/15/3.
PM IV, 40; Kamal, ASAE 7, 1906, 233; Habachi, ASAE 53, 1956, 450-1; Fig.6; Zivie, Hermopolis, 121-2 (31);

Rückenpfeiler: ↓→ [hieroglyphs] (so nach Kamal)

auf Gürtel: → ←

[hieroglyphs]

14. Zwei Löwen Vatikan 21 / 23.
Botti / Romanelli, Sculture, 14-8; pl.XVI-XVIII; Zivie, Hermopolis, 122-6 (32); Roeder, in: Misc. Gregoriana, 179-192; Scharff, ibid., 195-203; A. Forgeau, Nectanébo, la dernière dynastie égyptienne, Paris 2018, 77, fig.10a;

Nr.21: nach rechts blickender Löwe, um rechte Seite, Beginn Vorderseite: →

[hieroglyphs]

um linke Seite: ←

[hieroglyphs]

Nr.23: nach links blickender Löwe; um rechte Seite, Beginn Vorderseite: →

[hieroglyphs]

15. Mehrfach ‚restaurierte' Altarträgerstatue in Madrid.
Zivie, Hermopolis, 129-31 (34); C. Perez-Die, Museo Arqueologico Nacional, Egipto y Próximo Oriente, Salas XIII y XIV, Madrid o.J., 102-4, Abb.11;
auf Rückenpfeiler zwei Kolumnen:
rechts: ←↓

[hieroglyphs]

links: ↓→

[hieroglyphs]

75. Nektanebos I.

Sockel, rechte Seite und Rückseite: →

Sockel, links Seite und Rückseite: ←

16. Oberteil einer Statue mit Nemes-Kopftuch.
Bakry, RSO 46, 1971, 13-5; pl.XIII-XV; Zivie, Hermopolis, 131-2 (35); Josephson, Egyptian Royal Sculpture, 6; pl.2a;

auf Rückenpfeiler: ↓→

17. Fragment (Oberteil) einer Königsstatue mit Nemes-Kopftuch, 1991 (Merrin Gallery) und 1998 in New York im Handel.
Auktionskatalog Antiquities and Islamic Art, Sotheby's (New York), June 4, 1998, Nr.67; Foto CLES;

auf Rückenpfeiler, rechts: ←↓

dto., links: ↓→

18. Ca. 45 km östlich von Baqliya in einer Moschee verbaute Granitsäule.
Habachi, ASAE 53, 1956, 452-6; Fig.8; 475; Zivie, Hermopolis, 133-4 (36);
stark beschädigte Inschrift; auf einer Seite sind noch der Ortsname (des Gottes) und Spuren des Königsnamens erhalten:

↓→

nach Habachi könnte folgendermaßen zu ergänzen sein:

19. Zwei Fragmente eines Türpfostens, eines verbaut, das zweite im Museum Kairo.
PM IV, 40; E. Naville, Ahnas el Medineh, London 1894, 23; pl.III (B); Habachi, ASAE 53, 1956, 448-50; Fig.5; 468 (c); Zivie, Hermopolis, 126-9 (33); ↓→

20. Drei Blöcke aus Granit von einem Schrein oder einer Kapelle (oder mehreren), im Dorf Shubra Hor nahe Baqliya gefunden.
Habachi, ASAE 53, 1956, 465-6; Fig.15-19;

Block 1, Seite A: ↓→

Block 1, Seite B: ←↓

Block 2, Seite A:
König mit Rest von Beischrift:

Block 2, Seite B:

Block 3, Seite A: ←↓

Block 3, Seite B:
König mit Weißer Krone; hinter ihm:

darüber drei Zeilen(?), teilweise unklar (kein Foto vorhanden):

Athribis

21. Torso einer Königsstatue Kairo JE 46438 aus Kafr Manaqir (bei Athribis).
PM IV, 67; Daressy, ASAE 19, 1920, 136-40; Vernus, Athribis, 118-9 (137);

auf Rückenpfeiler zwei Kolumnen; rechts: ←↓

links: ↓→

(Rest der Kolumne: ←↓)

Tanis und Umgebung

22. Gründungsdepot an der Nordostecke des Amuntempels.
Fougerousse, Kêmi 5, 1935-37, 59, n.1; fig.22; pl.VIII (1); P. Montet, Tanis. Douze années de fouilles dans une capitale oubliée du Delta égyptien, Paris 1942, 63-4; id., Les énigmes de Tanis, Paris 1952, 139; id., Tanis, II, pl.I (19); Weinstein, Foundation Deposits, 344 (149); Leclère, Les villes, 439;

Das Depot enthielt nur ein einziges beschriftetes Objekt, eine Keramikplakette mit einer Kolumne: *z3 Rʿ Nḫt-nb.f* (Montet, Les énigmes, 139, ohne Textwiedergabe).
Möglicherweise handelt es sich um das Plättchen aus grüner Fayence Louvre E.15066, das nach den Unterlagen des Louvre aus Tanis stammt. Nach eigener Abschrift:

Seite A: ↓→   Seite B: ↓→

23. Sieben Kartuschen Nektanebos' I. auf Kalksteinfragmenten im Schutt des Chonstempels.
Brissaud, BIFAO 78, 1978, 132 (d) (ohne Textwiedergabe);

24. Relieffragmente aus Qantir(?) in München.
PM IV, 10; Spiegelberg, ZÄS 65, 1930, 102-4; Taf.VI (e-f);

e) [... (...) ...]   f) ←↓ [...] [...]

25. Block aus El-Munagat el-kubra.
PM IV, 7; Petrie, Nebesheh (Tanis 2), 46; pl.XLII (oben links);

zwei kniende Nilgötter von Ober- und Unterägypten mit *zm3*-Zeichen, hinter ihnen der König anbetend:

über *zm3*-Zeichen: ←↓

über dem Kopf des unterägyptischen Nils: ←↓

Der eigentliche Wortlaut der Inschrift ist unklar. Petrie sagt dazu: „An inscription above the head of the lower Nile is restored with the help of a duplicate on the other half, and traces of a partial repetition of it remain behind the god." Wie man sich den Block und seine Inschriften insgesamt vorstellen soll, bleibt rätselhaft.

Pharbaitos

26. Schenkungsstele aus Kalkstein Kairo TN 30/8/64/2 mit Stiftung für Hor-merti und Hathor, Herkunft unbekannt.
Unpubl., s. Meeks, Donations, 685 (23); eigene Abschrift nach Foto Kairo;

oben Flügelsonne; darunter in der linken Hälfte stehender falkenköpfiger Gott mit Doppelkrone, hinter ihm Göttin; gegenüber König, ein *sḫt*-Feld darbringend;

über Göttin: ↓→   über Gott: ↓→

über König: ←↓   (sic)

27. Fragmente eines Stiersarkophags aus Rosengranit aus einem Gebäude mit mehreren Sarkophagen in Abu Yassin.
Abdel Salam, ASAE 38, 1938, 611; Arnold, Temples of the Last Pharaohs, 107; Jenni, Dekoration des Chnumtempels, 90;

Auf einem Fragment eines der Sarkophage in der ersten Reihe „on a pu lire des cartouches du roi Nectanébo Ier (Nectanebis) de la XXXe dynastie" (ohne Textwiedergabe). Es sollte sich jedenfalls um Nektanebos I handeln (anders Jenni, op.cit.).

Pelusium

28. Gewicht aus Granit im Museum Ismailiya.
PM IV, 1; Clédat, RecTrav 37, 1915, 34; Fig.2-4; Ancient Egypt, 1915, 184; Kienitz, Politische Geschichte, 202 (14); Fotos H. Brandl;

auf Oberseite: ↓→

um Außenseite: →

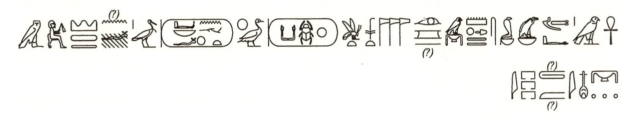

Saft el-Henna

29. Naos Kairo CG 70021.
PM IV, 10-11; Naville, Saft el Henneh, 6-13; pl.1-7; Brugsch, Thes., 779-794; Roeder, Naos, 58-99; Taf.17-33; Schott, MDAIK 2, 1932, 54-56; Taf.X; I. Schumacher, Der Gott Sopdu, der Herr der Fremdländer, OBO 79, 1988, 160-79; P. Davoli, Saft el-Henna, 44-6 (17); N. Spencer, A Naos of Nekhthorheb from Bubastis, London 2006, 23-27; Vernus, in: L. Coulon (ed.), La Cachette de Karnak, BdE 161, 2016, 12-20; A. Engsheden, Le Naos de Sopdou à Saft el-Henneh (CG 70021), Kairo 2014; Fotos M. Römer;

A) Vorderseite; Naville, Saft el Henneh, pl.1; Roeder Naos, Taf.17; 59-62;
– rechter Türpfosten:

unten König mit Roter Krone; über ihm: ←↓

vor ihm: ←↓ über und um ihn lange Inschrift;

oben zwei Zeilen: ←

darunter neun Kolumnen: ←↓

75. Nektanebos I.

– linker Türpfosten:

unten König mit Weißer Krone; über ihm: ↓→

vor ihm: ↓→   hinter seiner Krone: ↓→ (sic)

vor und hinter ihm 6 + 1 Kolumnen (inklusive dem in MDAIK 2, 1932, 54–56; Taf.X.b publizierten Fragment), vermutlich der Rest einer längeren Inschrift von neun Kolumnen wie auf der rechten Seite; ↓→

– Sockelinschrift, linke Hälfte: →

dto., rechte Hälfte (ꜥnḫ-Zeichen zentral für beide Hälften): ←

[hieroglyphs]

B) linke Seite; Naville, Saft el Henneh, pl.2; Roeder Naos, Taf.18-19; 62-68;

– Register 1-3 nicht erhalten;

– Register 4; Zeile darüber: →

[hieroglyphs]

darunter rechte Hälfte zerstört; links zwei Szenen erhalten;
rechts ein Naos auf Barke, dahinter vier Götterfiguren; Beischriften →

über Göttern: [hieroglyphs]   bei Naos: [hieroglyphs]

links Naos auf Traggestell, dahinter fünf Götterfiguren; Beischriften: ↓→

[hieroglyphs]

– Register 5; Zeile darüber: →

[hieroglyphs]

darunter rechts König vor Götterstatue (Oberteil und Königsname zerstört);

vor König: ↓→ [hieroglyphs]

links davon drei Szenen; Beischriften der Szene rechts zerstört;
in der Mitte acht [+ eine] Götterfiguren; über ihnen (soweit erhalten), von rechts: → / ↓→

[hieroglyphs]

links ein Naos auf Traggestell, über Naos: → [hieroglyphs]

dahinter vier Götterfiguren; über ihnen: → [hieroglyphs]

– Register 6; Zeile darüber: →

darunter rechts König, der ein *Wḏ3t*-Auge darbringt; über ihm: ←↓

ihm gegenüber sechs Götterfiguren; über ihnen: →

links davon eine weitere Szene: rechts ein Naos auf Tragegestell;
über ihm: →

links davon Besfigur mit Messern: über ihm: ↓→

dahinter 13 Götterfiguren; über ihnen: →

Sockelinschrift (die Stellung der Zeichen übereinander in den sehr hohen Zeilen z.T. aufgelöst): ←

75. Nektanebos I.

C) Rückwand; Naville, Saft el Henneh, pl.3-4; Roeder, Naos, 68-78; Taf.20-23; ganz oben Rest von Fries mit senkrechten Kartuschen auf Goldhieroglyphe; darunter sechs Register;

– Register 1; Zeile darüber: →

darunter (Reste von) 16 [+x] Götterbildern, nur teilweise mit Beischriften:

über Gott mit zwei Falkenköpfen: →

über löwenköpfigen Göttinnen: →

über zwei Göttinnen mit Hathorkrone: →

– Register 2; Zeile darüber: →

darunter 19 Götterfiguren ohne Beischriften;

nur auf dem Sockel der fünftletzten steht →

– Register 3; rechte Szene (überwiegend zerstört); Zeile darüber: →

darunter rechts König beim Opfer (nur Unterteil erhalten); vor ihm: ←↓

links daneben: ↓→

links davon die Reste von zwei Götterbildern, keine Beischriften erhalten.

linke Szene, Zeile darüber: →

darunter 15 Götterbilder, ohne Beischriften.

– Register 4
rechte Szene, Zeile darüber: →

darunter rechts König, der ein *wḏ3t*-Auge opfert;

über ihm: ←↓

ihm gegenüber fünf Götterbilder; über dem 3. (Greif):

über dem 4. (Schakal): →

linke Szene; Zeile darüber: →

darunter zentral Besfigur mit Flügeln und Messern; über ihm: →

rechts und links von ihm sechs bzw. sieben Götterfiguren, ohne Beischriften.

– Register 5; Zeile darüber: →

darunter rechts König beim Maat-Opfer; über ihm: ←↓

ihm gegenüber 20 Götterfiguren, ohne Beischriften.

– Register 6;
rechte Szene, Zeile darüber: →

darunter rechts König; über ihm: ←↓

ihm gegenüber vier Götterbilder, ohne Beischriften;

linke Szene; Zeile darüber: →

darunter 17 Götterbilder bzw. Gruppen, alle mit Beischriften; von rechts: ↓→ / →

Sockelinschrift: ←

D) rechte Seite; Naville, Saft el Henneh, pl.5-6; Roeder, Naos, 79-93; Taf.24-31;
oben Fries in größeren Hieroglyphen;

links: ↓→   rechts daneben: ←↓

– Register 1 (von oben); (Reste von) zwei Szenen;
linke Szene, Zeile darüber: ←

darunter fünf Götterbilder bzw. Gruppen, ohne Beischriften;

rechte Szene, Zeile darüber: ←

darunter vier Götterbilder mit Beischriften; von links: ←↓

1.   2.   unten davor:

3.   4.   dahinter:

– Register 2; Zeile darüber: ←

75. Nektanebos I.

darunter 19 [+1?] Götterbilder, die meisten mit erhaltenen Beischriften; von links: ← / ←↓

1. [hieroglyphs] 2. [hieroglyphs]

3. [hieroglyphs] 4. [hieroglyphs] darunter: [hieroglyphs] 5.-7. zerstört

8. [hieroglyphs] 9. [hieroglyphs] 10. [hieroglyphs] 11. und 12.: ohne Beischrift

13. [hieroglyphs] 14. [hieroglyphs] 15. [hieroglyphs] 16. [hieroglyphs]

17. [hieroglyphs] 18. [hieroglyphs] 19. [hieroglyphs] 20. [hieroglyphs]

– Register 3; Zeile darüber: ←

[three lines of hieroglyphs]

darunter 25 Götterbilder; von links: ← / ←↓

1. - 4. ohne Beischriften; 5. [hieroglyphs] 6. [hieroglyphs] 7. [hieroglyphs] 8. [hieroglyphs] 9-10.: Beischrift zerstört

11. [hieroglyphs] 12. [hieroglyphs] 13. [hieroglyphs] 14. [hieroglyphs] 15. [hieroglyphs]

Über Nr.5 - 15 eine zweite Beischrift mit großen Zwischenräumen: [hieroglyphs]

16. [hieroglyphs] 17.+18. [hieroglyphs]

19.+20. [hieroglyphs] 21. [hieroglyphs] 22. [hieroglyphs]

23. [hieroglyphs] 24. [hieroglyphs] 25. [hieroglyphs]

– Register 4; Zeile darüber: ←

[three lines of hieroglyphs]

darunter 22 [+2] Götterbilder mit Beischriften; von links: ← / ←↓

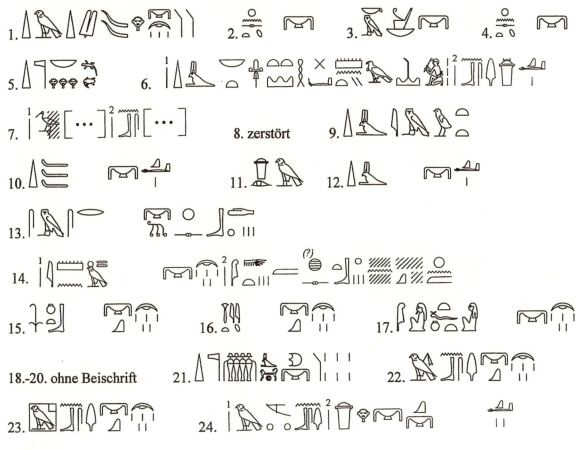

18.-20. ohne Beischrift

links neben Register 2-4 ein schmalerer Streifen mit vier Szenen, deren Vertikalgliederung nicht der der Register entspricht;

1. oben Krokodil auf Sockel, nach links gewandt; darüber: ←

2. darunter Mann mit Uräus auf dem Bauch liegend, nach rechts gewandt;

über ihm: →

3. darunter links ein Mann mit Uräus auf Sockel kniend und eine Platte mit Gaben haltend; ihm gegenüber zwei Männer mit Uräus, die die rechte Hand vor die Brust legen;

über Kniendem: →

4. darunter Mann mit Uräus auf dem Bauch liegend, nach rechts gewandt; über ihm: →

am linken Rand dieser Szenen eine Kolumne: ←↓

– Register 5; Zeile darüber: ←

[hieroglyphs]

darunter der König (links) beim Maatopfer und 28 Götterfiguren;

1. über König: ↓→ [hieroglyphs]

vor ihm: ↓→ [hieroglyphs]   Beischriften zu Götterfiguren: ← / ←↓

2. [hieroglyphs]   3. [hieroglyphs]   4. [hieroglyphs]   5. [hieroglyphs]   6. [hieroglyphs]   7. [hieroglyphs]

8. - 11. keine Beischriften vorhanden;

12. [hieroglyphs]   13. über ihm: [hieroglyphs]   vor ihm: [hieroglyphs]   Materialbeischrift zu 12+13: [hieroglyphs]

14. [hieroglyphs]   15. über ihm: [hieroglyphs]   vor ihm: [hieroglyphs]   Materialbeischrift zu 14+15: [hieroglyphs]

16. [hieroglyphs]   17. über ihm: [hieroglyphs]   vor ihm: [hieroglyphs]   Materialbeischrift zu 16+17: [hieroglyphs]

18. [hieroglyphs]   19. über ihm: [hieroglyphs]   vor ihm: [hieroglyphs]   Materialbeischrift zu 18+19: [hieroglyphs]

20. [hieroglyphs]   21. über ihm: [hieroglyphs]   vor ihm: [hieroglyphs]   Materialbeischrift zu 20+21: [hieroglyphs]

22. [hieroglyphs]   23. über ihm: [hieroglyphs]   vor ihm: [hieroglyphs]   Materialbeischrift zu 22+23: [hieroglyphs]

24.-25. [hieroglyphs]

26.-27. [hieroglyphs]   28.-29. [hieroglyphs]   zu 26.-29: [hieroglyphs]

– Register 6; Zeile darüber: ←

[hieroglyphs]

darunter der Königs (links) beim Salbenopfer und 28 Götterfiguren;

1. über König: ↓→

vor ihm: ↓→   gegenüber 28 [+1] Götterfiguren:

→ 2.   3.   4.   5.   6.   7.

←/←↓ 8.   9.   10.   11.   12. [...]   13.

14. ohne Beischrift;

rechts davon Kolumne: ←↓

16.   17.   18.

19.-21.   22.   auf Sockel:

23-26   27.   28.

29.

Sockelinschrift: →

[hieroglyphs]

E) Innenraum; Naville, Saft el Henneh, pl.7; Roeder, Naos, 93-99; Taf.17-18; 32;

rechte Seite:

– Register 1; Zeile darüber: →

[hieroglyphs]

darunter rechts 1. König anbetend; über ihm: ←↓ [cartouches]

links von ihm zehn Götterfiguren:

→ 4. [...] [hieroglyphs]   3. [hieroglyphs]   2. [hieroglyphs]

Bei den Götterfiguren links davon sind keine Beischriften erhalten.

– Register 2; Zeile darüber: →

[hieroglyphs]

darunter rechts 1. König; über ihm: ← [cartouche]   vor ihm falkenköpfiger Gott: ← [hieroglyph]

links davon Götterbilder und Gruppen, nur teilweise mit Beischriften: → / ↓→

16. [hieroglyphs]   15. [hieroglyphs]   14. [hieroglyph]   13. [hieroglyphs]   12. [hieroglyph]

– Register 3:

1. rechts König im Salbgestus; über ihm: ←↓

[cartouches]

ihm gegenüber 12 Götterbilder: ↓ / ↓→

5.-7 keine Beischriften   4. [hieroglyphs]   3. [hieroglyphs]   2. darüber: [hieroglyph] davor: [hieroglyphs]

13. [hieroglyphs]   12. [hieroglyphs]   11. [hieroglyph]   10. ohne Beischrift   9. [hieroglyph]   8. [hieroglyphs]

– Register 4; Zeile darüber: →

[hieroglyphs]

[hieroglyphs]

darunter 1. rechts König beim Maatopfer: über ihm: ←

ihm gegenüber 9 [+ 3] Götterbilder, meist ohne Beischrift; nur bei 4. ↓→

– Register 5

1. rechts König in Roter Krone mit ausgestrecktem rechten Arm; über ihm: ←↓

ihm gegenüber (Reste von) 16 Götterbildern, teils mit Beischriften: →

5. - 11. keine Beischriften erhalten   4.   3.   2.   darunter:

17.   16.   15.   14.   13. ohne Beischrift   12.

Die anderen Wände des Innenraumes enthalten nur kleinere Reste von Götterdarstellungen, ohne erhaltene Beischriften.

30. Statuenfragment London BM 1013.
PM IV, 13; Evers, Staat, II, Taf.X (59); Naville, Saft el Henneh, 5; pl.8 (B); Piehl, Inscr., III, pl.XIV (P); Davoli, Saft el-Henna, 43-4 (15); eigene Fotos;

oben auf Rückenpfeiler [Sonne] mit zwei Uräen; darunter: ↓→   darunter Himmelshieroglyphe und zwei Kolumnen;
rechts: ←↓

links: ↓→

31. Naos der Dekaden Louvre D.37 + Museum Alexandria JE 25774.
A.-S. von Bomhard, The Naos of the Decades, Oxford 2008; Habachi / Habachi, JNES 11, 1952, 251-63; Yoyotte, JNES 13, 1954, 79-82; Davoli, Saft el-Henna, 46-8 (19); Tav.XIX-XX; Ch. Leitz, Altägyptische Sternuhren, OLA 62, 1995, 3-57; F. Goddio / M. Clauss (edd.), Ägyptens versunkene Schätze, Ausstellungskatalog Berlin 2006, 46-53; Virenque, Egypt & Afrique 42, 2006, 19-28;

a) Vorderseite und Innenraum (von Bomhard, op.cit., 22-38):

vorn oben Flügelsonne, daneben links: ←   rechts: →

darunter weitgehend zerstörte symmetrische Inschrift:

75. Nektanebos I.

Auf den Türpfosten waren je zwei Kolumnen Inschriften, die vollständig zerstört sind.

unten: →← [hieroglyphs]

auf der inneren Rückwand oben Flügelsonne;

darunter: ←→ [hieroglyphs]

darunter hockender Löwe mit Doppelfederkrone auf Sockel; vor und hinter der Krone:

[hieroglyphs]

vor dem Löwen: ↓→ [hieroglyphs]

auf der linken Innenseite drei Register: im oberen drei Sphingen, im mittleren ein Sphinx und ein Krokodil mit Doppelfederkrone, Beischriften nicht mehr zu entziffern; im unteren Register ein Stier mit Falkenkopf, der auf einer Schlange steht, dahinter Figur mit Falkenkopf;

vor dem Stier: ←↓ [hieroglyphs]

auf der rechten Innenseite ebenfalls drei Register:
ober links Rest eine Löwenfigur, keine Beischriften erhalten;

im mittleren Register vorn sitzende unkenntliche Figur; davor: ↓→ [hieroglyphs]

dahinter sitzende Figur mit Falkenfedern und Doppelkrone; vor ihm:

↓→ [hieroglyphs]

im unteren Register vorn Mischwesen mit zwei Köpfen; vor ihm: ↓→ [hieroglyphs]
dahinter ithyphallischer Gott mit Löwenkopf, Falkenfedern und Doppelfederkrone;

vor ihm unlesbare Beischrift: ↓→ [hieroglyphs]

b) linke Seite, oberer Teil (von Bomhard, op.cit., 46-76):

oben links zwei kryptische Bildfelder, u.a. vier Altäre; rechts davon drei [+ x] thronende Götter; links Thot mit Ibiskopf schreibend; vor ihm (rückläufig): ↓→

[hieroglyphs]

rechts davon falkenköpfiger Gott mit Geißel; vor ihm: ↓→

[hieroglyphs]

rechts davon weiterer Gott (bis auf Beine zerstört); vor ihm: ↓→ [hieroglyphs] unter den 3 + x Göttern waagerechte Zeile: →

darunter der ‚Schöpfungsbericht': ↓→

c) Die Texte zu den 36 (+1) Dekaden (von Bomhard, op.cit., 77-193)

Die Dekaden 1-9 stehen auf der linken Seite, 10-21 auf der rechten und 22-37 (37 = Epagomenen) auf der Rückseite. Jede Dekade enthält fünf Bilder mit Standardbeischriften (geringfügige Varianten), vor dem obersten Bild zusätzlich das Datum der jeweiligen Dekade, vor den Bildern 2-5 stehen drei (bei den Dekaden 32-37 zwei) Kolumnen, die als einzige Beischrift jeweils einen anderen Text bringen.

1. Bild von oben: menschenköpfiger Vogel mit ⊗ auf Kopf in Barke, darunter Schlange; rechts davon (Datum jeweils wechselnd): ↓→

hinter Vogel: ↓→

2. Bild v.o.: Sphinx mit Pfeilen und Bogen, auf Sockel hockend; auf Sockel: → ... um

Sphinx: ↓→

3. Bild v.o.: Löwe mit Krone, nach rechts gehend; unten vor ihm: ↓→ ... vor und hinter

ihm: ↓→ ... über ihm: →

4. Bild v.o.: stehende hundeköpfige Mumie mit Roter Krone; vor und hinter ihr:

unmittelbar vor ihr: ↓→

5. Bild v.o.: Mumie auf löwenköpfiger Bahre; darüber: →

davor: ↓→ ... dahinter: ↓→

unter Bahre: →

Die variablen Texte rechts neben den Bildern beginnen alle in Kol. 1 mit ... und enthalten schwer verständliche (astrologische?) Texte. Viele sind zudem schwer beschädigt. Als Beispiel der Text der 6. Dekade, der gut erhalten ist: ↓→

d) Die Felder mit den Dekaden werden auf allen drei Seiten durch drei horizontale Schriftenbänder unter einer Himmelshieroglyphe unterteilt, die jeweils von oben nach unten zu lesen sind (vgl. von Bomhard, op.cit., 194-205):

linke Seite: →

rechte Seite: ←

Rückseite: →

e) Die Texte auf dem Sockel (von Bomhard, op.cit., 206-223)

– linke Seite (ibid., 206-11): zentral ein Feld mit 37 Geiern mit Schlangenkopf, über jedem ein Stern; rechts von ihnen Reste von vier Kolumnen: ↓→

links von ihnen Reste von sieben Kolumnen: ↓→

unter Bildfeld und Inschriften rechts und links verläuft eine Zeile, von der nur wenige Reste erhalten sind:

→

– rechte Seite (ibid., 212-218): zentral thronender Thot schreibend, vor ihm fünf Dämonen in zwei Registern (Beischriften unlesbar); links von ihnen neun Kolumnen: ←↓

vor und hinter Thot je zwei Kolumnen, fast ganz zerstört; die erste endete wohl auf [hieroglyphs].
Unter Bildfeld und Inschriften auch hier eine Zeile, in der nur wenige Schriftzeichen erhalten sind.

– Rückseite (ibid., 218-223):

links ein spitzes Dreieck (*spd*), darüber eine Zeile mit nur wenigen erhaltenen Schriftzeichen, rechts davon eine längere und zwei kurze Kolumnen, links davon zwei kurze Kolumnen. Nur der Beginn der längeren Kolumne ist noch teilweise lesbar: ↓→

Rechts davon Kartuschen mit Götternamen und -bezeichnungen in zwei Registern: 9 Kartuschen im oberen, 8 [+1] im unteren. Die verwitterten und überwiegend unlesbaren Kartuschen sind breiter als Königskartuschen und enthalten waagerecht zwei Gruppen nebeneinander. Von links nach rechts:

Nr.1: ↓→

Nr.2: ↓→

Nr.3: ↓→

Nr.4: ↓→

Von den restlichen Kartuschen der oberen Reihe (Nr.5-9) ist wenig oder nichts erhalten.

Nr.10: ↓→

Nr.11: ↓→

Nr.12: ↓→

Von den restlichen Kartuschen der unteren Reihe (Nr.13-18) ist wenig oder nichts erhalten.

32. Verschollenes Naosfragment, Parallelstück zum Naos der Dekaden (Rückwand innen).
S. Sharpe, Egyptian Inscriptions from the British Museum an other Sources, London 1837, I, pl.120; Yoyotte, JNES 13, 1954, 81-82; Davoli, Saft el-Henna, 46 (18); Virenque, Egypt & Afrique 42, 2006, 22; von Bomhard, The Naos of the Decades, 26-27;

oben Flügelsonne; darunter: ←→

darunter hockender Löwe mit Doppelfederkrone auf Sockel; vor und hinter der Krone:

↓→

vor dem Löwen: ↓→

Obwohl es sich um ein Parallelstück zum ‚Naos der Dekaden' handelt, muss es natürlich nicht unbedingt aus der Zeit Nektanebos' I stammen, vgl. auch N. Spencer, A Naos of Nekhthorheb from Bubastis, London 2006, 64/65 (3. von oben).

Tell el-Maschuta (Pithom)

33. Täfelchen im Museum Ismailiya 686.
Clédat, RecTrav 36, 1914, 109; Ancient Egypt 1915, 28; Kienitz, Politische Geschichte, 202 (15);

34. Sistrum Ismailiya 655.
PM IV, 55; Clédat, RecTrav 36, 1914, 109;

Letopolis

35. Verbaute Blöcke von einem Tempel (o.ä.) Nektanebos' I.
PM IV, 68; Kamal, ASAE 4, 1903, 91-94; Spiegelberg, RecTrav 26, 1904, 147-8 (Kalkstein- und Granitblöcke); Gauthier, ASAE 23, 1923, 171-3 (drei Granitblöcke); id., ASAE 32, 1932, 78-80; pl. (2 Granitblöcke); Habachi, ASAE 53, 1956, 461; Zivie, Hermopolis, 146-7 (41); Ghiringhelli, in: A. Ashmawy u.a., Von Elephantine bis zu den Küsten des Meeres, SSR 24, 2019, 234 (zu B); Foto CLES (Kairo JE 89610 A);

A) Blöcke (nur) mit Königsnamen:

– RecTrav 26, 147 (b), verbauter Kalkstein: ↓

– ibid., 147 (c), verbauter Granit: ↓

– ibid., 148, vielleicht von einem Architrav (desselben Baues?): → ←

– ASAE 23, 172, zwei Fragmente aus grauem Granit, jeweils nur mit Kartusche

– ASAE 32, 79, zwei Granitblöcke (nur) mit Kartuschen Nektanebos' (II.>) I., ohne Textwiedergabe.

B) Blöcke aus Nilgottprozessionen (Soubassement);

– RecTrav 26, 147 (a) („von weitem copiert"): ↓

– ibid., 147 (d): ↓

– ibid., 148 (e), Granitblock; links stehende Göttin mit Hathorkrone; rechts von ihr: ↓

– ASAE 23, 172-3 (Kairo JE 89610 A, nach Foto CLES):

Nilgott bringt Kartusche zwischen ḥz-Flaschen dar: ↓→ ; über seinem Kopf:

vor ihm: ↓→

hinter ihm (zu einem weiteren Nilgott dahinter gehörend, s. ASAE 32, 80): ↓→

– ASAE 32, Taf.. zu p.78-80, Block 1 (vgl. ASAE 53, 461; Zivie, Hermopolis, 146-7):

Ibisköpfiger Gott mit Atefkrone, ꜥnḫ-Zeichen und Szepter haltend; über seiner Hand: ↓→

vor ihm: ↓→

hinter ihm: ↓→

– ASAE 32, Taf.. zu p.78-80, Block 2:

Nilgott bringt Kartusche zwischen ḥz-Flaschen dar: ↓→ über ihm: ↓→

hinter ihm: ↓→

Block 2 ist zur Zeit im Garten des Museums Kairo ausgestellt, zusammen mit zwei anderen Blöcken (eigene Fotos). Einer davon stammt mit Sicherheit ebenfalls aus Letopolis; er ist von A. Kamal in ASAE 4, 1903, 93 publiziert worden:

in der linken Hälfte stehende Göttin mit Weißer Krone, ꜥnḫ-Zeichen in der linken und Szepter in der rechten Hand; über ihr: ←

vor ihr: ←↓

in der rechten Hälfte ein Gott in derselben Haltung; über ihm: ←   vor ihm: ←↓

Zwischen diesen beiden Blöcken steht ein weiterer, der dann auch aus Letopolis stammen dürfte:

→ [...] (darunter doppelte Begrenzungslinie)

Heliopolis

36. *sbḫt*-Schranke Bologna 1870 (Außenseite) aus dem Atumtempel von Heliopolis, in Rom gefunden.
Th. Young, Hieroglyphics, London 1823, pl.9; Il senso dell'arte nell'Antico Egitto, Ausstellungskatalog Mailand 1990, 172, Nr.119; P. Giovetti / D. Picchi (edd.), Egypt, Millenary Splendour. The Leiden Collection in Bologna, Ausstellungskatalog Mailand 2016, 429; 558 (VII.13); Yoyotte, RdE 54, 2003, 221; Kienitz, Politische Geschichte, 212 (100);

Zeile oben: →

darunter vier Felder, in denen jeweils unten rechts ein Dämon auf einem rechteckigen Block hockt und vom knienden König vor ihm Opfergaben erhält; darüber senkrechte Beischriften;

a) Erstes Feld von links (nur rechte Hälfte): liegender Löwe, König davor nicht erhalten; darüber: ↓→

b) Zweites Feld von links: Dämon mit drei Schlangenköpfen und Messer; vor ihm König mit Kette;

vor Dämon: ←   über König: ↓→

unter diesen drei Kolumnen: →

In Kol.1 ist *nswt-bjt Ḫpr-k3-Rꜥ* in kleineren Hieroglyphen in den Serech unter dem Horusnamen eingeschrieben, ebenso in den folgenden Feldern.

über Dämon: ←↓

c) Drittes Feld von links: Dämon mit Krokodilskopf und Messer; vor ihm König mit *mꜥnḫt*-Schmuck;

über Kopf des Dämons: ←↓ [hieroglyphs]   vor König: ↓→ [hieroglyphs]   über König: ↓→

[hieroglyphs columns 4 3 2 1]

unter den Kolumnen 2-4: → [hieroglyphs]   [cartouche]

über Dämon: ←↓ [hieroglyphs columns 5 6]

d) Viertes Feld von links: Dämon mit Krokodilskopf und Messer; vor ihm König mit Halskragen;

über Kopf des Dämons: ← [hieroglyphs]   vor König: ↓→ [hieroglyphs] (Zeichen ungenau)
über König: ↓→

[hieroglyphs columns 3 2 1]

unter diesen drei Kolumnen: → [hieroglyphs]

rechts davon Geier auf Wappenpflanze; über ihm: ←↓ [hieroglyphs]   unter ihm: ←↓ [hieroglyphs]

rechts davon, über Dämon: ←↓ [hieroglyphs]

37. *sbḫt*-Schranke London BM 22 (in Alexandria gefunden, wohl aus demselben Gebäude).
PM IV, 5; Th. Young, Hieroglyphics, London 1823, pl.7-8; BM Guide 1909, 250 (926); Yoyotte, RdE 54, 2003, 220; pl.XIV; E. Russmann u.a., Temples and Tombs. Treasures of Egyptian Art from the British Museum, 2006, 60 (19); E. Russmann, Eternal Egypt. Masterworks of Ancient Art from the British Museum, London 2001, 244-5 (134); eigene Fotos;

– Außenseite:

Zeile oben: → [hieroglyphs] [...]

[...] [hieroglyphs]

darunter kniender König beim Brotopfer; rechts über ihm: ↓→

[hieroglyphs columns 4 3 2 1]

In Kol.1 ist *nswt-bjt Nḫt-nb.f* in kleineren Hieroglyphen in den Serech unter dem Horusnamen eingeschrieben.

rechts neben Königsnamen Schlange auf Wappenpflanze, nach links gewandt; über ihr: ← [hieroglyphs]

am linken Rand ↓→ [... ...] [hieroglyphs] (Eigenname in Serech) rechts davon Schlange auf Wappenpflanze, nach links gewandt; über ihr: ←

– Innenseite:

Zeile oben: ←

darunter ganz links die äußerste rechte Kolumne der links anschließenden (nicht erhaltenen) Szene:

←↓

mit ca. 2 Gruppen Abstand darunter eine Kolumne, die zweifellos hinter dem König stand:

←↓

rechts anschließend Gott (links), im gegenüber kniend anbetender König; über Gott: ↓→

vor König: ←↓   über ihm: ←↓

hinter ihm: ←↓

rechts davon linke Hälfte einer anschließenden Szene: stehender Gott; über ihm: ↓→

38. *sbḫt*-Schranke London BM 998 (nur Innenseite)
PM IV, 2; Yoyotte, RdE 54, 2003, 221; ESLP, 91; website British Museum;

Zeile oben: →

darunter König kniend mit Räuchergefäß(?), nach rechts gewandt; vor ihm: ↓→

39. Fragment aus Sandstein (aus Tempel?) mit dem Rest einer Kartusche.
PM IV, 60; Naville, Mound of the Jew, 66; pl.XXI (16);

40. Fragmente aus dem Atumtempel von Heliopolis.

A) Reste einer Gauprozession.
Blaschta, in: A. Ashmawy u.a., Von Elephantine bis zu den Küsten des Meeres, SSR 24, 2019, 3-70;

jeweils rechts ein Nilgott mit Opfertafel, auf der sich zwei ḥz-Gefäße mit einer Blume darüber befinden, zwischen ihnen eine Kartusche mit ⌂ darüber; auf dem Kopf des Gotte das Gauzeichen;

1. oberäg. Gau (Blöcke 213VW-17-2 + 213UW-13-5):

Gauzeichen: ←   Kartusche: ←↓   links davon: ←↓

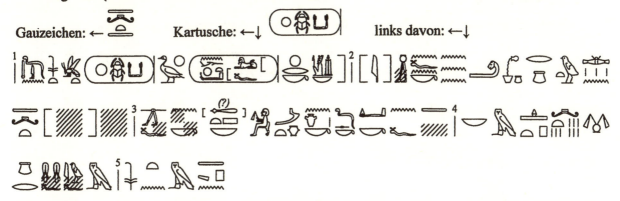

2. oberäg. Gau (Blöcke 213UW-13-5 + 213UW-13-3):

Gauzeichen: ←   Kartusche: ←↓   links davon: ←↓

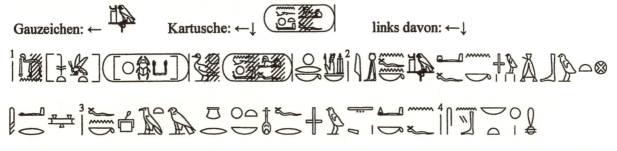

3. oberäg. Gau (Blöcke 213UW-13-3 + 213UW-13-4):

Gauzeichen: nicht erhalten   Kartusche: ←↓   links davon: ←↓

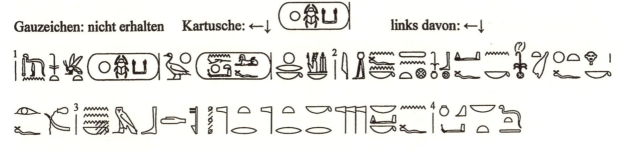

4. oberäg. Gau (Blöcke 213UW-13-9 + 213UW-13-2):

Gauzeichen: nicht erhalten   Kartusche: ←↓   links davon: ←↓

75. Nektanebos I.

5. oberäg. Gau (Block 213UW-13-2):

Gauzeichen: nicht erhalten   Kartusche: ←↓   links davon: ←↓

6. oberäg. Gau (Block 213UW-13-7):

Gauzeichen: nicht erhalten   Kartusche: nicht erhalten   links Rest der Inschrift: ←↓

20. oberäg. Gau (Block 213VW-5-15):

Gauzeichen: ←   Kartusche: nicht erhalten   links von Nilgott: ←↓

21. oberäg. Gau (Blöcke 213VW-5-15 + 213VW-5-16):

Gauzeichen: ←   Kartusche: ←↓   links davon: ←↓

22. oberäg. Gau (Blöcke 213VW-5-16 + 213VW-5-17):

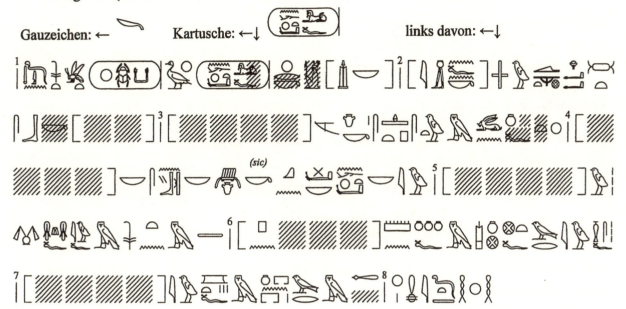

Blöcke, die keinem bestimmten Gau zugeordnet werden können:

– 213UW-13-10 mit Rest von drei Kolumnen:

– 213UW-13-8 mit Rest des Nilgottes und wenigen Schriftresten:

Gauzeichen: nicht erhalten   Kartusche: ←↓   vor und über Nilgott:

– Block 213UW-32-1 mit Resten der ersten beiden Kolumnen der Inschrift: ←↓

– Block 213UW-8-10 mit Resten aus der ersten Kolumne: ←↓

– Block 213WW-2-6 mit Resten aus der ersten Kolumne: ←↓

B) Basaltplatte mit Königsnamen.
Ashmawy / Raue, Amun 52, 2016, 6 (Abb.4):

C) Block aus einem Portal.
Raue, Antike Welt 49/5, 2018, 63;

Reste einer Szene: Mann mit Doppelkrone Szepter, nach rechts gewandt;

hinter ihm: ↓→

oben vor ihm: ↓→

rechts davon Geier auf Korb mit Beischrift: ↓→

D) Naos im koptischen Museum Kairo.
Gabra, SAK 41, 2012, 137-138; Taf.12-13;

oben Reste von Flügelsonne; rechts darunter: →

auf rechtem Türpfosten: ←↓

auf linkem Türpfosten: ↓→

41. Teil eines Architravs aus Quarzit, in Kairo verbaut (aus Heliopolis?).
PM IV, 69; Daressy, ASAE 9, 1908, 139;

Datierung ganz unsicher, Daressy vermutet eher Sesostris I. als Nektanebos I.

41a. Im Nilometer von Roda verbauter Block.
S. den Nachtrag, p.737.

Memphis

42. Kalksteinfragment London UC 14538 aus dem Ptahtempel.
PM III², 851 (als Nekt. II.); Riqqeh and Memphis VI 33; pl.LVII (25); Stewart, Stelae, III, Nr.83; website Petrie Museum;

43. Steinfragment mit Kartuschenresten.
PM III², 851 (als Nekt. II.); Meydum and Memphis III, pl.XXXII (1);

44. Blöcke von Pylon aus Serapeum-Umfassung.
PM III², 780; A. Mariette-Pacha, Le Sérapeum de Memphis, Paris 1882, 27: „Nos premières opérations ont eu le pylône pour objectif. ... Quelques débris de la corniche ont été recueillis dans les décombres. On y lit le nom de Nectanébo II" (ohne Textwiedergabe; nach damaliger Zählung ist sicher *Nḫt-nb.f* gemeint).

45. Block Louvre B.33, vielleicht aus Osttempel des Serapeums von Sakkara.
PM III², 779; Martin, in: Ch. Eyre (ed.), The Unbroken Reed: Studies in the Culture and Heritage of Ancient Egypt in Honour of A.F. Shore, London 1994, 212-3; pl.32.b;

rechts Sonnenscheibe mit Uräusschlangen; darunter: ←↓   links davon: ←↓

links von der durch einen Trennstrich abgesetzten Königstitel Reste einer Kolumne:

46. Südlich des Jeremiasklosters in Sakkara verbaute Blöcke.

a) Relief.
Martin, in: Ch. Eyre (ed.), The Unbroken Reed, 205; 210-11; pl.XXIX;

links löwenköpfige Göttin mit Sonnenscheibe, nach links blickend; rechts der König beim Blumenopfer; nach rechts gewandt;

über seiner Schulter: ↓→

hinter ihm Kolumne zwischen Trennstrichen: ↓→

b) In demselben Gebäude verbauter Block.
Martin, op.cit., 211; pl.XXXI.b;

Rest einer Inschrift: ←↓

c) In späterem Grab verbauter Block
PM III², 671; Quibell, Excav. Saqq. 1908-10, 145; pl.LXXXII (8);

Reste von drei Kartuschen:

d) In Kirche verbauter Block.
PM III², 671; Quibell, Excav. Saqq. 1908-10, 147; pl.LXXXVI (5);

rechts Rest der Weißen Krone mit Uräus; davor: ←↓

gegenüber Königstitulatur: ↓→

links darüber [Geier] mit šn-Zeichen; darunter: ↓→

47. Sistrumgriff London UC 16440.
Petrie, Scarabs, pl.LVII (30.1.4); website Petrie Museum;

↓→

48. Menatfragment London UC 16441.
Petrie, Scarabs, pl.LVII (30.1.5); website Petrie Museum;

Seite A: ↓→

Seite B: ↓→

49. Block aus Kapitell, in Zitadelle von Kairo verbaut (aus Memphis?).
PM IV, 72; Champollion, Mon., CCCCXLIII (2);

Ausschnitt aus einer Szenenfolge: König, nach rechts gewandt, präsentiert Sphinx;

links über ihm Sonnenscheibe mit Uräen; darunter: ↓→

gegenüber Schlange mit Rote Krone auf Wappenpflanze; unter ihr: ←↓

dazwischen Königsname: ↓→

die Gottheit rechts vom König ist nicht erhalten, nur der Rest ihrer Rede: ←↓

Hermopolis

50. Stele Kairo JE 72130 aus Jahr 8 mit historischem Bericht und Stiftungsdekreten.
Roeder, MDAIK 9, 1939, 78; id., ASAE 52, 1954, 375-442; pl.VII-XIII; Mysliwiec, Royal Portraiture, 69 (7); pl.LXXVIII.c-d; Bianchi, MDAIK 35, 1979, Taf.3; Chevereau, Prosopographie, 154 (227); David Klotz, JEA 96, 2010, 247-251; N. Spencer, in: L. Bareš u.a. (edd.), Egypt in Transition, Prag 2010, 441-2; Fig.1; Witthuhn, GM 251, 2017, 143-148; Panov, Inscriptions of the Late Period, 46-80; Fotos Museum Kairo; Fotos M. Römer; Kollation W. Schenkel (1966); eigene Kollation;

im Bildfeld oben Flügelsonne mit zwei herabhängenden Uräen;

links und rechts von ihnen: ←→

zwischen ihnen: ←↓

darunter zwei symmetrische Szenen, der König jeweils vor Thot und Nehmet-awai;

– rechte Hälfte Bildfeld: König (rechts) bringt Maat dar vor Thot und Nehmet-awai;

über König: ←↓

über dem Kopf des Königs ein Falke mit ꜥnḫ-Zeichen; unter ihm: ←

hinter König: ←↓

vor ihm: ←↓

über Thot: ↓→

vor ihm: ↓→

über Nehmet-awai: ↓→

vor ihr: ↓→

links hinter Szene: ↓→

– linke Hälfte Bildfeld: König (links) mit Sedfest-Hieroglyphe vor Thot und Nehmet-awai;

über König: ↓→

über dem Kopf des Königs ein Falke mit ꜥnḫ-Zeichen; unter ihm: →

hinter König: ↓→

über Thot: ←↓

vor ihm: ←↓

über Nehmet-awai: ←↓

vor ihr: ←↓

rechts hinter Szene: ←↓

Haupttext unter Bildfeld: →

51. Fragment (rechter Unterschenkel) einer Stehfigur Kairo CG 1078.
Borchardt, Statuen und Statuetten, IV, 47; Kienitz, Politische Geschichte, 207 (62);

auf Rückenpfeiler: ↓

52. Oberteil einer Kolossalfigur aus Kalkstein Kairo JE 87298.
Roeder, Hermopolis, 286; Taf.57b-c; id., MDAIK 9, 1939, 77-78; id., Forschungen und Fortschritte 15, 1939, 291, Abb.1; Josephson, Egyptian Royal Sculpture, 8; pl.3b;
auf Rückenpfeiler zwei identische Kolumnen: ←↓

53. Rechteckiger Altar aus Kalkstein.
PM IV, 168; Daressy, RecTrav 20, 1898, 86 (166); Roeder, Hermopolis, 172; Guermeur, Les cultes d'Amon, 379; A.J. Spencer, Excavations at el-Ashmunein, II, The Temple Area, London 1989, 68;
nur eine der Sockelinschriften war noch lesbar:

54. In Nordwand des unter Domitian gebauten Tempels verbauter Block.
A.J. Spencer, Excavations at el-Ashmunein, II, The Temple Area, London 1989, 73; S.R. Snape, A Temple of Domitian at El-Ashmunein, London 1989, pl.15 (37);
Teil eines Frieses: Falken mit vorgestreckten Flügeln und Sonnenscheibe auf dem Kopf, vor ihnen Kartuschen mit Doppelfederkrone auf Goldhieroglyphe;
Teile von 4 Falken (nach rechts gewandt) und 3 Kartuschen noch erhalten: von links: ←↓

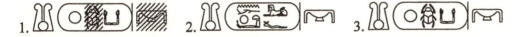

Achmim

54a. Fragment eines Türpfostens, s. den Nachtrag, p.737.

Abydos

55. Beim Weißem Kloster von Sohag gefundene Blöcke (aus Abydos?).
El-Masry, MDAIK 57, 2001, 209, n.27; Klotz, GM 229, 2011, 43; 52 (Fig.8-9);

– auf Granitblock: ↓→

– auf Sandsteinblock: ↓→

56. Osiristempel von Kom es-Sultan und Gründungsdepots.
PM V, 43; (Petrie,) Abydos I, 33; pl.LXX (11); Weinstein, Foundation Deposits, 345 (150); Marlar, in: J.-C. Goyon / Ch. Cardin (edd.); Proceedings of the Ninth International Congress of Egyptologists, Grenoble. 6-12 septembre 2004, OLA 150, 2007, 1254;
Südwestlich des Osiristempel und noch innerhalb der Umfassungsmauer gab es einen Tempel, den Petrie Nektanebos II (> I.) zugeschrieben hatte, „as a fragment of a cartouche ending in *ka*, of very late style, was found here". Zwei in diesem Bereich gefundene Gründungsdepots sind daher auch Nektanebos I. zugewiesen worden, obwohl sie offenbar keine beschrifteten Objekte enthielten. Marlar (loc.cit.) spricht aber von „several more partial cartouches of Nectanebo I".

57. Fragmente von zwei Naoi:
A) Naos Kairo CG 70018
PM V, 71; Roeder, Naos, 53-5; Mysliwiec, Royal Portraiture, Taf.LXXX (a-b); Jenni, Dekoration des Chnumtempels, 95; Mariette, Abydos, II, 36; pl.42a-c; A. Mariette, Catalogue général des monuments d'Abydos, Paris 1880, Nr.1424; U. und A. Effland, Abydos, Tor zur ägyptischen Unterwelt, Darmstadt 2013, 90;

Vorderseite, auf Türsturz rechts: ←

Beginn des rechten Türpfostens: ←↓

rechte Außenwand, linke Hälfte:
König mit Roter Krone (links) bringt Maat dar vor auf Sockel hockendem Pavian mit Sonnenscheibe;

über König Sonnenscheibe mit Uräen; unter ihr: ↓→

über König: ↓→

hinter ihm: ↓→   vor ihm: ↓→

über Pavian: ←↓

rechte Außenwand, rechte Hälfte:
Mann mit Doppelfederkrone bringt Maat dar vor stehender Osirismumie;

über Mann: ↓→   vor ihm: ↓→

über Osiris: ←↓

vor ihm: ←↓

Fragment der linken Außenwand:
Ein Gott (Onuris), nach links gewandt, bringt Maat dar; keine Beischriften erhalten.

Von einem zweiten Gott ist nur die Hand mit der Maat-Figur erhalten; Beischrift: ←↓

Die Innenwände des Naos sind unter Nektanebos II. dekoriert worden, s.u., 77.69.

B) Teil der rechten Wand eines Naos aus dem Weißem Kloster, in der Nordwestecke der Kirche gefunden.
Klotz, GM 229, 2011, 37-52;

Innenwand:

rechts Kolumne: ↓→

links davon zwei Register;
oben (nur Unterteil erhalten) vorn Standarte(?) auf Sockel; dahinter thronende mumienförmige Person mit Szepter; keine Beischriften erhalten;

unten vorn Schakal auf Standarte; über ihm: → vor ihm: ↓→

dahinter Widder auf Sockel; über ihm: ↓→

Außenwand:

Unterteil eines stehenden Mannes, nach rechts gewandt; hinter ihm: ↓→

(rechter) Türpfosten: ←↓

Dendera

58. In der Isiskapelle des Augustus verbaute Blöcke Nektanebos' I.
Cauville, BSFE 123, 1992, 31-48; S. Cauville / A. Lecler, Dendara, Le temple d'Isis, Kairo 2007, XVI-XVII; 3-4; pl.10;

auf Südwand rechts König, mit ausgestreckter Rechter nach links gewandt, gegenüber Göttin (nur Szepter erhalten)

vor König: ←↓ über ihm: ←↓

unter Kartuschen: ←

gegenüber Königstitulatur Geier auf Wappenpflanze; daneben: →

über König Sonnenscheibe; unter ihr: ←

über [Göttin]: ↓→

auf Nordwand zentral König, nach rechts laufend; vor ihm (unten) Meret-Göttin, auf stehend;

vor König: ↓→ vor Meret: ←↓

hinter König ‚Sedfestgruppe':

am linken Rand eingefasste Kolumne: ↓→

59. Die unter Nektanebos I. dekorierten Teile des (älteren) Geburtshauses des Tempels.
PM VI, 105; Daumas, Mammisis de Dendara, 5-20; pl.II-IV; XXI-XXIX id., BIFAO 50, 1951, 133-155; pl.I-XII;
Eingang; Daumas, Mammisis, 5-6;
Türeinfassung innen, rechts: ↓→

dto., links: ←↓

Rückseite der Wand zwischen Tür und Innenraum, rechts: ↓→

dto., links: ←↓

Rückseite des Türsturzes: →←

Die Szenen auf den drei Wänden hat Daumas in folgender Weise angeordnet: 1. unteres Register der Südwand und der südlichen Hälfte der Westwand, 2. das obere Register entsprechend, 3. unteres Register der nördlichen Hälfte der Westwand und der Nordwand; 4. oberes Register der Nordwand und der nördlichen Hälfte der Westwand:
1. Südwand, unteres Register; Daumas, Mammisis de Dendara, 6-9; pl.II; XXI-XXII;
Szene A (links): oben Hathor und Nechbet vor zwei kuhköpfigen Göttinnen, die ein Kind säugen;

vor Hathor: ←↓  über und hinter Nechbet: ←↓

dahinter etwas breitere Kolumne (fehlt bei Daumas): ←↓

vor 1. kuhköpfiger Göttin: ↓→ vor 2.: ↓→

hinter ihnen: ↓→

darunter zwei Kühe, die je ein Kind säugen;

über 1. Kuh: ← vor ihr: ↓→

über 2. Kuh: ← vor ihr: ↓→

Szene B (rechts neben den beiden Kühen): Amun und Hathor mit dem Kind;

vor Amun: ←↓

vor und über Hathor: ↓→

Szene C (darüber): thronende Meschenet; vor, über und hinter ihr: ↓→

rechts davon zwei Betten mit Geburtsszene; auf dem oberen Bett Hathor mit Kind, umgeben von neun Göttinnen;
Beischriften (Nummern nach Daumas) zu vier knienden Frauen links von Hathor; von links:

9. ↓→   10. ↓→   11. ↓→   12. ↓→

zu Hathor und fünf Frauen rechts von ihr (von links): 13. ←↓   14. ←↓

15. ←↓   16. ←↓   17. ←↓   18- ←↓

links und rechts von dieser Gruppe je eine Kolumne (ohne Darstellung):

8. ↓→   19. ←↓

darunter zwei Register mit Gottheiten unter und an den Betten; mittleres Register mit zehn Personen:

von links, zu 1. (20): →   zu 4. (21): ↓→

zu 8. (22): ←   zu 9. (23): ←   zu 10. (24): ←

unteres Register: zentral hieroglyphische Gruppe (28): ;

rechts davon (29): ←↓

rechts daneben drei falkenköpfige Götter (30); über ihnen: ←

ganz rechts Bes (31); über ihm: ←

links von zentraler Gruppe (27): ↓→

links daneben drei schakalköpfige Götter (26); über ihnen: →

ganz links Nilpferdgöttin; vor ihr(?): →

Szene D (unteres Register, ganz rechts); Hathor übergibt Kind an Sonnengott, hinter ihr Thot;
über Sonnengott: ←↓

über Kind: ↓→

über Hathor: ↓→

über Thot: ↓→

vor ihm: ↓→

Westwand, Szene A (unteres Register, links); Daumas, Mammisis de Dendara, 9-10; pl.III; XXIV.B;
links stehender Thot mit Szepter, ihm gegenüber zwei Reihen von Göttern und Göttinnen, oben acht,
unten sieben Personen;

über Thot: ↓→

über den Gottheiten gegenüber, obere Reihe: ←↓

1.   2.   3.   4.

5.   6.   7.   8.

untere Reihe: ←↓

9. [hieroglyphs] 10. [hieroglyphs] 11. [hieroglyphs] 12. [hieroglyphs]

13. [hieroglyphs] 14. [hieroglyphs] 15. [hieroglyphs]

2. Südwand, oberes Register; Daumas, Mammisis de Dendara, 10-13; pl.II; XXIII; XXIV.A;
Szene E (links): links ein stehender Mann, nach rechts gewandt, ihm gegenüber Chnum, der König, Heket und Anubis;

über Mann links: ↓→

über Chnum: ←↓

über König: ←↓

neben Kartuschen Flügelsonne; darunter: ←↓

über Heket: ←↓

über Anubis: ←↓

Szene F (rechts von E): rechts zwei Götter, die ein Kind präsentieren, alle nach links gewandt; links von ihnen 15 thronende Gottheiten in drei Reihen, nach rechts gewandt;
unter dem Kind und zwischen den beiden Göttern: ←↓

über Kind: ←↓

über 1. Gott: ←↓

über 2. Gott: ←↓

vor 15 Gottheiten: ↓→

[hieroglyphs]

vor den einzelnen Gottheiten, obere Reihe: ↓→

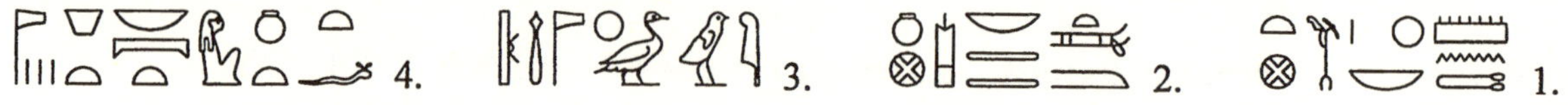

[hieroglyphs] 4.   [hieroglyphs] 3.   [hieroglyphs] 2.   [hieroglyphs] 1.

[hieroglyphs] 5.   mittlere Reihe:

[hieroglyphs] 10.   [hieroglyphs] 9.   [hieroglyphs] 8.   [hieroglyphs] 7.   [hieroglyphs] 6.

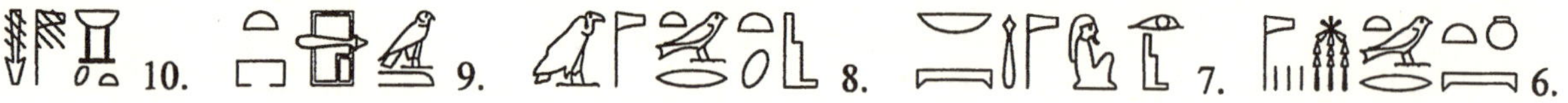

untere Reihe:

[hieroglyphs] 15.   [hieroglyphs] 14.   [hieroglyphs] 13.   [hieroglyphs] 12.   [hieroglyphs] 11.

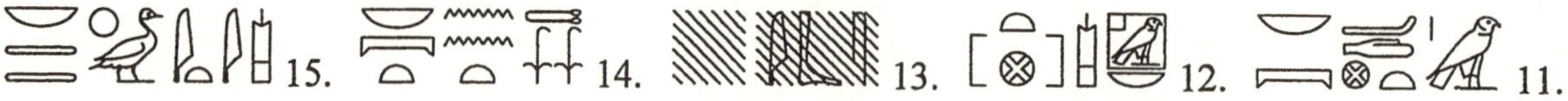

Szene G (rechts von F): 12 sitzende Gottheiten in zwei Reihen, die Frauen mit ḥmwst-Zeichen auf dem Kopf, die Männer mit k3-Hieroglyphe; über den sechs Paaren, von links: ←↓

obere Reihe:

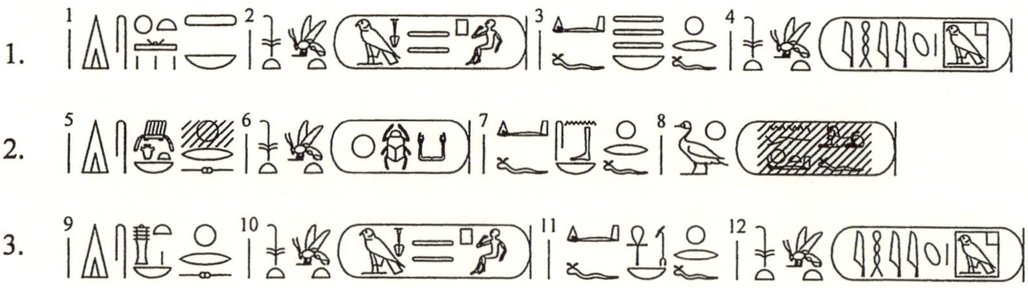

1. [hieroglyphs with numbers 1, 2, 3, 4]

2. [hieroglyphs with numbers 5, 6, 7, 8]

3. [hieroglyphs with numbers 9, 10, 11, 12]

untere Reihe:

4. [hieroglyphs with numbers 13, 14, 15, 16]

5. [hieroglyphs with numbers 17, 18, 19, 20]

6. [hieroglyphs with numbers 21, 22, 23, 24]

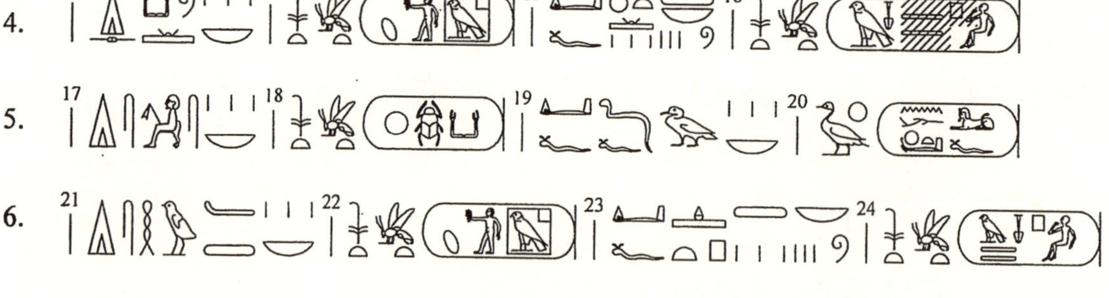

Westwand, oberes Register, linke Hälfte; Daumas, Mammisis de Dendara, 13; pl.III; XXV.A;

Szene C: thronende Hathor (rechts) säugt König, ihr gegenüber Thot, Nechbet und Harsomtus; über Hathor: ←↓

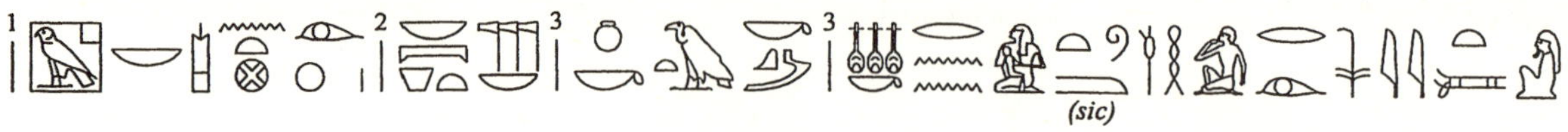

[hieroglyphs with numbers 1, 2, 3, 3 (sic)]

über Thot: ↓→

vor ihm: ↓→

über Nechbet: ↓→

vor ihr: ↓→

über Harsomtus: ↓→

vor ihm: ↓→

3. Westwand, unteres Register, rechte Hälfte; Daumas, Mammisis de Dendara, 14; pl.III; XXVI.A; Szene B: links thronender Amun, ihm gegenüber Neunheit;

über Amun: ↓→

über Month: ←↓

vor ihm: ←↓

über Atum: ←↓

vor ihm: ←↓

Nordwand, unteres Register, Szene A (Fortsetzung Neunheit, Szene B); Daumas, Mammisis de Dendara, 14-16; pl.IV; XXVII; XXVI.B;

über Schu: ←↓

vor ihm: ←↓

über Tefnut: ←↓

vor ihr: ←↓ [hieroglyphs]

über Geb: ←↓

[hieroglyphs]

vor ihm: ←↓ [hieroglyphs]

über Nut: ←↓ [hieroglyphs]

vor ihr: ←↓ [hieroglyphs]

über Osiris: ←↓ [hieroglyphs]

vor ihm: ←↓ [hieroglyphs]

über Isis: ←↓ [hieroglyphs]

vor ihr: ←↓ [hieroglyphs]

über Horus: ←↓

[hieroglyphs]

vor ihm: ←↓ [hieroglyphs]

über Nephthys: ←↓ [hieroglyphs]

vor ihr: ←↓ [hieroglyphs]

über Horus Behdeti: ←↓ [hieroglyphs]

vor ihm: ←↓ [hieroglyphs]

über Hathor: ←↓ [hieroglyphs]   vor ihr: ←↓ [hieroglyphs]

über Harsomtus: ←↓ [hieroglyphs]

vor ihm: ←↓ [hieroglyphs]

über Tjenenet: ←↓ [hieroglyphs]

vor ihr: ←↓ [hieroglyphs]

über Iunit: ←↓ [hieroglyphs]

vor ihr: ←↓ [hieroglyphs]

vor und über Thot: ←↓

[hieroglyphs]

rechts davon Tür; oben Flügelsonne; links von ihr: ← [hieroglyphs]   rechts von ihr: → [hieroglyphs]

auf linkem Türpfosten: ↓→

[hieroglyphs]

auf rechtem Türpfosten: ←↓

[hieroglyphs]

4. Nordwand, oberes Register; Daumas, Mammisis de Dendara, 17-19; pl.IV; XXVIII-XXIX; Szene B:

rechts Standarte mit Schakal; darunter: ←↓ [hieroglyphs]

links davon stehender Amun mit Doppelfederkrone, nach links gewandt; über, vor und hinter ihm: ←↓

[hieroglyphs]

Amun gegenüber Heket, Hathor (beide nach hinten gewandt) und Chnum; über Heket: ←↓

[hieroglyphs]

über Hathor: ←↓

über Chnum: ↓→

Szene C (links neben Szene B): Chnum hält Hathor an der Hand;

über Hathor: ←↓

über Chnum: ↓→

Szene D (links neben Szene C): Thot mit ausgestrecktem Arm vor Hathor;

über Hathor: ←↓

über Thot: ↓→

Szene E (links neben Szene D): thronender Chnum mit Kind auf Töpferscheibe, rechts davor kniet Heket; über Heket: ←↓

über Kind: →

über Chnum: ↓→

Szene F (links neben Szene E): Chnum (rechts) gegenüber Amun;
über Chnum: ←↓

über Amun: ↓→

Szene G (links neben F): Amun und Hathor auf Bett sitzend, davor steht Chnum;
vor und hinter Amun: ↓→

über und hinter Hathor: ←↓

über und hinter Chnum: ←↓

Westwand, oberes Register; Daumas, Mammisis de Dendara, 19-20; pl.III; XXV.B;
Szene D: thronende Hathor mit Kind (links) vor Seschat, Uto und Re-Harachte;

Kolumne links: ↓→

über Hathor: ↓→

über Kind: ←↓

75. Nektanebos I.

über Seschat: ←↓ [hieroglyphs]

vor ihr: ←↓ [hieroglyphs]

über Uto: ←↓

[hieroglyphs]

vor ihr: ←↓ [hieroglyphs]

über Re-Harachte: ←↓

[hieroglyphs]

Alle drei Wände haben oben einen Fries mit Kartuschenpaaren, die jeweils von drei ḫkr-Zeichen eingerahmt sind.

Südwand: 15 Paare ↓→ [cartouches]

Nordwand: 15 Paare ←↓ [cartouches]

Westwand links: 4x ↓→ [cartouches]   rechts 4x ←↓ [cartouches]

an Decke (Rest): → ←

[hieroglyphs]

Koptos

60. Stele Kairo TN 25/10/24/1 = JE 25980 aus Jahr 16.
PM V, 130; Maspero, ZÄS 23, 1885, 4-5; Lombardi, BSEG 29, 2011-2013, 93-110; De Meulenaere, BIFAO 53, 1953, 96; Kienitz, Politische Geschichte, 202 (13); Mysliwiec, Royal Portraiture, 70 (10); Traunecker, Coptos, hommes et dieux sur le parvis de Geb, OLA 43, 1992, 311 (§ 251); Grallert, Bauinschriften, 434; 672;

oben Flügelsonne mit Uräen; zwischen ihnen: ↓→ [hieroglyphs] (ohne Kartusche);

links und rechts davon: [hieroglyphs] ← → [hieroglyphs]

im Bildfeld darunter König (rechts) mit sḫt-Feld vor ithyphallischem Min und Harsiese;

über König: ←↓ [cartouches]

vor ihm: ←↓ [hieroglyphs]

über Min: ↓→ [hieroglyphs]   hinter ihm: ↓→ [hieroglyphs]

über Harsiese: ↓→ [hieroglyphs]

unter Bildfeld: →

[hieroglyphs]

61. Naos Kairo CG 70019.
PM V, 133; Legrain, ASAE 6, 1905, 122-3; Rowe, ASAE 38, 1938, 138-9; Roeder, Naos, 55-57; Taf.15; 49a-c; Kienitz, Politische Geschichte, 208 (67); eigene Fotos;

rechter Türpfosten: ←↓

[hieroglyphs]

linker Türpfosten: ↓→

[hieroglyphs]

Die Blöcke eines Königs *Ḫpr-k3-Rˁ* (vgl. LD Text II, 256 [oben]), die PM V, 132 entweder Sesostris' I. oder Nektanebos' I. zuweisen möchte, gehören wohl ersterem, s. E. Hirsch, Kultpolitik und Tempelbauprogramme der 12. Dynastie, Berlin 2004, 50; 280 (136).

Theben und Umgebung

62. Tor (Bab el-Melacha) bei Gegentempel des Amun-Re-Harachte in Karnak-Ost
PM II², 208; eigene Abschrift;

– Tordurchgang, Ostteil, Nordhälfte (PM 208; pl.XVIII [5]):
König (rechts) bringt Sphinx-Gefäß dar vor Amun und Chons (Gesichter aller Figuren ausgehackt);

über König: ←↓/←

darüber Geier mit *šn*-Zeichen; unter ihm: [hieroglyph] ; links Schlange mit Roter Krone auf Wappenpflanze;

über ihr: [hieroglyph] ; unter ihr: ↓→

über Amun: ↓→

vor ihm: ↓→ [hieroglyphs]

über Chons: → [hieroglyphs]   ↓→ [hieroglyphs]

vor ihm: ↓→ [hieroglyphs]

– Tordurchgang, Ostteil, Südhälfte (PM II², 208; pl.XVIII [4]):
Bei der entsprechenden Darstellung auf der Südseite ist der König samt Beischriften völlig zerstört.

über Amun: ←↓ [hieroglyphs]

vor ihm: ←↓ [hieroglyphs]

über Chons: ←↓ [hieroglyphs]   ←↓ [hieroglyphs]

vor ihm: ←↓ [hieroglyphs]

– Tordurchgang, Mitte, Nordhälfte (PM II², 208; pl.XVIII [7]):

Der untere Teil ist mit sieben Reihen eines wechselnden Musters dekoriert: Die Reihen 1, 3, 5 und 7 enthalten je sieben gleiche Elemente: ein ꜥnḫ-Zeichen mit Armen hält links und rechts ein wꜣs-Zeichen, darunter der nb-Korb: [hieroglyph]. Die Reihen 2, 4 und 6 bestehen aus Kartuschen auf nb-Korb, jeweils getrennt durch eine Figur, die auf einem nb-Korb sitzt und zu beiden Seiten eine Jahreshieroglyphe hält ([hieroglyph]), eine Sonnenscheibe mit Uräusschlangen darüber. Die Gesichter all dieser Figuren sind ausgehackt worden. Die Kartuschen sind abwechselnd Thronname [cartouche] und Eigenname [cartouche] . Die vier Reihen enthalten daher sechsmal den Thronnamen und fünfmal den Eigennamen.

– Tordurchgang, Mitte, Südhälfte (PM II², 208; pl.XVIII [6]):

Das gleiche Muster ist hier weitgehend zerstört. Erhalten ist nur im oberen Bereich eine Reihe von [hieroglyph] - Hieroglyphen, darüber sind noch sieben nb-Körbe zu sehen.

– Tordurchgang, Westteil, Nordhälfte (PM II², 208; pl.XVIII [9]; Champollion, Mon., CCCIX [2]; LD III, 284 [k]):

König (rechts) opfert Maat vor Amun und Mut (Gesichter aller Figuren ausgehackt); über König: ←↓

[hieroglyphs]

vor ihm: ←↓ [hieroglyphs]   hinter ihm: ←↓ [hieroglyphs]

über König Geier mit šn-Zeichen; links von ihm: ← [hieroglyphs] ; unter ihm: [hieroglyph] links von Königstiteln Schlange mit Roter Krone auf Wappenpflanze;

links neben ihr: ↓→ [hieroglyphs] ; unter ihr: ↓→ [hieroglyphs]

über Amun: ↓→ [hieroglyphs]

vor ihm: ↓→ [hieroglyphs]

über Mut: ↓→ [hieroglyphs]

vor ihr: ↓→ [hieroglyphs]

– Tordurchgang, Westteil, Südhälfte (PM II², 208; pl.XVIII [8]);
Szene fast vollständig zerstört; nur Spitze der Federkrone des Amun erhalten;

links davon: ←↓ [hieroglyphs]

63. Säulenhof im Tempel des Horpare (Geburtshaus?) im Monthbezirk.
PM II², 11; Karnak I, 31, fig.25; pl.XCIII; Arnold, Temples of the Last Pharaohs, 101

Fragmente von Architrav: → [hieroglyphs]

[hieroglyphs]

Reste je einer Kolumne auf zwei Säulen:

A) ↓→ [hieroglyphs]

B) ←↓ [hieroglyphs]

64. Tor vor Tempel der Maat im Monthbezirk (von Nektanebos II. weitergeführt).
PM II², 11-12; Karnak I, 27; pl.LXXVII; Mekhitarian, CdE 24, 1949, 235-9; Arnold, Temples of the Last Pharaohs, 116; Th. Grothoff, Die Tornamen der ägyptischen Tempel, Aachen 1996, 456;

Äußerer (südlicher) Torpfosten, links (Westseite):
König (links) bringt Maat dar, Gottheit gegenüber nicht erhalten;

vor König: ↓→ [hieroglyphs]   hinter ihm: ↓→ [hieroglyphs]

vor Gottheit: ←↓ [hieroglyphs]   unter der Szene zwei Zeilen: →

[hieroglyphs]

Fragmente aus der Hohlkehle enthielten Reste von drei Kartuschen des *Ḫpr-k3-Rʿ*, s. CdE 24, 236.

Es ist möglich, dass dieses Tor von Nektanebos I. gebaut und dekoriert wurde und nur bestimmte Zusätze oder Ergänzungen von Nektanebos II. stammen. Da aber in der erhaltenen Dekoration ganz überwiegend dessen Name bezeugt ist, sind die anderen Teile alle unter 77.147 aufgenommen worden, s. dort.

65. Kapellen Nektanebos' I beim Osttempel (N) Thutmosis' III in Karnak.
PM II², 217-8; pl.XVII; Varille, ASAE 50, 1950, 158-160; 166-7; eigene Fotos;

A) Norddkapelle:
– rechter (nördlicher) Türpfosten; PM II², 217 [30.b]; ASAE 50, 159; pl.XXVI (1, rechts); Mysliwiec, Royal Portraiture, pl.LXXVII,c;
König mit Roter Krone, nach links gewandt;

über ihm: [hieroglyphs]   darunter: [hieroglyphs]

links [Schlange] auf Wappenpflanze: [hieroglyphs]   neben ihr: [hieroglyphs]

vor König: [hieroglyphs]

hinter ihm: [hieroglyphs]

– linker (südlicher) Türpfosten; PM II², 217 [30.a]; Mysliwiec, Royal Portraiture, pl.LXXVII,a;
König (Krone nicht erhalten) nach rechts gewandt; über ihm nur Reste der Königstitulatur:

[hieroglyphs]

vor ihm: [hieroglyphs]

hinter ihm: [hieroglyphs]

– im Durchgang, Nordseite; PM II², 217 [30.d]; ASAE 50, 159;

[hieroglyphs]

dto., Südseite; PM II², 217 [30.c]; ASAE 50, 159;

[hieroglyphs]

– nördliche Außenwand; PM II², 218 [40]; ASAE 50, 159-160; pl.XXVIII;
König (links) präsentiert Maat vor Amun und Chons;

über König: [hieroglyphs]

links vom Königsnamen: [hieroglyph] (vermutlich unter Geier mit *šn*-Zeichen) rechts von Königsnamen Wappenpflanze [mit Schlange]; neben ihr: ←↓ [hieroglyphs]

vor König: ↓→ [hieroglyphs] [...]   hinter ihm: ↓→ [hieroglyphs]

über Amun: ←↓ [...] [hieroglyphs] ¹[...] [hieroglyphs] ²[...] [hieroglyphs] ³[...]

vor ihm: ←↓ [hieroglyphs]

über Chons (Block fehlt heute): ←↓ [...] [hieroglyphs]

vor ihm: ←↓ [hieroglyphs] [...]

– südliche Außenwand; PM II², 218 [39]); ASAE 50, 159; pl.XXX;
König (rechts, nur bis Schultern erhalten) präsentiert Maat vor Amun und Mut;

vor König: ←↓ [hieroglyphs]

hinter ihm: ←↓ [hieroglyphs]

über Amun: ↓→ [hieroglyphs] [...] ²[hieroglyphs] [...] ¹   vor ihm: ↓→ [...] [hieroglyphs] [...]

über Mut: ↓→ [hieroglyphs] [...]

B) Südkapelle:
– rechter (nördlicher) Türpfosten, nur untere Hälfte; PM II², 217 (28); Varille, ASAE 50, 1950, 166-7; pl.XXXIV;
König, nach links gewandt;

vor ihm: ←↓ [hieroglyphs]

hinter ihm: ←↓ [hieroglyphs]

im Durchgang, Nordseite: ↓→ [hieroglyphs] [...]

– linker (südlicher) Türpfosten: keine Dekoration oder Inschriften erhalten; ASAE 50, 166;

– nördliche Außenwand; PM II², 218 [35]; ASAE 50, 167; pl.XXXV;
König (links, nur Unterteil erhalten) präsentiert Maat vor Amun und Chons (nur Reste);

über König Rest einer Kartusche: ↓→ [hieroglyphs]

vor ihm: ↓→ [hieroglyphs] [...]   hinter ihm: ↓→ [hieroglyphs]

über Amun: ←↓

[hieroglyphs with line numbers 1, 2, 3]

über Chons: ←↓ [...] [hieroglyphs]

66. Inschriftenband (in großen Hieroglyphen) auf der Basis der äußeren Nordwand des Chonstempels in Karnak.
PM II², 243; unpubl., eigene Abschrift; Fotos M. Römer;
linke (östliche) Hälfte: →

[hieroglyphs]

rechte (westliche) Hälfte: ←

[hieroglyphs]

67. Szenen Nektanebos' I. auf der Außenseite der Nordwand des Chonstempels, über diesem Inschriftenband.
Unpubl., s. PM II², 243 (126, ‚Nektanebos II'); Laroche / Traunecker, in: Karnak VI, 180, n.2; Fotos OIC 3324; 5788.
Die Szenen und Beischriften auf dieser Wand sind ohne größeren Aufwand und technische Hilfsmittel nicht adäquat wiederzugeben. Hier nur einige Hinweise zum Layout und zu den Szenen anhand von Fotos; die Lesungen sind im einzelnen oft unsicher.

Auf der rechten (westlichen) Hälfte der Wand links eine großformatige Szene: thronender Chons, hinter ihm stehende Hathor, beide nach rechts gewandt, gegenüber König (nur Unterteil erhalten);
über Chons: ↓→

[hieroglyphs with line numbers 4, 3, 2, 1]

über Hathor: →↓→ [hieroglyphs with line numbers 2, 1]

über König: ←↓ [hieroglyphs with line numbers 1, 2, 3]

(Zeile darunter endet auf [hieroglyph]) Kolumne rechts dahinter: ←↓

[hieroglyphs] [...]

rechts davon zwei Register übereinander mit je drei Szenen;

– oberes Register:

1. Szene von rechts: thronender Gott, nach rechts gewandt, hinter ihm stehende Göttin; gegenüber der König, hinter diesem weibliche Gestalt; keine Beischriften mehr erkennbar.

2. Szene von rechts: thronender Gott (Thot), nach rechts gewandt, hinter ihm stehende Göttin;

hinter Gott: ↓→ [...]

gegenüber der König: hinter ihm: ←↓ [...] dahinter eingefasste Kolumne:

←↓ [...]

3. Szene von rechts: thronender Gott (Amun), nach rechts gewandt, hinter ihm stehende Göttin; gegenüber der König, der ein längliches Gebäck (o.ä.) darbringt;

vor König: ←↓ [...] hinter ihm: ←↓ [...]

in Kolumne hinter ihm: ←↓ [...]

– unteres Register:

1. Szene von rechts: links Amun mit Federkrone; vor ihm: ↓→

hinter ihm Mut mit Doppelkrone; vor ihr: ↓→

gegenüber König mit Roter Krone, hinter ihm Gott mit Jahresrispe und Sedfesten; über König: ←↓

vor ihm: ←↓

links davon [Schlange auf Korb]; darunter: ↓→

2. Szene von rechts: links Chons und Hathor stehend; gegenüber König Maat darbringend;

über Chons: ↓→

über Hathor: ↓→

über König: ←↓

links davon Geier auf Korb; über ihm: → unter ihm: ↓→

Kolumne hinter ihm: ←↓

[hieroglyphs]

3. Szene von rechts: links Rest der Federkrone des Amun, dahinter alles zerstört; gegenüber König (nur Oberteil) mit Weingefäßen;

über Amun: ↓→ [hieroglyphs]

über König: ←↓ [hieroglyphs]   Kolumne hinter ihm: ←↓

[hieroglyphs]

In der linken (östlichen) Hälfte der Wand rechts eine großformatige Szene: thronender Amun und hinter ihm stehende Mut, nach links gewandt; ihnen gegenüber steht der König räuchernd und libierend;
über Amun: ←↓

[hieroglyphs]

über Mut: ←↓ [hieroglyphs]

über dem König Reste der Titulatur: ↓→

[hieroglyphs]   darunter wohl: → [hieroglyphs]

Kolumne hinter ihm: ↓→ [hieroglyphs]

links davon ebenso zwei Register übereinander mit je drei Szenen;

– oberes Register:
es sind nur die Umrisse einiger Figuren zu erkennen; es handelt sich vermutlich jeweils um einen thronenden Gott und eine stehende Göttin hinter ihm, beide nach links gewandt, gegenüber der König stehend; es sind (ohne Hilfsmittel) keinerlei Beischriften mehr zu erkennen.

– unteres Register:
1. Szene von rechts: Gott und Göttin, beide stehend, nach links gewandt, gegenüber der König; nur wenige Reste von Beischriften:

vor Göttin: ←↓ [hieroglyphs]

vor König: ↓→ [hieroglyphs]   hinter ihm: ↓→ [hieroglyphs]

2. Szene von rechts: König (links) vor Gott und Göttin (nur Unterteile); keine Beischriften erhalten;

3. Szene von rechts: nur die Beine der Person links (König) erhalten, keine Beischriften.

68. Dekoration des Tores des Opettempels in Karnak.
PM II², 245; Chevrier, ASAE 49, 1949, 5; Varille, ASAE 53, 1956, 79-107; de Wit, Temple d'Opet, I, 2-5; 7-12; III, 1-5.
Die Beischriften sind in einigen Fällen in ptolemäischer Zeit überarbeitet worden.

A) Türpfosten außen, Nordseite; Temple d'Opet, 3; ASAE 53, 80-2; pl.III;
links König mit Keule und Szepter, gegenüber Gott und Göttin (Köpfe fehlen);

vor Gott: ←↓ [hieroglyphs]   vor Göttin: ←↓ [hieroglyphs]

hinter König: ↓→ [hieroglyphs]

B) Türpfosten außen, Südseite; Temple d'Opet, 3; ASAE 53, 82-3; pl.IV;
rechts König mit Keule und Szepter, gegenüber Gott und Göttin (Köpfe fehlen);

vor Göttin: ↓→ [hieroglyphs]   vor Gott: ↓→ [hieroglyphs]

hinter König: ←↓ [hieroglyphs]

C) Vorderer Tordurchgang, Nordseite; Temple d'Opet, 4; ASAE 53, 83-4; pl.V;
links König, Maat darbingend, vor Gott und Göttin (Köpfe fehlen);

hinter König: ↓→ [hieroglyphs]   vor ihm: ↓→ [hieroglyphs]

Darunter Zeile mit Erneuerungsvermerk (*sm3wj mnw*) Ptolemaios' III.

D) Vorderer Tordurchgang, Südseite; Temple d'Opet, 5; ASAE 53, 84; pl.VI;
rechts König, Maat darbingend, vor Gott (Köpfe fehlen); linker Teil der Szene mit Göttin zerstört;

vor König: ←↓ [hieroglyphs]   hinter ihm: ←↓ [hieroglyphs]

vor Gott: ↓→ [hieroglyphs]

H) Hinterer Tordurchgang, Nordseite, Unterteile von fünf Szenen; Temple d'Opet, 7-9; ASAE 53, 99-101; pl.X;

1. von links: König (links) vor Göttin;

vor König: ↓→ [hieroglyphs]   hinter ihm: ↓→ [hieroglyphs]

dahinter abgetrennte Kolumne: ↓→ [hieroglyphs]

vor Göttin: ←↓ [hieroglyphs]

2. von links: König (links) vor Gott;

vor König: ↓→ [hieroglyphs]   hinter ihm: ↓→ [hieroglyphs]

dahinter abgetrennte Kolumne: ↓→ [hieroglyphs]

vor Gott: ←↓ [hieroglyphs]

3. von links: König (links) mit Stoffopfer vor Göttin;

vor König: ↓→ [hieroglyphs] [hieroglyphs]   hinter ihm: ↓→ [hieroglyphs […]

dahinter abgetrennte Kolumne: ↓→ [hieroglyphs] […]

vor Göttin: ←↓ [hieroglyphs]

4. von links: König (links) vor Gott;

vor König: ↓→ [hieroglyphs] […]   hinter ihm: ↓→ [hieroglyphs] […]

dahinter abgetrennte Kolumne: ↓→ [hieroglyphs] […]

vor Gott: ←↓ [hieroglyphs]

5. von links: König (links) mit Blumenstrauß vor Göttin;

vor König: ↓→ [hieroglyphs]   hinter ihm: ↓→ [hieroglyphs] […]

dahinter abgetrennte Kolumne: ↓→ [hieroglyphs] […]

vor Göttin: ←↓ [hieroglyphs]

H') Türpfosten innen, Nordseite; Temple d'Opet, 9; ASAE 53, 105-6; pl.XII;
König (links) mit Szepter weiht Rinderopfer vor Gott und Göttin;

vor König: ↓→ [hieroglyphs]

vor Gott: ←↓ [hieroglyphs]   vor Göttin: ←↓ [hieroglyphs]

J) Hinterer Tordurchgang, Südseite, fünf Szenen; Temple d'Opet, 10-12; ASAE 53, 101-105; pl.XI;

1. von rechts: König (rechts) räuchert vor Göttin;

vor König: ←↓ [hieroglyphs]   vor Göttin: ↓→ [hieroglyphs]

Kolumne hinter König nicht erhalten;

2. von rechts: König (rechts) präsentiert Opfergaben vor Gott;

vor König: ←↓ [hieroglyphs]   hinter ihm: ←↓ [hieroglyphs]

dahinter abgetrennte Kolumne: ←↓

vor Gott: ↓→

3. von rechts: König (rechts) präsentiert Papyrusbündel vor Göttin;

vor König: ←↓   hinter ihm: ←↓

dahinter abgetrennte Kolumne: ↓→ (!)

vor Göttin: ↓→

4. von rechts: König (rechts) präsentiert Maat vor Gott;

vor König: ←↓   hinter ihm: ←↓

dahinter abgetrennte Kolumne: ←↓

vor Gott: ↓→

5. von rechts: König (rechts) mit Weingefäßen vor Göttin;

vor König: ←↓   hinter ihm: ←↓

dahinter abgetrennte Kolumne: ←↓

vor Göttin: ↓→

K) Türpfosten innen, Südseite; Temple d'Opet, 12; ASAE 53, 106-7; pl.XIII;
König (rechts) mit Szepter weiht Rinderopfer vor Gott und Göttin;

vor König: ←↓

vor Göttin: ↓→   vor Gott: ↓→

69. Inschriften Nektanebos' I. im Mutbezirk von Karnak:

– Erneuerungsinschrift im Torweg des 2. Pylons von Tempel A.
PM II², 271 (6); Daumas, Mammisis, 51; Fazzini, in: E. Ehrenberg (ed.), Leaving no stones unturned. Essays on the Ancient Near East and Egypt in Honor of Donald P. Hansen, Winona Lake 2002, 70; id., in: Fs Martin, 113; 114, Fig.10a-b;

auf Nordseite: →

auf Südseite: ←

– Erneuerungsinschrift (?) an der Rückseite des Nordflügels des 3. Pylons von Tempel A.
Fazzini, in: Fs Martin, 113; 115, Fig.11;

← [···] [···]

– Sandsteinfragment, bei Sphinxallee vor Muttempel gefunden.
Fazzini, in: Fs Martin, 117; 118, Fig.15a;

Reste von zwei Kolumnen:

links: ↓→ [··· ···]   rechts: ←↓(?) [···] [···]

70. Stele Kairo TN 22/3/37/2, vermutlich aus Karnak.
PM VIII.4, 371; Habachi, Kêmi 20, 1970, 230-2; Fig.1; pl.XXIa (gibt Nr. als 28/3/37/2); Grallert, Bauinschriften; 361; 672; C. Wallet-Lebrun, Le grand livre de pierre, Paris 2009, 341;

oben Flügelsonne mit Uräen; beiderseits der Uräen: ← →

im Bildfeld darunter links Amun, ihm gegenüber König; rechts Göttin mit Bogen und *W3st*-Zeichen auf dem Kopf, nach rechts (außen) gewandt;

über Amun: ↓→

über König: ←↓

vor ihm: ←↓   über Göttin rechts: ↓→

unter Bildfeld: →

71. In einer ptolemäischen Kapelle in der Südwestecke der Umfassungsmauer von Karnak verbaute Fragmente einer königlichen Stele.
Traunecker, Karnak VII, 1982, 339-54; Texte (weitgehend) nach der Rekonstruktion von Traunecker:

Kolumne rechts außen: ←↓

[hieroglyphs]

Kolumne links außen: ↓→

[hieroglyphs]

Kolumne rechts innen: ←↓

[hieroglyphs]

Kolumne links innen: ↓→ [hieroglyphs]

in einem Bildfeld unten König (rechts) vor sitzender Gottheit;

hinter Gott: ↓→ [hieroglyphs]

72. Sphingenallee zwischen Luxor und Karnak.
PM II², 302; Leclant, Or 19, 1950, 362-3; Tab.XXXIII (Fig.3); XXXV (Fig.6); M. Abd el-Razik, MDAIK 23, 1968, 156-9; Taf.XLIII-L; M. Abdel-Qader Muhammad, ASAE 60, 1968, 232-236; pl.LXXXV-LXXXVI; XC-CIV; Grallert, Bauinschriften, 239-240; 672-3; A. Cabrol, Les voies processionnelles de Thèbes, OLA 97, 2001, 285-296; Msyliwiec, Royal Portraiture, pl.LXXXI-LXXXIV; Josephson, Egyptian Royal Sculpture, 8-9; pl.3a; eigene Abschriften;

Die Sphingen werden auf der östlichen und der westlichen Seite von Süden (vom Luxortempel) her nach Norden durchgezählt. Die Inschriften der südlichen Sphingen sind allgemein am besten erhalten. Bei den weiter nördlichen (ab O.28 und W.39) ist ihre Reihenfolge bei den Arbeiten der letzten Jahre teilweise geändert worden, d.h. sie sind auf andere bzw. neue Basen gesetzt worden. Die hier gegebene Reihenfolge ist die des Jahres 2019.

Die Sockel sind, sofern erhalten, vorn und an den Seiten mit je zwei Inschriften versehen, die in der Mitte der Vorderseite mit einem zentralen ꜥnḫ-Zeichen beginnen, an das sich die fünfteilige Königstitulatur schließt (die Schreibungen von nb tꜣwj und nb ḫꜥw können variieren):

rechte Hälfte: →

[hieroglyphs]

linke Hälfte: ←

[hieroglyphs]

Auf diese unveränderliche Titulatur folgen dann jeweils unterschiedliche eulogische Erweiterungen, oft auf beiden Seiten gleich (wenn auch kaum jemals identisch). Hier werden nur diese Erweiterungen wiedergegeben, immer in der Reihenfolge rechte Seite (→) – linke Seite (←).

Östliche Reihe (von Süden nach Norden):

O.1 (vgl. ASAE 60, pl.XC):

O.2 (vgl. ASAE 60, pl.XCI):

O.3 (vgl. ASAE 60, pl.XCII):

O.4 (vgl. ASAE 60, pl.XCIII):

O.5:

O.6:

O.7 (vgl. W.30):

O.8:

O.9 (vgl. W.19):

O.10 (vgl. O.56):

O.11:

O.12 (vgl. W.25):

O.13:

O.14 (vgl. W.15):

[hieroglyphs]

O.15:

[hieroglyphs]

O.16:

[hieroglyphs]

O.17:

[hieroglyphs]

O.18 (vgl. W.13):

[hieroglyphs]

Am Ende der Inschrift ist jeweils die Phrase *rdj.sn n.f ḥḥ n rnpwt ḏt* in *rdj ḥḥ n rnpwt n Nḫt-nb.f* umgeändert worden – oder auch umgekehrt.

O.19: Inschriften zerstört, nur auf der linken Seite vorne geringe Reste der Königstitulatur.

O.20:

[hieroglyphs]

Es wäre möglich, dass am Ende *nfrw Jmn-R*^{c} in [hieroglyphs] geändert worden ist.

auf der linken Seite ist nur vorne der Rest einer Kartusche erhalten.

O.21:

[hieroglyphs]

O.22:

[hieroglyphs]

O.23:

[hieroglyphs]

O.24:

[hieroglyphs]

O.25 (vgl. W.26):

[hieroglyphs]

O.26:

[hieroglyphs]

O.27 – O.39: Keine Inschriften erhalten.

O.40

[hieroglyphs]

Inschrift der linken Seite weitestgehend zerstört, aber wohl nicht identisch mit der der rechten Seite.

O.41 – O.42: Keine Inschriften erhalten.

O.43:

O.44: Keine Inschriften erhalten.

O.45:

O.46 – 48: Keine Inschriften erhalten.

O.49: Nur Reste der Königstitulatur vorn und rechts erhalten.

O.50 – 51: Keine Inschriften erhalten.

O.52:

Auf der rechten Seite nur der Goldhorusname zu Beginn erhalten.

O.53: Keine Inschriften erhalten.

O.54:

Auf der linken Seite keine Inschrift erhalten.

O.55: Keine Inschriften erhalten.

O.56:

Auf der rechten Seite keine Inschrift erhalten.

vgl. O.10

O.57 – O.61: Keine Inschriften erhalten.

O.62:

[Hieroglyphen]

Auf der linken Seite keine Inschrift erhalten.

westliche Reihe:

W.1 (vgl. ASAE 60, pl.XCIV):

[Hieroglyphen]

W.2 (vgl. ASAE 60, pl.XCV; W.48):

[Hieroglyphen]

Am Anfang der Inschrift ist jeweils ein *rdj.j* in *jrj.n.f* geändert worden (kaum umgekehrt).

W.3 (vgl. ASAE 60, pl.XCVI):

[Hieroglyphen]

W.4 (vgl. ASAE 60, pl.XCVII):

[Hieroglyphen]

W.5:

[Hieroglyphen]

W.6:

Auf der linken Seite nur vorne Reste der Königstitulatur erhalten.

W.7:

Am Ende ist ꜥnḫ.tj ḏt durch ein größeres ḏt überschrieben worden.

W.8:

W.9:

(vgl. W.12)

W.10:

W.11:

W.12 (vgl. W.9):

W.13 (vgl. O.18):

Am Ende ist *rdj rnpwt ꜥšꜣwt n Nḫt-nb.f* in [hieroglyphs] geändert worden.

Am Ende ist *rdj rnpwt ꜥšꜥwt n Nḫt-nb.f* in [hieroglyphs] geändert worden.

W.14:

W.15 (vgl. O.14):

W.16:

W.17:

W.18:

W.19 (vgl. O.9):

W.20:

W.21:

W.22:

W.23:

W.24:

W.25 (vgl. ASAE 60, pl.XCVIII; O.12):

W.26 (vgl. ASAE 60, pl.XCIX; O.25):

W.27 (vgl. ASAE 60, pl.C):

W.28 (vgl. ASAE 60, pl.CI):

W.29 (vgl. ASAE 60, pl.CII):

W.30 (vgl. ASAE 60, pl.CIII):

W.31 (vgl. ASAE 60, pl.CIV):

W.32:

W.33:

W.34:

W.35: Keine Inschriften erhalten.

W.36:

W.37:

Auf der linken Seite sind keine Inschriften erhalten.

W.38:

W. 39 – 44: keine Inschriften erhalten.

W.45:

In die Gruppe ⌒ sind über und unter dem ⌒ vermutlich nachträglich (etwas kleiner) ein ⌇ und ein ⌒ eingefügt worden.

W.46:

[hieroglyphs]

W.47:

[hieroglyphs]

W.48 (vgl. W.2):

[hieroglyphs]

Auf der linken Seite keine Inschriften erhalten.

W.49:

[hieroglyphs]

W.50:

[hieroglyphs]

W.51-60: keine Inschriften erhalten.

W.61:

[hieroglyphs]

W.62-64: keine Inschriften erhalten.

73. Zwei Fragmente einer großen Stele aus Granit, am Beginn der Sphinxallee in Luxor auf der Ostseite gefunden.
Leclant, Or 19, 1950, 363; Abd el-Razik, MDAIK 23, 1968, 156; Taf.XLIV; M. el-Saghir u.a., Le camp romain de Louqsor, MIFAO 83, Kairo 1986, 18-9; eigene Fotos;

im Bildfeld rechts König (nur Hände und Fußspitze erhalten) Maat darbringend vor Amun, Mut, Chons und einem weiteren Gott; über König nur der Unterstrich einer Kartusche erhalten; Beischriften über den Gottheiten nicht erhalten;

vor Amun: ↓→ [hieroglyphs]

vor Chons: ↓→ [hieroglyphs]

vor 4. Gott: ↓→ [hieroglyphs] *(sic)*

unter Bildfeld: →

[hieroglyphs, lines 1–8]

zweites Fragment aus unterem Bereich: →

[hieroglyphs, lines x+1, x+2]

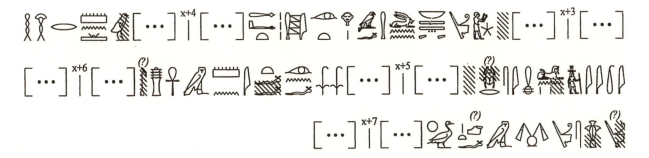

74. Östlich und westlich des Luxortempels gefundene Architekturteile.
PM II², 540; Abd el-Razik, MDAIK 23, 1968, 159, n.1; Taf.XLVIII-XLIX;

– Statuenbasis(?); Taf.XLVIII (a); ←

– Statuenbasis; Taf.XLVIII (b); ←

– Säulentrommel; Taf.XLVIII (c); ↓→

– Block mit Relief; Taf.XLVIII (d); s. dazu unten 75.76;

– Block mit Relief; Taf.XLIX (a); rechts Oberteil einer Doppelfederkrone, darüber Sonne mit Uräen;

links davon: ←↓

links der Königsnamen stark beschädigte Reste (vermutlich) von einer Götterbeischrift.

– Block mit Relief; Taf.XLIX (b); links ‚Draht' der Roten Krone; rechts daneben:

↓→

– Block mit Relief; Taf.XLIX (c); links: ↓→   rechts: ↓→

75. Fragment eines Reliefs aus Tor(?) im Luxortempel, dort aufgestellt.
Eigene Abschrift;

König mit Roter Krone, nach rechts gewandt, vermutlich Maat präsentierend;

über König: ↓→   hinter ihm: ↓→

76. In den Toren des „Camp romain" des Tempels von Luxor verbaute Architekturelemente.
M. el-Saghir u.a., Le camp romain de Louqsor, MIFAO 83, Kairo 1986;

in Tor II:
– Reste von zwei Kolumnen mit Trenungslinien (ibid., 42 [1a]; 53 [1a]): ←↓

— Rest einer Kolumne, ohne Einfassung (ibid., 42 [1b]; 53 [1b]): ←

Vermutlich Inschrift am Eingang: [ᶜq] nb r ḥwt-nṯr nt Jmn-Rᶜ nb nswt tȝwj jw.w [wᶜb wᶜb].

— Relief mit drei Kolumnen, Mitte und links (ibid., 42 [2]; 53 [2]): ↓→

rechts davon: ←↓

— Relieffragment ((ibid., 46 [18]; 55 [18]; Fig.37; Abd el-Razik, MDAIK 23, 1968, 159, n.1; Taf.XLVIII.d);
König in Weißer Krone, mit ausgestreckter Hand; über ihm: ↓→

hinter ihm: ↓→ ; rechts neben der Königstitulatur: ←↓

— Fragment mit Resten von fünf Kolumnen, ohne Trennlinien (M. el-Saghir u.a., Le camp romain, 47 [22]; 55 [22]);

— Relieffragment (ibid., 51 [40]; 57 [40]);
zentral thronender falkenköpfiger Gott mit Doppelfederkrone, ihm gegenüber Königstitulatur;

über ihm: ←↓   hinter ihm: ←↓

links von ihm: ↓→

in Tor V:

— Block mit Rest des Königsnamens (ibid., 78 [22]; 84 [22]);

; links darüber: →

– Relieffragment mit Resten von zwei Opferszenen (ibid., 78-9 [23]; 84 [23]); in der linken Hälfte stehender König (links) mit Szepter vor thronendem Gott und stehender Göttin (Amun und Mut);

über König: ↓→ [hieroglyphs] vor ihm: ↓→ [hieroglyphs]

vor Göttin: ←↓ [hieroglyphs] hinter ihr: ←↓ [hieroglyphs]

in der rechten Hälfte stehender König (rechts) mit Szepter vor thronendem Amun und stehendem Chons;

über König: ←↓ [hieroglyphs] vor ihm: ← [hieroglyphs]

hinter Chons: ↓→ [hieroglyphs]

77. Stele im Museum Luxor aus Jahr 10.
PM VIII.4, 372-3 (803-070-620); Abder Raziq, MDAIK 34, 1978, 111-5; Taf.25a; Grallert, Bauinschriften; 361; 672; C. Wallet-Lebrun, Le grand livre de pierre, Paris 2009, 341-2;

oben Flügelsonne mit Uräen; neben Uräen, links: ← [hieroglyphs] rechts: → [hieroglyphs]

im Bildfeld darunter links Amun, ihm gegenüber König mit Gefäß; rechts Waset mit Pfeil und Bogen;

über Amun: ↓→ [hieroglyphs] über König: ←↓ [hieroglyphs]

über Waset: ↓→ [hieroglyphs] unter Bildfeld: ←

[hieroglyphs]
(sic)

[hieroglyphs]

78. Kolonnade bzw. Kiosk vor Pylon der 25. Dynastie bei kleinem Tempel von Medinet Habu.
Unpubl., s. PM II², 463-4; nach eigener Abschrift;

Die Kartuschen Nektanebos' I. sind teilweise deutlich als sekundär zu erkennen, der Bau und die ursprüngliche Dekoration sind daher wohl älter. Nach PM wäre er saitisch, andere haben an die 25. Dynastie gedacht (s. Traunecker, La chapelle d'Achôris; 16, n.19). Traunecker selbst (ibid., 16; 120-30; pl.F.1/2; BIFAO 79, 1979, 414 (22); 434) hält ihn für einen Bau des Hakoris, dessen Thronnamen er unter der Kartusche Nektanebos I. zu erkennen glaubt.

Außenseite, westliche Hälfte:
– Eingang im Süden, linker Türpfosten; PM II², 463 (17,a):

König, nach rechts gewandt, mit ausgestreckter rechter Hand; über ihm: ↓→ [hieroglyphs];

vor ihm: ↓→ [hieroglyphs]

unter der Szene Götter der oberäg. Gaue 7-8 mit stereotypen Gaben; über Gaben jeweils → [hieroglyphs]

1.v.r.: 7. Gau ([hieroglyph] auf Kopf); vor ihm: ↓→ [hieroglyphs]

2.v.r: 8. Gau ([hieroglyph] auf Kopf); vor ihm: ↓→ [hieroglyphs]

– links an den Türpfosten anschließender Wandteil; PM II², 463-4 (22); Champollion, Notices descr., I, 320; 711-712;

König mit Doppelkrone und Keule beim Erschlagen der Feinde, hinter ihm Königska mit Kartusche ↓→ [cartouche] auf Standarte; über Arm des Königs: ↓→ [hieroglyphs] [...] links: [hieroglyph] [...]

über König: ↓→ [hieroglyphs] [...] 5 [hieroglyphs] [...] 4 [hieroglyphs] [...] 3 [hieroglyphs] [...] 2 [...] 1

hinter ihm: ↓→ [hieroglyphs] vor ihm, über den Feinden: ↓→

[hieroglyphs] 3 [hieroglyphs] 2 (sic) [hieroglyphs] 1

dem König gegenüber oben Amun, der Gefangene auf Namenringen an Fesseln führt, darunter Göttin Waset mit Bogen und Pfeilen;

vor Amun: ←↓ [...] [hieroglyphs]

in den Namensringen hinter Amun: ←↓ oben: [hieroglyphs] unten: [hieroglyphs]

vor Waset: ←↓ 1 [hieroglyphs] 2 [hieroglyphs]

unter der Szene Götter der oberäg. Gaue 9-14 mit stereotypen Gaben; über Gaben jeweils → [hieroglyphs]

1.v.r.: 9. Gau ([hieroglyph] auf Kopf); vor ihm: ↓→ [hieroglyphs]

2.v.r.: 10. Gau ([hieroglyph] auf Kopf); vor ihm: ↓→ [hieroglyphs]

3.v.r.: 11. Gau ([hieroglyph] auf Kopf); vor ihm: ↓→ [hieroglyphs]

4.v.r.: 12. Gau ([hieroglyph] auf Kopf); vor ihm: ↓→ [hieroglyphs]

5.v.r.: 13. Gau ([hieroglyph] auf Kopf); vor ihm: ↓→ [hieroglyphs]

6.v.r.: 14. Gau ([hieroglyph] auf Kopf); vor ihm: ↓→ [hieroglyphs]

– Westseite des linken (westlichen) Torflügels; PM II², 464 (24);
König (rechts) mit Weißer Krone, umarmt von Mut;

von den Beischriften über ihnen sind nur die unteren Reste erhalten:

über Mut: ↓→ [hieroglyphs]   über König: ←↓ [hieroglyphs]

unter der Szene Götter der oberäg. Gaue 15-16 mit stereotypen Gaben; über Gaben jeweils → [hieroglyphs]

1.v.r.: 15. Gau ([hieroglyph] auf Kopf); vor ihm: ↓→ [hieroglyphs]

2.v.r.: 16. Gau ([hieroglyph] auf Kopf); vor ihm: ↓→ [hieroglyphs] (sic)

– Westseite außen: vier Interkolumnarwände zwischen vier Säulen und Pylon; PM II², 464 (26);
Traunecker, La chapelle d'Achôris, 122-125;
Erste Wand von rechts: König (rechts) treibt Kälber vor einem Gott; vgl. A. Egberts, In Quest of Meaning, EU 8, Leiden 1995, 234-5; pl.105;

hinter Gott: ↓→ [hieroglyphs]

hinter König: ←↓ [hieroglyphs]

Zweite Wand von rechts: gänzlich zerstört.

Dritte Wand von rechts: König mit Weißer Krone (rechts) hackt Erde vor Amun;

über König: ←↓

¹[hieroglyphs] ²[hieroglyphs] ³[hieroglyphs] ⁴[hieroglyphs] ⁵[hieroglyphs]

hinter ihm: ←↓ [hieroglyphs]   unter Hacke: → [hieroglyphs]

links von Königsnamen Geier auf Wappenpflanze; unter ihm: ↓→ [hieroglyphs]

Kolumne rechts hinter König: ←↓

[hieroglyphs]

über Amun: ↓→ ⁴[hieroglyphs] ³[hieroglyphs] ²[hieroglyphs] ¹[hieroglyphs]

Kolumne hinter ihm: ↓→

[hieroglyphs]

Vierte Wand von rechts: König mit Atefkrone läuft mit Vogel;

über König: ←↓ ¹[hieroglyphs] ²[hieroglyphs]

260　　　　　　　　　　　　　75. Nektanebos I.

links von Kartusche Geier auf Wappenpflanze; unter ihm: ↓→ 〈hieroglyphs〉

vor König: ←↓ 〈hieroglyphs〉　　　　hinter ihm: ←↓ 〈hieroglyphs〉

am rechten Rand ‚Sedfestgruppe' (in großen Zeichen): ←↓ 〈hieroglyphs〉

über Amun: ↓→ 〈hieroglyphs〉

hinter ihm: ↓→ 〈hieroglyphs〉

Außenseite, östliche Hälfte:
– Eingang im Süden, rechter Türpfosten; PM II², 463 (17,b);
König, nach links gewandt, mit ausgestreckter rechter Hand (nur untere Hälfte erhalten);

vor König (unter Hand): ←↓ 〈hieroglyphs〉

unter der Szene Götter der unteräg. Gaue 7-8 mit stereotypen Gaben; über Gaben jeweils ← 〈hieroglyphs〉

1.v.l.: 7. Gau (〈sign〉 auf Kopf); vor ihm: ←↓ 〈hieroglyphs〉

2.v.l.: 8. Gau (〈sign〉 auf Kopf); vor ihm: ←↓ 〈hieroglyphs〉

– rechts an den Türpfosten anschließender Wandteil; PM II², 464 (23);
Szene wie auf linker Eingangsseite, aber nur Unterteil erhalten: König (rechts) beim Erschlagen der Feinde, hinter ihm Königska auf Standarte; Amun gegenüber nicht erhalten, darunter aber Göttin Waset mit Bogen und Pfeilen;

von den Beischriften nur Rest der Kolumne hinter König vorhanden: ←↓ 〈hieroglyphs〉

unter der Szene Götter der unteräg. Gaue 9-13 und 15 mit stereotypen Gaben; über Gaben jeweils ← 〈hieroglyphs〉

1.v.l: 9. Gau (〈sign〉 auf Kopf); vor ihm: ←↓ 〈hieroglyphs〉

2.v.l.:10. Gau (〈sign〉 auf Kopf); vor ihm: ←↓ 〈hieroglyphs〉

3.v.l.:11. Gau (〈sign〉 auf Kopf); vor ihm: ←↓ 〈hieroglyphs〉

4.v.l.:12. Gau (〈sign〉 auf Kopf); vor ihm: ←↓ 〈hieroglyphs〉

5.v.l.:13. Gau (〈sign〉 auf Kopf); vor ihm: ←↓ 〈hieroglyphs〉

6.v.l.:15. Gau (𓊖 auf Kopf); vor ihm: ←↓

– Ostseite des rechten (östlichen) Torflügels; PM II², 464 (25);
König (links), umarmt von Göttin, nur Unterteil erhalten; keine Beischriften mehr vorhanden;

unter der Szene Götter der unteräg. Gaue 16 und 14(?) mit stereotypen Gaben; über Gaben jeweils →

1.v.l.:16. Gau (𓊖 auf Kopf); vor ihm: ←↓

2.v.l.:14.(?) Gau 𓊖 auf Kopf); vor ihm: ←↓

– Ostseite außen: drei Interkolumnarwände zwischen vier Säulen; PM II², 464 (27);

Erste Wand von links: König (links) beim Fleischopfer;
Kolumne hinter König: ↓→

vor ihm: ↓→

über den Gänsen, von oben: → 1. 2. 3. 4.

über Amun: ←↓

hinter ihm: ←↓

Zweite Wand von links: König (links) weiht Opferliste vor Amun;

NB. Der linke Block der oberen Steinlage (mit dem Kopf des Königs) fehlt heute, ist aber auf dem Foto OIC 1480 noch vorhanden.

über der Hand des Königs: ↓→

vor ihm: ↓→

Opferliste mit 4 Kolumnen und x+3 waagerechten Reihen: ↓→

x + 1. Reihe von oben:

4.v.r.:   3.v.r.:   2.v.r.:   1.v.r:

262   75. Nektanebos I.

x + 2.: Reihe von oben: 2.v.r.: [glyphs]   1.v.r: [glyphs]

4.v.r: [glyphs]   3.v.r.: [glyphs]

x + 3. Reihe von oben: 2.v.r.: [glyphs]   1.v.r.: [glyphs]

4.v.r.: [glyphs]   3.v.r.: [glyphs]

NB: Das Zeichen [glyph] in *sšt* könnte u.U. für die Ähre [glyph] stehen.

Dritte Wand von links: König und sein Ka (linke Hälfte) anbetend vor Amun;

vor König: ↓→ [glyphs]

hinter Königska: ↓→ [glyphs]

Passage über *Ḥr* (mit Kopf des Königs) heute nicht mehr vorhanden bzw. nicht in situ; nach Foto OIC 1478.

hinter Amun: ←↓ [glyphs]

Innenseite, westliche Hälfte:
– Eingang im Süden, Türlaibung; PM II², 463 (17,c): ←↓

[glyphs]

[glyphs]

Türpfosten innen, Westseite; PM II², 463 (17,f):
Gott hält ʿnḫ-Zeichen an Nase des Königs; keine Beischriften erhalten;

unter der Szene Götter der oberäg. Gaue 5-6 mit stereotypen Gaben; über Gaben jeweils → [glyphs]

1.v.r: 5. Gau ([glyph] auf Kopf); vor ihm: ↓→

[glyphs]

2.v.r: 6. Gau ([glyph] auf Kopf); vor ihm: ↓→ [glyphs]

– rechts anschließender Wandteil; PM II², 463 (18): König (links) mit Göttin (Seschat) bei Gründungszeremonie; hinter König (auf Westteil des Türpfostens) Königska;

hinter König: ↓→ [glyphs]

auf Kopf des Königskas (in Ka-Hieroglyphe): ↓→ [hieroglyphs]

hinter Göttin: ←↓ [...] [hieroglyphs]

zwischen Meßstricken: ↓→ [hieroglyphs]

unter der Szene 5 Götter von oberäg. Gauen; [hieroglyphs] über Gaben nur beim 5.v.r. erhalten; 1.v.r. (Gauzeichen nicht erhalten); vor ihm: ↓→

[hieroglyphs]

2.v.r. (dto.); vor ihm: ↓→ [hieroglyphs]

3.v.r. (dto.); vor ihm: ↓→ [hieroglyphs]

4.v.r. (dto.); vor ihm: ↓→ [hieroglyphs] (sic)

5.v.r. (Gauzeichen unklar, 6. Gau?); vor ihm: ↓→ [hieroglyphs]

– Westseite innen: vier Interkolumnarwände zwischen vier Säulen und Pylon; PM II², 464 (19); Erste Wand von links (oberer Bereich nicht erhalten): Der König (links) verlässt den Palast, vor ihm Standarten, rechts Unterteil eines Mannes; vor ihm:

←↓ [hieroglyphs] sonst keine Beischriften erhalten.

Zweite Wand von links: bis auf die unterste Steinlage zerstört. In der linken Hälfte sind noch Füße (nach rechts gewandt, also der König) erkennbar, außerdem der Rest der untersten Zeichen in der Kolumne links:

↓→ [hieroglyphs] [...]

Dritte Wand von links: Der König (links) weiht Opfer vor Amun;

über König: ↓→ [hieroglyphs]

über seiner Hand: → [hieroglyphs]

vor ihm: ↓→ [hieroglyphs]   hinter ihm: ↓→

[hieroglyphs]

264   75. Nektanebos I.

vor Amun: ←↓ [hieroglyphs]

hinter ihm: ←↓

[hieroglyphs]

Vierte Wand von links: in der linken Hälfte links vier kleinformatige Szenen:
1.v.o.: auf Sockel thronender Mann, hinter ihm stehender Mann mit Hundskopf(?);

vor und über thronendem Gott: [hieroglyphs] → [hieroglyphs] ↓→

über stehendem Gott: →[hieroglyphs]

2.v.o.: die gleiche Szene;

vor und über thronendem Gott: [hieroglyphs] → [hieroglyphs] ↓→

über stehendem Gott: →[hieroglyphs]

3.v.o.: Darstellungen zerstört;

rechts: [...] → [hieroglyphs] ↓→   oben links: →[hieroglyphs]

4.v.o.: links stehender Gott; vor ihm (Lesungen sehr unsicher!): ↓→

[hieroglyphs]

über ihm: →[hieroglyphs]

rechts der vier Szenen drei Kolumnen; 1. von links: ↓→

[hieroglyphs]

2. und 3. von links: ←↓

[hieroglyphs]

unter Kol.2-3 Mann mit Ibiskopf(?); vor ihm: ←↓ [hieroglyphs]

in der rechten Hälfte König (links) vor Amun, der ihm ein ꜥnḫ-Zeichen an die Nase hält;

über König: ↓→ [hieroglyphs]

rechts von Kartusche Geier auf Wappenpflanze; daneben: ←↓ [hieroglyphs]

über Amun: ←↓ [hieroglyphs]

Innenseite, östliche Hälfte:
– Eingang im Süden, Türlaibung, zwei Kolumnen; PM II², 463 (17,d); Champollion, Notices descr., I, 320; ↓→

[hieroglyphs]

– Türpfosten innen, Ostseite; PM II², 463 (17,e);
oben König vor Gott (nur Beine erhalten); keine Beischriften mehr vorhanden;

unter der Szene Götter der unteräg. Gaue mit stereotypen Gaben; über den Gaben jeweils ← [hieroglyphs];
1.v.l.: [5.] Gau (Kopfaufsatz unklar); vor ihm: ←↓

[hieroglyphs]

2.v.l.: 6. Gau ([hieroglyph] auf Kopf); vor ihm: ←↓ [hieroglyphs]

– links anschließender Wandteil: Südwand, östlicher Teil, innen; PM II², 463 (20);
König mit langem Szepter vor Tempelfassaden; vor ihm Opfergaben; keine Beischriften erhalten;

darunter vier Gaugötter mit stereotypen Gaben; über den Gaben jeweils ← [hieroglyphs]; von links:

1.v.l.: Unterägypten ([hieroglyph] auf Kopf);

vor ihm: ←↓ [hieroglyphs]

2.v.l.: 1. Gau ([hieroglyph] auf Kopf); vor ihm: ←↓ [hieroglyphs]

3.v.l.: 2. Gau ([hieroglyph] auf Kopf); vor ihm: ←↓ [hieroglyphs]

4.v.l.: 3. Gau ([hieroglyph] auf Kopf); vor ihm: ←↓ [hieroglyphs]

an diese Wand rechtwinklich anschließender Mauervorsprung (östlicher Teil der Laibung): Unterteil eines Mannes mit Szepter, dem König folgend (wohl Königska); keine Beischriften erhalten;

darunter 4. Gau (⟨Zeichen⟩ auf Kopf); vor ihm: ←↓ [Hieroglyphen]

– Innenseite, östliche Hälfte: drei Interkolumnarwände zwischen vier Säulen; PM II², 463 (21);

Erste Wand von rechts: in der Mitte König, nach links gewandt, wird von Horus (links) und Thoth (rechts, mit Ibiskopf) mit Wasser gereinigt, das aus ꜥnḫ- und wꜣs-Zeichen besteht;

hinter Horus: ↓→ [Hieroglyphen]

vor ihm: ↓→ [Hieroglyphen]

hinter Thoth: ←↓ [Hieroglyphen]

vor ihm: ←↓ [Hieroglyphen]

Zweite Wand von rechts, Unterteil einer Szene: rechts und links stehende Göttin, zwischen ihnen links ein nach rechts gewandter Mann, ihm gegenüber zwei nach links gewandte Männer;

vor der Göttin links: ↓→ [Hieroglyphen]

vor der Göttin rechts: ←↓ [Hieroglyphen]

Dritte Wand von rechts: in der Mitte kniet König, nach rechts gewandt, und wird von stehender Göttin rechts gekrönt; links hinter ihm thronender Gott;

hinter Gott: ↓→ [Hieroglyphen]

hinter Göttin: ←↓ [Hieroglyphen]

79. Türpfosten beim kleinen Tempel von Medinet Habu.
PM II², 475 (E); eigene Abschrift;

– Äußerer Türpfosten (Westseite): König mit Keulen und ausgestreckter Rechter, nach rechts gewandt;

über ihm: ↓→ [Hieroglyphen]

unter Kartuschen: → [Hieroglyphen]

das Zeichen ⟨Zeichen⟩ links von den Kartuschen vermutlich von einem Geier darüber gehalten;

über Hand des Königs: → [hieroglyphs] (sic)   hinter ihm: ↓→ [hieroglyphs]

vor seinem Bein: ↓→ [hieroglyphs]

unter ihm: ↓→ [hieroglyphs]

– Südseite, Türlaibung (in erhabenem Relief): ↓→

[hieroglyphs] 1

[hieroglyphs] 2

Es ist unsicher, ob am unteren Ende noch etwas fehlt.

Rechts davon, im Durchgang, 4 [+2] +1 [+ x] waagerechte Zeilen; von oben:

→ [hieroglyphs]

→ [hieroglyphs]

→ [hieroglyphs]

→ [hieroglyphs]

→ […]

→ […]

→ [hieroglyphs]

– Innerer Türpfosten (Ostseite); nur noch ein Block oben erhalten (in erhabenem Relief):

←↓ 1 [hieroglyphs] … 2 [hieroglyphs]

– Nordseite: unbeschriftet (aber einige verbaute Blöcke).

80. Zwei Blöcke von unbekanntem Tor in Medinet Habu, z.Zt. in ‚Kiosk' deponiert.
PM II², 464 (Mitte); Hölscher, Medinet Habu, II, 36; Fig.34-5; eigene Abschrift;

auf einem Block (Hölscher, op.cit., Fig.35) auf Schmalseite: ↓→ [hieroglyphs]

auf Breitseite Szene mit König (links), ohne (erhaltene) Beischriften;

auf zweitem Block (ibid., Fig.34) auf Schmalseite: ←↓ [...] [Kartusche] [...]

auf Breitseite Reste von zwei Szenen;

obere Szene: König (rechts) vor Gott auf Sockel (Chons); vor König: ←↓ [...]

untere Szene: links Rest der Federkrone des Amun;

vor ihr: ↓→ ...³[...]...²[...]...¹

rechts davon Schlange auf Wappenpflanze;

rechts daneben: ←↓ ...

81. Basis von Sphinx London BM 1230.
N. Spencer, in: Fs Lloyd, 373-91;

um rechte Seite (Beginn Mitte Vorderseite): →

um linke Seite: ←

82. Löwe Berlin 2280 (aus Medinet Habu oder aus Karnak?).
PM VIII, 1151 (802-120-030); LD III, 286d-g; Berlin, Ausf. Verz., 249; LR IV, 189 (XXIII); N. Spencer, in: Fs Lloyd, 377-380; Fig.6;

um rechte Seite (Beginn Mitte Vorderseite): →

um linke Seite: ←

83. Sphinx aus Medinet Habu, beim Tor des Tiberius gefunden.
PM II², 482; Hölscher, Medinet Habu, V, 37; pl.23C; N. Spencer, in: Fs Lloyd, 378, Fig.9; 379;
nur rechte Seite des Sockels abgebildet: →

84. Sphinx Kairo CG 661 (aus Medinet Habu?).
PM VIII, 151; Borchardt, Statuen und Statuetten, III, 9; Bl.121; N. Spencer, in: Fs Lloyd, 377-9;
Fig.7;
um rechte Seite (Beginn Mitte Vorderseite): →

um linke Seite: ←

85. Zwei Sphingen aus Medamud, an den Fundamenten der Ostseite der Umfassungsmauer
verbaut gefunden.
PM V, 148; Bisson de la Roque, Rapport sur les fouilles de Médamoud (1926), Kairo 1927, 116-8
(2113-16); Fig.66-69; pl.III (Fundort); Kienitz, Politische Geschichte, 208 (73); Mysliwiec, Royal
Portraiture, 70 (4);

– Fundnummer 2113-2114; Inschrift um Sockel laufend, Beginn Mitte Vorderseite; um linke Seite: ←

um rechte Seite: →

– Fundnummer 2115-2116; Inschrift um Sockel laufend, Beginn Mitte Vorderseite; um linke Seite: ←

um rechte Seite: →

[hieroglyphs] reS

[hieroglyphs] RS

86. Eine Darstellung von Tempelinventar aus dem ‚Schatzhaus' des Tempels von El-Tod, u.a. ein Naos mit dem Namen *Ḫpr-k3-Rˁ*.
PM V, 168; Champollion, Notices descr., I, 292 (6-7);

Naos mit Treppe; darauf: ← [hieroglyphs] darüber: ← [hieroglyphs]

Diese Beischrift könnte sich auf den Naos und die daneben abgebildete Gazelle (Nr.7) beziehen.
Es ist fraglich, ob mit *Ḫpr-k3-Rˁ* Nektanebos I. oder Sesostris I. gemeint ist, vgl. die Diskussion in Cahiers de Karnak X, 1995, 498, n.141. Nach Barbotin ist Nektanebos I. in El-Tod nicht belegt. Auch die Plakette Louvre E.15066 mit dem Namen Nektanebos' I. (s.o., 75.22) stammt nicht aus einem Gründungsdepot im Tempel von El-Tod (vgl. Weinstein, Foundation Deposits, 345 [151]), sondern nach den Unterlagen des Louvre aus Tanis.

Moˁalla

87. Block aus Moˁalla (mit sehr groben Hieroglyphen).
Gabra, CdE 49, 1974, 234-7; Arnold, Temples of the Last Pharaohs, 119;

links König mit Maat-Figürchen: über ihm: ↓→ [hieroglyphs] 2 ... 1

rechts Gott (nur Szepter erhalten); vor ihm: ←↓ [hieroglyphs] 1 ... 2 ... (?) (sic)

88. Zwei Relieffragmente aus Kalkstein, 1985 im Handel.
Auktionskatalog Antiquities and Islamic Works of Art, Sotheby's (New York), November 21 and 22, 1985, Nr.133-134;

Nr.133: In der Mitte thronender Gott mit Atefkrone, nach rechts gewandt, hinter ihm Göttin mit Hathorkrone; hinter ihr muss noch eine weitere Figur gestanden haben, von der nur noch eine Hand erhalten ist, die eine Jahresrispe hält, die auf einem Frosch steht; dem Gott gegenüber Reste der Königsfigur, ein Spitzbrot opfernd;

über Gott: ↓→ [hieroglyphs] 3 [...] 2 [...] 1

über Göttin: ↓→ [hieroglyphs] 2 [...] 1

vor ihr: ↓→ [hieroglyphs]

vor König: ←↓ [hieroglyphs]

Nr.134: König (links) mit Doppelkrone, vor thronendem Gott ein Spitzbrot opfernd;

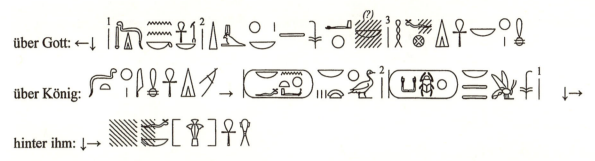

Aufgrund der mäßigen Qualität der Abbildungen im Auktionskatalog sind mehrere Lesungen fraglich.

Elkab

89. Tempel der Nechbet

A) Osttor der Umfassungsmauer, der Zugang zum Nechbettempel; unpubliziert;

– Clarke, JEA 8, 1922, 32 erwähnt Kartuschen auf Hohlkehle und Türsturz;
– Capart, Fouilles de El Kab, 13 (vgl. pl.7/8 [B]) = ASAE 37, 1937, 6 spricht von Blöcken vor und

hinter dem Tor, die den König ⟨⟨...⟩⟩ ⟨⟨...⟩⟩ vor Nechbet zeigen;

– zahlreiche Blöcke mit Reliefs von diesem Tor sind in der „Bastion" südwestlich der beiden Haupttempel verbaut gefunden worden, s. Capart, Fouilles de El Kab, 77 = ASAE 46, 1947, 351-2;
auf zwei Fragmenten Reste einer Bauinschrift:

Die Schreibungen des Königsnamens zeigen nach Capart die Varianten ..., ...,

und ..., und er möchte das *nbt* der letzteren Variante auf Nechbet beziehen.

B) Kiosk vor 1. Pylon.

Von einem König dekoriert, dessen Horusname *tm3-ʿ* (...) lautete, s. Capart, Fouilles de El Kab, 18; 21 = ASAE 37, 1937, 12; sicher Nektanebos I., nicht Augustus, Tiberius oder Nero.

Auf Säulenschranke eine Darstellung der thronenden Nechbet, hinter ihr ein ithyphallischer Gott, der folgende Beischriften hat (ASAE 37, 12):

C) Kartuschen Nektanebos I. (und II.) auf innerem (2.) Pylon des Tempels.
Unpubl., s. Capart, Fouilles de El Kab, 21 = ASAE 38, 1938, 624;

D) Kartuschen Nektanebos' I. (und II.) an der Hohlkehle außen am Tempel.
Unpubl., s. Capart, Fouilles de El Kab, 75 = ASAE 46, 345;

Edfu

Im Landschenkungstext Ptolemaios' X. im Tempel von Edfu wird eine Landschenkung aus Jahr 1 Nektanebos' I. mehrfach erwähnt.

D. Meeks, Le grand texte des donations au temple d'Edfou, BdE 59, 1972, 21 (6*); 28 (21*); 37 (44*); 38 (46*); 42 (55*); 51 (74*).

Elephantine

90. Verbaute Blöcke eines Interkolumnartores.
Kaiser, MDAIK 26, 1970, 116-118; Taf.XLIII(a); F. Junge, Elephantine XI, Funde und Bauteile, AV 49, 1987, 68-72; Taf.41-3; Leclant, Orientalia 39, 1970, 347; Tab.XLV (Fig.47); Guermeur, Les cultes d'Amon, 315-6; Grallert, Bauinschriften, 193; 671-2; MDAIK 53, 1997, 177;

– Türpfosten innen, linke Seite; Junge, op.cit., 69 (6.5.1); Taf.43; MDAIK 26, 117 (B);

obere Szene: König (rechts) mit Doppelkrone bringt Weingefäße dar vor Amun;

über König: ←↓

vor ihm: ←↓

über Amun: ↓→

untere Szene: König (rechts, nur Beine) vor [Chnum];

vor König: ←↓

darunter in der Mitte Rest eines Nilgottes;

links von ihm: →   rechts von ihm: →

– auf innerer Türlaibung (an der rechten Seite dieser Blöcke); Junge, op.cit., 69 (6.5.2); Taf.42(e);

←↓

– Türpfosten außen, rechte Seite; Junge, op.cit., 70-1 (6.5.4); Taf.41 (b-c); MDAIK 26, 117 (A);

oberes Register: König (rechts) räuchert vor Chnum-Ptah;

über König: ←↓

vor ihm: ←↓

über Gott: ↓→

mittleres Register: König (rechts) opfert Milch vor Anukis;

vor König: ←↓ [hieroglyphs]

vor Anukis: ↓→ [hieroglyphs]

unteres Register: König (rechts) mit erhobener Hand vor Chnum;

über dem König ist noch der äußerste linke Rand der ersten Kolumne der Namensbeischrift zu erkennen, mit dem Rand der Kartusche (vermutlich des Thronnamens);

vor ihm: ←↓ [hieroglyphs]

über Chnum: ↓→ [hieroglyphs] 5 [hieroglyphs] 4 [hieroglyphs] 3 [hieroglyphs] 2 [hieroglyphs] 1

unten Nilgott mit [hieroglyph] auf Kopf, nach rechts gewandt; über ihm: ↓→ [hieroglyphs]

auf äußerer Türlaibung (an der linken Seite dieser Blöcke); Junge, op.cit., 70 (6.5.3); Taf.41 (a); ←↓

[hieroglyphs]

[hieroglyphs]

– Türpfosten innen, rechte Seite; Junge, op.cit., 71 (6.5.5); Taf.42 (d); MDAIK 26, 117 (D);
nur ein Block erhalten, wohl aus mittlerem und unteren Register; oben Beine (des Königs), nach rechts gewandt;

vor ihnen: ↓→ [hieroglyphs]

darunter obere linke Ecke einer Szene;
links Kopf mit Uräus, darüber Sonnenscheibe mit Uräen;

unter Sonnenscheibe: →[hieroglyphs] vor ihr: ↓→ [hieroglyphs]

rechts über König: ↓→ [hieroglyphs]

rechts davon Rest eine Beischrift für Isis: ←↓ [hieroglyphs]

– Block aus der inneren Türlaibung (links davon); Junge, op.cit., 71 (6.5.6); Taf.42 (c);

↓→ [hieroglyphs]

– Drei Blöcke aus der äußeren Türlaibung; Junge, op.cit., 71 (6.5.7); Taf.42 (b); ↓→

[hieroglyphs]

– Türpfosten außen, linke Seite; Junge, op.cit., 72 (6.5.8); Taf.42 (a); MDAIK 26, 117 (C); oberes Register: König (links) präsentiert Maat vor Chnum; darüber vier kurze Kolumnen; die beiden links nicht mehr lesbar;

rechts: ←↓ [Hieroglyphen]

mittleres Register: König (links) beim Weinopfer vor Satis;

vor König: ↓→ [Hieroglyphen]

vor Satis: ←↓ [Hieroglyphen] [...]

unteres Register: König (links) vor Gott; vor König: ↓→ [Hieroglyphen]

Philae

91. (Mittel)Tor des 1. Pylons des Tempels von Philae.
PM VI, 216-7; H. Junker, Der große Pylon des Tempels der Isis in Philä, Wien 1958, 126-154; H. Beinlich, Die Photos der preussischen Expedition nach Nubien 1908-1910, Teil 1: Photos 1-199, SRaT 14, 2010, B0166-0175; Teil 4: Photos 600-799, SRaT 17, 2012; Teil 5: Photos 800-999, SRaT 18, 2012; Teil 7: Photos 1200-1399, SRaT 20, 2013, B1378-79; Kienitz, Politische Geschichte, 210 (86); Guermeur, Les cultes d'Amon, 455; E. Vassilika, Ptolemaic Philae, OLA 34, 1989, 25-27; pl.III(C); XII(D);

Südseite, Türsturz, westl. Hälfte; Junker, Der große Pylon, 126-7; Abb.68; Beinlich, Photos, B0167; 1. Szene von Westen (links);

König (links) räuchert vor Isis; über König Geier mit šn-Zeichen; rechts neben Geier: ↓→ [Hieroglyphen]

neben Geier Schlange mit Krone und Szepter: über und neben ihr: ←↓ [Hieroglyphen]

über König: ↓→ [Hieroglyphen]

hinter ihm: ↓→ [Hieroglyphen]   vor ihm: ↓→ [Hieroglyphen]

über Isis: ←↓ [Hieroglyphen]

vor ihr, oben: ←↓ [Hieroglyphen]   unten: ←↓ [Hieroglyphen]

2. Szene von Westen (rechts):
König (links) läuft vor thronenden Osiris und Isis, über ihm Sonnenscheibe;

unter Sonnenscheibe: → [Hieroglyphen]   links von ihr: → [Hieroglyphen]   vor König: ↓→ [Hieroglyphen]

über ihm: ↓→ [Hieroglyphen]

rechts von Kartuschen Schlange mit Krone; neben ihr: ←↓ [hieroglyphs]

hinter König: ↓→ [hieroglyphs] und [hieroglyphs]

über Osiris: ←↓ [hieroglyphs]

vor ihm: ←↓ [hieroglyphs]

über Isis: ← [hieroglyphs]   oben vor ihr: ←↓ [hieroglyphs]

hinter ihr: ←↓ [hieroglyphs]

Südseite, Türsturz, östl. Hälfte; Junker, Der große Pylon, 127-8; Abb.69; Beinlich, Photos, B0168;

3. Szene von Westen:
König (rechts) läuft vor thronenden Chnum und Hathor, über ihm Sonnenscheibe;

unter Sonnenscheibe: ← [hieroglyphs] rechts von ihr: ← [hieroglyphs] vor König: ←↓ [hieroglyphs]

über ihm: ←↓ [hieroglyphs]

links von Kartuschen Schlange mit Krone; neben ihr: ↓→ [hieroglyphs]

hinter König: ←↓ [hieroglyphs] und [hieroglyphs]

über Chnum: [hieroglyphs] ↓→

oben vor ihm: ↓→ [hieroglyphs]

über Hathor: ↓→ [hieroglyphs]   oben vor ihr: ↓→ [hieroglyphs]

hinter ihr: ↓→ [hieroglyphs]

4. Szene von Westen:
König (rechts) räuchert vor stehender Nephthys;

über ihm: ←↓ [hieroglyphs]

links von Kartuschen Schlange mit Krone; neben ihr: ↓→ [hieroglyphs]

276   75. Nektanebos I.

vor König: ←↓ [hieroglyphs]   hinter ihm: ←↓ [hieroglyphs]

über Nephthys: [hieroglyphs] → [hieroglyphs] ↓→   oben vor ihr: ↓→ [hieroglyphs]

Südseite, westlicher Pfosten:
1. Szene von oben; Junker, Der große Pylon, 128 (5); 129, Abb.70; Beinlich, Photos, B0173;

König (links) opfert *wtṯ* vor Nechbet, über ihm Sonnenscheibe; unter Sonnenscheibe: → [hieroglyphs]

über König: ↓→ [hieroglyphs]

rechts von Kartuschen Schlange mit Krone; neben ihr: ←↓ [hieroglyphs]

hinter König: ↓→ [hieroglyphs]   vor ihm: ↓→ [hieroglyphs]

über Nechbet: ←↓ [hieroglyphs]

vor ihr, oben: ←↓ [hieroglyphs]   unten: ←↓ [hieroglyphs]

2. Szene von oben; Junker, Der große Pylon, 130, Abb.71; 132 (6); Beinlich, Photos, B0174;
König (links) bringt Tefnut zwei Sistren dar;

über König: ↓→ [hieroglyphs]

rechts von Kartuschen Schlange mit Krone; neben ihr: ←↓ [hieroglyphs]

hinter König: ↓→ [hieroglyphs]   vor ihm: ↓→ [hieroglyphs]

über Tefnut: ←↓ [hieroglyphs]

vor ihr, oben: ←↓ [hieroglyphs]   unten: ←↓ [hieroglyphs]

3. Szene von oben; Junker, Der große Pylon, 131, Abb.72; 132 (7); Beinlich, Photos, B0175;
König (links) tritt aus Palast vor Hathor;

über König: ↓→ [hieroglyphs]

rechts von Kartuschen Schlange mit Krone; neben ihr: ←↓ [hieroglyphs]

vor König: ↓→ [hieroglyphs]

über Hathor: ←↓ [hieroglyphs]

vor ihr, oben: ←↓ [hieroglyphs]   unten: ←↓ [hieroglyphs]

Südseite, östlicher Pfosten:
1. Szene von oben; Junker, Der große Pylon, 132 (8); 133, Abb.73; Beinlich, Photos, B0169;
König (rechts) opfert Blumen vor Uto;

über König: ←↓ [hieroglyphs]

links von Kartuschen Schlange mit Krone; neben ihr: ↓→ [hieroglyphs]

vor König: ←↓ [hieroglyphs]   hinter ihm: ←↓ [hieroglyphs]

über Uto: ↓→ [hieroglyphs]

vor ihr, oben: ↓→ [hieroglyphs]   unten: ↓→ [hieroglyphs]

2. Szene von oben; Junker, Der große Pylon, 134 (9); 135, Abb.74; Beinlich, Photos, B0170;
König (rechts) bringt Sachmet vier Salbgefäße dar;

über König: ←↓ [hieroglyphs]

links von Kartuschen Schlange mit Krone; neben ihr: ↓→ [hieroglyphs]

vor König: ←↓ [hieroglyphs]   hinter ihm: ←↓ [hieroglyphs]

über Sachmet: ↓→ [hieroglyphs]

vor ihr, oben: ↓→ [hieroglyphs]   unten: ↓→ [hieroglyphs]

3. Szene von oben; Junker, Der große Pylon, 134 (10); 136, Abb.75; Beinlich, Photos, B0171;

König (rechts) tritt vor Hathor, über ihm Sonnenscheibe; rechts von Sonne: ↓ [hieroglyphs]

über König: ←↓ [hieroglyphs]

vor ihm: ←↓ [hieroglyphs]

über Hathor: → [hieroglyphs]   unten vor ihr: ↓→ [hieroglyphs]

Nordseite, Türsturz, westl. Hälfte; Junker, Der große Pylon, 134-7 (1-2); Abb.76; Beinlich, Photos, B1379;

1. Szene von Westen (rechts);
König (rechts) opfert Weißbrot vor thronendem Amun-Re;

über König: ←↓ [Hieroglyphen]

links von Kartuschen Schlange mit Krone; neben ihr: ↓→ [Hieroglyphen]

vor König: ←↓ [Hieroglyphen]

vor Amun-Re: ↓→ [Hieroglyphen]

2. Szene von Westen (rechts);
König (rechts) präsentiert Weihrauch und Wasser vor thronenden Osiris und Isis;

über König Geier mit ꜥnḫ-Zeichen; links neben Geier: ← [Hieroglyphen]   unter ihm: ←↓ [Hieroglyphen]

über König: ←↓ [Hieroglyphen]

vor ihm: ←↓ [Hieroglyphen]

über Osiris: [Hieroglyphen] →   [Hieroglyphen] ↓→

oben vor ihm: ↓→ [Hieroglyphen]   hinter ihm: ↓→ [Hieroglyphen]

über Isis: [Hieroglyphen] →   [Hieroglyphen] ↓→

oben vor ihr: ↓→ [Hieroglyphen]

hinter ihr: ↓→ [Hieroglyphen]

Nordseite, Türsturz, östl. Hälfte; Junker, Der große Pylon, 137-8 (3-4); Abb.77; Beinlich, Photos, B1378;

3. Szene von Westen;
König (links) opfert Wein vor thronenden Chnum und Satis; über König Geier mit ꜥnḫ-Zeichen;

rechts neben Geier: [Hieroglyphe]   unter ihm: ↓→ [Hieroglyphen]

über König: ↓→ [Hieroglyphen]   vor ihm: ↓→ [Hieroglyphen]

über Chnum: ←↓ [Hieroglyphen]   oben vor ihm: ←↓ [Hieroglyphen] über Satis: ←↓ [hieroglyphs]   oben vor ihr: [hieroglyphs]

hinter Satis: ←↓ [hieroglyphs]

4. Szene von Westen:
König (links) bringt Maat dar vor thronendem Schu;

über König: ↓→ [hieroglyphs with cartouches 3, 2, 1]

rechts von Kartuschen Schlange mit Krone; neben ihr: ←↓ [hieroglyphs]

vor König: ↓→ [hieroglyphs]

über Schu: ←↓ [hieroglyphs]   oben vor ihm: ←↓ [hieroglyphs]

Nordseite, westlicher Pfosten:
1. Szene von oben; Junker, Der große Pylon, 138 (5); 139, Abb.78; Beinlich, Photos, B1380;
König (links) präsentiert Opfergaben vor stehender Hathor, über ihm Sonnenscheibe;

unter Sonne: → [hieroglyphs]   links von ihr: ↓→ [hieroglyphs]

über König: ↓→ [hieroglyphs with cartouches 3, 2, 1]

rechts von Kartuschen Schlange mit Krone; neben ihr: ←↓ [hieroglyphs]

vor König: ↓→ [hieroglyphs]   hinter ihm: ↓→ [hieroglyphs]

über Hathor: ←↓ [hieroglyphs]

vor ihr, oben: ←↓ [hieroglyphs]   unten: ←↓ [hieroglyphs]

2. Szene von oben; Junker, Der große Pylon, 138 (6); 140, Abb.79; Beinlich, Photos, B1380;
König (links) räuchert vor stehender Satis; über König Geier mit ˤnḫ-Zeichen;

rechts von Geier: → [hieroglyphs]

über König: ↓→ [hieroglyphs with cartouches 3, 2, 1]

rechts von Kartuschen Schlange mit Krone; neben ihr: ←↓ [hieroglyphs]

vor König: ↓→ [hieroglyphs]   hinter ihm: ↓→ [hieroglyphs]

über Satis: ←↓ [hieroglyphs]

vor ihr, oben: ←↓ [hieroglyphs]   unten: ←↓ [hieroglyphs]

3. Szene von oben; Junker, Der große Pylon, 141 (7); 142, Abb.80; Beinlich, Photos, B1381; König (links) beim *ḥtp-dj-nswt*-Opfer vor stehender Hathor; über König Sonne;

unter Sonne: → [hieroglyphs]

über König: ↓→ [hieroglyphs]

vor ihm: ↓→ [hieroglyphs]   hinter ihm: ↓→ [hieroglyphs]

über Hathor: ←↓ [hieroglyphs]

vor ihr, oben: ←↓ [hieroglyphs]   unten: ←↓ [hieroglyphs]

untere Randinschrift:

← [hieroglyphs]

Nordseite, östlicher Pfosten:
1. Szene von oben; Junker, Der große Pylon, 141 (9); 143, Abb.81; Beinlich, Photos, B1377; König (rechts) präsentiert Opfergaben vor stehender Isis; über ihm Sonnenscheibe;

unter Sonne: ← [hieroglyphs]

über König: ←↓ [hieroglyphs]

links von Kartuschen Schlange mit Krone; neben ihr: ↓→ [hieroglyphs]

vor König: ←↓ [hieroglyphs]   hinter ihm: ←↓ [hieroglyphs]

über Isis: [hieroglyphs] → [hieroglyphs] ↓→

vor ihr, oben: ↓→ [hieroglyphs]   unten: ↓→ [hieroglyphs]

2. Szene von oben; Junker, Der große Pylon, 144 (10); 145, Abb.82; Beinlich, Photos, B1377; König (rechts) räuchert vor stehender Anukis; über ihm Geier;

links von Geier: ← [hieroglyphs]   unter ihm: ← [hieroglyphs]

über König: ←↓ [hieroglyphs]

links von Kartuschen Schlange mit Krone; neben ihr: ↓→ [hieroglyphs]

vor König: ←↓ [hieroglyphs]   hinter ihm: ←↓ [hieroglyphs]

über Anukis: [hieroglyphs] → [hieroglyphs] ↓→

vor ihr, oben: ↓→ [hieroglyphs]   unten: ↓→ [hieroglyphs]

3. Szene von oben; Junker, Der große Pylon, 144 (11-12); 146, Abb.83; Beinlich, Photos, B1376; König (rechts) beim *ḥtp-dj-nswt*-Opfer vor stehender Isis; über König Sonne;

unter Sonne: ← [hieroglyphs]

über König: ←↓ [hieroglyphs]

vor ihm: ←↓ [hieroglyphs]   hinter ihm: ←↓ [hieroglyphs]

über Isis: [hieroglyphs] → [hieroglyphs] ↓→

vor ihr, oben: ↓→ [hieroglyphs]   unten: ↓→ [hieroglyphs]

untere Randinschrift:

→ [hieroglyphs]

[hieroglyphs]

Innenseiten, Nordteil, westlicher Pfosten; Junker, Der große Pylon, 147 (1); Abb.84; Beinlich, Photos, B826;
1. Szene von oben:
der Gott Dedun hält dem König (links) ein ʿnḫ-Zeichen an die Nase; über König Sonnenscheibe;

unter Sonne: ↓→ [hieroglyphs]   links daneben: ↓→ [hieroglyphs]

über König: ↓→ [hieroglyphs]

über Dedun: ←↓ [hieroglyphs]

282   75. Nektanebos I.

2. Szene von oben:
König (links) vor stehender Isis;

über König: ↓→ [hieroglyphs] vor ihm: ↓→ [hieroglyphs]

über Isis: ←↓ [hieroglyphs]   unten vor ihr: ←↓ [hieroglyphs]

3. Szene von oben:
König (links) mit *nms*-Gefäß vor Horus; über König Sonnenscheibe;

unter Sonne: → [hieroglyphs]   rechts von ihr: ↓→ [hieroglyphs]

über König: ↓→ [hieroglyphs] vor ihm: → [hieroglyphs]

über Horus: ←↓ [hieroglyphs] (sic)   unten vor ihm: ←↓ [hieroglyphs]

Innenseiten, Nordteil, östlicher Pfosten; Junker, Der große Pylon, 147-8 (2); Abb.85; Beinlich, Photos, B829;
1. Szene von oben:
Thot hält dem König (rechts) ein ʿnḫ-Zeichen an die Nase; über König Sonnenscheibe;

unter Sonne: ↓→ [hieroglyphs]   rechts von ihr: ↓→ [hieroglyphs]

über König: ←↓ [hieroglyphs]

über Gott: ↓→ [hieroglyphs]   davor: ↓→ [hieroglyphs]

2. Szene von oben:
König (rechts) vor stehender Isis; über König Sonnenscheibe:

unter Sonne: ← [hieroglyphs]

über König: ←↓ [hieroglyphs] vor ihm: ←↓ [hieroglyphs]

über Isis: [hieroglyphs] → [hieroglyphs] ↓→   unten vor ihr: ↓→ [hieroglyphs]

3. Szene von oben:
König (rechts) räuchert und libiert vor stehendem Harsiese; über König Sonnenscheibe;

unter Sonne: ← [hieroglyphs]   links von ihr: ←↓ [hieroglyphs]

über König: ←↓ [hieroglyphs]

vor ihm: ←↓ [hieroglyphs]   hinter ihm: ←↓ [hieroglyphs]

über Harsiese: [hieroglyphs] →   unten vor ihm: ↓→ [hieroglyphs]

Innenseiten, Südteil, westlicher Pfosten; Junker, Der große Pylon, 148 (3); Abb.86; Beinlich, Photos, B825;
1. Szene von oben:
Amun-Re hält dem König (links) ein ꜥnḫ-Zeichen an die Nase;

über König: ↓→ [hieroglyphs]

vor Amun-Re: ←↓ [hieroglyphs]

2. Szene von oben:
König (links) opfert wtb vor Mut;

über König: ↓→ [hieroglyphs]

vor ihm: ↓→ [hieroglyphs]   hinter ihm: ↓→ [hieroglyphs]

über Mut: ←↓ [hieroglyphs]   unten vor ihr: ←↓ [hieroglyphs]

3. Szene von oben:
König (links) opfert Trauben vor Horus; über König Sonnenscheibe;

unter Sonne: → [hieroglyphs]

über König: ↓→ [hieroglyphs]   darunter: → [hieroglyphs]

vor ihm: ↓→ [hieroglyphs]   hinter ihm: ↓→ [hieroglyphs]

über Horus: ←↓ [hieroglyphs]

vor ihm, oben: ←↓ [hieroglyphs]   unten: ←↓ [hieroglyphs]

Innenseiten, Südteil, östlicher Pfosten; Junker, Der große Pylon, 149 (4); Abb.87; Beinlich, Photos, B830;
1. Szene von oben:
Harachte hält dem König (rechts) ein ꜥnḫ-Zeichen an die Nase;

über König: ←↓ [hieroglyphs]

über Harachte: → [hieroglyphs]   vor ihm: ↓→ [hieroglyphs]

2. Szene von oben:
König (rechts) präsentiert Menat und Sistrum vor Hathor;

über König: ←↓ [hieroglyphs]

vor ihm: ←↓ [hieroglyphs]   hinter ihm: ←↓ [hieroglyphs]

über Hathor: ↓→ [hieroglyphs]   vor ihr: ↓→ [hieroglyphs]

3. Szene von oben:
König (rechts) opfert Milch vor Horus; über König Sonnenscheibe;

unter Sonne: ← [hieroglyphs]

über König: ←↓ [hieroglyphs]   darunter: ← [hieroglyphs]

vor ihm: ←↓ [hieroglyphs]   hinter ihm: ←↓ [hieroglyphs]

über Horus: ↓→ [hieroglyphs]

vor ihm, oben: ↓→ [hieroglyphs]   unten: ↓→ [hieroglyphs]

Westwand des Toraumes:
Obere Darstellung; Junker, Der große Pylon, 149 (5,a); 150, Abb.88; Beinlich, Photos, B827;

König (links) räuchert und libiert vor thronenden Osiris und Isis;

über König Sonnenscheibe; links von Sonne: → [hieroglyphs]

über König: ↓→ [hieroglyphs]

rechts von Kartuschen Schlange mit Krone; neben ihr: ←↓ [hieroglyphs]

vor König: ↓→ [hieroglyphs]   hinter ihm: ↓→ [hieroglyphs]

über Osiris: ←↓ [hieroglyphs]   vor ihm: ←↓ [hieroglyphs]

über Isis: ←↓ [hieroglyphs]

Untere Darstellung; Junker, Der große Pylon, 152 (5,b); 151, Abb.89; Beinlich, Photos, B828;
König (links) weist Isis Opfergaben zu; über ihm Geier;

rechts neben Geier: → unter ihm: ↓→

über König: ↓→

rechts von Kartuschen Schlange mit Krone; neben ihr: ←↓

vor König: ↓→

über Isis: ←↓

vor ihr: ←↓

Innenseiten, untere Randinschriften; Junker, Der große Pylon, 152-4; Abb.90; Beinlich, Photos, B658; 662-665;

Nr.1: →

Nr.2: →

Nr.3: →

Nr.4: ←

92. Kiosk / Vorhalle des Tempels.

PM VI, 206-7; M. Lombardi, "Il 'chiosco' del re Nectanebo I a File", in: P. Gallo (ed.), Egittologia a Palazzo Nuovo, Turin 2013, 47-153; H. Beinlich, Die Photos der Preußischen Expedition 1908-1910 nach Nubien, 1: Photos 1-199, I, SRaT 14, 2010, B0023-0038; Arnold, Temples of the Last Pharaohs, 119-122; Haeny, BIFAO 85, 1985, 204-206; E. Vassilika, Ptolemaic Philae, OLA 34, 1989, 23-25; pl.II(A); XII(B);

Reihenfolge, Bezeichnungen und Nummerierung der beschrifteten Elemente nach Lombardi.

A) Säulenschranken (Interkolumnare):

1.L: Nordseite, außen, links des Eingangs;
Lombardi, Chiosco, 53-4; Tav.VI-VII, Fig.14-17 (CNF.1.L); Beinlich, Photos, B.0026;
König (links) bringt *wnšb*-Gerät vor thronender Hathor dar;

über König: ↓→ [hieroglyphs]

vor ihm: ↓→ [hieroglyphs]   hinter König: ↓→

[hieroglyphs]

über Hathor: ←↓ [hieroglyphs]

vor ihr: ←↓ [hieroglyphs]   hinter ihr: ←↓ [hieroglyphs]

2.L: Ostseite, außen, 1. von rechts (Norden);
Lombardi, Chiosco, 54-5; Tav.VIII, Fig.18 (CNF.2.L); Beinlich, Photos, B.0025 (rechts);

König (rechts) libiert [und räuchert?] vor thronendem Gott und stehender Göttin;

hinter König: ←↓ [hieroglyphs]   auf Pfosten hinter ihm: ←↓

[hieroglyphs]

vor Göttin: ↓→ [hieroglyphs]   auf Pfosten hinter ihr: ↓→

[hieroglyphs]

3.L: Ostseite, außen, 2. von rechts (Norden);
Lombardi, Chiosco, 55-6; Tav.VIII, Fig.19 (CNF.3.L); Beinlich, Photos, B.0025 (links);

König (rechts) präsentiert Halskragen vor thronendem Osiris und stehender Isis;

über König: ←↓ [hieroglyphs]

vor ihm: ←↓ [hieroglyphs] (sic)

75. Nektanebos I.

vor und über Osiris: ↓→

über Isis: → ↓→

vor ihr: ↓→   hinter ihr: ↓→

4.L: Ostseite, außen, 3. von rechts (Norden);
Lombardi, Chiosco, 56-8; Tav.IX, Fig.20 (CNF.4.L); Beinlich, Photos, B.0024 (rechts);

König (rechts) mit ḥz-Gefäß vor thronendem Chnum und stehender Satis;

über König: ←↓

vor König: ←↓   hinter ihm: ←↓

auf Pfosten dahinter: ←↓

über Chnum: ↓→

vor ihm: ↓→

über Satis: →   ↓→

vor ihr, unten: ↓→   auf Pfosten hinter ihr: ↓→

23.L (zur Nummerierung s. Lombardi, Tav.VI,13): Ostseite, außen, 4. von rechts (Norden);
Lombardi, Chiosco, 58; Tav.XVI, Fig.35-37 (CNF.23.L); Beinlich, Photos, B.0024 (links);

Säulenschranke ist fast vollständig verschwunden (daher ursprünglich in der Nummerierung übergangen), nur die Füße des Königs rechts und einer Göttin links sind noch zu sehen; Reste von Inschriften auf den Pfosten rechts (hinter König) und links (hinter Göttin);

auf Pfosten rechts: ←↓

auf Pfosten links: ↓→

5.L: Ostseite, außen, 5. von rechts (Norden), links neben Eingang (nur untere Hälfte erhalten);
Lombardi, Chiosco, 59-60; Tav.IX, Fig.21 (CNF.5.L); Beinlich, Photos, B.0023 (links);

König (rechts) vor Hathor und weiterer Göttin, beide stehend;

vor König: ←↓

hinter ihm: ←↓

vor Hathor: ↓→   vor 2. Göttin: ↓→

am linken Rand: ↓→

24.L: Nordseite, außen, rechts des Eingangs: vollständig verschwunden;
Lombardi, Chiosco, 60; vgl.Tav.VI, Fig.13; Beinlich, Photos, B.0026 (rechts);

6.L: Ostseite, außen, 1. von links (Norden);
Lombardi, Chiosco, 60-1; Tav.X, Fig.22 (CNF.6.L); Beinlich, Photos, B.0029 (links); OrAnt 17, 1978, pl.VIII;

König (links) weiht Opfer vor thronender Isis und Harpokrates;

über König: →   ↓→   über Szepter: ↓→

hinter ihm: ↓→   vor ihm: ↓→

in Randkolumne links Erneuerungsvermerk von Ptolemaios II.: ↓→

über Isis: ←↓

über Harpokrates: ←↓

hinter ihm: ←↓

7.L: Ostseite, außen, 2. von links (Norden, rechts vom Eingang);
Lombardi, Chiosco, 62-3; Tav.X, Fig.23 (CNF.7.L); Beinlich, Photos, B.0028 (links); LD Text, IV, 131.3;
König (links) opfert Wein vor thronendem Chnum und stehender Satis;

über König: ↓→ [hieroglyphs]

vor ihm: ↓→ [hieroglyphs]   hinter ihm: ↓→ [hieroglyphs]

hinter König in Kolumne: ↓→

[hieroglyphs]

über Chnum: ←↓ [hieroglyphs]

vor ihm: ←↓ [hieroglyphs]

über Satis: ←↓ [hieroglyphs]

vor ihr: ←↓ [hieroglyphs]   in Kolumne hinter ihr: ←↓

[hieroglyphs]

8.L: Ostseite, außen, 3. von links (Norden);
Lombardi, Chiosco, 63-5; Tav.XI, Fig.24 (CNF.8.L); Beinlich, Photos, B.0028 (rechts);
König (links) opfert Milch vor thronender Isis und stehender Anukis; über König Sonnenscheibe;

unter und neben Sonne: → [hieroglyphs]

über König: ↓→ [hieroglyphs]

vor König: ↓→ [hieroglyphs]   hinter ihm: ↓→ [hieroglyphs]

hinter König in Kolumne: ↓→

[hieroglyphs]

über Isis:: ←↓

[hieroglyphs]

über Anukis: ←↓ [hieroglyphs]

vor ihr: ←↓ [hieroglyphs]   Kolumne hinter ihr: ←↓

[hieroglyphs]

9.L: Ostseite, außen, 4. von links (Norden);
Lombardi, Chiosco, 65-6; Tav.XI, Fig.25 (CNF.9.L); Beinlich, Photos, B.0027; A. Prisse d'Avennes, Atlas de l'art égyptien, Paris 1868-78, I.47; LD Text, IV, 132.5;
König (links) präsentiert Maat vor thronendem Amun-Re und stehender Mut;

über König: ↓→ [hieroglyphs]

vor König: ↓→ [hieroglyphs]   hinter ihm: ↓→ [hieroglyphs]

hinter König in Kolumne: ↓→

[hieroglyphs]

über Amun-Re: ←↓

[hieroglyphs]

vor ihm: ←↓ [hieroglyphs]

über und vor Mut: ←↓ [hieroglyphs]

hinter Mut in Kolumne: ←↓

[hieroglyphs]

13.L: Nordseite, innen, rechts (östlich) vom Eingang;
Lombardi, Chiosco, 66-8; Tav.XII, Fig.26 (CNF.13.L); Beinlich, Photos, B.0033 (rechts);
König (links) tritt aus Palast, vor ihm räuchernder Priester und Standarte mit Upuaut;

über König: ↓→ [hieroglyphs]   vor ihm: ↓→ [hieroglyphs]

über Priester: ←↓ [hieroglyphs]

hinter Standarte: ↓→ [hieroglyphs]

14.L: Ostseite, innen, 1. von links (Norden), nur unterer Teil erhalten;
Lombardi, Chiosco, 68; Tav.XII, Fig.27 (CNF.14:L); Beinlich, Photos, B.0032 (links);

zentral der König, der von zwei Göttern (Horus und Thot) gekrönt wird, rechts und links davon je eine Göttin;

nur Beischrift über der Göttin links erhalten: ↓→ [hieroglyphs]

15.L: Ostseite, innen, 2. von links (Norden);
Lombardi, Chiosco, 69-70; Tav.XIII, Fig.28 (CNF.15:L); Beinlich, Photos, B.0032 (rechts); LD Text, IV, 134,2;

König (links) präsentiert Maat vor Isis von Abydos, Isis von Koptos und Harsiese;

über König: ↓→ [hieroglyphs]   vor ihm: ↓→ [hieroglyphs]

über vorderer Isis: ←↓ [hieroglyphs]

über zweiter Isis: ←↓ [hieroglyphs]   über Harsiese: ←↓ [hieroglyphs]

16.L: Ostseite, innen, 3. von links (Norden);
Lombardi, Chiosco, 70-1; Tav.XIII, Fig.29 (CNF.16.L); Beinlich, Photos, B.0031 (links); LD Text, IV, 134,3;

König (links) bringt zwei Bänder dar vor Isis, Nephthys und Hathor;

über König: [hieroglyphs] → [hieroglyphs] ↓→

vor ihm: ↓→ [hieroglyphs]

über Isis: ←↓ [hieroglyphs]   vor ihr: ←↓ [hieroglyphs]

über Nephthys: ←↓ [hieroglyphs]   vor ihr: ←↓ [hieroglyphs]

über Hathor: ←↓ [hieroglyphs]   vor ihr: ←↓ [hieroglyphs]

17.L: Ostseite, innen, 4. von links (Norden), links neben Eingang;
Lombardi, Chiosco, 71 (CNF.17.L); Beinlich, Photos, B.0031 (rechts); LD Text, IV, 134,4;

Die Säulenschranke ist so gut wie vollständig verschwunden (vgl. die Außenseite L.23); nach Lepsius brachte der König Maat dar

für [hieroglyphs], [hieroglyphs] und [hieroglyphs]

18.L: Ostseite, innen, 5. von links (Norden), rechts vom Eingang (nur untere Hälfte erhalten);
Lombardi, Chiosco, 71-2; Tav.XIV, Fig.30 (CNF.18.L); Beinlich, Photos, B.0030 (rechts);

König (links) vor einem Gott und einer Göttin; nur Beischrift unten vor der Göttin erhalten:

←↓ [hieroglyphs]

25.L: Nordseite, innen, links (westlich) vom Eingang;
Lombardi, Chiosco, 72 (CNF.25.L); Beinlich, Photos, B.0033 (links);

Die Säulenschranke ist vollständig verschwunden.

19.L: Westseite, innen, 1. von rechts (Norden), rechts neben Eingang;
Lombardi, Chiosco, 72-3; Tav.XIV, Fig.31 (CNF.19.L); Beinlich, Photos, B.0036 (rechts);

König (zentral) wird von Horus und Thot gereinigt;

über König: ←

über Horus: ↓→   hinter ihm: ↓→

vor ihm: ↓→

über Thot: ←↓   hinter ihm: ←↓

vor ihm: ←↓

20.L: Westseite, innen, 2. von rechts (Norden), links neben Eingang;
Lombardi, Chiosco, 73-5; Tav.XV, Fig.32 (CNF.20.L); Beinlich, Photos, B.0035; LD Text, IV, 133,3;

König wird von Chum-Re und Horus vor Isis (links) geführt;

über Isis: ↓→

über Chnum-Re: ←↓

vor ihm: ←↓

über König: ←↓   über Horus: ←↓

21.L: Westseite, innen, 3. von rechts (Norden);
Lombardi, Chiosco, 75-6; Tav.XV, Fig.33 (CNF.21.L); Beinlich, Photos, B.0034 (rechts); LD Text, IV, 133,2:

König (rechts) präsentiert Kronen vor Nechbet und Uto;

über König: ←↓

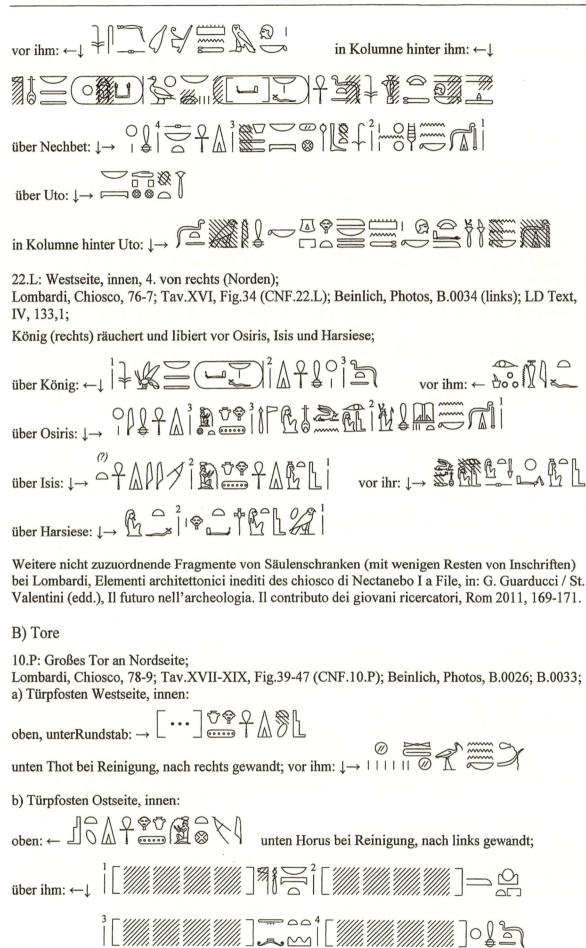

22.L: Westseite, innen, 4. von rechts (Norden);
Lombardi, Chiosco, 76-7; Tav.XVI, Fig.34 (CNF.22.L); Beinlich, Photos, B.0034 (links); LD Text, IV, 133,1;

König (rechts) räuchert und libiert vor Osiris, Isis und Harsiese;

Weitere nicht zuzuordnende Fragmente von Säulenschranken (mit wenigen Resten von Inschriften) bei Lombardi, Elementi architettonici inediti des chiosco di Nectanebo I a File, in: G. Guarducci / St. Valentini (edd.), Il futuro nell'archeologia. Il contributo dei giovani ricercatori, Rom 2011, 169-171.

B) Tore

10.P: Großes Tor an Nordseite;
Lombardi, Chiosco, 78-9; Tav.XVII-XIX, Fig.39-47 (CNF.10.P); Beinlich, Photos, B.0026; B.0033;
a) Türpfosten Westseite, innen:

b) Türpfosten Ostseite, innen:

vor ihm: ←↓

c) Innenseite des Durchgangs, Westseite:

oben: ←

d) Innenseite des Durchgangs, Ostseite:

oben: →

11.P: Eingang an Ostseite
Lombardi, Chiosco, 79-81; Tav.XX-XXII, Fig.48-55 (CNF.11.P); Beinlich, Photos, B.0023; B.0030;
a) Türpfosten Südseite, außen;

König mit roter Krone, nach rechts (innen) gewandt; oben Geier mit ꜥnḫ-Zeichen; unter ihm:
über König: ↓→

b) Türpfosten Nordseite, außen:

König mit weißer Krone, nach links (innen) gewandt; oben Geier mit ꜥnḫ-Zeichen; unter ihm:
über König: ←↓

c) Türpfosten Südseite, im Durchgang, links:

←↓

d) Türpfosten Nordseite, im Durchgang, rechts:

↓→

e) Türpfosten Südseite, innen: ←↓

f) Türpfosten Nordseite, innen: ↓→

12.P: Eingang an Westseite
Lombardi, Chiosco, 81-5; Tav.XXII-XXVI, Fig.56-72 (CNF.12.P); Beinlich, Photos, B.0029; B.0035; B.0036;
a) Türpfosten Nordseite (links), außen:
König mit weißer Krone und ausgestrecktem rechten Arm, nach rechts gewandt;

über Arm: →    hinter König: ↓→

über König: ↓→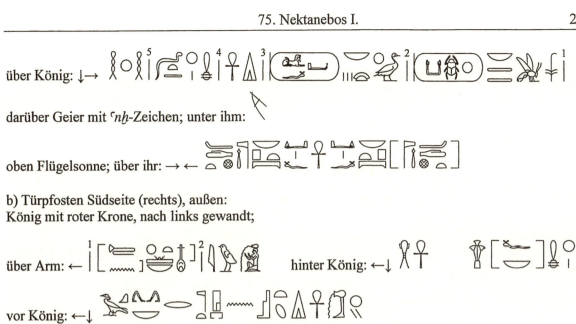

darüber Geier mit ꜥnḫ-Zeichen; unter ihm:

oben Flügelsonne; über ihr: →←

b) Türpfosten Südseite (rechts), außen:
König mit roter Krone, nach links gewandt;

über Arm: ←   hinter König: ←↓

vor König: ←↓

Feld darüber mit Königsnamen zerstört; darüber Flügelsonne; über ihr:

→←

c) Türpfosten Nordseite (links), nördliche Seite:
eine eingefasste Kolumne: ↓→

d) Türpfosten Südseite (rechts), südliche Seite:
eine eingefasste Kolumne: ←↓

e) Türpfosten Nordseite (links), im Durchgang:

oben: ←↓

darunter, links: ←↓

f) Türpfosten Südseite (rechts), im Durchgang:

oben: ←

darunter, rechts: ↓→

g) Türpfosten Nordseite, innen: ←↓

h) Türpfosten Südseite, innen: ↓→

C) Säulen

26.C: Nordseite, links (östlich) vom Eingang.
Lombardi, Chiosco, 85 (CNF.26.C);
fast völlig zerstört, keine Inschriften erhalten

27.C: Ostseite, 1. von rechts (Norden); nur untere Hälfte erhalten;
Lombardi, Chiosco, 85; Tav.XXIX, Fig.82-3 (CNF.27.C); Beinlich, Photos, B.0025 (rechts); B.0026 (links);

Nordseite: ↓→

Ostseite: ←↓

28.C: Ostseite, 2. von rechts (Norden);
Lombardi, Chiosco, 85-6; Tav.XXX, Fig.84-5 (CNF.28.C); Beinlich, Photos, B.0025 (Mitte); B.0032 (Mitte); LD Text, IV, 135,2;

Außenseite: ←↓

Innenseite: ↓→

29.C: Ostseite, 3. von rechts (Norden);
Lombardi, Chiosco, 86; Tav.XXX, Fig.86-7 (CNF.29.C); Beinlich, Photos, B.0024 (rechts); B.0031 (links); LD Text, IV, 134,3; 135,3;

Außenseite: ←↓

Innenseite: ↓→

30.C: Ostseite, 4. von rechts (Norden);
Lombardi, Chiosco, 86-7; Tav.XXXI, Fig.88-9 (CNF.30.C); Beinlich, Photos, B.0024 (Mitte); B.0031 (Mitte); LD Text, IV, 134,4; 135,4;

außen: ←↓

innen: ↓→

31.C: Ostseite, 5. von rechts (Norden);
Lombardi, Chiosco, 87; Tav.XXXI, Fig.90-1 (CNF.31.C); Beinlich, Photos, B.0024 (links); B.0031 (rechts);

außen: ←↓

innen: ↓→

32.C: Ostseite, 6. von rechts (Norden);
Lombardi, Chiosco, 87 (CNF.32.C);
Vollständig abgetragen, keine Inschriften erhalten.

33.C: Westseite, 1. von rechts (Süden);
Lombardi, Chiosco, 87-8; Tav.XXXII, Fig.92-3 (CNF.33.C); Beinlich, Photos, B.0027 (rechts); B.0034 (links); LD III, 285 (1. von rechts); LD Text, IV, 133,6; Prisse d'Avennes, Atlas de l'art égyptien, I.47 (rechts);

außen: ↓→

innen: ←↓

34.C: Westseite, 2. von rechts (Süden);
Lombardi, Chiosco, 88; Tav.XXXIII, Fig.94-5 (CNF.34.C); Beinlich, Photos, B.0027 (links); B.0034 (Mitte); LD III, 285 (2. von rechts; außen); LD Text, IV, 133,5 (innen);

außen: ↓→

innen: ←↓

35.C: Westseite, 3. von rechts (Süden);
Lombardi, Chiosco, 88-9; Tav.XXXIV, Fig.96-7 (CNF.35:C); Beinlich, Photos, B.0028 (Mitte); B.0034 (rechts) / B.0035 (links); LD III, 285 (3. von rechts, außen); LD Text, IV, 133,4 (innen);

außen: ↓→ [hieroglyphs]

innen: ←↓ [hieroglyphs]

36.C: Westseite, 4. von rechts (Süden), rechts neben Eingang;
Lombardi, Chiosco, 89-90; Tav.XXXV, Fig.98-9 (CNF.36.C); Beinlich, Photos, B.0028 (links);
B.0035 (Mitte); LD III, 285 (4. von rechts, außen); LD Text, IV, 133,3 (innen);

außen: ↓→ [hieroglyphs]

innen: ←↓ [hieroglyphs]

37.C: Westseite, 5. von rechts (Süden), links neben Eingang;
Lombardi, Chiosco, 90; Tav.XXXVI, Fig.100-101 (CNF.37.C); Beinlich, Photos, B.0029 (Mitte);
B.0036 (links); LD III, 285 (5. von rechts, außen); LD Text, IV, 133,2 (innen);

außen: ↓→ [hieroglyphs]

innen: ←↓ [hieroglyphs]

38.C: Westseite, 6. von rechts (Süden), an Nordwestecke;
Lombardi, Chiosco, 90-1; Tav.XXXVII-VIII, Fig.102-105 (CNF.38:C); Beinlich, Photos, B.0029 (links); B.0026 (rechts); B.0036 (rechts); LD III, 285 (1. von links);

Westseite, außen: ↓→ [hieroglyphs]

Nordseite, außen: ←↓ [hieroglyphs]

auf der Innenseite die Kartusche Ptolemaios' IV.

39.C: Nordseite, 2. von rechts (Westen);
nur die Basis der Säule erhalten, ohne Inschriften.
Lombardi, Chiosco, 91 (CNF.39.L).

Weitere nicht zuzuordnende Fragmente von Säulen bei Lombardi, in: Guarducci / Valentini (edd.), Il futuro nell'archeologia, 171-2.

D) Architrave
40.A: Architrav Westseite (CNF.40.A):
außen: Lombardi, Chiosco, 91-2; Tav.XXXIX, Fig.107-109; Champollion, Notices descr., 166; LD III, 285.a; Prisse d'Avennes, Atlas, pl.I.47; ←

[hieroglyphs]

Architrav Westseite, innen;
Lombardi, Chiosco, 93-4; Tav.XL, Fig.110-112; Champollion, Notices descr., 168; LD III, 285,b; LD Text, IV, 132; Beinlich, Photos, B.0023-B.0025;

[hieroglyphs]

Weitere nicht sicher zuzuordnende Blöcke von Architraven bei Lombardi, in: Guarducci / Valentini (edd.), Il futuro nell'archeologia, 172-8.

Zumindest einige davon erlauben aber die Rekonstruktion einer Architravinschrift außen und innen: außen:

links von Flügelsonne: ← [hieroglyphs]

rechts von Flügelsonne: → [hieroglyphs]

innen gleichfalls eine symmetrische Inschrift, zentral ꜥnḫ-Zeichen; links: →

rechts ←

auf weiterem Block, außen: →

innen: ←

93. 21 Blöcke, im 2. Pylon und Hypostylensaal des Isistempels von Philae verbaut.
Farag u.a., OrAnt 17, 1978, 147-52; Tav. VI-XIII;

1. König (rechts) räuchernd vor Chnum, hinter ihm Schlange auf Wappenpflanze (4 Blöcke; ibid., 147-8 [1]; Tav.VI);

über König: ←↓   vor ihm: ←↓

hinter Schlange: ←↓

über Chnum: ↓→

Von der links anschließenden Szene ist nur noch oben ein ⌇ erhalten (sicher von ḏd-mdw).

2. König (links) räuchernd vor Amun-Re, hinter ihm Geier auf Wappenpflanze (2 Blöcke; ibid., 147, 148-9; Tav.VII);

vor König: ↓→   hinter Amun-Re: ←↓

Die Kolumne wird aufgrund der Blickrichtung schon zu einer rechts anschließenden Szene gehört haben.

3. König, nach rechts gewandt, bringt zwei Milchkrüge dar (2 Blöcke; ibid., 147; 149; Tav.XIII [!]);

über König: ↓→

vor ihm: ↓→

4a. König (rechts) vor Ptah im Naos und Sachmet (2 Blöcke; ibid., 147-8; 149-150; Tav.IX);

über König: ←↓   vor ihm: ←↓

über Ptah: [hieroglyphs]

über Sachmet: [hieroglyphs]

4b. König (links) vor Isis und Nephthys (gegenüberliegende Seite derselben beiden Blöcke; ibid., 150; Tav.X);

über König: ↓→ [hieroglyphs]

über Isis: ←↓ [hieroglyphs]

über Nephthys: ←↓ [hieroglyphs]

5. Oberer Rand von zwei Szenen (3 Blöcke; ibid., 148; 150-1; Tav.XIa);
– auf der linken Seite König (links) vor Hathor, Nechbet und Tefnut;

über König: ↓→ [hieroglyphs]

hinter ihm: ↓→ [hieroglyphs]   über Hathor: ←↓ [hieroglyphs]

über Nechbet: ←↓ [hieroglyphs]   über Tefnut: ←↓ [hieroglyphs]

auf der rechten Seite König (rechts) vor Isis, einer weiteren Göttin und Anukis;

über König: ←↓ [hieroglyphs]

über Isis: ↓→ [hieroglyphs]

hinter Anukis: ↓→ [hieroglyphs]

Auf demselben Block, auf dem die Szene links oben steht, auf der Rückseite (ibid., Tav.XIb):

← [hieroglyphs]

Zwei Blöcke von einem Architrav; ibid., 151-2; Tav.XII;

a) ← [hieroglyphs]

b) → [hieroglyphs]

Lombardi, in: Guarducci / Valentini (edd.), Il futuro nell'archeologia, 177, hält es für möglich, dass die beiden Blöcke vom Kiosk (s.o., 75.92) stammen.

Oase Charga

94. Inschriften auf drei Blöcken aus den Fundamenten des Portikus des Hibistempels.
PM VII, 278; H. Winlock, The temple of Hibis in El Khargeh Oasis, 1, New York 1941, 26; pl.IX (B);

A) ↓→ [hieroglyphs]

B) ↓→ [hieroglyphs] [...]

C) ↓→ [hieroglyphs] (sic) [hieroglyphs]

Oase Bahrein

95. Tempel von Bahrein des ‚Königs' *Wn-Jmn*.
Paolo Gallo, BSFE 166, 2006, 11-30;
Es sind nur kleinere Teile der Dekoration und der Inschriften erhalten.

– Widmungsinschriften oben an den Wänden, unter *ḫkr*-Fries (umlaufend [?]: „les grandes dédicaces sculptées au-dessous de la frise-*kheker* qui ornait la tête des murs contre le plafond de la chapelle"); Gallo, op.cit., 17-18: →

[hieroglyphs] [...]

Der Beginn könnte Teil einer Filiation sein: [*Wn-Jmn z3 (mj-nn?)* [hieroglyphs]], s. Gallo, op.cit., 29.

„auf der anderen Seite": →

[hieroglyphs (sic)] [...]

– Relieffragment von der Ostseite des Eingangs; Gallo, op.cit.,19; 20, Fig.6:

rechts König (nur Krone erhalten); über ihm: ←↓ [hieroglyphs]

gegenüber Amun (dto.); vor ihm: ↓→ [hieroglyphs (sic)]

– An den Wänden der Osthälfte des Sanktuars gibt es mehrere Szenen, die Nektanebos I. vor verschiedenen Göttern zeigen, z.B. vor Ptah von Memphis oder Haroeris von Letopolis (Gallo, op.cit., 19; ohne Wiedergabe). In einem Fall präsentiert der König eine Feldhieroglyphe vor (Pa)Herischef (Gallo, op.cit., 19-20; 21, Fig.7):

über König: ←↓ [hieroglyphs]

über Gott: ↓→ [hieroglyphs]

Ein Fragment zeigt den lokalen Osiris-Wennefer (Gallo, op.cit., 20; 22, Fig.9):

vor ihm: ←↓

Ein weiteres Fragment hat eine Szene mit dem Gott *P3-ḥr-Jmn* und Tefnut, vor ihnen vermutlich Amun (Gallo, op.cit., 20; 23, Fig.10). Die Beischriften sind auf dem Foto nur teilweise und mit großen Unsicherheiten zu erkennen, und Gallo gibt sie auch nur teilweise in Umschrift wieder.

vor *P3-ḥr-Jmn*: ←↓

vor Tefnut: ←↓

– An den Wänden der Westhälfte des Sanktuars wird nicht Nektanebos I., sondern der libysche ‚König' Wenamun abgebildet.

Auf einem linkem Türpfosten (Gallo, op.cit., 17, Fig.5; 23-4; 25, Fig.12) präsentiert Wenamun (links) eine Feldhieroglyphe vor Amun;

über Wenamun: ↓→

über Amun: ←↓

Auf einem anderen Relief (Gallo, op.cit., 25-7; Fig.13-14) präsentiert Wenamun Opfergaben;

über ihm: ↓→

hinter ihm: ↓→  ihm gegenüber: ←↓

Herkunft unbekannt

96. Steinfragment Straßburg 1592.
Foto CLES;

↓→

97. Torso Königsstatue Vatikan 13 = 22671.
PM VIII, 151; Wiedemann, RecTrav 6, 1885, 118 (B.1); Botti / Romanelli, Sculture, 10-11 (21); Tav.12;

vorn auf Gürtel: →

auf Rückenpfeiler: ↓→

98. Fragment (Mittelteil) einer königlich Schreitfigur im Handel.
Auktionskatalog Antiquities, Sotheby's (New York), June 12, 2001, Nr.191;

vorn auf Gürtel: →

„The inscription on the back-pillar removed in antiquity" (ohne Abbildung).

99. Sphinx Louvre A.29.
PM VIII, 152; LR IV, 189, n.3; M. Desti (ed.), Des dieux, des tombeaux, un savant. Katalog Boulogne 2004, 160-161 (Nr.80); eigene Abschrift;
um die rechte Seite des Sockels: →

um die linke Seite des Sockels: ←

100. Zwei Sphingen im Park von Châteauneuf-sur-Loire.
PM VIII, 152; Thissen / Biedenkopf-Ziehner, Enchoria 3, 1973, 47-51; Taf.5-6.
Die Inschriften der beiden Sphingen sollen identisch sein; sie laufen jeweils um die rechte und linke Seite, Beginn Mitte Vorderseite;
linke Seite: ←

rechte Seite: →

Die Herausgeber lasen „statt *mrj Jmn* auf der einen Seite" (sic)  und wollten dies als *ir n Sḫm.t* verstehen. Dem Foto nach dürfte es sich aber nur um eine leicht entstellte oder beschädigte Form von *mr(jj) Jmn* handeln, und das wird auch durch das zu *mrjj* gehörige Doppelschilfblatt auf der Rückseite nahegelegt. Eine Kollation wäre aber wünschenswert.

101. Bildhauermodell Louvre E.22752.
PM VIII, 150; W. Seipel, Gott, Mensch, Pharao, Ausstellungskatalog Wien 1992, 472-3 (195);

102. Kopf Louvre E.27124.
PM VIII, 150-1; Vandier, Revue du Louvre 23, 1973, 112; fig.14a-c; Josephson, Egyptian Royal Sculpture, 7; pl.2 (d); L. Berman / B. Letellier, Pharaohs. Treasures of Egyptian Art from the Louvre, Oxford 1996, 84-5 (26);

auf Rückenpfeiler: ↓→ [hieroglyphs]

103. Relieffragment Kairo TN 27/7/33/1 aus Rosengranit im Garten des Museums.
eigene Abschrift;

oben Unterteil einer Szene: König (links) präsentiert etwas vor einem Gott;

hinter König eingefasste Kolumne: ↓→ [hieroglyphs]

unten Oberteil einer Szene: König (links) präsentiert Weingefäße vor Re-Harachte;

über König: ↓→ [hieroglyphs]

hinter ihm eingefasste Kolumne: ↓→ [hieroglyphs] (sic) (sic)

Ob die beiden merkwürdigen Gruppen nach *jtj t3wj* eine Schriftspielerei für *m sḫm.f* sein könnten?

über Gott: ←↓ [hieroglyphs] ← [hieroglyphs]

104. Zwei Relieffragmente aus Kalkstein
A) Brooklyn 57.21.3 (Geschenk an Museum).
Foto CLES;

über Sternendekor links Spitze der Flügelsonne und *šn*-Zeichen, rechts daneben Reste von zwei Kartuschen:

↓→ [hieroglyphs]

B) Kestner Museum Hannover, Bissingsche Sammlung S.1095 (Kriegsverlust).
Ch. Loeben, Die Ägypten-Sammlung des Museum August Kestner und ihre (Kriegs-)Verluste, Rahden 2011, 220; 299;
Königskopf mit Uräus, nach links blickend;

links über ihm: ←↓ [hieroglyphs]   hinter ihm: ←↓ [hieroglyphs]

darüber Geier mit *šn*-Ring; unter ihm: ←↓ [hieroglyphs]

rechts abgetrennte Kolumne: ←↓ [hieroglyphs]

105. Sistrumgriff aus Fayence Louvre E.22355.
Ch. Ziegler, Catalogue des instruments de musique égyptiens, Paris 1979, 52 (Nr.59);

↓→ [hieroglyphs]

106. Fragmente des Sarkophags Nektanebos' I. im Museum Kairo.
PM IV, 72; Kamal, ASAE 2, 1901, 129-30 (als Naos); Daressy, ASAE 4, 1903, 105-9 (7); Manassa, Sarcophagi, 194, n.5; Arnold, Temples of the Last Pharaohs, 337, n.65;

A) Fragmente der Wanne:
a) Kopfseite, links von (fehlender) Nephthys auf Goldhieroglyphe:

oben ← [hieroglyphs]   darunter: ←↓

[hieroglyphs]

rechts von [Nephthys]: ↓

[hieroglyphs]

b) Fußseite, nahe linker Seite; rechts davon Rest der Goldhieroglyphe, auf der Isis sitzt; ↓→

[hieroglyphs]

c) linke Seite: drei größere Fragmente der linken Seite sind so stark abgenutzt, dass nur noch eine Kolumne nahe der Kopfseite lesbar ist:

↓→ [hieroglyphs]

d) rechte Seite, Fragment nahe Kopfteil; oben: → [hieroglyphs]

darunter der ‚Horussohn' Hapi, nach links gewandt; vor ihm: ←↓

[hieroglyphs]

hinter ihm: ←↓ [hieroglyphs]

e) auf der Innenseite dieses Fragments (ASAE 4, 108) eine Kombination von Zeilen und Kolumnen:

→ [...] [hieroglyphs]

→ [...] [hieroglyphs]

f) ein weiteres Fragment der rechten Seite (nahe Fußseite) war damals im Handel; oben: →

darunter links eine Gottheit; vor ihr: ←↓

in der Mitte Anubis, nach links gewandt; vor ihm: ←↓

hinter ihm: ←↓

B) Zwei Fragmente des Deckels

g) Fragment vom Rand;

rechts: ←↓

rechtwinklig dazu: ↓→

darunter: ←

h) Fragment von Ecke Kopfseite und linke Seite;

links: ↓→   rechts: ←↓

dazwischen, im rechten Winkel dazu: ↓→

darunter: ←

Die Angaben (v.a. zur Leserichtung) bei Daressy sind ohne Fotos nicht immer klar verständlich.

107. Sechs Uschebtis Nektanebos' I.
Schneider, in: Fs de Meulenaere, 159; Aubert, Statuettes, 245; A. Forgeau, Nectanébo, La dernière dynastie égyptienne, Paris 2018, 88-9, fig.13a/b;
– Kairo CG 48538, 1861 in Mitrahina gefunden: Newberry, Funerary Statuettes, 393; pl.XXXI; Aubert, Statuettes, 245;
– Brüssel E.7532: CdE 15, 1940, 243;
– Neapel 459, in Pompei gefunden: La collezione egiziana del Museo Archeologico Nazionale di Napoli, 1989, 140 (14.5); Forgeau, Nectanébo, 89, fig.13a;

– Fragmente eines Uschebtis, in Italien bei Alba Fucens gefunden: Or 39, 1970, 366 (e);
– Uschebti in ehemaliger Sammlung MacGregor (Herkunft unbekannt): Catalogue of the MacGregor Collection of Egyptian Antiquities, Sotheby London 1922, Nr.1351;
– Uschebti in Privatsammlung G. Andreu; Andreu, RdE 29, 1977, 225-6; Fig.1;
nach Neapel 459:

108. Blöcke BM London 1731 und 1732 (aus Letopolis?, vgl. oben, 75.35).
Hall, British Museum Quarterly 5.1, 1930, 18-19; pl.X.a; Ghiringhelli, in: A. Ashmawy u.a., Von Elephantine bis zu den Küsten des Meeres, SSR 24, 2019, 234; pl.I-II; eigene Fotos;

1731: rechts Nilgott mit Gaben (Gauzeichen auf Kopf nicht erhalten);

zwischen zwei ḥz-Flaschen Kartusche: ←↓

links davon Reste von vier Kolumnen: ←↓

1732: rechts Nilgott mit Gaben, auf Kopf ; zwischen ḥz-Flaschen Kartusche: ←↓

links davon (von Z. x+1 nur die rechte Hälfte teilweise erhalten):

109. Zwei Objekte aus Gründungsdepot(s).
Weinstein, Foundation Deposits, 346 (152);

– Halbkreisförmiges Alabastertäfelchen London UC 16439.
Petrie, Scarabs, pl.LVII (30.1.2); website Petrie Museum;

– Fayenceplakette London BM 24267 (Ankauf 1890).
Hall, Scarabs, 296 (2815);

Vorderseite: ↓→   Rückseite: ↓→

110. Plakette in Sammlung Matouk P.VII.13.
Matouk, Corpus du scarabée, I, 149; 201 (874)

Seite A: ↓→ [hieroglyphs] Seite B: ↓→ [hieroglyphs]

Die Sammlung enthält noch zwei weitere Skarabäen (Matouk, loc. cit.), auf denen aber nur das allein doppeldeutige *Ḫpr-k3-Rʿ* steht.

111. Plättchen aus grüner Fayence Kairo JE 85621.
eigene Abschrift;

↓→ [hieroglyphs]

112. Obeliskenmodell London UC 15512.
Stewart, Stelae, III, 22; pl.34 (82);

↓→ [hieroglyphs]

113. Kartusche aus Fayence Louvre E.24646.
A. Forgeau, Nectanébo. La dernière dynastie égyptienne, Paris 2018, 77, fig.10b; eigene Abschrift;

(sic!) [hieroglyphs]

Es handelt sich sehr wahrscheinlich um dasselbe Stück, das einmal zur Sammlung Hilton Price gehörte, s.
A Catalogue of the Egyptian Antiquities in the Possession of F.G. Hilton Price, Dir.S.A., I, London 1897, p.24; 46, Nr.366.

114. Fragment eines Sistrumgriffs London BM 54828.
R. Anderson, Catalogue of Egyptian Antiquities in the British Museum, 3. Musical Instruments, 62 (92, Fig.117); Nash, PSBA 30, 1908, 293 (26); pl.II; LR IV, 191 (XXIX);

Seite A: ↓→ [hieroglyphs]

Seite B: ↓→ [hieroglyphs]

Auf dem Fragment der (vermutlich in Rom gefundenen) Wasseruhr St. Petersburg, Ermitage 2507a (Bolshakov, in: H. Beck [ed.], Ägypten – Griechenland – Rom, Ausstellungskatalog Frankfurt 2005, 548-9 [113]) (s. 79.18) steht der Horusname *tm3-ʿ*, der v.a. von Nektanebos I. bekannt ist. Da aber in einer weiteren Inschrift der Eigenname Alexanders erscheint, dürfte es sich am ehesten um einen weiteren Horusnamen Alexanders handeln, den er von einem seiner Vorgänger übernommen hatte, s. Lodomez, CdE 82, 2007, 63-65; Bosch-Puch, JEA 99, 2013, 134-5; 138.

NICHTKÖNIGLICHE PERSONEN

Tell el-Balamun (?)

115. Torso Kairo JE 47291 des *Jmn-ḥ3py*, bei Doqmeira gefunden.
PM IV, 42; Gauthier, ASAE 23, 1923, 173-5; Guermeur, Les cultes d'Amon, 221-2; Foto CLES;

75. Nektanebos I.

auf Rückenpfeiler: ↓→

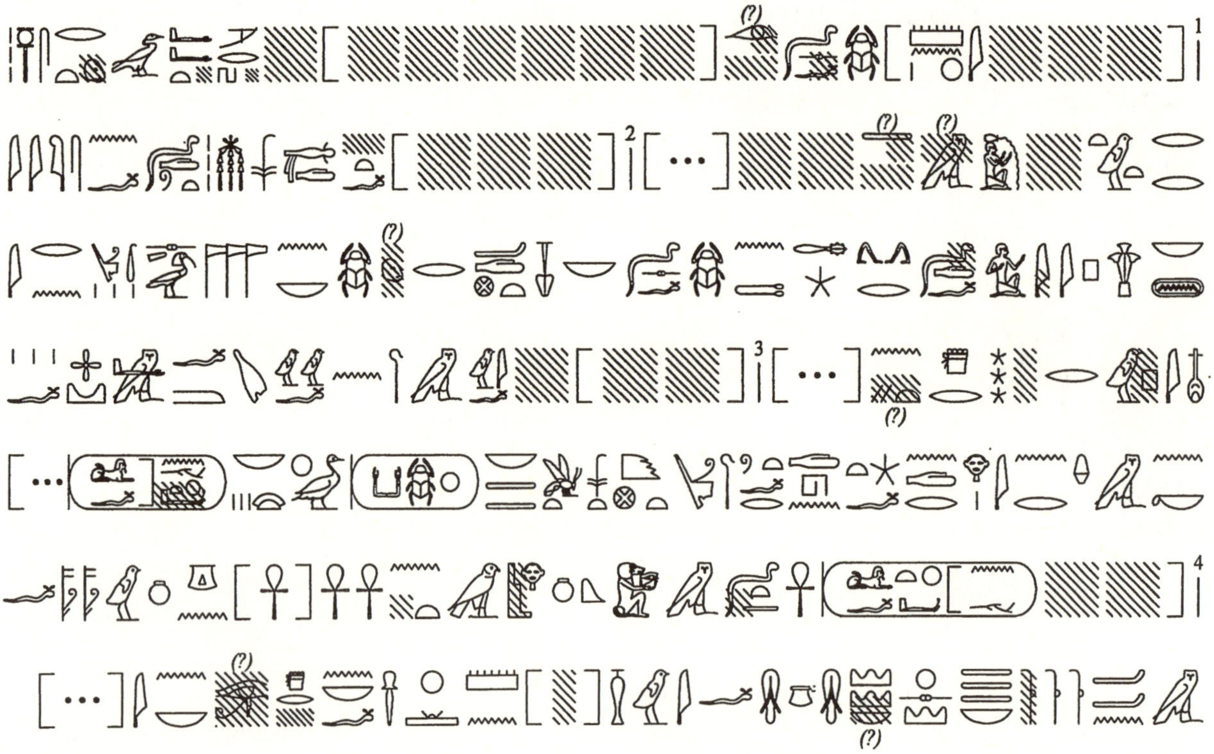

[hieroglyphic text, 6 columns]

Behbeit el-Hagar (und Umgebung)

116. Naophor Berlin 21596 des Wezirs *Ḥr-z3-3st*.
De Meulenaere, MDAIK 16, 1958, 230-33; pl.XVI; Gallo, EVO 10, 1987, 43-9; Zecchi, Osiris Hemag, 26 (15); Guermeur, Les cultes d'Amon, 86-7; Ch. Favard-Meeks, Le temple de Behbeit el-Hagara, Hamburg 1991, 392-4; De Meulenaere, in: D. Devauchelle (ed.), La XXVIe dynastie: continuités et ruptures, Paris 2011, 130 (20); Engsheden, LingAeg 13, 2005, 43-48; eigene Fotos und Abschrift;

auf Oberseite des Naos: ↓→

[hieroglyphic text, 6 columns]

Am Ende von Kol.1 könnte noch eine Spur des *f* über dem Abbruch zu sehen sein.
In Kol.3. ist das Zeichen nach dem ersten *mj* vielleicht ein aus *r* korrigiertes *t*.
Das Zeichen am Ende von Kol.5 (Wiedergabe nur annäherungsweise) ist rätselhaft.
Das *dt* am Ende von Kol.6 ist in kleinerer Schrift offenbar nachträglich eingefügt worden.

Rückseite, in Trapez oben:

↓→ [hieroglyphic cartouches] darunter: → [hieroglyphs]

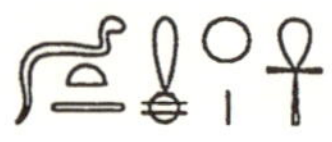

auf Rückenpfeiler: unter Trapez: ↓→

[hieroglyphs]

117. Fragment Kairo TN 28/5/25/5 des Sarkophags des Wezirs *Ḥr-z3-3st*.
Spiegelberg, ZÄS 64, 1929, 88-9; De Meulenaere, MDAIK 16, 1958, 230 (1); Labib ASAE 50, 1950, 363-4; Nur ed-Din, MDAIK 43, 1987, 211-3; Taf.27; Manassa, Sarcophagi, 17-18; Guermeur, Les cultes d'Amon, 87-88;
oben Fries aus *ḫkr*-Zeichen und Anubis auf Schrein; darunter Zeile: →

[hieroglyphs]

darunter: ↓→

[hieroglyphs]

Möglicherweise gehört zu diesem Sarkophag auch das Basaltfragment eines Sarkophags Kairo JE 43770, das in einer Moschee in Kairo verbaut war (Daressy, ASAE 12, 1912, 284), vgl. de Meulenaere, MDAIK 16, 1958, 234, n.8. Inschrift am oberen Rand:

[hieroglyphs]

Bei einem von I. Guermeur publizierten Fragment im Museum Neapel (Les cultes d'Amon, 88) handelt es sich tatsächlich um einen Gipsabguss der ersten drei Kolumnen (rechts) des Sarkophagfragments TN 28/5/25/5, s. de Meulenaere, BiOr 64, 2007, 134. Ein Gipsabdruck genau der gleichen Stelle befindet sich auch in Turin (Nr. 1446, s. Fabretti u.a., Museo di Torino, I, 116), identifiziert anhand eines Fotos des Museums.

Busiris

118. Torso der Stehfigur eines Generals New York MMA 1996.91.
PM VIII, 769 (801-727-310); MMA Bull 54, 1996, 8-9; Klotz, BIFAO 110, 2010, 136-154; 161-163, Fig.7-9; website Museum;

auf Rückenpfeiler: ↓→

Athribis

119. Torso einer Stehfigur München GL. 82.
Vernus, Athribis, 173-6; pl.XXII-XXIV; Rössler-Köhler, Individuelle Haltungen, 279-280 (Nr.83); E. Otto, Gott und Mensch, Heidelberg 1964, 37; Jansen-Winkeln, Sentenzen und Maximen, 39 (108);

auf Rückenpfeiler (einiges unsicher, v.a. in Kol.4): ↓→

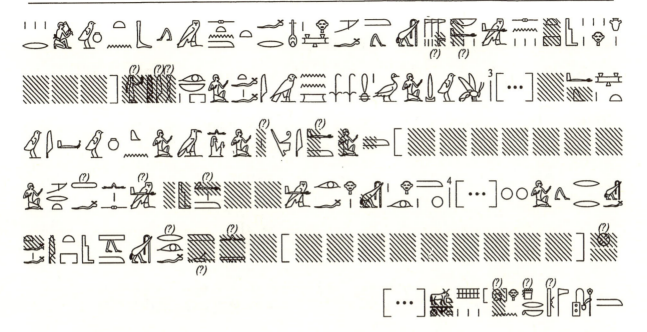

auf der linken Seite, hinter dem Bein: ←↓

Vernus nimmt an, dass die Kol. 1-2 vollständig erhalten sind, aber das ist ganz unsicher. Der Zusammenhang Ḥr Ḫntj-ḫtjj zwischen Kol. 1 und 2 könnte nur scheinbar sein.

Tell Basta (Bubastis)

120. Torso einer Stehfigur Moskau I.1.a.5320 (4171) des Wezirs Ḥr-z3-3st.
Berlev / Hodjash, Sculpture Pushkin Museum, 310-5 (Nr.108); De Meulenaere, MDAIK 16, 1958, 233-6 (3); id., in: La XXVIe dynastie, 130 (17; 20);
vorn auf dem Schurz: in verschränkter Orthographie: →

Rückenpfeiler: oben: → [hieroglyphs] darunter: ↓→

[hieroglyphs]

hinter dem linken Oberschenkel: ↓→

[hieroglyphs]

Saft el-Henna

121. Stehfigur (ehemals) in Sammlung Otto Spaeth New York.
ESLP 94-5 (Nr.75); pl.72 (185-7); Vernus, Athribis, 184; I. Schumacher, Der Gott Sopdu, der Herr der Fremdländer, OBO 79, 1988, 151-2; Davoli, Saft el-Henna, 44 (16);

auf Rückenpfeiler oben Rest einer Sonnenscheibe mit Uräen; zwischen Uräen: ↓→ [hieroglyphs]

darunter, im oberen Teil des Rückenpfeilers, rechts thronender Sopd, nach links gewandt gegenüber der Königstitulatur;

unter ihm: ←↓ [hieroglyphs]

links davon drei Königsnamen, die als Subjekte von Relativformen in folgende biographische Ausdrücke eingebaut sind: ↓→

[hieroglyphs]

darunter drei Kolumnen mit Hauptinschrift: ↓→

[hieroglyphs]

auf linkem Seitensteg: ←↓

Heliopolis

122. Naophor des *Ḏd-ḥr* Musée Bonnat, Bayonne 498.
De Meulenaere, BIFAO 61, 1962, 29-42; pl.I; M. Lichtheim, Maat in Egyptian Autobiographies and Related Studies, OBO 120, 1992, 94-5; Fotos CLES;
auf Dach des Naos: ↓→

auf Vorderseite Naos, rechts (vom Betrachter gesehen): ←↓

(Fortsetzung rückläufig) ←

dto., links: ↓→

(Fortsetzung rückläufig →)

auf Rückenpfeiler: ↓→

Memphis

123. Türpfosten Cambridge E.5.1909 und Brooklyn 56.152 vom Eingang zum Grab des *T3j-3st-jm.w*.
PM III², 874 und 831(!); ESLP, 92-4; pl.70-71; Jansen-Winkeln, JEA 83, 1997, 169-78; O. Perdu (ed.), Le crépuscule des pharaons, Paris 2012, 72-3 (20); Belova, JEH 14, 2021, 103-126;
linker Türpfosten Cambridge E.5.1909:
auf der Vorderseite ein Mann mit Stab, in ein langes Gewand gekleidet, nach rechts gewandt;
über ihm: ↓→

auf der Rückseite:
oben zwei Zeilen (die sich offenbar auf dem nicht erhaltenen Türsturz fortsetzten):

darunter Himmelshieroglyphe mit Sternen darin; im Bildfeld Frau (rechts), die Mann säugt;

über Mann: ↓→   über Frau: ←↓

rechter Türpfosten Brooklyn 56.152:
auch hier auf der Vorderseite ein Mann mit Stab, in ein langes Gewand gekleidet, nach links gewandt;
über ihm: ←↓

auf der Rückseite:
oben zwei Zeilen (die sich offenbar auf dem nicht erhaltenen Türsturz fortsetzten): →

darunter Himmelshieroglyphe mit Sternen darin; im Bildfeld Frau (links), die Mann umarmt;

über Mann: ←↓   über Frau: ↓→

124. Stele Louvre C.318 = IM 131 aus der Umgebung des Serapeums.
PM III², 780; A. Mariette-Pacha, Le Sérapéum de Memphis, Paris 1882, 27; Munro, Totenstelen, 177, n.1; Tanis. L'or des pharaons, Ausstellungskatalog Paris/ Marseille 1987, 196-7 (57); Guermeur, Les cultes d'Amon, 285-7; Devauchelle, EVO 17, 1994, 107; C. Zivie-Coche, Tanis. Travaux récents sur le tell Sân el-Hagar, 3, Paris 2004, 29-30; eigene Fotos; Unterlagen Louvre;

Die Inschriften dieser Stele sind aufgrund der oft unförmigen Hieroglyphen, ungewöhnlicher Schreibungen und auch offenkundiger Fehler teilweise schwierig zu lesen und zu verstehen.

oben Flügelsonne; darunter: →

darunter ein erstes Bildfeld mit einer Reihe von acht Göttern, nach rechts gewandt; von rechts:
1. Gott mit Doppelfederkrone; vor ihm: ↓→

2. Göttin mit Doppelkrone; vor ihr: ↓→

3. Mumienförmiger Gott mit Mondscheibe; vor ihm: ↓→

4. Falkenköpfiger Gott mit Doppelkrone; vor ihm: ↓→

5. Göttin mit Hathorkrone: vor ihr: ↓→

6. Falkenköpfiger Gott mit Doppelfederkrone; vor ihm: ↓→

7. Ithyphallischer Gott mit Doppelfederkrone; vor ihm: ↓→

8. Mumiengestaltiger Gott mit Atefkrone; vor ihm: ↓→

unter diesem Bildfeld ein zweites, aber nur in der linken Hälfte; links Kindgott mit Mondscheibe, ihm gegenüber König mit Feldhieroglyphe und hinter ihm anbetender Mann;

vor Gott: ↓→

vor König: ←↓

über Anbeter: ←↓

Haupttext rechts neben und unter zweitem Bildfeld: →

125. Demotische Stele Louvre IM 17 aus dem Serapeum aus Jahr 2, 3. *3ḫt* mit Liste von vier Steinmetzen (anlässlich der Arbeiten zur Anlage der Apisgruft?).
Devauchelle, in: Fs Leahy, 97; 104-5; 114 (pl.4);

126. Demotische Stele Berlin 2127 aus dem Serapeum aus Jahr 3, 2. *prt*, 1, dem Todestag des Apis, mit Liste von Steinmetzen.
Berlin, Ausf. Verz., 312; Devauchelle, in: Fs Leahy, 98; 105-6; LR IV, 184, n.3c; Kienitz, Politische Geschichte, 200 (5);

127. Demotische Stele Louvre IM 3337 aus dem Serapeum aus Jahr 3, 2. [*prt*, 1], dem Todestag des Apis, mit Liste von Steinmetzen.
Devauchelle, in: Fs Leahy, 98; 105-6; 115 (pl.5); id., EVO 17, 1994, 106-7; Trismegistos Nr.117995;

128. Demotische Stele aus dem Serapeum (in Zitadelle von Kairo gefunden) aus Jahr 3, 2. *prt*(?), 1, dem Todestag des Apis.
Brugsch, ZÄS 22, 1884, 134 (23); Brugsch, Thes., 977 (23); E. Revillout, Notice des papyrus démotiques archaïques, Paris 1896, 479; LR IV, 184, n.3a; Kienitz, Politische Geschichte, 200 (4).

Brugsch gibt als Datum den 1. *šmw*, 1, Revillout den 2. *šmw*, 1, aber da es der Todestag des Apis sein soll, müsste es auch hier der 2. *prt*, 1 sein.
Nach Trismegistos Nr.117995 ist diese Stele identisch mit Louvre IM 3337, aber es dürfte sich eher um Berlin 2127 handeln: Die Berliner Stele wurde 1855 von dem preußischen Konsul von Penz dem Museum übergeben, und von Penz war ein guter Bekannter von Brugsch, als dieser zu ersten Mal 1853 nach Ägypten kam, mit dem expliziten Ziel, die demotischen Serapeumstelen zu untersuchen, vgl. H. Brugsch, Mein Leben und mein Wandern, Berlin 1894, 125-6; 146-55.

129. Demotische Stele aus dem Serapeum aus Jahr 8.
Revillout, RevEg 6, 1891, 139-140; Kienitz, Politische Geschichte, 201 (9); LR IV, 185, n.1; A. Wiedemann, Ägyptische Geschichte, 2. Teil, Gotha 1884, 718; id., Geschichte Ägyptens von Psammetich I. bis auf Alexander den Grossen, Leipzig 1880, 297; Trismegistos, Nr.135853;

130. Demotischer Papyrus Kairo CG 50095 mit Urkunde aus Jahr 5, 1. *3ḫt*.
Spiegelberg, Demotische Denkmäler, III, 70; Taf.XLII; Trismegistos, Nr.46396

131. Begräbnis des Wezirs *P3-dj-Njtt rn.f nfr P3-šrj-n-t3-jḥt* im Grab des Bokchoris in Sakkara.
PM III², 591; E. Bresciani u.a., La galleria di Padineith, Tomba di Boccori, Pisa 1983; De Meulenaere, in: Fs Varga, 382-3; 389-90;

– Sarkophag des *P3-dj-Njtt*;
Pernigotti, in: Bresciani u.a., La galleria di Padineith, 68-77; Fig.11-12; Tav.VII; XII;

auf Deckel: ↓→

[hieroglyphs]

– Hieratisch-demotische Graffiti auf Wand in Raum V (A) bzw. auf Kalksteinblock in Raum II (B); Bresciani u.a., La galleria di Padineith, 25-32; Fig.15-17; Vleeming, Demotic Graffiti, 323-5 (Nr.1941-43);

Graffito A:

1) *it-nṯr ḥm Ḥr wr wȝḏtj wʿb n nȝ nṯrw jnb-ḥḏ ḥm-nṯr n [...] ḥm-nṯr n Mnw ḥm-nṯr n [Bȝstt]*

2) *nb(t) ʿnḫ-tȝwj ḥrj-sštȝ n swt ḏsrwt n pr Ptḥ pȝ rn nfr n Pȝ-šrj-n-tȝ-[jḫt pȝ (n) Ḥr]-j.jr-ʿȝ mwt.f Njtt-ij.t(j) ḏd.t(w) n.s Tȝ-šrjt-n-[tȝ-qrj]*

3) *n rnpt-sp 15, 3. ȝḫt sw 9 n Pr-ʿȝ Nḫt-nb.f*

Graffito B:

1) [... *ḥm-nṯr*] *Ptḥ ḥm-nṯr dwȝw ḫntj šns ḥm-nṯr Wsjr rs-wḏȝ m Dp ḥm-nṯr Ḥr n P*

2) [...] *Njtt-ij.t(j) r.ḏd.t(w) n.s Tȝ-šrjt-n-tȝ-qrj n rnpt-sp 15, 3. ȝḫt (sw) 10 n Pr-ʿȝ Nḫt-nb.f*

Graffito C (drei Fragmente):

I) [...] *ḥm-nṯr(?) Ḥr(?)* [...] II) [...] *Bȝstt-i.ir-dj-s* (?) [...] III) [...] *Pr-ʿȝ* [...]

– magischer Ziegel; Pernigotti, in: Bresciani u.a., La galleria di Padineith, 89-90; Fig.19;

auf Oberseite: → [hieroglyphs]   auf Seite: → [hieroglyphs]

– Uschebtis; Silvano, in: Bresciani u.a., La galleria di Padineith, 108-9 (3); Fig.28-29; Titulatur und Namen darauf, z.B.

Fig.28, 1: ↓→ [hieroglyphs]

Fig.28, 2: ↓→ [hieroglyphs]

Fig.29, 26: → [hieroglyphs]

Die Uschebtis mit Tb Spr.6 beginnen normal und haben dann im weiteren sinnlose Zeichengruppen, s. ibid., Fig.29, Nr.25 und 26.

132. Statuensockel Kopenhagen AEIN 101 desselben *Pȝ-dj-Njtt rn.f nfr Pȝ-šrj-n-tȝ-jḫt* (Herkunft unbekannt).
PM VIII, 918; O. Koefoed-Petersen, Catalogue des statues et statuettes égyptiennes, Kopenhagen 1950, 67 (118); M. Jørgensen, Egypt IV, Ny Carlsberg Glyptotek, Kopenhagen 2009, 137-8; Pernigotti, in: Bresciani u.a., La galleria di Padineit, 91-2; Fig.20-21; De Meulenaere, Surnom, 9 (Nr.25); id., in: Fs Varga, 382-3; 389-90; Fotos CLES;

um Sockel: →

75. Nektanebos I.

auf der Rückseite nur wenige Reste: ↓→

[hieroglyphs]

133. Reste der Begräbnisse von Mutter, Frau und Brüdern des Wezirs *P3-dj-Njtt* im Grab des Bokchoris.

– Mumienbinden der Mutter *Njtt-jjtj* / *T3-šrjt-n-t3-qrj(t)*; Pernigotti, in: Bresciani u.a., La galleria di Padineit, 97-8; id., EVO 3, 1980, 101; 106; Katalog Berlin 1967, 123-4; Nr.1115; Taf.; E. Akmar, Les bandelettes de momie du Musée Victoria de Upsala, II, Uppsala 1933, 25-37;

Totenbuchsprüche im Namen der [hieroglyphs] bzw. [hieroglyphs]

– Mumienbinden der Ehefrau *B3stt-jrj-dj-sj*; Pernigotti, in: Bresciani u.a., La galleria di Padineit, 97; id., EVO 3, 1980, 101; 105;

– Mumienbinde der Schwester *3st-šrjt*; Pernigotti, in: Bresciani u.a., La galleria di Padineit, 99;

– Mumienbinden des Bruders *Ḥr-jrj-ʿ3 III*; Pernigotti, in: Bresciani u.a., La galleria di Padineit, 98-9. Zu den Mumienbinden dieser Familie s. auch H. Kockelmann, Untersuchungen zu den späten Totenbuchhandschriften auf Mumienbinden, 2, 2008, 16-18; 21-22.

– Uschebtis des Bruders *Jʿḥ-msjw*; Silvano, in: Bresciani u.a., La galleria di Padineith, 109; Fig.30; 31b;

→ [hieroglyphs] darunter: ↓→ [hieroglyphs]

– Uschebtis des Bruders *W3ḥ-jb-Rʿ-mrjj-Njtt*; Silvano, in: Bresciani u.a., La galleria di Padineith, 109; Fig.31-31a; 32;

↓→ [hieroglyphs]

134. Kopf einer Statue des *Wn-nfr* Baltimore Museum of Art 51.257.
Guermeur, in: Fs Meeks, 187; 196 (pl.III); ESLP, 98-9 (78); pl.75; Zecchi, in: Fs Pernigotti, 363 (3);

auf Spitze des Rückenpfeilers: → [hieroglyphs]

135. Siegel desselben *Wn-nfr* aus Palast des Apries(?).
Memphis III, 43; pl.XXXVII (42); Petrie, Scarabs, 33; pl.LVIII (AD); Guermeur, in: Fs Meeks, 188 (4); 196 (pl.III); Zecchi, in: Fs Pernigotti, 363 (3);

← [hieroglyphs]

136. Sockel einer Statue des *Wn-nfr* in Privatsammlung.
Unpubl., s. Zecchi, in: Fs Pernigotti, 363 (1);
Opferformel an *Ptḥ jtj nṯrw*;
der Besitzer wird bezeichnet als *jmȝḫw ḫr nṯrw Jnb-ḥḏ nṯrw Tȝ-š wḥm nswt ḥm Njtt Wn-nfr zȝ Ḏd-Bȝstt-jw.f-ꜥnḫ*

Zu *Wn-nfr* s.a. unten 75.149-152

137. Kalksteinstele mit demotischer Aufschrift H5-2592 aus der Katakombe der Apismütter, mit Bericht aus Jahr 8, 3. *prt*, 8 über Bau des Grabes für die Apismutter *Tḥy-rwḏ*.
Smith u.a., The Mother of Apis Inscriptions, 30-35; pl.VI.a (Nr.6);

138. Kalksteinstele mit demotischer Aufschrift H5-2593 aus der Katakombe der Apismütter, mit Bericht aus Jahr 8, 3. *prt*, 8 über Bau von zwei Gräbern für die Apismutter *Tḥy-rwḏ* und ihr Kalb(?).
Smith u.a., The Mother of Apis Inscriptions, 35-38; pl.VI.b (Nr.7);

139. Kalksteinstele mit demotischer Aufschrift H5-2621 aus der Katakombe der Apismütter mit Liste von Steinmetzen aus Jahr 7, 4. *ȝḫt*.
Smith u.a., The Mother of Apis Inscriptions, 38-41; pl.VII.a (Nr.8);

140. Kalksteinblock mit demotischer Aufschrift H5-51a aus Jahr 7, 3. *prt* aus der Katakombe der Apismütter über Arbeit am Grab der Apismutter *Tḥy-rwḏ*.
Smith u.a., The Mother of Apis Inscriptions, 41-42; pl.VII.b (Nr.9);

141. Kalksteinblöcke mit demotischer Aufschrift H5-98 und H5-350 aus der Katakombe der Apismütter mit Liste von Steinmetzen aus Jahr 7, 4. *prt*.
Smith u.a., The Mother of Apis Inscriptions, 42-44; pl.VIII (Nr.10);

142. Kalksteinblock mit demotischer Aufschrift H5-22a aus Jahr 7, 2. [...] aus der Katakombe der Apismütter,
Smith u.a., The Mother of Apis Inscriptions, 44-46; pl.IX.a (Nr.11);

143. Kalksteinstele mit demotischer Aufschrift H5-2612 aus der Katakombe der Apismütter mit Liste von Steinmetzen aus Jahr 9, 3. *ȝḫt*.
Smith u.a., The Mother of Apis Inscriptions, 46-48; pl.IX.b (Nr.12);

144. Kalksteinblock mit demotischer Aufschrift H5-2628 (Datum nicht erhalten) aus der Katakombe der Apismütter.
Smith u.a., The Mother of Apis Inscriptions, 48-49; pl.X.a (Nr.13);

145. Kalksteinblock mit demotischer Aufschrift H5-2667a (Datum nicht erhalten) aus der Katakombe der Apismütter.
Smith u.a., The Mother of Apis Inscriptions, 49-50; pl.Xb (Nr.14);

146. Oberteil einer Kalksteinstele mit demotischer Aufschrift H5-2865 aus der Katakombe der Apismütter über den Transport des Sarkophags der Apismutter *Tḥy-rwḏ* in ihr Grab im Jahr 9 [Nektanebos' I.(?)], 3. *ȝḫt*, 6.
Smith u.a., The Mother of Apis Inscriptions, 59-61; pl.XVI (Nr.18);

147. Unterteil einer Kalksteinstele mit demotischer Aufschrift H5-2872 aus der Katakombe der Apismütter über Abschluss der Arbeiten in Jahr 9 [Nektanebos' I.(?)], 3. *prt*, 30.
Smith u.a., The Mother of Apis Inscriptions, 61-62; pl.XVII (Nr.19);

148. Demotische Graffiti in den Steinbrüchen von Tura und Masara.
Spiegelberg, ASAE 6, 1905, 219-233; LR IV, 184, n.3d; Kienitz, Politische Geschichte, 201 (7); Devauchelle, ASAE 69, 1983, 169-182; Vleeming, Demotic Graffiti, Nr.1898; 1911-14:
– Acht demotische Kartuschen mit Eigennamen Nektanebos' I. (Lesung z.T. zweifelhaft).
Vleeming, op.cit., 304 (Nr.1898); Spiegelberg, ASAE 6, 223; 228 (7); Devauchelle, ASAE 69, 170 (7); 174 (42); 175 (47); Th. Young, Hieroglyphics, II, London 1823, pl.89 (2-5); H. Brugsch, Recueil de monuments égyptiens, 1862, 20; pl.X (11-12);
– Proskynema eines *P3-dj-3st* aus Jahr 4, 1. *3ḫt*.
Vleeming, op.cit., 310-11 (Nr.1911); Spiegelberg, ASAE 6, 224; 231 (21); Devauchelle, ASAE 69, 172 (21);
– Vier Graffiti mit Markierung des Arbeitsplatzes durch denselben *P3-dj-3st*.
Vleeming, op.cit., 311-12 (Nr.1912); Spiegelberg, ASAE 6, 225; 230-231 (22; 23; 24; 29); Devauchelle, ASAE 69, 172-173 (22; 23; 24; 29);
– Proskynema (undatiert) durch denselben *P3-dj-3st*.
Vleeming, op.cit., 312 (Nr.1913); Spiegelberg, ASAE 6, 225; 231 (28); Devauchelle, ASAE 69, 173 (28);
– Markierung des Arbeitsplatzes aus Jahr 6, 1. *šmw*.
Vleeming, op.cit., 312-13 (Nr.1914); Spiegelberg, ASAE 6, 225; 231 (25); Devauchelle, ASAE 69, 172 (25);

Fayyum

149. Unterteil eines Naophors Alexandria 20959 des *Wn-nfr*.
Guermeur, in: Fs Meeks, 178-187; pl.I-II; ESLP, 99; Zecchi, in: Fs Pernigotti, 363 (2); Klotz, BIFAO 114, 2014, 321-2; Fotos CLES;

Vorderseite, unter Naos:

Mitte: ↓→

rechts: ←↓

links: ↓→

auf Rückenpfeiler: ↓→

75. Nektanebos I.

[hieroglyphs]

[hieroglyphs]

150. Unterteil einer Kniefigur mit Becken Turin 3028 des *Wn-nfr*.
Guermeur, in: Fs Meeks, 188-193; 197-199 (pl.IV-VI); Zecchi, in: Fs Pernigotti, 361-70; ESLP, 99; PM I², 794 (s. dazu Zecchi, op.cit., 364); Fotos CLES;

um Sockel, Beginn Mitte Vorderseite; rechte Hälfte: →

[hieroglyphs]

dto., linke Hälfte: ←

[hieroglyphs]

vorn auf Becken: ↓→

[hieroglyphs]

auf Rückenpfeiler: ↓→

[hieroglyphs]

151. Fragment einer Statue desselben *Wn-nfr*.
Unpubl., s. Zecchi, in: Fs Pernigotti, 363 (4);

der *mr rwt Wn-nfr* anbetend vor *Wsjr jtjj ḥrj-jb T3-š*

152. Uschebti des *Wn-nfr* in Como.
Guermeur, in: Fs Meeks, 187-188 (3); 196 (pl.III); Ballerini, Bessarione 7, 1910, 226 (25); M.-Chr. Guidotti / E. Leospo, La collezione egizia del Civico Museo Archeologico di Como, 1994, 85; 89 (Nr.33); Zecchi, in: Fs Pernigotti, 363 (6); id., Prosopografia dei sacerdoti del Fayyum, Imola 1999, 71; →

Zu *Wn-nfr* s.auch oben, 75.134-136

153. Demotischer Papyrus Chicago OIM 17481 (Hawara 1) aus Hawara mit Ehevertrag aus Jahr 17, 2. *3ḫt*.
Nims, MDAIK 16, 1958, 237-246; Taf.XVII-XX; G. Hughes / R. Jasnow, Oriental Institute Hawara Papyri, Chicago 1997, 9-15; pl.1-7; Johnson, in: E. Teeter (ed.), The Life of Meresamun. A Temple Singer in Ancient Egypt, Ausstellungskatalog Chicago 2009, 92-94; Guermeur, Les cultes d'Amon, 415;

Herakleopolis

154. Demotische Papyri Lille 22-24 aus Jahr 8, 3. *prt* über die Überlassung von 40 Aruren Land eines Pastophoren (*wn*) an drei Personen.
H. Sottas, Papyrus démotiques de Lille, Paris 1921, 49-51; pl.IX-XI (Nr.22-24); M. Malinine / J. Pirenne, AHDO 5, 1950-51, 49-53; Kienitz, Politische Geschichte, 201 (11);

Hermopolis

155. Naophortorso Louvre E.18967 des *Šps-jrj-dj-s* (aus Hermopolis?).
Schütze, in: M. Flossmann-Schütze u.a. (edd.), Kleine Götter – Große Götter. Festschrift für Dieter Kessler zum 65. Geburtstag, 2013, 451; 461-464; Otto, MDAIK 15, 1957, 202, n.8; 207; De Meulenaere, CdE 35, 1960, 95;
auf Rückenpfeiler: ←↓

Zu seinem Sohn *Ḏḥwtj-jrj-dj-s* s.u., 77.141.

156. Demotische Graffiti und Inschriften (?) in den Steinbrüchen von Wadi en-Nachle (nördlich von El-Berscheh).
Clédat, BIFAO 2, 1902, 69; pl.VI-VII; Spiegelberg, RecTrav 26, 1904, 158-161; Devauchelle, ASAE 69, 1983, 181-182; Vleeming, Demotic Graffiti, 278-286 (Nr.1846-1871);

– Vleeming, op.cit., Nr.1846-1849: 9 Kartuschen, teils mit Eigennamen, teils nur *pr-ˁȝ ˁnḫ ḏt*

– Vleeming, op.cit., Nr.1851: Graffito („vor Thot") aus Jahr 6, 3. *prt*, 1

– Vleeming, op.cit., Nr.1852: Graffito („vor Thot") eines *Wn-nfr* aus Jahr 6, 4 [...]

– Vleeming, op.cit., Nr.1854: Graffito eines *ˁnḫ-Mr-wr* aus 1. *šmw*(?), 1; vgl. auch Vleeming, op.cit., Nr.1861

– Vleeming, op.cit., Nr.1855: Graffito aus Jahr 9, 4. *prt*, 30; vgl. auch Vleeming, op.cit., Nr.1862

– Vleeming, op.cit., Nr.1858: drei Graffiti des *P3-(n-)Mnw* aus Jahr 10, 3. *3ḫt*, 11 und 12

– Vleeming, op.cit., Nr.1859: Graffito aus 1. *šmw*(?), 15(?).

Sidi Musa

157. Graffiti in den Steinbrüchen von Ptolemais:

– Graffito aus Jahr 16, 1. *šmw*, 1 mit Liste von im Steinbruch tätigen Personen und Angabe der gebrochenen Steine.
J. de Morgan u.a., Les carrières de Ptolemaïs, Paris 1894, 375 (1); Klemm, SAK 7, 1979, 129, Taf.IX.2; Vleeming, Demotic Graffiti, 258-9 (Nr.1784);

– Kurzes Graffito aus Jahr 15.
J. de Morgan u.a., Les carrières de Ptolemaïs, Paris 1894, 375 (3); Vleeming, Demotic Graffiti, 260 (Nr.1786);

Theben

158. Demotisches Graffito eines *Ḥr-3ḫbjt* vom Dach des Chonstempels aus Jahr 13.
Jasnow, in: H. Jacquet-Gordon, The Graffiti on the Khonsu Temple Roof at Karnak, OIP 123, 2003, 96; pl.108 (Nr.279); Vleeming, Demotic Graffiti, 110 (Nr.1455);

Im Kolophon des Papyrus London BM 10252 (Kol.19, 23-34) aus Jahr 11 Alexanders IV. gibt der Schreiber an, dass er eine Vorlage benutzt hat, die sein Vater im Jahr 17, 4. *3ḫt*, 25 Nektanebos' I. geschrieben hatte, s.u., 81.24.

Edfu

159. Demotische Papyrusfragmente Kairo CG 50151 + 50152 + 50158 aus Jahr 1, 3. *prt*, 30 mit einer Urkunde (vermutlich Getreidedarlehen).
Spiegelberg, Demotische Denkmäler, III, 112; 114; Taf.LXIII-V Trismegistos, Nr.46406

160. Demotischer Papyrus Kairo CG 50157 mit Brief aus Jahr 8, 2. *prt*, 7(?).
Spiegelberg, Demotische Denkmäler, III, 114; Taf.LXV; Trismegistos, Nr.46718;

161. Zwei Papyrusfragmente Kairo CG 50144 / 50145 mit Eiden aus Jahr 13, 2. *3ḫt*.
Spiegelberg, Demotische Denkmäler, III, 106-108; Taf.LX; Seidl, Zeitschrift der Savigny-Stiftung für Rechtsgeschichte, Romanistische Abteilung, 91, 1974, 41-53; Cruz-Uribe, Serapis 7, 1981-82, 6-17; Trismegistos 45650;

162. Demotischer Papyrus Berlin 15831 (= pLonsdorfer 2?) + Kairo CG 50160 mit Kaufvertrag über drei Rinder aus Jahr 14, 3. *šmw*.
Zauzich, MDAIK 25, 1969, 223-9; Taf.XII-XV; E. Cruz-Uribe, Saite and Persian Demotic Cattle Documents, 1985, 36-38; Trismegistos 45649

163. Demotischer Papyrus Lonsdorfer 1 (Berlin 15830) mit Ehevertrag aus Jahr 15, 2. *3ḫt*.
H. Junker, Papyrus Lonsdorfer, Wien 1921; Erichsen, Auswahl frühdemotischer Texte, I,70; II, 27-28; Lüddeckens, Ägyptische Eheverträge, 20-21 (8); DBL, A, 277; Trismegistos 45648;

Wadi Hammamat

164. Inschrift Nr.26.
LD III, 286.h; Couyat-Montet, Inscr. du Ouâdi Hammâmât, 43; pl.VIII;
thronender Amun, nach rechts gewandt;

vor ihm: ↓→ [hieroglyphs]

unter Beischrift und Gott: → [hieroglyphs]

Ain Manawir (Oase Charga)

165. Demotische Ostraka aus dem Osiristempel von Dusch
Chauveau / Agut-Labordère in: www.achemenet.com/fr/tree/?/sources-textuelles/textes-par-langues-et-ecriture/egyptien-hieroglyphique-et-demotique/ostraca-d-ayn-manawir;

In chronologischer Ordnung (in Klammern provisorische Nummern, sofern angegeben):

Jahr 2, 1. *3ḫt* (380); OMan 5469 (2289): Urkunde über Alimentation

Jahr 3, 1. *šmw* (378?); OMan 6808: Getreidedarlehen

Jahr 4, 2. *prt* (377?); OMan 6048A; Verpachtung Tempeltage

Jahr 4, 3. *šmw* (377?); OMan 5464 (2343): Verpachtung Wasserrechte

Jahr 5, 3. *3ḫt* (376?); OMan 6049A: Getreidedarlehen

Jahr 12, 4. *prt* (369??); OMan 5435 (2268): Verkauf Wasserrechte

[---]; OMan 5562 (2405): Verkauf Wasserrechte

Jahr [...], 2. *prt*; OMan 6817: Verkauf Wasserrechte

166. Demotisches Ostrakon in Moskau mit Urkunde aus Jahr 6, 4. *šmw*.
Devauchelle, in: B. Menu (ed.); Les problèmes institutionnels de l'eau, BdE 110, 1994, 153-156;

Herkunft unbekannt

167. Statuenfragment Louvre AE / E.10783.
PM VIII, 920; B. André-Leicknam / Ch. Ziegler (edd.), Naissance de l'écriture, Ausstellungskatalog Paris 1982, 126-7 (79); ESLP, 92; 95; eigene Fotos;

oben Himmelshieroglyphe, darunter Sonne mit Uräen; zwischen ihnen: ↓→ [hieroglyphs]

links davon: ↓→ [hieroglyphs] rechts davon: ↓→ [hieroglyphs]

darunter von rechts nach links die fünf Königsnamen, die als Subjekte von Relativformen in folgende biographische Ausdrücke eingebaut sind: ↓→

am rechten Rand steht noch [...] ⌈ , am linken [...] 𓁹𓏤𓎟

168. Fragment eines Naophors San Francisco 54664.
PM VIII, 780; ESLP, 89-90; pl.68 (Nr.72); Fotos CLES;

auf dem Naos thronende Göttin, nach rechts gewandt; über ihr: →

darunter, unter Naos: ↓→

auf Rückenpfeiler: ↓→

169. Statuensockel Musée des Beaux-Arts Lyon (ehemals Musée Guimet E.G. 1748) des Wezirs *Ḥr-z3-3st*.
PM VIII, 919; Goyon / Gabolde, Bulletin des Musées et monuments Lyonnais 1991, Nr.3-4, 2-15; De Meulenaere, CdE 35, 1960, 92 (1);

Oberseite Sockel, rechte Seite: ←↓

dto., linke Seite: ↓→

auf den Seiten des Sockels, rechte Seite und Rückseite: →

dto., linke Seite und Rückseite: ←

76. Tachos

KÖNIGLICHE DENKMÄLER

Tell Tibilla (Tell Balala)

1. Block aus Sandstein, in einem Dorf ca. 10 km nördlich von Meniet el-Nasr verbaut gefunden, möglicherweise aus Tell Tibilla.
Younis, "A Minor Piece of Sandstone from the Time of King Tachos", Journal of the Faculty of Archaeology. Annual Bulletin of Egyptian and Oriental Civilizations and Archaeology 9, 1998, 13-16; links: ←↓

rechts davon: ←↓

Einiges ist unsicher, auch ob und wie die beiden(?) Kolumnen(?) rechts mit dem Königsnamen zu verbinden sind.

Athribis

2. Steinfragment mit Königsnamen.
PM IV, 66; Sharpe, Inscriptions, II, 43 (1); Daressy, ASAE 17, 1917, 42; Vernus, Athribis, 119 (138); Kienitz, Politische Geschichte, 213 (4).

Sharpe gibt die unteren Enden von sechs Kolumnen wieder; links der Königsname:

rechts davon *mḥw*-Pflanze, vermutlich mit Schlange darauf; daneben und dahinter:

Tanis und Umgebung

3. Kalksteinfragmente aus Tempeln von Tanis:
a) 1951 bei "temple du Nord" gefunden.
Corteggiani, BIFAO 73, 1973, 143, n.2 (+ Fig.);

Reste von zwei gegenübergestellten Kartuschen:

b: Zwei Kartuschen in Kalksteinschutt bei Chonstempel.
Brissaud, BIFAO 78, 1978, 132 (ohne Textwiedergabe);

c: Fragment mit zwei Löchern zur Befestigung eines Metallteils, einen Teil des Thronnamens enthaltend.
Corteggiani, BIFAO 73, 1973, 143, n.2 (ohne Textwiedergabe);

4. Steinfragmente München ÄS (?) 1313 aus Qantir mit Kartuschen der Könige der 30. Dynastie.
PM IV, 10; Spiegelberg, ZÄS 65, 1930, 102-4; Taf. VI; Kienitz, Politische Geschichte, 213 (2); von Tachos sind zwei Fragmente:

c) ←↓

d) ↓→

5. Im Dorf Matariya beim Menzaleh-See verbauter Block.
PM IV, 13; LR IV, 183 (IV); Edgar, ASAE 13, 1913, 277; Kienitz, Politische Geschichte, 213 (3);

auf Block Kartusche: →

Tell Basta (Bubastis)

6. In Bilbeis in Moschee verbauter Block aus Bubastis mit Beischriften zu nicht erhaltenen Opferszenen darunter.
L. Habachi, Tell Basta, Kairo 1957, 133 (Nr.25); pl.XLI.B; Rosenow, Tempelhaus, Katalog Nr.329;

in der linken Hälfte oben Geier mit šn-Zeichen;

rechts neben ihm: →   unter ihm: →

unter Geier [König, nach rechts gewandt]; über ihm: ↓→

rechts neben Königstitel Schlange auf Wappenpflanze; hinter ihr: ←↓

ganz rechts die Krone eines Gottes, nach links gewandt, vor ihm: ←↓

Seiner Übersetzung zufolge (op.cit., 133) hatte Habachi noch mehr gelesen als auf dem publizierten Foto zu erkennen ist.

Auf der äußersten linken Seite der Rest einer Königstitulatur: ↓→

Memphis

7. Fragment einer Fayence-Schale London UC 15991.
PM III², 831; Memphis II, 12; pl.XIV; id., Scarabs, 33; 40; pl.LVII (30.2); Kienitz, Politische Geschichte, 213 (6); Website Petrie Museum;

links: ↓→ (links fehlt vermutlich eine zweite Kolumne)

rechts gegenüber: ←↓

unter den Kartuschen: ←

Hermopolis

8. Torso (ohne Kopf und Beine) einer Statue aus Kalkstein im Magazin von Ashmunein (aus Hermopolis?).
A.J. Spencer, Excavations at el-Ashmunein, II, The Temple Area, London 1989, 73; Foto J. Spencer;

auf Rückseite: ←↓

Theben

9. Kapelle an der Nordwand des Chonstempels von Karnak.
Traunecker u.a., Karnak VI, 167-96; pl.XLVII-LI; V. Altmann-Wendling, Mondsymbolik – Mondwissen, SSR 22, Wiesbaden 2019, 518-527 (4.8).

Dekoration der niedrigen Verbindungsmauern zwischen den Säulen;
– östliche Mauer, Außenseite (Karnak VI, 181 Fig.7; pl.XLVIII):
Osiris, Harsiese, Isis und Nephthys, nach rechts gewandt; rechte Hälfte mit König nicht erhalten;

oben vor Osiris: ↓→

oben vor Harsiese: ↓→

unten vor ihm: ↓→

oben vor Isis: ↓→

unten vor ihr: ↓→

oben vor Nephthys: ↓→

unten vor ihr: ↓→

Kolumne am linken Rand der Szene: ↓→ [hieroglyphs] […]

– westliche Mauer, Außenseite (Karnak VI, 182-4, Fig.8; pl.XLIX):
links Rest von König mit Keule vor Opfergaben, ihm gegenüber Reste eines Gottes mit Federkrone, zweier Göttinnen, vermutlich Rat-taui und Tjenenet, sowie Harpare;

über König nur Reste der Titel: ↓→ […] [hieroglyphs]   vor ihm: ↓→ […] [hieroglyphs]

hinter ihm: ↓→ [hieroglyphs] […]

über dem Gott mit Federkrone nur die Anfänge von vier Kolumnen, die Traunecker folgendermaßen ergänzt:

←↓ |³[hieroglyphs] |⁴[hieroglyphs]

|⁵[hieroglyphs] |⁶[hieroglyphs]

über der ersten Göttin nur der Anfang der Beischrift erhalten: ←↓ [hieroglyphs] […]

über der zweiten Göttin: ←↓ [hieroglyphs]

über Harpare: ←↓

|¹¹[hieroglyphs] |¹²[hieroglyphs]

Kolumne rechts: ←↓ [hieroglyphs] […]

– östliche Mauer, Innenseite (Karnak VI, 184-186; Fig.9; pl.L; Altmann-Wendling, op.cit, 520-521):

Unter Hohlkehle 30 Männer in zwei Register zu je 15, nach rechts gewandt, im oberen Register neun von ihnen erhalten, im unteren (Reste von) acht. Ihre Namen entsprechen denen der Schutzgötter der 30 Mondmonatstage. Erhalten sind folgende Namen:

obere Reihe: → Nr.11: [hieroglyph]   Nr.10: [hieroglyph]   Nr.9: [hieroglyph]   Nr.8: [hieroglyph]

Zeile über der oberen Reihe: → […] [hieroglyphs] […]

untere Reihe: → Nr.20: [hieroglyph]   Nr.19: [hieroglyph]   Nr.18: [hieroglyph]   Nr.17: [hieroglyph]   Nr.16: [hieroglyph]

Nr.23: [hieroglyph]   Nr.22: [hieroglyph]   Nr.21: [hieroglyph]

Zeile über der unteren Reihe: →

[…] [hieroglyphs]

– westliche Mauer, Innenseite (Karnak VI, 186-189; Fig.10; pl.LI; Altmann-Wendling, op.cit., 522);

Unter Hohlkehle (ursprünglich) 28 Personen, Männer und Frauen, nach links gewandt, in jeder Reihe nur Reste von fünf Personen erhalten. Erhalten sind folgende Namen: ←

obere Reihe: 1. [glyph]   untere Reihe: 24. [glyph]   25: [glyph]   26: [glyph]   27. [glyph]

Vor den beiden Reihen sieht man den oberen Rest einer Schreiberpalette mit einer Mondscheibe an der Spitze;

rechts daneben: ↓→ [...] [hieroglyphs]

Eine Zeile über der oberen Reihe der Figuren ist so stark beschädigt, dass nur die obersten Reste eines Teils der Zeile sichtbar sind, darunter der obere Rand einer Kartusche.

Zeile über der unteren Reihe: ←

[...] [hieroglyphs]

NB: Die Datierung der Kapelle in die Zeit des Tachos ist erschlossen (s. Traunecker, op.cit., 179-181), es ist kein Königsname erhalten.

10. Inschriftenband (in großen Hieroglyphen) unten auf der Außenseite der Ostwand des Chonstempels von Karnak.
PM II², 243; Bouriant, RecTrav 11, 1889, 153-4; LD Text, III, 70; LR IV, 182 (I); Kienitz, Politische Geschichte, 213 (7); Karnak VI, 180; Panov, Inscriptions of the Late Period, 83-87; eigene Abschrift;

rechts der Tür: →

[hieroglyphs]

links der Tür: →

[hieroglyphs]

11. Szenen auf der Außenseite der Ostwand des Chonstempels von Karnak, über diesem Inschriftenband.
PM II², 243 (123-124); A. Egberts, In Quest of Meaning, EU 8, Leiden 1995, 235; pl.106; Laroche / Traunecker, in: Karnak VI, 180, n.3 (Datierung); LD Text, III, 70, unten; eigene Fotos;

Es handelt sich um Ritualszenen mit König Tachos vor verschiedenen Göttern. Die Kartuschen sind nicht ausgefüllt worden, allerdings hatte Lepsius (s.o.) noch eine mit dem Namen des Tachos gesehen:

Die Szenen sind stark beschädigt, und die Beischriften sind ohne größeren Aufwand und technische Hilfsmittel nicht vollständig zu lesen; daher hier nur einige Hinweise.
Die Beischriften über Gott (und König) sind kaum jemals erhalten, aber jede Szene hat links hinter dem König eine Kolumne, worin der König als „geliebt" von der jeweiligen Gottheit bezeichnet wird.

– Oberes Register: rechts der Tür sind im oberen, schlechter erhaltenen Register auf der rechten Seite der Wand noch die unteren Teile von vier Szenen erhalten, jeweils mit einem thronenden Gott rechts und dem stehenden König ihm zugewandt.

1. Szene von rechts (Gott nicht erhalten):

vor dem König: ↓→   hinter ihm: ↓→

Kolumne links hinter König: ↓→

2. Szene v.r.: Szenentitel: ↓→

in Kolumne hinter König kein Gottesname erhalten: ↓→

3. Szene v.r.: Szenentitel nicht mehr erkennbar;

Kolumne hinter [König]: ↓→

4. Szene von rechts: Szenentitel: ↓→   kein Gottesname erhalten;

– Unteres Register: es sind noch Reste von 14 Szenen zu erkennen, in denen der König (links) vor verschiedenen Göttern steht:

1. Szene von rechts: König vor stehendem Gott; fast ganz zerstört;

oben vor Gott: ←↓

unten vor ihm: ←↓   Kolumne hinter König: ↓→

2. Szene v.r.: König bringt Salbe dar vor stehendem Gott (Amon-Re);

Szenentitel: ↓→   hinter König: ↓→

336 76. Tachos

über ihm: ↓→

über Gott: ←↓

Kolumne links: ↓→

3. Szene v.r.: König vor stehendem Gott (Chons), Handlung unklar; vor Gott: ←↓

über König: ↓→

hinter ihm: ↓→   Kolumne links: ↓→

4. Szene v.r.: König mit Lattich vor ithyphallischem Gott (Amon-Re Kamutef);

vor Gott: ←↓   Szenentitel: ↓→

Beischrift über König zerstört; hinter ihm: ↓→   Kolumne links: ↓→

5. Szene v.r.: König mit Weinopfer vor stehender Göttin (Hathor); hinter ihm: ↓→

vor Göttin: ←↓   Szenentitel: →

Kolumne links: ↓→

6. Szene v.r.: König räuchernd und libierend vor stehendem Gott (Amon-Re);

vor Gott: ←↓   Szenentitel: ↓→

hinter König: ↓→

Kolumne links: ↓→

7. Szene v.r.: König vor stehendem Gott (Chons), Handlung unklar;

vor Gott: ←↓

Kolumne links: ↓→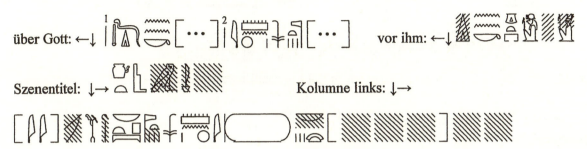

8. Szene v.r.: König mit *nmst*-Krug vor stehendem Gott (Amon-Re);

über Gott: ←↓ [image] ¹ [image] [...] ² [image] [...]   vor ihm: ←↓ [image]

Szenentitel: ↓→ [image]   Kolumne links: ↓→

9. Szene v.r.: König vor stehender Göttin (Amaunet); Kolumne vor Göttin unklar;

Szenentitel nicht erhalten; hinter König: ↓→ [image]

Kolumne links: ↓→ [image]

10. Szene v.r.: König beim Kälbertreiben vor stehendem ithyphallischem Gott (Amon-Re Kamutef);

Szenentitel nicht erhalten; Kolumne links: ↓→

11. Szene v.r.: König vor stehendem Gott (Chons), Handlung unklar;

vor Gott: ←↓ [image]   hinter König: ↓→ [image]

Kolumne links: ↓→ [image]

12. Szene v.r.: König vor stehendem Gott (Amon-Re), Handlung unklar;

unten vor Gotte: ←↓ [image]   hinter König: ↓ [image]

Kolumne links: ↓→ [image]

13. und 14. Szene v.r.: jeweils König vor stehendem Gott; weder Handlung noch Identität des Gottes lassen sich erkennen.

vor Gott der 13. Szene: ←↓ [image]

Links der Tür sind kaum noch identifizierbaren Reste erhalten.

Herkunft unbekannt

12. Fragment von Naos oder Kapelle in Kairo ("une pierre provenant d'un grand monument, sans doute d'une chapelle") (aus Memphis?) mit Titulatur des Tachos.
Daressy, RecTrav 16, 1894, 127; LR IV, 183 (V); Kienitz, Politische Geschichte, 213 (8);

In Kol.1 dürfte eher *nb nswyt ꜥ3t* gestanden haben, in Kol.2 vermutlich Schlange oder Geier auf Wappenpflanze.

13. Gewicht von 12 dbn aus Handel oder Privatsammlung.
Corteggiani, BIFAO 73, 1973, 143-4;

auf Oberseite: ↓→

14. Gefäßverschluß aus Kalkstein ehemals im Handel.
Corteggiani, BIFAO 75, 1975, 156-7 (X); pl.XXVI.B; LÄ VI, 142-3, Anm.7;

unter einer Rosette, am Rand: →

15. Goldmünze des Tachos im BM London.
Hill, Numismatic Chronicle 1926, 130-132; C.T. Seltman. CAH, Volume of plates, II, p.4.h; Curtis, JEA 43, 1957, 73; pl.X; Kienitz, Politische Geschichte, 213 (9);

NICHTKÖNIGLICHE PERSONEN

Memphis

16. Demotisches Graffito im Steinbruch von Tura (?).
H. Brugsch, Reiseberichte aus Ägypten, Leipzig 1855, 46; LR IV, 183, n.1; Kienitz, Politische Geschichte, 213 (5);
Brugsch spricht von „demotischen Inschriften" (auch) aus der Zeit des Teôs, aber ein Graffito mit diesem Königsnamen wird weder von Spiegelberg, ASAE 6, 1905, 219-233, Devauchelle, ASAE 69, 1983 169-180 noch Vleeming, Demotic Graffiti, 294-322 erwähnt.

17. Demotischer Papyrus 71/2-DP 146 [5832] aus der Tiernekropole von Sakkara, ein Brief an Osiris-Apis aus Jahr [1 oder 2], 3. *šmw* mit der Bitte um Schutz gegen einen Vorgesetzten.
H.S. Smith / S. Davies, in: Acts of the Tenth International Congress of Demotic Studies 2008, OLA 231, 2014, 275-277; pl.5; G. Martin, The Sacred Animal Necropolis at North Saqqâra, London 1981, 62;

18. Unpubl. demotischer Papyrus 71/2-DP 104, ohne Jahr.
Martin, The Sacred Animal Necropolis, 62;

Die Serapeumstele Berlin 2143, die in Berlin, Ausf. Verz., 312 erwähnt wird, stammt nicht aus der Zeit des Tachos, s. Meyer, ZÄS 67, 1931, 69.